河出文庫

定本 夜戦と永遠 上

フーコー・ラカン・ルジャンドル

佐々木中

河出書房新社

定本　夜戦と永遠　フーコー・ラカン・ルジャンドル　上　目次

第二部　ピエール・ルジャンドル、神話の厨房の匂い　261

【下巻目次】

凡　例

一、引用は拙訳を使用した。邦訳がある場合参考にしたが、文脈によって訳し変えたり用語を訳し直した箇所がある。使用した邦訳の頁数は記載したが、すべての邦訳を網羅したものではない。

一、原文で頭大文字で記されている語句を区別する必要がある場合は、原則としてその語を〈　〉で括って示す。つまり、raison を理性と、Raison を〈理性〉と訳す。ただし、日本語の語感として問題がある場合、括りの範囲を多少調整した場合がある。また、ラカンの Autre と autre についてはさまざまな訳語が流通しているが、あえてこの原則を適用せず、もっとも簡潔と思われる「大他者」「小他者」の訳語を使用した。

一、また、煩雑を避けるために、本書で複数回引用する著作を略号を用いて表記した。かなり精密にテクストを追った箇所でも、準拠した箇所をより明らかにするためにその略号を敢えて繰り返し、略号を用いなかった文献においても ibid. あるいは op. cit. などの略記は行わない。初発の参照時に文献情報を挙げ、その箇所以降使用する略号をその都度明記する。また、その他にも略号一覧は巻末に記載する。例えば、*901c* と略記すると指定した Pierre Legendre, *Leçons I. La 901e conclusion. Étude sur le théâtre de la Raison*, Paris, Fayard, 1998, p. 301. に準拠する場合は、Legendre, *901c*, 301. と表記する。また邦訳がある場合の著作、例えば *VS* と略記する Michel Foucault, *La volonté du savoir*, Paris, Gallimard, 1976, pp. 179-183.『知への意志』渡辺守章訳、新潮社、一九八六年、一七二―一七六頁に二度目以降準拠する場合は、Foucault, *VS*, 179-183. 一七二―一七六頁。と表記する。略号を使用しない文献についても、初出時に邦訳の文献情報を挙げ、以降の邦訳の頁数は上記の例と同じように処理する（初出の箇所とそれ以降に引用した箇所がある程度以上離れている場合は読者の便宜のために例外とした）。また、ジャック・ラカンのセミネールは特殊な事情があり、未公刊のセミネールを手稿から引用する場合が多い。たとえば晩年のセミネールXXII『R. S. I.』の一九七五年一月二一日の文言を引用する場合には、Lacan, S. XXII, *R. S. I.*, 75/1/21. と表記する。さまざまなスクリプトの版によって細かい異同がある場合があるが、一々これを指摘することはしない。ジャック＝アラン・ミレールの監修のもと公刊されたものについては、例えば Lacan, S. I, *Les écrits techniques de Freud*, Paris, Seuil, 1975, p. 125-126. 上巻一七四頁。のように簡略に頁数を表記する。が、最近公刊されたミレール版については執筆時期の問題もあり、とくにすべてを網羅しているわけではない。

定本

夜戦と永遠

フーコー・ラカン・ルジャンドル

上

いきなり広がる虚空。天頂。また夕方だ。夜でなければ夕方だろう。不死の日がまた死にかけている。一方には燠。一方には灰。勝っては負ける終わりのない勝負。誰も気づかない。

——サミュエル・ベケット

序

序は多く最後に書かれる。奇妙なことだ。最後の結論の、またそのあとに来るものが最初に読まれる。今、このようにして。しかし、これは大きな危険を冒すことではないか。これを読んでいる読者にとっても、これを書いている筆者にとっても。

本を書くということは、本を書いているその時間の当て処なさを耐えるということだ。しかも一貫した、寄せ集めでない本を書こうとするのならば。そう、知っていることを知っているやり方で書くのなら、それは書くことではない。無論大まかなプランはある、長年書きためたノートはある、資料も十分に集めた筈だ。しかし、書くということは本質的に偶然性に身を曝すということである。知らぬこと、知らない筈のことを書いている自分を発見して茫然とすることである。深く自失することである。浅い鼓動を打って日々を混濁させていく健忘と偏執狂的な記憶に苛まれることである。自分の身体でも精神でもないがそのあわいにあってその区分を許すどこかに、少しずつ滲むインクで刺青をして、そしてその文様を知らない自分にまた驚愕するということである。ぼんやりとした狂躁と熱っぽさを湛えた頬と、そして惑いに冷えかつ萎えていく指先のあいだで、何か縺れた呻きを響かせることである。白けた蛍光灯の光の下で、その呻きもまた自分のものでなくなりつつある、あの瞬間を迎えながら。だから、はじめから本の全体の構成を、その論旨を、その理路を、明澄な図式として脳裏に浮かばせることができるならば、本を書く必要はなくなる。すべてがわかっているのなら、なぜ書く必要があるだろうか。すべてがわかっているなどという淫らな幻想に酔い続けるのなら。それはただの知識の複写でしかない。居丈高な、上からものを見た、知識の「教授」だ。しかし、一体それが書くことだろうか。

本書は『夜戦と永遠』と題されている。文字通り、これは「夜戦と永遠」について、あるいは「永遠の夜戦」について語ったものである。ジャック・ラカン、ミシェル・フーコー、ピエール・ルジャンドルという三人のテクストをいささかなりとも徹底して読み、それを丁寧に裁断し、横糸縦糸を解いて編み直すという黙々とした作業を続けた結果、そこに「夜戦と永遠」としか今の筆者には呼びようのない時空が出現した。思いもかけない顕現であった。それが、いま述べたような呻きと、偶然と、知らぬはずのことを書いているという驚きの時間を経過したということを、こうした序文は忘れさせはしないか。あたかも「統一的な視座」や「この三人を論じることの必然性」がはじめからあったかのように、そう振る舞うことを許す快い忘却を、それは用意しないだろうか。邂逅も遭遇も桎梏も逡巡も忘れて。踏み迷いに口をぬぐって。今の私にはそれができる。

忘却を誘い偶然の呻きを押し殺す、そうした捏造の言葉を書くことが。書き終えてしまったのだから。最後の文章を書く時にいるのだから。回顧的に、事後的に、いくらでも意気揚々と「本書の意図」とやらを語ることができるだろう。後出しの勝利だ。だが、この『夜戦と永遠』と題された本稿の理路は、こうしたありもしない「統一的な視座」だの「必然性」だの「全体性」を保証する「終わり」を、どこまでも否定しようとする。それは、「永遠」の「夜」の「戦い」に捧げられたものなのだから。それには終わりがない。視界は暗く覚束ない。その勝負は前もって定まらない。そう、書くことの偶然性こそ、書くという行為が本質的に賭博であるということこそ、『夜戦と永遠』という名で呼ばれるこの本の中心にある概念である。「永遠の夜戦」を一望に見下ろせる統一的な視座など絶対に存在しない、ということ自体が「永遠の夜戦」である。他でもないそれを語った『夜戦と永遠』という本の序文で、筆者はこのことを裏切る訳にはいかなかった。

とはいえ、われわれは長い道を行くことになる。時には自分がどこに向かって歩いているのか見定め難くなることもあろう。そのときのために、本稿がどの部分に向かって自らを結びかつ解いていくのか、概略を語っておく。ただ、この概略は、このプランは、あくまで「結果」である。ある闇雲の作業の結果である。

＊

フーコーとラカン。この二人のあいだには対立関係がある。特にフーコー自身から、長きにわたって苛烈に精神分析を批判する論旨が発されてきたのは事実だ。そしてラカンの弟子たちからも、さして有効とは思われないがしかし激しいと言っていい反論が今でも行われている。いささか戯画めいた三択をあえて口にしよう、フーコーの側に立つか、ラカンの側に立つか、それとも曖昧に対立関係をやり過ごし、両側の論旨から切り取った手頃なキイ・ワードを自らの言葉のなかに少しずつ忍ばせて行くかだ、と。そう、ラカンの限界を指摘しそれを乗り越えた誰彼を称揚するといった現代思想の研究書は、今でも書店に溢れているのだから。フーコーやラカンに由来するとされる、口当たりのいい二三の語彙を転がした本ならそれよりもいや増して。しかし、どうだろう。彼らは本当に対立しているのか。彼らが対立しているのは、実は彼ら自身が対立していると思いこんでいたその場所ではないのではないか。彼らは、彼ら自身何か思いもかけないところで、自らが長く導いてきた理路を破綻させる飛躍と失墜のその一歩の瞬間に、おのれの顔を失って即断しがたい唱和をはじめる時を迎えるのではないのか。ラカンの弟子たちがラカン自身のことばから目をそらす時に、フーコー主義者たちがフーコー自身のテクストに尻込みするその場所で、二人は奇妙な斉唱を始めるのではないか。そうだ、その共鳴の時、不可思議な倍音が鳴り響く場所には、もうひとり謎めいた姿がいる。その姿がなければ、この共鳴の時空自体がなかったかもしれない第三の姿が。ラカンの愛弟子でありながら、ラカン派の自閉的傾向をラカンの目前で激しく批判し、ラカンの後押しで出版した本の冒頭でラカンへの個人崇拝を指弾し、ガタリにつづいていち早くラカン派を離脱した彼は、手堅くも実証的に法・制度・権力を語る歴史家として、また異様な文体を操る特異な思想家として、フーコーと数度の批判的な遣り取りを演じながらついに互いの論旨を斜交いにおいたまま長くすれ違いを演じ続けた。彼は時代の最前線に浮上するよりも司教座の地下図書館のラテン語写本を相手にすることを愛してきたが、もはやフランスでも無視し難い存在として少しずつその相貌を露わにし出している。彼の名をピエール・ルジャンドルという。精神分析家にして、ローマ法を中心とする法制史家。彼を通じて、そう、彼こそを通じて、フーコーとラカンは、激しい対立をそのままに、全く相容れることがない緊張関係をそのままに、深く深く不穏な共鳴をはじめることになる。フーコー、ラカン、ルジャンドル。この三人が仲がよいとか、この三人に共通点があるとか、この三人が「影響を受け合っている」などという話ではない。筆者は、この異常な共鳴の時空を、「夜戦と永遠」の時空と呼ぶ。この時空こそ、ラカン読解をもフーコー読解をも一新しうるばかりではなく、まさに彼らの理路が一挙に蘇生を果たす時空なのだ――そう、繰り返す。これは、夜戦と永遠の話である。

ラカンが、精緻かつ難解である自らの理路を破綻させているところは三つある。象徴的かつ想像的な〈鏡〉と、象徴的かつ想像的な「ファルス」、そして「大他者の享楽＝女性の享楽」と呼ばれるものがそれだ。〈鏡〉は、一見したその平凡さに反して、ラカン自身の設けたある重大な概念区分を大きく揺るがすことになる。象徴的なだけではないファルスは、ラカンが敢えて避けた権力の表象の問いをひらく。そして「大他者の享楽」「女性の享楽」こそが、精神分析自体の歴史的限界を限界のままに、ラカンが自らの来歴のすべてを賭けて乗り出した最後の戦いの記録である。

この三つの問いを再発見し、法・宗教・制度の問いとして引き受けていったのがピエール・ルジャンドルだ。彼は自らの奇矯な概念装置に酔う精神分析の自閉を強く批判しつつ、〈鏡〉を精神分析の密室から解き放ち、象徴的かつ想像的な「ファルス」を歴史的に相対化しつつ「系譜の問い」として捉え直し、また中世以来の〈法〉という規範的な知の膨大な歴程を、「女性の享楽と呼ばれるもの」に沸き立つものとして提示した。その思考の射程は長大であり、そしてわれわれ自身の考え抜く資質の如何をも厳しく問い詰める。われわれはここで、大きく自らの巨大な前提のいくつかを覆さなくてはならなくなるだろう。

そしてラカンおよびラカン派の視点、ひいては精神分析・社会学・人類学の枢要な視点をその根本概念から批判している後期のミシェル・フーコーを論じる。彼の批判は多く正当であるが、しかし逆説的にフーコー自身の盲目をも明らかにしてしまっていると私は思う。フーコー自身の晩年の理論がみずから動揺を被り矛盾を来していくのはこのためである。規律権力と主権権力の差異は動揺していくだろう。その動揺の結果として統治性の概念は「突如として」提起されるだろう。ネオリベラリズムの問いがフーコー主義者を打ちひしぐだろう。環境やセキュリティ装置は一時的な概念でしかないことが明らかになるだろう。イスラームに惑乱するフーコーを目にすることになるだろう。そして自己への配慮、生存の美学の称揚は、彼の意に沿うものではないことがわかるだろう。フーコー自身のテクストの読解からそれを論証する。

そして、フーコー自身の晩年の理路から引き出されてくる最後の結論が、実はラカンとルジャンドルの理論と深い場所で共鳴するものであることを見いだした――その不穏な共鳴の場所と時は、「夜戦と永遠」の時空と呼ばれる。ラカンが示した「過渡の形象」としての「女性の享楽」と、ルジャンドルが繰り返し「テクスト」「モンタージュ」という用語で示したものとを、そしてフーコーが「ダイアグラム」「装置」という語彙で提起したものを、あるいはブランショが「夜」と「外」と「熱狂的なダンス」という言葉で言い表したものを、そしてドゥルーズ＝ガタリが「アレンジメント」と呼んだものを、さらにはドゥルーズが「概念＝妊娠」の問題系をもって呈示したものを、それは一挙に結びつけ組み上げる。それは、個としての主体と法人としての主体を「結果として」出現させる、終わりなき歴史の創造性と偶然性の水準である。

だが、こう言ってみることはやはり後出しの、おそらくは何か見当違いをした挙措にすぎないだろう。もう始めよう。われわれはまず、ジャック・ラカンについて語ることにする。一から彼の道のりを辿り直し、未刊のセミネールに一歩一歩踏み入っていこう。彼の勇気ある破綻の場所において、彼が不意に「別の」相貌を顕わにするに至るまで。

第一部　ジャック・ラカン、大他者の享楽の非神学

第一章　何故の難解さか

第一節　ラカン派における主体の成形

ラカンは難解であると言われる。疑うべくもないことだ。一瞥でその当否は誰にでも判断できるのだから。飛躍が多く断続的な論旨を撒き散らすように蛇行する彼の理路は難解で、晦渋で、時に生硬ですらある。それは事実だ。長く目を凝らして本文から漏れでる曖昧模糊とした印象を探ったあげくに、あえかにその面《おもて》に浮き上がったのはラカンの皮肉っぽく辛辣な表情と声の調子だけ——そんな場合すらあることは、ラカンを読んだことがある者なら誰もが知っている。

なぜ、ラカンは難解なのか。その難解さは必要だった。それ自体がひとつの機能を持つのだから。規範的な機能と言って何を誇張することになるわけでもない、そうした機能を持つのだから。ひとつの集団において、それを囲続するさまざまな人々において、それはあからさまに作用した。苛烈な精神分析批判を行ったミシェル・フーコーが、後年インタヴューで述懐していることは正しい。つまり、ラカンを読む者が、読むことを通じて自らを欲望の主体として発見することになるように、彼は自らの発言と文章を設えたのだ。読むことが、知見の単なる移動に終わってはならない。ひとつの苦難であり、困難であり、試練であり、鍛錬であり、欲望の劇場でなくてはならない。霞む目を凝らしテクストを読みあてどもなく切れ切れに続く理路を追いノートを取り概念の輪郭を追おうとする作業が、ある惑乱のなかで欲望をそそり続けることになるように。そしてその欲望こそが読む者をラカン的な主体に成形するものであるように。そう、彼はそのことをこそ望んだのだ。ラカンの難解さは、ラカン的主体を生産するためにある。難解さに挑戦し、それをなんとか読みこなすこと、そしてその概念を操ってみせること。その長い過程の最中で、少しずつ考えばかりではなく挙措すらをも曲げ撓められていくこと。これが、ラカン的なる主体を作り出す製造過程なのだ。

だから、ラカンが語ったこととは何だったのか、ラカンは何を言ったのか、本当には彼は何と言っているのか——こう問い詰めていくだけで、われわれはラカンの罠に嵌まっていることになる。それは解釈学的な罠、あるいはそれ以上のものをも含むだろう罠だ。無限の詮索を、書き手の真意の切りもない忖度を誘う難解なる聖典を偽造しうると知った者の罠だ。フロイトの聖典を註釈するラカンが偽造する聖典、色とりどりの挿絵や図表にも欠けてはいない聖典に対する敬虔なる振る舞いこそが、精神分析的主体を可能にする。ラカンの文章をマラルメのそれに擬する者は正しい。彼はシュレーゲルとマラルメを継ぐ、アイロニカルな難解さの擁護者のひとりなのだ。彼らと同じく、ラカンは読むことをまるで宗教的な鍛練であるかのように思いなした。読むことがひとつの主体の矯正であり、改変であり、生産ですらあるように。読みえないものを読むこと、それが主体を作り出すのだ。実際に、ラカンは自らが理解できないような仕方で話す場合があるのは「明白な意図がある」ことだと言っている。そこで生れる「誤解の幅」においてこそ理解されることがあるのだと。[2] ラカンは彼らとともに唱和するだろう、難解さはそんなに悪しきものであるだろうか、それは必要なものなのではないだろうか、理解できないと不平を言う者たちは「〈夜〉のないインク壺から理解可能という根拠のない自惚れた釉薬を掬んでいる」だけなのではないかと。[3]

だから、ラカンの概念をとりあげてそれは結局のところ一体何なのかと問い詰めていくことはさして意味はない。わかろう、わかりたいと思うことは無駄なのだ。はじめからわからないように設えられわからないことによって機能する概念のまわりで右往左往すること、それは無益なばかりではなく滑稽ですらある。わかろうと思うから、わかりたいと思うから、わからない時に怨恨を抱かなくてはならなくなる。そしてわかったときにそれを説いて回りたくなるのだ。そうした茶番をわれわれはもう長く見過ぎた。フーコーが精神分析を批判したときに、「罠にはかかるまい」と思うのです、断固として私は外部に留まり外部から批判したいのです、わざわざ精神分析の言説のなかに立ち入ってこれこれこういう概念はおかしいとか、そういうことは「絶対に避けたい」[4] のです、と言った意味は明らかだ。テクストに目を凝らし、切れ切れの断片を繋ぎ合わせるようにしてその解釈の循環のなかに没入することは、つねにすでに精神分析の罠に捕獲される危険に曝されることになるのだから。このラカン派における主体の成形という事柄については、フーコーの批判を吟味した後で、第三部第八章第九九節でまた触れる。しかし、それは先の話だ。

では、どうしようというのか。ラカンを外側から語ることは筆者の役目ではない。フーコーの精神分析批判については、後に長く追わなくてはならなくなるだろうけれども。しかし、ラカンに対する厚い註釈をものすることも筆者の役目ではない。それをしない理由はもう述べた。ラカンの内側にも入り込まず、外側からの批判にも留まらない、そんな在り方が一体に可能なのか。

可能であるかどうかはわからない。やってみなくてはわかりはしない。が、われわれの問いはこうだった。「ラカンは、何故難解なのか」。そして私は、ラカンの難解さが規範的な機能を持つからだと言った。しかしこう言ったところで、ラカンは何故難解なのかという問いに答えたことにはならない。ラカンの難解さの機能について語っただけであり、ラカンの難解さの原因について語ったことにはならない。だから問いはこうなる。ラカンの難解さは、彼の概念のどこに原因があるのか。われわれはこの問いを追っていくことによって、ラカンを斜めに横切ろうと思う[5]。この問いに対する最終的な解答はこの章では与え切れない。それは最終章において一挙に与えられることになるだろう。ルジャンドルとフーコーの理路を論じた後でこそ、それは明快に述べることができる。始めよう。

第二節　概念における混成性と不均質性

一息で言おう。ラカンの難解さはラカンの概念の不均質性、混成性に起因する。ラカンが製造した概念はひとつひとつが特殊な余剰性を持っていると言ってもいい。彼の概念は、彼の断乎とした口調の定義にもかかわらず、いつもついにはそれ自身の定義を守りきれない。たとえば、言語についての彼の概念のなかに、彼自身が言語と峻別したはずのイメージや「もの」についての語彙と論理と言い回しのすべてが再現される。こうしたことは、一度や二度の話ではない。イメージの説明のなかに不意に言語が、以前に言語に固有のものとされた定式があらわれ、イメージと言語とのあいだにあるとされた領域のなかに現実界と関係があるらしい「穴」と称するものがあらわれ、しかしその穴はイメージにも言語それ自体にも存在し、しかし真の穴は別にあって、云々。あたかも、彼の蛇行する理路のなかでは、言語のなかに実は現実やイメージのすべてがあり、イメージのなかにも現実と言語のすべてがあり、現実のなかにもイメージと言語のすべてがあり、そしてそれらのすべてが何かさまざまな場所に散りばめられた穴のまわりを回遊していくかのようだ。すべての概念が、自ら以外のすべてを少しずつ内包していて、本性上自らのものではないはずのものを含んでしまっている。彼の概念が曖昧だとは言うまい。彼は幾度もそれに正確な定義を与えようとして苦慮してきたのだから。しかし、彼の作り出した概念がいつも何かそれ自体のなかに不均質なものを、混成的なものを抱え込んでしまっていることは否みがたい事実なのだ。彼の言う言語は、実はイメージなのかもしれない。彼の言うイメージは、実は言語なのかもしれない。少しずつ、それらは混ざっている。重複している。だから彼の概念は余剰であり「豊か」ですらありうる。ゆえに何でも説明できる、何にでも当てはめ得る。そのなかにすべての説明の原理が、その本性に反するものですらはじめから胚胎しているのだから。そして彼の概念自身に対しても、さまざまな説明が与えうる。その説明はいくらでも増やすことができるかに見える。不均質な概念同士を、混成的なままに付き合わせても何も明らかにはならないのだ。

だからこそ、ひとはそこから思うがまま説明の原理を取り出すことができる。二重の際限のない説明の増殖、解釈の繁茂だ。文化、政治、宗教、社会、芸術、どんな分野の現象であろうと、それは自在に説明してみせることができる。キリスト教からハリウッド映画まで、サブ・カルチャーのさまざまな図案から「青少年の荒廃」まで。ピエール・ルジャンドルはこのような人々の所作を、精神分析を「なんでもござれと説明してみせる」万能の理論にしようとする者たちの思い上がりと、静かな怒りを込めて難じたのだった。それだけではない。ひとはその豊かな重複について無限の註釈を施していくこともできる。概念から概念への横滑りをひとつひとつなぞってみせること、年代順にラカンの概念の変遷を跡づけてみせること、ラカンの真意を探り、フロイト、ヘーゲル、コジェーヴなど丁寧にその論述の起源を特定していくこと。次から次へと出現するシェーマやマテームの図示を解きほぐし、「ざっくばらんな」解説と用例を盛り込んだ入門書を書くこと。通俗的な理解に抗して、ラカンはそんなことは言っていないと論証すること。切りもなく果てもないこの作業から、書店にはラカンの解説書が山積することになる。それを虚しい作業だとは言うまい。その概念のなかに含まれている不均質性を、何か深遠なものと思い込むことは誰にでも可能なのだから。際限なく理解を誘い、終わりのない自己増殖的な説明を可能にする、かの聖典の偽造はこうしてますます強固なものになりまさっていく。

ラカン理論が難解なのは、それが重複しているからだ。その概念は根本的に混成的である。語ることはつねに見ることにずれ込み、見ることは語ることとつねに二重写しになっていく。想像的なものは速やかに象徴的なものに差し向けられ、象徴的なものは突如として現実的なものへ滲み出す。現実的なものは想像できない想像的なものという逆説のなかでのみ自らを顕示する。イメージに属すると思われたものが、思うがほか意味と声を担わされたものであることが明らかになり、また言語に属するものと思われたものが、ゆくりなく言語ではない何ものかに溶けていく。イメージの穴は言語に回収され、言語の穴は〈物〉に送り届けられる。現実界の穴、想像界の穴、象徴界の穴——いつもそこにあるのは穴であり、いつもそこには欠如があり、すべてはそのまわりを切りもなく回遊していく。こうした終わりのない概念の回送によって、ラカンの概念は、根本的にある種の不均質性を持つことになる。対象a、ファルス、シニフィアン。このようなよく知られた概念のみならず、象徴界、想像界、現実界という分類の枠組みを提供する筈の概念すら時には例外たることがない。たとえば、見ることとそして見られることから、「鏡」から丹念に切り離され、象徴界に属する者とされた「大他者」は、論理のおもむろな道行きのなかで突如こう形容されるのだ、「大他者とはわれわれを見るもののことである」[7]。しかし惑うまい、狼狽すまい。ここで苛立つのもここに深遠さを見出すのも無益だ。もともと、それはそういうものなのだから。そう誂えられているのだから。われわれはそう言ったばかりだ。以下それを論証する。この第一部の目的は三つある。まず、ラカンの輪郭を註釈せず明瞭かつ簡潔になぞることによって、ラカンの概念の非等質性・混成性・冗長性を確定することである。そのためには幼稚と見える素朴な疑問をラカンの論旨にぶつけなくてはならなくなる。あるいはその飛躍し逸脱し錯綜し齟齬をきたす立言の多くを削ぎ落としまた割愛しなくてはならなくなる。多少は不躾で、多少は乱暴な挙措だとの誹りは免れまい。しかしその誹りを喜ぼう。次に、その確定する手続きの副産物として、ラカン理論の簡単な復習を行って第二部以降の論述に備えることである。そこでは、この非等質性そのものが別の形、別の場所で問われることになるだろう。そして最後に、筆者がラカンの真の可能性と考える論旨を結論として展開することである。再び始めよう。

第三節　ボロメオの結び目、七四年―七五年のヴァージョン

まず最初にひとつの図を、もはやお馴染みのものとなったひとつの図を置くことにする。あの「ボロメオの結び目」だ。図一（三九頁）を参照してほしい。[8] このボロメオの図式は、『R．S．I．』と題された一九七四年から翌年まで行われたセミネールの、七四年一二月一〇日および七五年一月二一日に提示されたボロメオの結び目はひとつの段階にあるひとつ断っておかなくてはならないのは、このボロメオの図式から抽出したものである。にすぎないもの、つまりひとつのヴァージョンにすぎないということだ。ボロメオの結び目は、前年のセミネール『騙されない者たちは彷徨う《レ・ノンデュペール》』の初回、一九七三年一一月一三日の時点ではじめて提出された。しかしその直後から早くもさまざまな変更や書き込みが加えられていく。実際、この『R．S．I．』の最中においても、フロイトの手になる症状、制止、不安の概念がここに書き加えられ、そこにさらにさまざまな註釈が書き込まれることになる。その後、セミネールの回を重ねるにしたがってトポロジックな捩れや展開が導入され、数学者スーリーとトメの「四の輪からなるボロメオは存在する」などの論証による加勢は諸手をあげて受け入れられ、矯めつ眇めつ図式のさまざまな練り直しとその註釈が飽くことなく塗り重ねられ、一本一本の紐の曲線は黒板の上を

うねり曲がり撓み、色チョークを嬉々として操る老ラカンによってその結び目をなす紐たちにはとりどりの彩色が施されていく。こうして、ほとんど絶望的なまでに晦渋なボロメオの結び目のトポロジーの際限のない増殖が、晩年の彼のすべての論旨を覆っていくことになる。しかしわれわれの理路はこれを関知しない。このボロメオの奇妙な自己増殖と変転、そしてその難解さを誇りに思うことも濫用だと指弾することもわれわれの仕事ではない。そして、それには理由がないわけではない。一九七九年、七八歳になろうとしていたジャック・ラカンは、最後のセミネール『トポロジーと時間』のなかで、次のように語っている。

ボロメオの結び目のメタファーは、そのもっとも単純な形態においては、不適切なものです。それはメタファーの濫用です。なぜなら、実際には、想像界と象徴界と現実界を支えるものなどないからです。性的関係は存在しないということ、これがわたしが口にしたことのなかで本質的なことです。性的関係が存在しないのは、ひとつの想像界とひとつの象徴界とひとつの現実界があるからです。これは敢えてわたしが言ってこなかったことです。にもかかわらず、今言いました。
わたしが間違っていたことは明らかです。しかしわたしはそのまま放っておくことにしました……。単に放っておいたのです。げんなりすることです。うんざりだというよりひどくさえあることです。正当化できないからますますうんざりなので

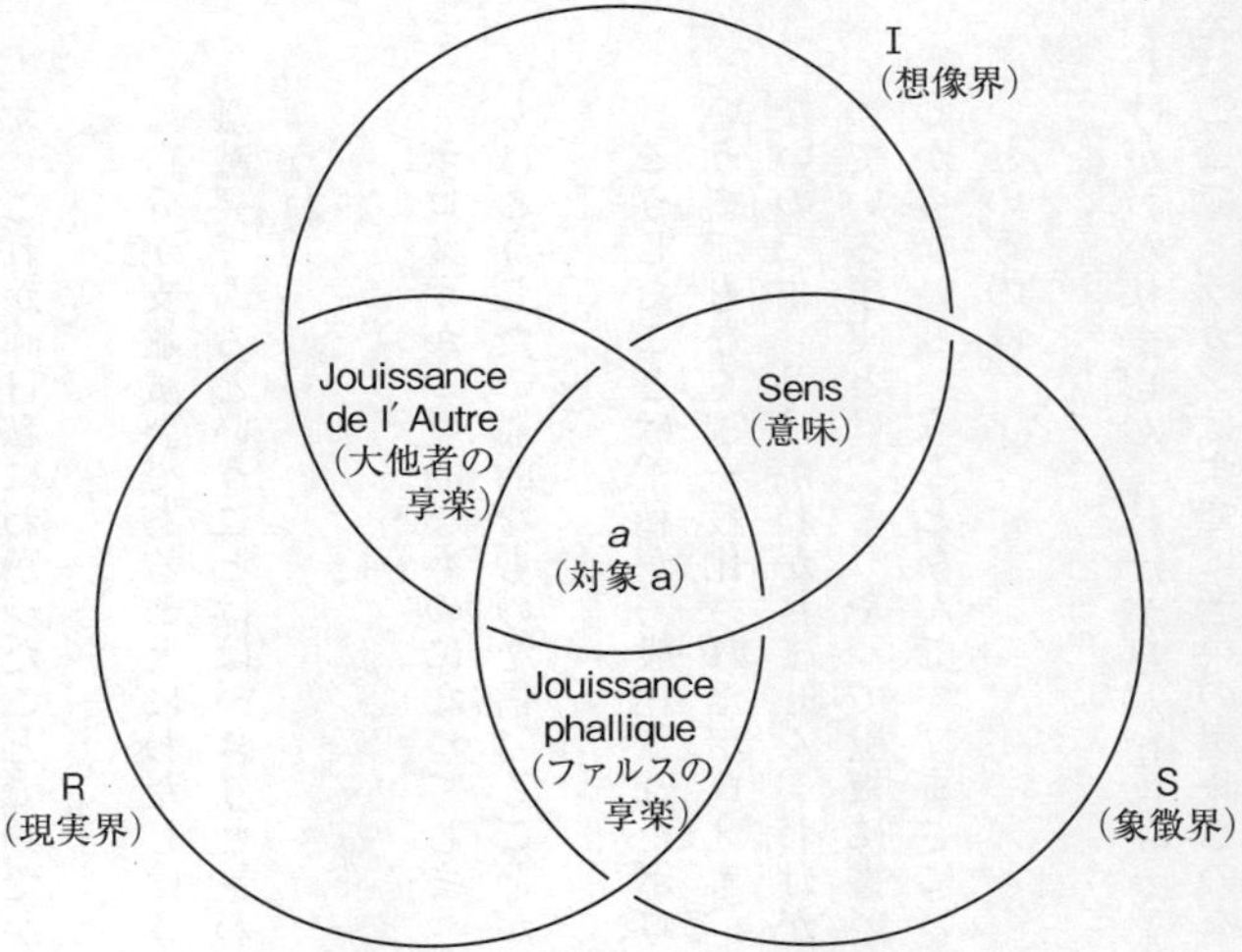
I
（想像界）
Jouissance
de l′Autre
（大他者の
享楽）
Sens
（意味）
a
（対象 a）
Jouissance
phallique
（ファルスの
享楽）
R
（現実界）
S
（象徴界）

図一

す。これが昨日私にわかったことで、だからこれをみなさんに白状したのです。[9]

自分が支離滅裂であることにわたしはうんざりしています。しかし、わたしが支離滅裂であるということははっきりと言わなくては、告白しなくてはならないでしょうね。[10]

ボロメオが一般的なものになってしまって、わたしはうんざりしています。わたしはこうした一般的なものを信じることができません。[11]

こうしたことは、私が一般化されたボロメオを研究してでてきたことなのです。いうまでもなく、一般化されたボロメオ、これについてはもう、私には何もわからないのです。わけがわかりません、わけがわかりません、あなたたちがいま立ち会っている事実とは、こうやって黒板に書いておきながら、わたしにはまるでわけがわからないということなんです。まさにいい得て妙ですよ、まるでわけがわからないというのは。[12]

「わけがわかりません、わけがわかりません……」。悲痛な科白ではある。だが、たとえばここで、ラカンはすでに老いの曖昧さのなかにいるのであって、こうした言辞については目を伏せるのが礼儀だなどと言えば、逆にあのラカンに対して礼を失することになる。しかしこのような科白に対して何か憐憫だとか嘲笑だとか慨嘆だとか、そうした態度をとることも無駄なことだ。ここではただ、ボロメオの結び目やそれをめぐって行われたトポロジーの自己増殖が、こうしたことを言わなくてはならなくなる場所へと通じていることが確認できればそれで足りる。ゆえに、われわれは七四年末から七五年初頭のボロメオのみを限定して取り扱い他は関知しないことにする。ここで、ラカンの論旨ではよく起こることをひとつ言っておこう。すなわち、ある図式でひとつの事象を説明するところまでは明晰きわまりないが、みずからその図式を他の事象を説明するために応用しようとするときに、そして他の定式をも包括し補完するものとして拡張しようとするときに、その論旨はどこかなにか曖昧さと齟齬を来すものとなっていくということだ。あることを語るべく案出された図式が他のものへと敷衍されていくそのときに、一応筋は通ってはいなくはないにせよ、いかにも「苦しい」説明を、気を逸らせるような科白回しで語っていくラカン。これは日々の臨床の傍ら週一度のセミネールを行っていた彼にはよく起こることであって、明快さを保ちうるがゆえに選んだ筈のわれわれのボロメオをも、実は多少は例外ではない。そのことは第一部を追うに連れて自ずと明らかとなるだろう。

さて、われわれのボロメオを見てみよう。ラカンに対してある程度の知見がある読者なら、もう見慣れた図がそこに広がっているということになる。想像界（I）、象徴界

（S）、現実界（R）の三つの輪、ひとつを切り離せばすべてが分離するその輪がある。象徴界と想像界のあいだに「意味（Sens）」がある。想像界と現実界のあいだに「大他者の享楽（Jouissance de l'Autre）」がある。現実界と象徴界のあいだに「ファルスの享楽（Jouissance phallique）」がある。そして、この三つの輪の中心にあってすべてが重なる場所に、小文字のaで示される「対象a」がある。これらの概念を一巡りすることによって、われわれは当初の目的を達しようと試みる。まずは想像界を論じよう。しかし繰り返し述べたように、想像界という概念自体が「不均質性」を持つのであって、想像界だけを完全に孤絶したものとして取り扱うことはできない。それは〈鏡〉なのだから。しかし、それはどういうことなのか。

第二章　〈鏡〉という装置――ナルシスに囁くエコー

第四節　鏡像段階――〈インファンス〉の切断

月並みであることは免れえないし、教科書的な叙述は避けようもない。が、基本的なことから論じよう。あの「鏡像段階」である。多くの人にとって何度も聞かされた話であろうから、簡潔にいく。それは一九三六年マリエンバードで行われた第一四回国際精神分析学会で発表され、さまざまな改変や推敲を経て、一九四九年チューリヒにおける第一六回国際精神分析学会でふたたび発表された理論であって、後にその主著『エクリ』に所収された「〈わたし〉の機能を形成するものとしての鏡像段階」を嚆矢として、同書の多くの論文のさまざまな部分で繰り返し強調されている。前置きとしてごく簡略に要約すれば、この「鏡像段階論」は、まだ身体組織が統合されず自分の手足の区別すらつかない生後六箇月前後の「言葉を知らない子ども（インファンス in-fans）」が、自分の鏡像を「こおどりしながらそれとして引き受けるということ」によって、「寸断された身体」から抜けだし、みずからの「統合された自我」を鏡に映ったイメージとして獲得するという「自我の起源」のプロセスを語ったものである。しかし、この乳児の観察例、そしてそこから引き出される「鏡像による自我」という結論自体は、当時においても心理学者アンリ・ワロンなどの実験観察による詳細な実証研究が存在しており、けっして目新しいものではなかった。このこともまたすでによく語られている。が、それはよい。もう少しラカン自身の理路を詳細に見ていこう。

ラカンは「鏡」を置き、それ以前とそれ以後にひとつの「切断」を置く。つまり、「鏡を－はじめて－見た－ことばを知らない者＝子ども」（インファンス〈in-fans〉、子ども〈enfant〉の語源はこの「ことばを知らない者」という意味を持つ語である）という、実証研究から始まった理論であるにもかかわらず、何か殆ど神話的と言っていい光景を置き、それ以前とそれ以後を厳密に区別する。

ラカンは「鏡」の「以前」、つまり「言葉を話すことができず、また自己の全身像をも知らない幼児」を、はっきりとした異常性の相において描き出す。動物がみずからの環境世界、すなわち「自然」と調和した生を生き成長していくのに対し、人間の子どもは「歩くことはおろか立ち上がることもまだよくできない」[13]ということにとどまらない「誕生時の特殊な未熟性」[14]のなかにいる。すなわち自らの大脳皮質の複雑さと身体の統合の未熟さとの不調和、「自然」との不調和、すなわち「人間の生体とその環境世界とのあいだにある不調和」[15]たる「原初的な不調和」[16]のなかに投げ出されている。この

「子ども＝ことばなき者《インファンス》」が鏡に出会う前に住まうこの「原初的不調和」の世界は、ラカンにおいて異常な「非‐世界」として描き出されている。まさにフランス語で言う「非世界的な＝不浄な（immonde）」領域として。そこには自らの統合された身体のイメージがない。あるのは「ばらばらに寸断された身体イメージ」[17]である。つまり「それは去勢のイメージであり、切断のイメージであり、四肢をばらばらにするイメージであり、分断のイメージであり、腹を切り裂くイメージであり、貪り食うイメージであり、身体を解体するイメージである」「寸断された身体のイマーゴ」[18]だ。ここでラカンは「去勢」という言葉を使っているが、彼は即座に「人間世界のアルカイックな構造」として「身体の四肢解体（demembrement）、崩壊（dislocation）という幻想」を強調し、「去勢の幻想などは特殊な複合によって価値づけられたそのひとつのイメージにすぎない」と事を明確にしている。[19]鏡において自らの全体像が与えられる「以前」なのだから、そこには幼児にとって「統合された全体としての身体」は存在しない。全体としての身体が存在しないのだから、当然この「非‐世界」では四肢は引きちぎられ身体は崩壊し寸断され切り裂かれ散逸しているということになる。

　そればかりではない。ラカンの初期論文のなかでも明断さ鋭敏さという点ではこれ以上ない高みに達しており、また彼が後年忘れてしまったかのようでもある社会野と系譜に関する鋭い指摘まで散見される論文「個人の形成における家族諸複合」（邦訳書名は『家族複合』）のなかの半頁ほどの凝縮された叙述のなかで、若きラカンはフロイトに抗してまで幼児の「性愛的な感覚」について透徹した見方を示そうとする。いわく、幼児が日々母親の乳房などとのあいだで交わす「吸ったりつかんだりする自己受容的な感覚」は、「吸収する存在がまったく吸収される存在でもある」という「アンビヴァレンス」を持っている、と。この子ども、〈インファンス〉は、つかむものとつかまれるものとの、吸いつくものと吸いつかれるものとの、舐めるものと舐められるものとの、飲み込むものと飲み込まれるものとの、食うものと食われるものとの、享楽するものと享楽されるものとの区別がついていない。自己がないのだから他者がない、他者がないのだから自己がない、だから享楽は他者のものでも自己のものでもない。非‐世界それ自体が、享楽し享楽されている。フロイトがこの状況を描写するためにこそ創案した「自体愛（autoérotisme）」というあの用語を、ラカンはここで敢えて断固として退ける。なぜなら、「そこには自我のイメージがないのだから」。それに対してラカンが提起するのは「能動的でもあり受動的でもある、言及することが不可能で融合的な人肉食《カニバリスム》[20]」である。そこには自己がなく、よって他から区別された自己の身体がない。だからそこには「自己（auto）」への「エロティシズム（érotisme）」など存在しない。自分のイメージがないのだから他人のイメージもない。だから自分と他人の区別もない。鏡の「以前」にある「原初的不調和」とは、ほとんど死に似た生の充溢であり、そこで寸断された身体たちの享楽は激発し、ただ永遠の「食い‐食われる」がつづくのだ。ラカンは言う、「ヒエロニムス・ボッシュの世界[21]」と。

あくまで傍証としてではあるが、ラカンの同僚でもあったセルジュ・ルクレールの著作からいくつか引いて、この「非-世界」の住人の形容を厚くしていくのも良いだろう。〈インファンス〉、この言葉なき幼児。それは何よりもまず言葉を知らず、自我をいまだ持っていない幼児の「全能状態」だ。明らかにフロイトの「赤ちゃん陛下」という用語からヒントを得て自らの臨床経験から次々と引き出されていくルクレールの形容を列挙してみよう。それは「王である子ども」であり、「至高にして決定的な形象」、「塞いでおかねばならない光」であり、「専制君主の形象」であり、「われわれのあらゆる欲望の現実を、ほとんどヴェールを剝いだ状態で目撃させる」。そしてもちろんそれは「王である子の暴虐な表象」「全能」なのだ[22]。

子ども=言葉なきもの。自己の統合されたイメージを知らず、自己と他者のイメージの区別を知らず、ゆえに他者を知らず、自己の身体の限界と区切りを知らず、どこからどこまでが自分なのかどこからどこまでが他者なのかどこからどこまでが世界なのか知らず、ゆえにジョルジュ・バタイユの不穏な比喩を借りれば「世界のなかに、水の中に水があるように存在し」[23]、非-世界に食われ非-世界を食いつづける者。すべてが自我であり、それゆえに自我がない者。ゆえに「世界」を知らず、非-世界の享楽そのものである者。言葉を知らず、語ることを知らず、語りかけられる自己も語りかける他者も知らず、限界を知らず分割を知らず、ゆえに禁止も法も知らぬ者。この四肢を分断され身体を崩落させた〈インファンス〉は殺人の禁止も近親姦の禁止も知らない。だからこそルクレールは、客観的には無能この上なく無力極まりないそれを「暴虐」「全能」の「専制君主」と呼ぶことが可能だったのであり、ラカンは「ボッシュの世界」で繰り広げられる「能動的であり受動的でもある言及することが不可能で融合的な人肉食《カニバリスム》」と、あるいは「ほつれて寸断された無政府状態」[24]と呼ぶことが可能だったのだ。注意しよう、この非‐世界は、「鏡」と「言葉」がある「世界」の水準から、「それ以前に想定されるもの」として遡行的に見出されたものであるかもしれないということを。しかし、それは今はよい。前に進もう。

ここに導入されるのが、「鏡」である。鏡像段階であり、「想像界」である。ここにおいてなされるのは何か。まさに「整形外科的」[25]な何かである。ここで「ばらばらに寸断された身体イメージ」は「不十分さから先取りへと急展開するひとつのドラマ」において「全体性への形態へと」縫い合わされるのだ。[26]もうそこにはカニバリスムはない。ヒエロニムス・ボッシュの世界はもはやない。崩壊を続ける身体もない。食い食われ舐め舐められる無政府状態もすでにない。そのかわりに、そこには「わたし」がいる。わたしの「全身」の、屹立する姿がそこにある。これがわたしだ、これがわたしの姿だ。こうして喜びの声とともに子どもは「遊びをするように」[27]「こおどりしながら」[28]自らの「イメージ」を、その全体性のフォルムにおいてそれとして引き受ける。「部分的で暗中模索的な」「模倣の過程」ではもはやなく、それは一挙に与えられる「ひとつの構造全体的な同一化」[29]であり、そこにあるのは自らの「すべて」の姿、自らの全き輪郭を持ったイメージなのだ。〈インファンス〉は、ここでついに「自我」を、「自分」を獲得する。「これがわたしだ」の喜びとともに、そしてこの他ならぬ「わたし」の「イメージ」への「魅惑」[30]とともに、寸断された身体は解消される。精神分析用語で言うところの「同一化」の過程、ナルシシズムの過程、愛着の過程はここにはじまる。自らの姿に魅惑され、自らの姿を愛しそこに自ら自身を認めること、つまり自らの姿に想像的に同一化すること。これが自我の起源そのものである。

第五節　「全体像」の出現とその凝結、「死の筆触」

しかし、この「魅惑」について語る全く同じ箇所でラカンは、この像のことを「凍結、固定（blocage）」であり「恐怖」であると言う。それは「わたし」だ。しかし、それは凍りつき、不動で、何か人形めいた奇妙な姿を見せている。「これが、わたし、なのか」。鏡の魅惑と、鏡の恐怖は同時に現れる。この「凍結」した自らの姿、「自己イメージ」について、ラカンは矢継ぎ早に言葉を次いでいく。それは「凝固させるような等身大の浮き彫り《レリーフ》」であり、「立像」であり、「自動人形（automate）との同一化」なのだ、と[31]。何か奇妙なのだ。それは凍りつきすぎている。動かない。わたしであるはずのこの姿は、どこか自動人形のようである。ラカンが他でもない「〈わたし〉の機能を形成するものとしての鏡像段階」の冒頭で、端からこう論じ始めていたことを思い出そう。「猿は

［鏡の］イメージが生きていないということを一旦確かめてしまえばそれで終わり」だが、「小躍りしながらせわしなく」鏡に向かう人間の子どもは「自分の姿勢を多少とも傾いた位置に止めておいたり、または鏡に映るイメージの瞬間的な姿をもとにもどして、これを固定しようとする」と。[32] 自らがそれである、自らが魅惑されている、自らの姿そのものであるはずのその鏡像は、静止している。まるで人形のように。ラカンの文言によれば、自らのイメージとの同一化において、つまり「自我」の誕生においてあらわれるのは、「その静的状態（statique）」であり「静止像＝彫像（statue）」[33]である。それは動かない。ひとは鏡の前で静止しており、静止しようとするのだ、その鏡の姿があたかも死んでいいなくてはならないかのように。そう、想像界において他者に投影されたイメージは死んでいる。つまり、自らの外にイメージとして投影されなくては存在しない「自我」は、死んでいる。そこに照り映えた自己のイメージは死のイメージである。誰もが逆らうことができない「絶対的主人」である「死」の奴隷の姿として。筆者は恣意的な読解や比喩を弄しているのではない。ラカンは妥協なく言う、「鏡像的なイメージという形で人間が見る、死という絶対的主人のイメージ」[34]と。「死の筆触（touche de la mort）」と。鏡像段階において導き出される自我のイメージとの関係、すなわち「想像的なものの機能」が「人間で形作る死の筆触、人間が誕生に際してその跡をうけとることの死の筆触以外に現実性はあり得ない」のであり、「人間においてのみ、このイメージが、死せる意味作用を、人間が実存するということと同時の死の意味作用をあらわにす

る。しかしこのイメージが人間に与えられるのは、他者のイメージとしてのみであり、つまりこのイメージは人間の心を奪い去る（ravir）」[35]と。

転回は二重になっている。血塗られた永遠の人肉食《カニバリスム》の不浄なる世界《イモンド》から抜け出した〈インファンス〉は、歓喜とともにイメージの世界、自らと他者を区別しうるこの視覚の世界に参入していく。彼はついに光のもとに達し、「自分」と「他者」と「現実性」を、つまり「世界」を獲得する。見ることができる世界、見られることができる世界。われわれの世界。しかしそれは、死の影で織りなされた人形たちの世界、静止した死体の世界、「死への意味作用」を露わにする世界だ。想像的なイメージとは死の影であり、想像界とは縫い上げられた死の人形の世界である。「これはわたしだ」の純然たる喜び、イメージの輝かしい屹立の喜び。そこには一点の曇りもないはずだった。しかしその鏡の面に映える「わたし」は何かを失っていて、どこか死んでいる。この鏡像としての自己のイメージと取り結ばれる想像的関係を、他者に転嫁し差し向けても同じことだ。自己を想像的に同一化させる当の相手であるこの想像的な他者、ラカンが小文字で表示する小他者（autre）は、何か影のようなものであり、何かを欠損させている。おそらく、ここにはすでに「想像的ファルスの去勢」の前兆と呼びうるべき何かがある。つまりファルスを持つ者になりたい、ファルスを「持ちたい」というのではなく、母の欲望の対象で「ありたい」、つまり「ファルスそのものでありたい」という欲望を切断する「去勢」、精神分析が長く自家薬籠中のものとしてきた「半ば殺す」こと、「〈もの〉の殺害」としての去勢の前兆が、すでにこの鏡像段階の第一歩にすでに浸透している。もちろんセミネール第四巻『対象関係』におけるラカン自身の本来の位置づけによれば、これは母と子とファルスの前オイディプス期の想像的三角関係の結果として、つまりこの想像界の蠢動の結果として起こる筈のものだ。しかしそれが、ここに密やかに滲んでしまっている。しかしこのようなことは、彼の錯綜する論旨においてはよくあることにすぎない。われわれはそう言ったばかりだ。むしろここではわれわれの議論の明快さを保つために、いま引用したラカンの文言の最後の部分に注目しよう。それはこう語っていた。「このイメージが人間に与えられるのは、他者のイメージとしてのみであり、つまりこのイメージは人間の心を奪い去る（ravir）」と。ここで使われている語彙 ravir が、「うっとりさせる」「心を奪う」という意味の他に、具体的に「奪う」「強奪する」「誘拐する」という意味を持つことに注意しよう。鏡に映った瞬間、われわれから何かが奪われている。ラカンが鏡像「段階（stade）」の「理想的同一化」を「存在の鬱積＝静止（stase）[36]」と呼び換えていたのは伊達ではない。鏡のなかのこの愛すべき姿は、いうなれば、非‐世界で流されていた血の、鬱血（stase sanguine）なのだ。

これはわたしだ。でも、なにかがおかしい。あまりにそれは死んでいる。誰かに、魂にも似た何かを奪われて、凍りついてしまっている。鏡の整形外科手術によって縫い上げられたこの姿は。しかしそればかりではない。何度でも先の引用に戻ろう。そこでは「このイメージが人間に与えられるのは、他者のイメージとしてのみである」と語られていたのだった。ラカンは言う、自我とはイメージであると。それはわれわれのまわりにあるさまざまな対象と同じ「全くの対象」[37]にすぎない。われわれがこのわれわれ自身を、われわれの自己を見るのは「全くの対象」として、つまり外部においてである。わたしは、わたしの外にある。そう、この自分の姿は死んでいるばかりか、自分のものですらない。引用しよう。

「イメージによる形成外科的な」この統合は決して完全なものになることはありません。といいますのは、それはまさに疎外的な仕方で、つまり自分のものではなく馴染みのないイメージという形でなされるからです。[38]

人間が諸々の対象のなかに知覚するあらゆるまとまりの源は彼自身の身体のイメージです。ところが、このイメージについてすら人間は、そのまとまりを自分の外にしか、そして先取りされた仕方でしか知覚できないのです。[39]

鏡の面《おもて》に輝かしく映えた自らの姿のなかで、ひとは自らを、自ら自身を愛する。あるいは、憧れの「あの人」の姿のなかに自らを投影し、そのなかで自らを愛する。ナルシシズムと呼ばれる愛、正確に言えば「第二次ナルシシズム」と呼ばれ、想像的な「小他者」への同一化とも呼ばれもするこの愛。この「全き」愛と愛着のなかには、それ自体では病んだものは実は何もない。しかし、その愛する姿、この姿が、何かを奪われていてどこか死んでいるとすれば。ばかりでなく、自分の外にあるしかないもの、真に自分のものになることなど金輪際ないものだとすれば。自分を爪弾きにし自分を遠ざけるものだとすれば。そればかりか、自分を虐待し搾取するものだとすれば。これは自分ではないのかもしれないとすれば。そのなかで自らを愛しうるその姿において、実はひとは自らを「疎外」[40]しているのだとすれば。自分自身に出会うことなど永劫になく、出会ってもそれはあの「死の影」にすぎないとすれば。

第六節　憎悪・嫉妬・詐取——「想像界の袋小路」

ここに「攻撃性」が噴出する。「根源的攻撃性」「最大の攻撃性」[41]が。「攻撃性は、ナルシシズム的とわれわれが呼ぶ同一化の作用と相関的である」[42]。この愛するわたしが、わたしのイメージが、誰かに何かを奪われていて、しかもそのイメージ自体すらわたしのものではない。それは不当にもわたしではない誰かが持っているはずだ。こうして「同一化と原初的嫉妬」[43]は同時に出現する。鏡が引き起こす同一化の運動は、その対象との「決闘的＝双数的（duel）関係の闘争的な特徴」[44]を持つのだ。ラカンは二箇所にわたってアウグスティヌスの「兄弟への嫉妬」についての文言を引いて〈インファンス〉の「根源的攻撃性」の例としている。いわく、「我は嬰児が嫉妬に悩めるを見たり、未だもの言わずして、すでに乳兄弟を凝視したり、青白き面もて、毒を含める眼もて」[45]。聖アウグスティヌスの目前にいた小さなカインとアベル、その「毒を含める目」は、彼ら同士の兄弟愛、彼ら同士に照らし合わされた自らのイメージへの愛に直接由来する。想像的関係の対象はもはやあの鏡の自己像だけではない。自己が投射されるあらゆる小他者aはその愛着と憎悪とともに増殖していく。ラカンは言っていたのだった、「想像的なもの」の「蠢動と増殖」[46]と。

　愛と嫉妬、愛と憎悪、この「鏡のなかにわれわれに現れる原初的な両義性」[47]は不可避である。同一化が自我の起源である以上、自我である者にはこれを避けることはできない。「これがわたしだ」から「これがわたしなのか」への、「わたしをこのようにしたのはおまえか」への急変であり、輝かしい明るみのなかの歓喜からその同じ明るみのなかで嫉妬の眼差しを剝く明《あか》き憎悪への急転である。しかも、この「わたし」と「おまえ」は根本的に同一のイメージなのだ。若き精神科医ラカンが一九三二年に提出した博士論文の症例のなかで、皮肉にもエメ（愛される者）と仮名をつけられた女性は、まさにこのような「愛憎の両義性」を、「原初的嫉妬」を生きていた。小説家を志望していた彼女は、若い頃流産をしたときに、尊敬と愛の対象だった自分の姉や優秀な友人が子どもを盗み奪ったのだという妄想にとりつかれた。妄想は亢進し、長く憧憬の対象であったある女優と小説家が自分の人生を観察し自分の小説を盗み読みしてそれを彼らの作品のなかで剽窃しているという考えを抱くまでになり、ついにその女優のいる劇場の楽屋に侵入し、彼女をナイフで刺殺しようとしたのだった。三一歳のラカンは、エメに「自罰パラノイア」の病名を提案し、実は彼女が罰したかったのは自分自身なのだと結論づけている。[48] わたしの愛する姿はどこか死んでいる。そこからは何かが奪われていて、しかもわたしの愛したいその姿はわたしのものではない。そこからはわたしは「疎外」されている。そこではわたしの姿から何かが、そしてわたしの姿自体が、詐取され搾取され剽窃されている。そして、それを奪ったはずの憎い誰か、殺してやりたい誰かも、やはり投影された小他者、つまり「わたし」なのだ。わたしはわたしを愛しているのにわたしはわたしからわたしを奪われていてだからわたしをこんなにしたおまえを殺してやる、でもそのおまえはわたしだ！[49]——どちらを向いても「わたし」ばかりだ。小他者という「わたし」ばかりだ。一体にこれが「袋小路[50]」以外の何だというのだろうか。そう、ラカンは正確に言う。「想像的状況の袋小路」と。

　この袋小路は、ラカンを読み慣れてきた読者にとってはすでに退屈ですらあるものかもしれない。この袋小路を解決するのが言葉《パロール》であり法であり象徴界であり大他者であるというわけなのだろう、と、この先の道筋まで先刻お見通しだという読者も無論いるだろう。しかし、この袋小路は復習の一瞥を投げかけ素通りしてよいものではない。むろん、それはラカン自身がこのような相互的な疎外を「還元できないし、出口がない」「最後まで存続せねばならない[51]」ものだと言っているからでもある。だがそれだけではない。みずから想像的なものと定義した「理想自我」について、ラカン自身が「理想自我との同一化を根底におく」「ひ弱な災厄の力」を述べつつ、それに「総統の姿」[52]を重ね合わせていたことを銘記して忘れまい。エリザベト・ルディネスコがその浩瀚な伝記でなした指摘を俟つまでもなく、彼自身が鏡像段階論の考案と「ベルリン・オリンピック当時の時代精神」[53]との連関を仄めかしていたことを何度でも思い出さなくてはならない。また、多少先回りになるが、ムスリムの精神分析家フェティ・ベンスラマが二〇〇六年二月末に行った講演を挙げよう。彼は、現在も打ち続くイスラーム急進主義者による知識人たちへの「死刑執行」と女性差別の動機を、捏造された「屈辱という機械仕掛け」に求め、まさにそれを「自尊心の想像界」[54]と呼んでいたのだった。この想像界の袋小路は、そのまま政治的な袋小路であり、われわれ自身の目前に広がる袋小路でもありつづけている。このことはいくら強調しても足りない。

　ラカンは、その記念碑的と言われる『ローマ講演』のなかで、この想像界のなかの自我、「わたし」が置かれた苦境を、ヘーゲルの高名な「主人と奴隷の弁証法」の奴隷の苦境と重ね合わせている。ヘーゲルの奴隷、それは「生死を賭けた闘争」に死の恐怖ゆえに負け、それゆえに望まぬ労働に従事しなくてはならなくなり、主人から労働を「搾取」「詐取」されることになった奴隷だ。ラカンによれば、「ナルシシックな締めあげ」のなかで彼は、自分から何ものかを奪い取っていく「自分自身のうちに由来するこの存在」が、「ついに想像界において自分が作り上げたものでしかなかったこと」、そして、この彼の作業から作り上げられたものが「他者へ」「他者として」「他者によって」「彼から奪いさられてしまうこと」[55]に気づく。つまり、われわれが述べてきた「根本的疎外」[56]である。ここで「自我《エゴ》」は、とラカンは言葉を次ぐ。「本質からして詐取であり」[57]、主体の欲望が疎外されている「対象の詐取であり」、欲望を研ぎ澄ませば研ぎ澄ますほど「主体においてその享楽はますます深く疎外されるのだ」[58]。そしてラカンは次のように言う。

> 主体はその詐取の形態をその不動のイメージにまで還元し、このイメージによって鏡の外見のなかで自らを対象としても、主体はそのイメージに満足することができない。なぜなら、このイメージにおいて自分に完全に似た者を獲得しても、主体がそのイメージにおいて承認せざるを得ないのは、やはりまた他者の享楽なのだから。[59]

われわれはわれわれの姿において、われわれのイメージにおいて、誰かに何かを盗まれ、搾取され、詐取されている。その何かを享楽するのは、いつも自分ではない誰かなのだ。ここで巻き起こる主体の攻撃性は、動物の攻撃性とは全く違うとラカンは言う。この主体の攻撃性は、「彼の労働からの詐取に対して、死の欲動をもって応じる」「奴隷の攻撃性」[60]なのだ、と。つまり、あの鏡に映えた「死の影」「人形」は、まったく日々の労働の苦役のなかで浮かび上がる「詐取」され搾取されている自らの姿そのものでもあるのだ。これが、わたし、なのか。この何かを奪われた姿が。ラカンの鏡像的な疎外は、ヘーゲルの奴隷の疎外でもある。そして、「国民国家」と「絶対知」において「止揚」され袋小路を脱する筈だったヘーゲルの弁証法と違って、[61]ラカンの弁証法には——少なくともこの時点では——「エメのナイフ」しか出口がない。

第七節　「法の一撃」と実定法

想像界の袋小路、この愛され憎悪されるひび割れたイメージの世界、搾取し詐取される小他者の世界の袋小路。それはまさに血塗られたものであり、屈辱と殺戮をすら引き出しうるものだった。実際にその「おまえ」を殺しても何も解決しない。想像界は「蠢動」し、小他者は「増殖」するものであったのだから。際限のない愛と憎悪と詐取と攻撃。この袋小路を脱しなくてはならない。そう、エメの場合はどうだったか。エメの袋小路は、どう脱せられたのか。若きラカンの博士論文から、決定的な結論が凝縮されている素晴らしく明快な一文をあげよう。こうだ。

実際エメにとって、彼女を迫害する人々の表象的な価値とはどのようなものか。文学的女性、女優、社交界の花形、彼女たちは社会的自由や社会的権力を享受している女性に対して、エメが抱いているイメージを表象している。しかし、そこで誇大主題と迫害主題の想像的な同一化が起こる。つまり、このタイプの女性は、まさしく彼女自身がそうなりたいと夢見ているものである。彼女の理想を表象する同じイメージが、また彼女の憎悪の対象でもあったのだ。だからこそ、エメは情痴犯が自分の愛情と自分の憎悪の同じ対象を攻撃するのと同じく、エメは自分の外在化された理想を自分の犠牲者のなかで攻撃する。けれどもエメが攻撃した対象は、もっぱらシンボルとしての価値しか持たず、彼女はいかなる平穏さも体験しなかったのである。しかし、法の前で彼女を有罪とする、この同じ裁判官の木槌の一撃によって、エメはまた、自らをも打ちすえたのである。そして、彼女がこのことを理解したとき、彼女は、欲望が充足される満足を体験した。つまり、妄想は、役に立たなくなり、消失した。この治癒の性質は、疾病の特質を明らかにしているようにわれわれには思われるのだ。[2]

「法の前で彼女を有罪とする」「裁判官の木槌の一撃」。これこそが迫害と愛憎の無限の増殖、蠢動する想像界の小他者の繁茂を止める一撃だ。一言で言えば、想像界の袋小路を突破するのは「おまえは有罪のエメである」「他でもない、おまえはこの有罪のエメである」という断言、この「ことば」の「言い渡し」であり、法の一撃である。象徴界が、出現する。

さて、われわれが提示したボロメオのもうひとつの輪「象徴界」の方へ、つまり法へ、ことばへ、シニフィアンへ議論を進める前に、しかし二つ読者の当然の疑問を解いておかなくてはならないだろう。まず、このエメは犯罪者であり異常者でありパラノイア患者であり、それをめぐる議論を人間一般の存在構造の理論に重ね合わせて良いのかという疑問、あまりに初歩的な疑問だ。実は、ジャック・ラカンはその後、この現在でも読んで得るところの多い博士論文の再版を避けつづけることになる。版元の倉庫に残っていた数十冊を手ずから買い占め焼き捨てたという噂すらあるほど、彼はそれが人目に触れることを恐れた。その理由について、この論文の公刊から四三年の年月を経た七四歳のラカンはこう述懐している。「博士論文の公刊に抵抗してきたのは、つまり、」「パラノイア精神病と人格は、たんに同じものだからですよ」[63]。他者を持ち、他者との関係において人格を持つ主体、この「人格」は、パラノイア精神病と別のものではない。つまり、どのような主体においても、以上長く述べてきたような想像的な愛憎と詐取の過程、すなわち「パラノイア的な」過程を避けることはできない。主体の形成過程とパラノイア精神病の過程、それは本質的には「同じもの」だからだ。

もうひとつ、これは筆者も共有する疑問がある。サンタンヌの若き精神科医ラカンのエメに対する治療の有効性については、一々典拠をあげる煩瑣こそ避けるもののさまざまな細かい批判や議論がある。が、それはどうでもよい。そのようなことよりも重要なことがある。ここでラカン自身が、エメの治癒の理由を何よりもまず裁判官の判決に求めているということである。前置きとして多少単純な理解を述べておこう。あの〈インファンス〉の「非－世界」、絶対的な「自己＝世界」の世界から、〈鏡〉によって切断された想像的世界は、相対的には自己と他者の区別を与えはする。しかし、その想像界の「わたし」は、鏡像的な関係を取り持つしかなく増殖と蠢動をつづける小他者に取り囲まれ、愛と攻撃性のなかで文字通り「自失」している。「わたしが愛しているおまえを殺してやる、でもおまえはわたしだ！」。この科白が轟き渡る空間において自己と他者の区別が存在するといっても、それは薄く描かれた破線のようなものでしかないことは明らかだ。ここに介入し、袋小路を破るものが、法とことばの次元とラカンによって形容づけられることになる象徴界である。だが、この初期ラカンの習作として片づけられるか、そうでなければ「想像界」の初心者向けのよい解説の題材として取り扱われがちな症例エメが極めて重要なのは、ここで治癒をもたらすために介入しているものがまさに「実定法」であると語られているからだ。ここで機能しているのは、精神分析家の脳裏にある法、精神分析的隠語であるしかない法、非歴史的で普遍的な、説明と解釈のための操作概念としての象徴界の法ではない。ラカンがこの愛憎の弁証法の出口として示したのは「象徴界」という用語、何にでも当て嵌める隠語だったが、ヘーゲルが自らの「主人と奴隷の弁証法」の出口として示したのは具体的な歴史的制度、法、「国家国家」であり、その哲学的な企画だった。常に「絶対知」からものを見る「事後的」なヘーゲルの視線からこそそれは可能だったのであり、偶然性を排除する目的論的な彼の「歴史哲学」の視線は批判にさらされるべきだ云々ということはありはするし、その解決策たる国民国家が何をなしたのかということも勘案せねばならないだろう。しかし、このことを割り引いても、両者の対比はあまりに鮮明だ。つまり、ここで問われているのは、心理学や精神医学の領域内部でだけ処理できる問題では全然ない。図らずも若きラカンの論旨において、象徴的作用である「法の一撃」は、「精神分析の密室」から溢れ出てしまっている。その治癒は制度性の領域において、実定法の領域において作用した。そう語っているのはラカン自身だ。個人の狂気を対象にする心理学があり、法学や社会学はそれとは別にある、というような言い方は全く不十分であり、心理学や精神分析を「応用」した社会理論、という言い方も満足しうるものではない。もともと無意識のレヴェルにおいて、個と社会、あるいは公私のあいだに区別はない。主体の再生産＝繁殖（reproduction）が社会と呼ばれるものの第一のつとめだとすれば、その社会野における権力は、事のはじめから主体以前の主体の形成的場面において作用するはずである。だからこそ、われわれが描出してきたイメージと自我との愛憎のゲーム、死を賭けたゲームは、精神分析の臨床における操作的隠語という価値のみを持ってはならず、決して「普遍的な人間の存在構造」として「自明なもの」「自然的なもの」とされてはならない。それはまさに政治的であり社会的であり法的であり歴史的であり宗教的である領域において、人為的制度性の領域においてある種の価値を持たなくてはならないし、現に持っている。だからこそ、実際にそれ自身の制度的な手続きによって解決は与えられた。エメの治癒という解決が。精神分析は社会の外に安住してご高説を垂れるもののではなく、社会を見る仕方を「応用」として「提供」するものでもない。精神分析は、そしてそれが取り扱う病は、社会野のなかに、ただそこだけにある。このようなことすらわからなくなっていく現状に苛立って、ドゥルーズとガタリはあの大著『アンチ・オイディプス』を書かねばならなくなったのであり、そこで精神分析の密室を解き放たなくてはならないと語ったのではなかったのか。

育児学でも教育学でも心理学でもない、今ここにある系譜であり、繁殖の営みである。心理学でも精神病理学でもない、今ここにある法であり政治であり宗教である。この主体形成の過程、すなわち再生産の過程は、そしてその歪み、軋みとしての病は、法、宗教、社会のなかにあり、そこにしかない。実は、博士論文におけるラカンはこのことに微かに勘づいている。いわく、症状は「社会的性質を持つ諸関係に関連して現れる」。「解釈妄想は踊り場や往来や広場の妄想なのだ[64]」。エメの病は、深く個人的であると同時に、それよりもより深く社会的な病である。だからこそ、それは社会的かつ法的に治癒される必要があった。ここにこそ、社会的な病を臨床の密室のみで解決しようとするラカン以後の精神分析家たちが黙殺し、あるいはラカン自身が後年忘れてしまったかのようでもある、ピエール・ルジャンドルが口にする「裁判の臨床的機能[65]」が存在すると言い得る。精神鑑定などに左右されない、「それ自体臨床である法の実践」である[66]。

あまりに、あまりに先回りが過ぎた。以上のことを語るには、まさにルジャンドルの助けが必要だったというのに。フーコーの批判を遺漏なく吟味しなくてはならなかったというのに。彼らの知見なしには、以上のことは浅薄で意味のわからぬ放言に見えかねないというのに。しかし、彼らをこの場に招くのはまだ早い。第二部、第三部になって後に、以上の文言の真意は明らかとなろう。早口は禁物だ。ゆっくりと迂回していこう。われわれのここでの目的は、ラカンを斜めに横切ること、そしてその奇妙な概念の浸透を見てとることだった。再度始めよう。

第八節　第一の象徴界――パロールの象徴界、約束の象徴界

蠢動し増殖する愛憎の世界、想像界。これを脱するために精神分析が示す脱出口はどこか。一九五三年一一月のラカン、すなわちセミネール第一巻冒頭のラカンはこう言っていたのだった。「分析が進んだ結果到達する点、つまり実存的な承認の弁証法の極限点、それは『おまえはこれだ』です」。そして即座に彼は言葉を次ぐ。「しかし、この理想はけっして実際には到達されることはありません」と[67]。

「おまえはこれだ」。精神分析の到達点であり、「理想」でもある断言。この「これ」が鏡像だとしたら、あの疎外をもたらす「死の筆触」で描かれた「跡」であるとしたら、それは全く解決にはならない。突如としてそれは嫉妬の憤怒とともにあの「おまえはわたしだ」に変容してしまう。そのことは既に見た。そして、この時点のラカンの「これ」は、いまだ多分にイメージであり、自己イメージではある。しかし、こうは言える。

おそらく想像界の袋小路を脱するための決定的な突破口となる断言が存在するとしたら、それはこうだろう――「おまえはこれだ」。まったく同じこの断言であり、そうでしかありえない。判決は、無意識に向かってこう語っていたのだ。「おまえはおまえの姉でもなく、文学上の友だちの誰彼でなく、あの女優でも小説家でもなく、おまえはエメだ。この罰を受けるべきエメだ」。

「おまえはこれだ」。「そうか、わたしはこれなのだ」。全く同じこの断言のなかに、彼は「空虚な言葉」と「充実した言葉」を、想像的な「小他者」と象徴的な「大他者」を、つまり想像界と象徴界を切り分けていこうとする。「おまえはこれだ」に抗する「おまえはこれだ」。その危うさはあまりに明白であり、その危うさゆえにラカンは象徴界を二つ作り直して重ね合わせなくてはならなかった。と、ここでは一言だけ言っておく。さあ、ラカンの別の「おまえはこれだ」の、別の「これ」の切り出しの努力を見ていこう。このころのラカンのセミネールは、われわれが取り上げた初期の二論文の明快さと瑞々しい息吹を失っていない。それはまた、この第一の象徴界が思うがほか単純なものだということでもある。

「おまえはこれだ」。これを言い換えよう、できるだけ「おまえを殺す」から遠ざけるように。「おまえはわたしの妻だ」「おまえはわたしの主人（maître）だ」[68]「おまえはわたしに付き従う人だ」[69]。これが、待ち望まれた想像界からの脱出口である。これこそが、ラカンの第一の返答である。だが、それにしても。あまりに空疎な言明ではないか。一目見ただけの街ですれ違った女性に息せき切って駆け寄った男が「おまえはわたしの妻だ」などという言明を口にすれば、一体どういうことになるだろう。この言明は、儀礼などの或る具体的な状況と時間のなかでしか全く意味を持たないものでしかない。ばかりか、それはほとんど何も語っていない空疎な断言にすぎない。それが語っているのは、「わたし」と「おまえ」であり、その関係についてであり、その関係の変化についてであり、具体的な物事の真偽など何も語っていない。それはほとんど自己言及的な言葉でしかない。空疎な、時には滑稽ですらあるだろうこの断言。しかし、それでもラカンはこれを「充実した言葉《パロール》」と呼ぶ。なぜか。

簡単なことだ。「はい」と言おう。そうです、と呟いてみよう。諾と短く答えるだけでいい。「これが、わたしだ」。それは主体のステイタスを一変させ、この空疎な言明を契約とし、約束とし、誓いとする。この返答、この諾、契約の署名などは、ほとんど何も言っていない言葉の切れ端にすぎない。だがそれは主体の位置を象徴的に決定し、拘束する。そして、わたしがあなたの妻であり夫であることは、「真理」と「なる」。それは、約束の真理であり、契約の真理である。その言葉が「充実した」と呼ばれるのは、まさにその言葉を発しそれに「諾」を言ったものの象徴的なステイタスを、地位を、全く変えてしまう言葉だからだ。それは他でもない「定礎的」[70]な価値を持つ言葉である。これらの言葉は何かを叙述したり描出したり判断する言葉ではなく、「お互いの承認のなかで打ち立てられる真理をめざし、それを形作る」言葉《パロール》であり、「行為をなす」[71]言葉、定礎する言葉なのだ[72]。それは「現前する二人の人物を位置づけ、彼らに他の平面を通過させ、彼らを変形する」[73]。だから、「そこで一方の主体は、それ以後は自分が以前とは違っていることを知る」[74]。

誰かの妻になる、誰かの夫になる、誰かの弟子になる。こうしたことが決定的な「象徴的な」「位置決定」を可能にする。ラカンは言う、「象徴的な関係が見る者としての主体の位置を定めるのです、言葉《パロール》、すなわち象徴的関係こそが」[75]。想像的な自我の不安定な動揺、ゆくりなく小他者へ投射されて愛憎の沸騰を巻き起こす「おまえ」と「わたし」の交代劇はここに止まる。この空疎にして充実した定礎的なことばによって。それを語ることによって。「あなたの妻だ」。「そう、これがわたしだ」。ここにあるのは誓いの言葉であり、宣誓である。「協定」「契約」[76]であり、「主体の、誓われた信」[77]だ。第一の象徴界、そこにおいて言語の本質は約束と協定と契約と誓いであり、「法」なのだ。いわく、「人間の法は言語の法である」[78]「法をともなう言語」[79]。

想像的な自我は、「法をともなう言語」において、ことばを語る主体となる。「話す主体、それをわれわれは否応なく主体として認めなくてはなりません」[80]。愛憎の憤怒のなかにある自我は語る主体となり、嫉妬を巻き起こす鏡像の他者も語る主体としての他者となる。そして、約束が交わされる。

しかし、当然のことだが、これだけでは二人の関係は保証されない。そう、これは「誓われた信」だ。ラカンは次のように言う。

私としては、こうして拡げられたコミュニケーション概念の内部で、他者に語られるものとしての言葉《パロール》とはなにかということの、特殊性を明らかにしたいと思います。それは、ある他者をして語らせることです。

この他者をみなさんがご承知くだされば、大文字のAと書きましょう。どうして大文字のAとするのでしょうか。普通に使われている言語がもたらすものに加えて何らかの補足的な記号を導入しなければならない時にはいつもそうなのですが、ある妄想的な理由があるからです。この妄想的な理由はこうです。「きみは僕の妻だ」。これについて結局みなさんは何を知っているでしょうか。「あなたは私の主人だ」。これについて実際それほどの確信が持てますかね。このことばに定礎的価値を持たせているのはこういうことです。つまり、このメッセージにおいてめざされていることは――それがみせかけの場合でも明白だけれども――絶対的な大他者Aというかぎりでの他者がそこに存在しているということです。絶対的とは、つまり、この大他者(A)は承認されてはいるが、知られてはいないということです。同様にみせかけをみせかけにしているもの、それはけっきょく、みせかけかどうか皆さんが知らないということです。言葉《パロール》が他者へと話される水準における言葉《パロール》の関係を特徴づけているのは、本質的には他者Aの他者性にある未知性なのです。[81]

大他者。多少先回りして言えば、紆余曲折を経た後、後期のセミネールではあからさまに「哲学者の神」[82]と定義されることになるこの「未知なる」「知られぬ」大他者が発話し、これらの二者の約束を請け合い、証人としてこれを保証する。「大他者の場所、証人である大他者」[83]。まさに「第三者としての大他者」[84]の発話の介入であり、そこにあるのは「象徴的なものの媒介機能」[85]である。この「象徴的なものの媒介機能」を語る同じ頁にいわく、「すべての想像的関係は、主体と対象のあいだの『もしおまえなら、わたしはないというかたちで生じるということです。これはすなわち『おまえかわたしか』ということです。わたしなら、ないのはおまえだ』ということです。象徴的要素が介入するのはそこです」。つまり「制御する第三項、何らかの命令によって主体のあいだに距離をとらせる第三項が介入せねばならない」[86]。「こんなわたしはわたしではない」「おまえはわたしだ」というあの疎外と融合の果てしもなくあてもない流動と増殖は、「第三者たる大他者の認可」[87]において、その介入において、停止する。約束の言葉は、第三者の認可と認証のもとに真理となるのだ。契約の定礎。約束と協定、それは「永遠のもの」である。引用しよう。

象徴的関係は、すでに強調したように永遠のものです。それはただ単に、そこにいつでも三人の人物が存在していなくてはならないというだけの理由によるのではありません。象徴は第三者という要素を導入するという点で、すなわち現前する二人の人物を位置づけ、彼らに他の平面を通過させ、彼らを変形する、そういう仲介の要素を導入するという点で、象徴的関係は永遠なのです。[88]

永遠の象徴的関係、永遠の約束。永遠の「おまえはわたしの夫だ」「妻だ」。沸騰することのない平穏なる愛。しかし、果たして本当にこれで終わりなのだろうか。永遠の平和は訪れるのだろうか。それはあまりにもナイーヴではないか。この疑念は晴れない。この疑念は、まず簡単に晴らせるものと、ラカンを「第二の象徴界」とわれわれが呼ぶものに駆り立てざるをえなかった不穏なものとに分けることができる。まず簡単なほうから行こう。その疑念とはこうだ。

つまり、「これについて実際それほどの確信が持てますかね」というラカンの皮肉っぽい科白を、この「永遠の約束」に対しても浴びせかけることができるのではないか、ということだ。つまり、この「わたし」と「おまえ」とのあいだに交わされた約束の言葉、「充実した言葉」が、嘘だったらどうするのか。そこに示された「これがわたしだ」の真理が、誤謬だったとしたらどうするのか。誤謬、嘘だったら。約束が破られたら。イメージは嘘をつかない、しかし言葉は嘘をつき、誤解を生み、ゆえに誤謬の由来となる。そうである以上、このような約束が永遠だなどと、そういうことが何故言えるのか。この大他者がまさに「未知なる」「神」だったとしても。

しかし、これはほとんど問題ではない。なぜなら、ラカンにとって、言葉《パロール》とはそもそも嘘をつくものであり、その「嘘をもつきうる」能力によってこそ「真理」を語るものだからである。先程引用した「話す主体、それをわれわれは否応なく主体として認めなくてはなりません」という文言はこう続くのだった。「なぜでしょう。それは、この話す主体が嘘をつくことができるという単純な理由によってです」[89]と。「真理がなければ誤りもないということを言っているのではありません。ことはもっと複雑です。つまり、真理としてあらわれない誤謬はないのです」「誤謬こそは、真理の受肉なのです」[90]。さらに引用を重ねよう。

> 現実のなかに嘘というものを設立するのは言葉《パロール》です。言葉は、存在しないものを導入するからこそ、存在するものをも導入することができる。言葉以前には何も存在しません。まったく何もないのです。おそらくすべてがすでにそこにあるのでしょう。しかし存在するもの——真実や虚偽であったりするもの、ということはつまり存在するもの——と、存在しないものとがあるのは、ただ言葉によってのみです。現実的なものにおいて真理が穿たれるのは言葉という次元によってなのです。言葉《パロール》以前には真実も虚偽もありません。言葉とともに真理は導入され、嘘もまた導入されます。[91]

つまりこういうことだ。「はじめにことばありき」。言葉以前の「真実」はすでに問題ではない。現実界の真理、言葉が介在しない真理が問題になっているのではもはやなく、ましてやハイデガーの言うような真理と誤謬の区分の以前にある「存在の真理」「アレーテイア」の顕現の如何が問題になっているのでは全然ない。ここで問題になっているのは「言葉の真理」、すなわち「契約の真理」だった。実際はどうあれ、「おまえはわたしの妻だ」ということにしよう、「おまえはわたしの師匠だ」ということに決めよう、「おまえはわたしの夫だ」ということで良いだろう。はじめからわれわれが語ってきた「言葉の真理」、「諾」と応じられた断言の真理とは、こういう「協定」の真理、「約定」の真理、「手打ち」の真理だった。「こういうことにしよう」「こういうことに決めよう」と言えなくては、つまり「かのように」としての、「フィクション」としての、「嘘」としての発言ができなくては、このような真理は端からありえないのだ。約束と、契約は、破ることができるからこそ約束であり契約である。言葉は嘘をつく能力を与え、その能力を与えることによってこそ約束と真理を可能にするのだ。ここに謎は何もない。はじめから協定の真理と言うときに、嘘はそこに含まれていたのだ。いわく、「定礎する言葉《パロール》」と「嘘の言葉、騙す言葉」には「二面性の構造」[92]があると。『エクリ』のなかでも、彼は「真理の」「フィクションとしての構成」[93]と、「フィクションの構造のなかで真理は明らかになる」[94]と繰り返し述べていた。だからこそ、「〈真理〉がその保証を引き出すのは、それの関係している〈現実性〉とは別の場所からであって、それは〈言葉《パロール》〉からである。それはちょうど、真理がフィクションの構造のなかでそれを制定しているこの刻印を受け取るのが、言葉からであるように」[95]という文言の直後に、こう語ることができたのだった。「原初の言（dit）は、命令を布告し、立法し、警句を発し、それは神託である」[96]。

たとえば、セミネール第三巻にあたる一九五六年一月一一日のセミネールで、彼はこう言っている。

> この大他者Aは主体、つまり嘘をつくことができる者というように考えてはなりません。逆に、この大他者Aは、常に同じ場所でふたたび見出されるもの、天空の大他者であり、いうなれば、世界そして対象の安定した体系なのです[97]。

しかし、一〇箇月後、同じ年の一一月二一日の、第四巻『対象関係』に収められているセミネールではこう言っている。

> 想像的関係というのは、本質的に疎外され、妨害され、押さえ込まれ、抑制され、制止され、もっとも頻繁に反転する関係です。そしてこの想像的関係は、主体と大他者とのあいだの言葉《パロール》の関係を深く見損なっているのです。このまた別のもうひとりの主体であるかぎりで、大いなる大他者は、すぐれて騙すことができる他者なのです[98]。

ここで混乱する必要はない。何も難解ではない。「天空の大他者」は「安定した体系」をもたらし、「わたしはこれだ」を最終的に保証する第三者である。しかしそれは、大他者が騙すこともできるからであり、つまり嘘をつくことすらできる力を持つ言葉を、フィクションとしての充溢した言葉を話し、フィクションとしての契約を執行する言葉を話し、言葉を「呼びかける」大他者だからである。それだけのことだ。

天空の大他者、神の充溢の発話による契約と法の世界。そのもとに統べられ、そのもとに服従し、そこにおいてついに「わたしはこれだ」は言葉として発され、想像的な自我の狂乱の増殖は停止する。多少の留保を置かなくてはならないとはいえ、フィリップ・ラクー゠ラバルトとジャン゠リュック・ナンシーが語ったように、ここには「契約理論」があり、「ルソー主義」に似た何かがあると言っていい。[99] わたしはこれだ。わたしはわたしだ。約束する、わたしはおまえの夫だ。わたしはおまえに呼びかける、「わたしの夫」「わたしの妻」「わたしの師」と。そう、ラカンはまさに言葉の機能は「呼びかけること」[100]だと言っていたのだった。破られるかもしれない、裏切られるかもしれない、束の間のものかもしれない。が、それがゆえにこそそれは充溢したものとなる。さらにそれはより上位の、「天空の大他者」が支える「法」によって保証されてもいる。ついに言葉の力、契約の力によって、平和は達せられた。すでに引用した箇所で、ラカンはこう言っていたのだった。「言葉以前には何も存在しません。まったく何もないのです。おそらくすべてがすでにそこにあるのでしょう」。すなわち、「はじめにことばありき」。

と、しかしこの天空の秩序の内部で、密やかに動きだすものがある。この「約束の」「協定の」「呼びかける」力強い言葉のもとにある平和が、何か震えを抑えられず、何か不安に濡れたものとなっていく。言葉の機能を「呼びかけるもの」と言った同じ箇所で、ラカンは侮蔑的にこう言っていたのだった。その機能は「情報を伝えることではない」と。「言葉は記号の働きではありません、それは情報の水準に位置しているのではなく、真理の水準に位置しているのです」[101]と彼は断じていたはずだった。情報を伝えるだけの言葉、無意味なお喋り、通俗的な、何も約束しない言葉。機械の言葉。ラカンが「充実した言葉」に対立するものとしてあげていた「空虚な言葉」[102]だ。これは、どこにいったのか。この大他者の定礎する言葉のなかで、それは消えて無くなったのか。多少単純にすぎる解決とも見えるこの「充実した言葉の象徴界」から何か逸脱する、「空虚な言葉」の脈動。それは、長くセミネールの壇上に立つラカンの言葉のなかを浮き沈みしてきた。それは当初は、たんに同時代のサイバネティクスや情報理論の勃興に関する好奇心——あからさまな反感交じりではあるが、しかしそれなりに真摯な興味だったと言うべきだろう——から、そのさまざまな挿話を取り上げては話の種にしていったというだけのことなのかもしれない。実際そうとしか見えない場面もある。たとえば、あの『盗まれた手紙』を取り扱ったセミネールのきっかけも、その前々回のセミネールにはっきりと書いてあるように、そのなかで主人公デュパンが語る挿話、「おはじき」を使った「丁半ゲーム」への注目であった。丁か半か、プラスかマイナスか、0か1か。機械と丁半ゲームをやるとどうなるだろうか、と、はるか後の時代の人工知能をめぐる考察にも似たそれなりの思弁をしてみせたあとに、実際その「丁半ゲーム」をセミネールの出席者同士でやってみようと言い出すラカンに、出席者のひとりマノーニは「僕ですか。僕はインチキしますよ」と応じるという、微笑ましい場面も見られるくらいのものである。だが、0か1かをめぐる確率の戦略とゲームというおよそいままで彼が語ってきたものとは質を異にするものは、少しずつその論旨に染み通っていく。そして、それが「充溢した言葉」と全く矛盾するものなのではないかという疑念が、ついに露顕する瞬間が訪れる。それは、セミネールのなかの具体的な言い争い、ラカンと出席者との詰《なじ》るような食い下がり合いとして噴出する。それは他でもない、ヨハネ福音書の「はじめにことばありき」という文言の解釈をめぐるものだ。多少細かく見ていこう。

第九節　ウェルブム、ロゴス、ダヴァル——密やかな転回、第二の象徴界へ

それはまず、一九五五年六月一五日のセミネールに始まる。この時点がどういう意味を持つのか、簡単に言おう。これは第二巻のセミネールの最終部分に収められることになる会合の記録で、同年四月二六日のセミネールがあの『盗まれた手紙』についてのセ

ミネールであり、『エクリ』に収めるべくこのセミネールが書き直されていったのは、表記によると翌年五六年の五月中旬から八月中旬である。このセミネール、五五年六月一五日からはじまる一連のセミネールは、このあいだにある。

さて、言葉と言語、パロールとランガージュの区別を論ずるこのセミネールでは、すでにセルジュ・ルクレール、マルシャン、リゲ、ベルネール神父、オードリー夫人などの出席者たちが、われわれが「第一の象徴界」と呼んできたものと齟齬を来す発言をくりかえすラカンに対してさまざまな疑問や質問を投げかける場面が繰り広げられている。そのなかで、ラカンはこう言う。

　私がベルネール神父の助けを求めたのは、「はじめにことば《ウェルブム》ありき（in principio erat verbum）」のためですよ。……「ウェルブム（verbum）」というのは言語《ランガージュ》、あるいは語のことだといってもいいでしょう。ギリシャ語のテクストではこれは「ロゴス（logos）」となっていますが、これも言語《ランガージュ》のことで、発話《パロール》される言葉のことではありません。そのあとになって、神は言葉を使うのです。「光あれ」と神は言うのです。[103]

ラカンは突如として言う、「はじめにパロールありき」ではない、「はじめにランガージュありき」なのだ。この発言からかなり時間を経たあと、セルジュ・ルクレールは、ふと思い出したかのように質問を口にする。

私にはどうにもよくわからないことが一つあるんです。先ほど、「はじめに言語《ランガージュ》ありき」と訳されましたね。そういう訳を聞いたのははじめてです。何からの引用なのでしょうか。それはあなたの翻訳ですか。[104]

この質問に対して、ラカンは即座に「『はじめにことばありき (in principio erat verbum)』、この『ウェルブム (verbum)』は、明らかにランガージュであって、パロールではありません」と撥ねつける。「そうすると始まりというものがなくなってしまいますよ」と当惑するルクレールに、ラカンはぴしゃりと「ヨハネ福音書を書いたのは私ではありません」と言い放つが、ルクレールも「先ほど言われた訳は見たことがありません。『ウエルブム』はいつも『パロール』や『ことば (verbe)』と訳されていて、『ランガージュ』と訳されることは決してありませんよ」と食い下がる。[105]

そこで、「X氏」としてしか表記されていない何者かが——おそらくはヘブライ語に通暁した者と思われる——こう介入する。「『ウェルブム』は、パロールを意味する『ダヴァル (davar)』というヘブライ語の翻訳であって、ランガージュではないですよ」と。[106]

些細な、しかし重大な紛糾である。そのため、まずラカンの真意を明らかにしようという配慮が働いたのか、次回六月二三日の会合はセミネールに代えてラカンの講演が行われている。「精神分析とサイバネティクス、あるいはランガージュの本性について」と題されたこの講演は、一言で言うと「この0と1、すなわち現前と不在の表記」[107]を、そして「サイバネティクス」を象徴界に繰り込もうというものだった。情報を、情報の言葉に、情報理論にあれほど——好奇心と興味交じりの——反感を持っていた彼がである。[108]しかし、それはとりあえずよい。われわれが注目している論旨は、その次のセミネールに続く。

六月二九日、一週あけて二週間経った会合、セミネール第三巻の最後に収められることになるセミネールは、まるでその二週間がなかったかのように、またあの「ウェルブム」「ダヴァル」「ロゴス」をめぐる解釈の論争からはじまる。しかもその口火を切るのはラカン本人である。開口一番、出席したX氏に対してラカンは、あなたがダヴァルと言った意味はどういうことだ、何を根拠にそんなことを言ったのだと詰め寄るのだ。そう、何としても彼にとって「ウェルブム」「ダヴァル」は「充実した言葉」、「パロール」であっては困るのだ。それは言語、ランガージュでなければならない。彼はセミネール冒頭でこう蒸し返す。

私は、「ウェルブム」が、あらゆる言葉《パロール》に、そしてさらには『創世記』の「フィーアト（在れ）」にすら、すべてに先立つある種の公理であるかのように、おそらくは先行するものであったことを示唆しました。それについてあなたはその「ウェル

「ブム」がヘブライ語の「ダヴァル」だと反論されたのです。[109]

ラカンは頑固に自説を曲げない。「はじめにランガージュありきと言ったのは私じゃない、聖ヨハネです」と言い募るラカンに、X氏も「いいえ、聖ヨハネはそうは言っていません」と突っぱねる。[110]

もういいだろう。もう、これ以下も延々と続く彼らの揉み合いに付き合うこともないだろう。膨大な語源学的学殖を必要とする部分ではあるが、簡略にでも解答を与えよう。はっきり語源学的に言ってしまえば、ウェルブムだろうがダヴァルだろうが、そこにあるのはパロールである。つまり発話される言葉《パロール》である。確認しておく。ここで議論されているヨハネ福音書の原典はギリシャ語である。X氏が典拠としているヘブライ語版ヨハネ福音書自体が「翻訳」であり、そこに現代ヘブライ語でもふつうに「話」「ことば」という意味を持つ「ダヴァル」が訳語として表記してあっても、そのこと自体はさして典拠とはならない（ちなみに、ヘブライ語で「ランガージュ」にあたる語彙は「ラション（舌）」「サファー（唇）」である）。このヨハネ福音書ギリシャ語原典では「ことば」として表記されているのは「ロゴス」だ。が、セミネールのなかでも触れられている通り、このヨハネ福音書が明らかに依拠し根拠としているのは旧約聖書『創世記』の第一章である。無論その原典はヘブライ語で書かれている。そこには明らかに「発話される言葉による創造」が見られる。そこで使われているのは「言う」という動詞であって、それは一貫して別のもの、語根 amr である。そして、この語根が示すものは、全き「出来事としての言葉」であり、行為としての発話であり、つまり充実した言葉、パロールである。「『光あれ』と神は言った。すると光があった」[111]。

だから、要するにラカンの立言には無理がある。無論、創世記の「語根 amr」とヨハネ福音書の「ロゴス」とのあいだにニュアンスの違いはありはするし、そこをラカンは指摘したかったのだとすることもできるだろう。しかしもうよい。われわれにとって、問題は別にある。つまり、ラカンは気づいたのである。自分がセミネールの流れのなかで少しずつ言ってきたことが、自分が提起した「充実した言葉」と矛盾するものであることに。行き掛かり上だったのかはっきりとした自覚的な決断があったのかどうかは詮索しても仕方がない。しかし、結果としてラカンはここで彼が「ランガージュ」と呼んでいるものを採る。彼がここで言っているのは、充実した言葉《パロール》は二次的なものでしかないということだ。彼は言う、「『フィーアト（在れ）』、つまりもっとも始原的な定礎する言葉《パロール》ですら、二次的なものであると考えられなくはない」[112]。「すでに『フィーアト』にその枠組みを与えている現前と不在の戯れ」[113]と。

定礎する言葉《パロール》。「命令を布告し、立法し、警句を発し、神託である」ような天空の大他者の「原初の言《ことば》」[114]。神の言葉。それが手厚く保証する協定、われわれの約束、われわれの契約、われわれの誓い。それが、ついに「わたしであるおまえを殺す」を止めたはずだった。しかし、この定礎する言葉のなかでも最も始原的な、世界を定礎せんとする絶対的な定礎の言葉、「光あれ」が、二次的なものであるというのだ。行為する言葉、「協定」としての真理の支えを、いうなれば陥没させようというのだ。そうすると、パロールはもはや充溢したものであるままに中身をくり抜かれ、何かの効果でしかないものとなる。何かに「枠組みを与えられて」いるものでしかなくなる。では、この約束の言葉、天空の大他者の定礎の言葉に「先行する」言語、彼がここでランガージュと呼んでいるものは何なのか。同じ箇所でラカンはこう言う。

> 私の言うランガージュとは、不在と現前の連続のことです。あるいはむしろ不在を基礎にした現前の連続です。ただし不在といっても、ある現前が存在しうるということによって構成される不在です。[115]

「はじめに（in principio）」あったのは「0と1の原初的背反」[116]である、と彼は言う。機械でありコンピュータである。0と1の交代、二進数の世界、「機械の世界」である。ラカンは先立ってはっきり言っていたのだった、「象徴的世界とはまさに機械の世界です」[117]。なぜなら、まさに0と1との交代にこそ「第三項」の機能は作用するのだから。0と1があるならば、それを区別し「分割」する第三の項が必要になる。もっと単純なことでもいい。ラカンは言っている。「論理的な掛け算、あるいは論理的な足し算でもいいですが」、「ある欄では0と1で1になり、また別の欄では0と1では0になるのです。言い換えれば、三項性をなすものが機械の構造には不可欠なのです」[118]。「機械において真に最小のものは三の機能です」[119]

象徴界は機械の世界である。どういうわけか、人間を数値に置き換えることを可能にするさまざまな社会工学的技術が登場するたびに、象徴界はもう通用しないと嬉々として口にする人々は絶えない。浅薄な、甘い夢というべきだ。それは、われわれが「ナイーヴ」「単純」と呼んできた「第一の象徴界」しか飲み込むことができていないからに他ならない。

ラカンは同じセミネールで、「私の言説に何らかの転回点があったのかもしれません」と呟く。ここに、第一の象徴界から第二の象徴界への転回が、そしてその重ね合わせが始まるのだ[120]。しかし、転回点を語る同じ行で、自らの講演が「あまりに性急で、省かれた、簡略な、言い足りないもの」[121]だったかもしれないとも彼は言っている。らしくもない逡巡である。しかしその逡巡はあまりに露わだ。それとともに混乱は極点に達する。ランガージュを機械化した同じセミネールで、そのなかで転回と逡巡を呟いた時からたった数頁あとで、「人間の言語において具体化したランガージュ」が「イメージ」から出来上がっていて、それは「想像的経験」[122]だなどと無茶なことを言うときに、その混乱は剝き出しになっている。この混乱を混乱と、無茶を無茶としないパースペクティヴは本章の最後に示すことにして、先に進もう。

この第二巻のセミネールの最後に起こった「転回」、ある意味でこれは「想像界の袋小路」に続く「第一の象徴界の袋小路」だ。第一の象徴界、それは何かナイーヴで、何か作り物めいている。そこではわれわれの切りのなく果てしないはずだった欲望は、われわれを責め苛み燃え尽きない炎として日々ひとを狂わせる欲望は、穏やかな約束の言葉のなかで何か清められ鎮められてしまったかのようである。愛の欲望は、実際こうしたものだったろうか。確かに素晴らしく晴れがましい約束の真理、契約の真理だ。それが十分な執行力を持っていることをわれわれは弁えている。破約がどんな罪になるのかも。しかし、本当にこのような約束の言葉が、われわれの次々と横滑りしていく欲望を、承認を求める身を焦がすような欲望の熱を回収できるものなのか。何かがおかしい。何か、ここでは口を拭って沈黙を強いられたものがある。無論、ラカン自身はこの転回の後にも「充実した言葉」について、それを保証する役割を持つ大他者について語ることをやめるわけではない。たとえば五五年一一月三〇日や一二月七日、第三巻『精神病』に所収されることになるセミネールではこのことをはっきりと語っているし、筆者もそれをすでに引用した。しかし、この密やかな移行は確実に起きた。[123] 実際、ラカンは後年、「充実した言葉」「おまえはわたしの妻だ」「おまえを殺す」などといった言い方をまとめて「悪い影響を及ぼした」ものだと吐き捨てるように言って否定することになる。[124]

しかし、ここを突破するために、一体どうすればいいというのか。答えはすでに出ている。彼がここで神の「光あれ」に先行させた「ランガージュ」であり、機械の象徴界、欲望の横滑りの象徴界、「第二の象徴界」である。彼は、五五年一一月から五六年七月にかけて行われたセミネール『精神病』において、また「転回」以前の五五年四月二六日に行われたセミネール「『盗まれた手紙』」を、「転回」を踏まえて五六年五月から八月にわたって全面的に書き直しつつ重要な補遺をも書き加えるという作業を通して、そしてまた五六年一一月から五七年七月にかけて行われたセミネール『対象関係』と同時期、五七年五月一四日から二六日にわたって書かれた論文「無意識における文字の審級、あるいはフロイト以後の理性」の執筆を通じて、ラカンはこの袋小路を突破しようと試行錯誤を重ねる。時にはすでに確立した鏡像段階理論についても、そして充溢した言葉を語る大他者の理論についても説明を付け加え形容をさらに重ねながら、少しずつ別のものを見出そうとしている跡はそこに明らかに見てとれる。

さあ、これを追おう。思い出そう、われわれは自らが提示したボロメオの輪のうちまだ二つしか「横切れて」いない。その輪が重なる部分に至るまでにはまだ遠い。しかも、その内の一つ「第一の象徴界」には満足できないことは明らかなのだから、もう一度これを横切り直す他に術はない。

第一〇節　第二の象徴界——機械の象徴界

確認する。彼は0と1の交代、現前と不在の交代の構造、その機械を「ランガージュ」と呼び、それを「充実した言葉《パロール》」を発話する主体に「先行するもの」と言ったのだった。この「第二の象徴界」たる「ランガージュ」の0と1、プラスとマイナス、現前と不在の交代の構造とはどういうものか。むろん、それはすでに述べた「『盗まれた手紙』についてのセミネール」の二つのヴァージョンと「精神分析とサイバネティクスあるいはランガージュの本性について」で述べられている。後者はごく簡単なAND回路とOR回路、EX-OR回路についての概説にすぎないので、後にいくつか結論だけ触れるに留める。ここでは、『盗まれた手紙』についてのセミネールのセミネール第二巻に所収された版の説明と[125]、特に『エクリ』版の「『盗まれた手紙』についてのセミネール」の本文ではなく補遺[126]を丁寧に読み込んで事を進めよう。念を押しておく。ここには、後のあの悪しき「精神分析の数学化」に繋がるものは何もない。難解なのではなく少しだけ「面倒」なだけで、ここにはトポロジーなり量子力学なりといったものはまるでなく、あるのはただの初歩的な計算、「算数ゲーム」にすぎないのだから。註釈にならない程度に、ラカンの図示に惑わされることなく、簡潔かつ明瞭に叙述してみよう。

　まず、現前と不在が、プラスとマイナスが与えられる。これは述べた通り「丁半ゲーム」として、「賭け」として与えられており、ラカン自身が述べるように、すでにここに確率論的なものは含まれている。[127] 丁半ゲームを続けてみよう。たとえば＋－＋－＋＋－－＋－……とその結果がつづくことになる。その確率論的な偶然として与えられたプラスとマイナスは三つごとに記号化しうる。変化しない三つ、すなわち（＋＋＋、－－－）を（1）の記号で表す。「後続には関係ない二個の同一記号のグループ」[128]によって表される非対称の三つ、すなわち（＋－－、－＋＋、＋＋－、－－＋）に（2）の記号を与える。そして交代する三つ、すなわち（＋－＋、－＋－）を（3）の記号で表す。すると、

＋－＋＋＋－－……

という丁半ゲームの結果は、

32122

と変換される。

そこで、たとえば（＋＋＋も＋－＋も対称な形をつくるという意味で）対称な（1）と（3）の組合せ、つまり「11」「33」「13」「31」と続くときにこれをαと表記し、非対称同士の組合せつまり「22」のみをγと表記し、対称と非対称を組合せるときつまり「12」「32」をβと、非対称と対称を組合せるときすなわち「21」「23」をδと記すとする。すると、

3212

は、

βδβγ

と変換される。

ここで事態は変化する。ラカンは言う、「一連の項のなかで、第一項と第四項を決定すれば、中間の二項から可能性の排除されている文字が必ずひとつある。また同じ中間の二項のなかで、最初の中間項に入る可能性が排除されている文字が二つあり、次の中間項に入る可能性が排除されている文字も二つある」[129]。第一項と第四項の組合せが（α・・α）のときを考えてみよう。ラカンいわく、「αまたはδからは、αまたはβ以外得ることができず、βまたはγからは、γまたはδ以外得ることができない」。αは「1-1」「3-3」「1-3」「3-1」なのだから（実際は1は（+++）（---）、3は（+-+）（-+-）であるから「1-3」「3-1」は存在しない）、中間項のひとつである第二項はα自体か「1-2」「3-2」であるβしか来ない。つまりここでは「2-2」であるγと「2-1」「2-3」であるδは排除されている。つまり、（α α・α）と（αβ・α）がありうることになる。さて、（αα・α）の場合、第三時点はαしかありえない。つまり（αααα）しかありえない（αααα は可能、とラカン自身も明言している）。（αβ・α）の場合、くりかえしになるがβは「1－2」「3－2」でありαは「1－1」「3－3」「1－3」「3－1」であるから「2－2」であるγは来ることができず、「2－1」「2－3」であるδしか来ない。つまり（αβδα）しかありえない。第一項がα、第四項がαならば、第二項はαかβしかありえず、第三項はαかδしかありえない。つまり、「中間の二項から可能性の排除されている文字」はγであり、「最初の中間項」である第二項から排除されているのはγとδの二つの文字であり、「次の中間項」である第三項から排除されているのはβとγの二つの文字である。同じようにたとえば（δ・・γ）ならば第二時点はαかβ（γとδが落ちている）、第三時点はβかγしかない（αとδが落ちている）。そして中間の二項からは共通して「δ」が落ちている。同じようにたとえば（δ・・α）ならば第二時点はαかβ（γとδが落ちている）、第三時点はαかδしかない（βとγが落ちている）。そして中間の二項からは共通して「γ」が落ちている。等々、これはあらゆるパターンに当てはまる。純粋な偶然のゲームと見えた現前と不在の交代が、ちょっとした変換のルール（おそらく、このような変換ルールはいくらでも他のヴァージョンを考えることができるだろう）で、奇妙な必然性に転化してしまう。必ず、落ちる文字があり、それはふと気がつくと遡及的に決定されているのだ。

さて、この「+と−の、現前と不在のゲーム」はどんな意味があるのか。勿論、フロイトが述べたのあのFort-Da（いない−いた）のゲームだ。幼児が糸巻を投げだして自らの視界からそれを追いやっては「いない」と叫び、糸を引きずって手許に戻しては「いた」と叫ぶという、フロイトが観察したあのゲームである。このFort-Daのゲームは、いまだ想像界の錯乱せる輝き（ここでは母との二者関係ということになる）のもとにいる幼児が、さらにそこから言語の世界、象徴界へ参入していき「真の言語の主体、真の欲望の主体」として自らを確立する第一歩だとされている。そのときの幼児にとって、いうなれば母は心理的にも物質的にも絶対的な「対象」であり、端的なその不在は幼児にとって本質的な危機となる。幼児にとって母の不在は自分の意志でどうこうできるものではなく、よってそれは非常に「受動的な」立場、寄る辺ない無力な立場に自らを追いやるのだから。そこで、母の姿をちっぽけな糸巻に記号として託し、それを自ら投げつけては引っ張り込み、「いた」「いない」のゲームにしてしまうことによって、その危機を能動的に引き受け「飼い馴らす」こと、これがこのゲームのそもそもの賭金だった。それは「記号化し、記号を操る」ことの第一歩と説明されてきた。ラカンはこのFort-Daのゲームについて、まさにわれわれが論じてきたこの「『盗まれた手紙』についてのセミネール」の補遺で展開されている「算術ゲーム」への導入となる箇所でこう言っている。「このゲームについてわれわれは、人間という動物が象徴界の秩序から受け取る決定を、そのラディカルな特性において明示するものである、と言いたい[130]」と。彼は言葉を続ける、「人間は現前と不在が互いに呼びかけあう構造的な交代運動を展開する」のであって、彼が「象徴の諸条件に屈伏する」「強襲の一撃」がなされるのは、この「現前と不在が結合する時点、いうなれば欲望のゼロ点においてである」[131]と。そしてこの「現前と不在の根本的な交代運動」、その「現実性においてはまったく『行き当たりばったり』に配分される一擲の連続」に沿ってこそ「この上なく厳密な象徴の多元的決定」[132]が行われる、と。この交代の秩序こそが「シニフィアンの決定をシニフィエの決定に重ねる」[133]のだと。

機械の二進法、潜在的に「欲望のゼロ点」である「三」を含んではいるものの、それとしては単純で単調極まりない0と1からなる偶然の二進法が、「シニフィアンの決定」に、「象徴的決定」に、「必然」に変容する。つまりラカンがこの算術ゲームを通じて試みているのは、Fort-Daのゲームについての通常の理解を精緻化することなのだ。「糸巻遊びという記号化によって母の不在の悲しみを飼い馴らすことが、記号やことば、象徴の世界のはじまりなのだ」という通常の理解では、なぜただの「いない－いた」が一足飛びに「主体」をもたらすのか、「言語の世界への参入」になるのかが曖昧なままだし、なぜそれが執拗に、「言語の世界」に達せられるまで繰り返されるのかもわからない。

このゲームの過程にラカンが重ね合わせているものを二つ挙げよう。ラカンは「奇妙なルール」をここで連続して設けて、そのことによってこのゲームを成立させている。0と1を三つずつの単位にまとめて（1）（2）（3）に変換し、さらにそれを二つずつの単位にまとめてαγβδに変換し、第一項と第四項を決定すると、必ず遡行的に落ちる文字がある。このような変換ルールのなかにある「まとまった単位」のことを、ラカンが「表意単位＝シニフィカティヴな統一性（unité significative）」[134]と呼んでいることに注目しよう。つまり、現前と不在の交代が織りなすミクロな言語の「音」の差異の水準が、単位ごと束ねられて可能な用法の集合のなかで決定され「語彙」の水準に上昇し、その「語彙」の水準がまた単位に束ねられて可能な用法の集合のなかで決定され「文」の水準に到達してひとつの「意味」をなすという「意味作用の生成」の過程がこのゲームのなかに重ね合わされているということである。[135]つまり、この変換ルール、ラカンが「シニフィアンを直接に文の上位にある単位にまで構成する侵食の秩序」と呼んだものは、いうなれば「文法」「統辞法」なのだ。[136]

そして、ラカンがここに重ね合わせているものがもうひとつある。つまり、語あるいは名とはそもそも「不在そのものの現前」である、というヘーゲル的な論理だ。セミネール第一巻に収められた五四年五月一二日の会合で、ラカンはまさにこの「Fort-Da」の「対象の現前と不在」を「記号、生命を抜き取られた対象」と結びつけつつ、その直後にこう語っている。『象』という語のおかげで、象がそこにちゃんと存在するためには、しかもそこにいる一頭一頭の象よりももっと現実的に存在するためには、私が象について話すだけで充分であり、現にそこに象がいる必要などないことは明らかです[137]」。出席者のイポリットが即座に「それはヘーゲル的論理です」と発言を引き受けているように、これはヘーゲルに由来する命名の論理である。ラカンはこれを簡潔に要約して言う、「命名の可能性とは、ものの破壊であり、また同時にものから象徴的平面への移行です。そのおかげで、人間自身の領域が打ち立てられるのです」[138]と。つまり、人間が象を象と命名した瞬間に、象は象と名づけられる前の無垢な「何か」であることをやめる。これが「ものの殺害[139]」と呼ばれるものであり、この命名という象徴的な殺害によって、象の実在は「象」という概念のなかに「止揚」される。それ以後は「象」という概念自体が、象の「不在の現前」であるということになる。具体的な一頭一頭の象も、象と命名され「象徴的に殺害」される前の無垢なるものではいられなくなる。それは、その「不在の現前」でしか、つまりこの「象」という語でしかなくなる。[140]実際、ラカンは、二進法のゲームとこのヘーゲル的な「〈もの〉の不在の現前」を、フロイトのFort-Daを媒介にして結びつけている。[141]確かに、端的な0と1の連続を「表意単位」に、すなわち「語彙」や「文」にまとめた瞬間、その単位の内部には「不在と現前」が同居している、つまり止揚されているということは明らかである。

　こうして、ゲームのなかでひとつの文が成立した瞬間、そこに象徴的決定が発生する。ラカンのこの「算数ゲーム」の狙いは明らかだ。このようなFort-Daのゲーム、単純な記号の交代の戯れ、機械の０１０１０が、徐々に複雑化していった果てに不意に「命名」に、「象徴的決定」に、「おまえはこれだ」になる瞬間を、つまり偶然が必然となっていく瞬間を、彼はここで捕まえようとしているのだ。

記号の原初的な現前と不在のゲームを重ねるうちに、何か必然的にそこから抜け落ちるものがある。第一時点では選択の可能性はさまざまあったはずなのだ。だからゲームをしている者は「現在において前未来時制をもつ現在性に基礎を置く」[142]主体であるはずだった。つまり第四項において「未来にはこうなっているだろう」と予測する主体であるはずだった。しかし実際に第四時点の記号が決定すると、その決定は「遡及的に働く」[143]。つまり、第四時点が決定した時点で、すでに常に第二、第三時点から「何か複数の」可能性が抜け落ちていることに気づくのだ。

その抜け落ちるものについて、ラカンはこう言う。「この過去と、それが企てるものとの間隔に、シニフィアンのある種の残滓＝屍の頭（caput mortuum）があける穴があるということは、それを不在のままに宙吊りにし、その周囲を回りつづけることを余儀なくさせるのに十分な理由となっている」[144]。つまり、まさにここで抜け落ちる何か、その「抜け落ち」がなす穴こそが、まさに「反復強迫」[145]を生み出すのである。そう、この単純な丁半ゲーム、Fort-Da は何かを欠けさせる。何度試みても、そこには何かが欠けている。何かが足りないのだ。「もの」足りないのだ。その欠いた何か、何物かに向かって、ゲームは強迫的に反復される。

その反復のなかで、偶然は必然となる。それはすでに見た。後年のセミネールでラカンは「偶然なるもの、それは現実界なのです」[146]と繰り返し言うことになるのだが、ラカンはこの見解を自ら先取りしている。まさにこれは現実界から象徴界が発生してくる瞬間、〈もの〉という現実界を殺害し象徴的世界が発生してくる瞬間なのだから。いわく、「βとδの示す結合の可能性はαとγに予想される結合の可能性にひとしい――一方ではまた現実のくじ引きの一回一回はまったく偶然に委ねられている――それゆえ現実界からひとつの象徴的決定が切り離されてくるのがわかる」[147]と。そしてそれは$\beta \downarrow \delta \downarrow \beta \downarrow \gamma$という「象徴的連鎖」[148]によって行われると彼は明言している。「シニフィアンの多元的決定」[149]という言い方が同じ頁に見えること、そして五〇年代最初期のラカンが「シニフィカシオン」という用語を採用して「シニフィカシオンは他のシニフィカシオンに回付されることしかしない」[150]と述べていたことからわかる通り、これはやがて「シニフィアン連鎖」と呼ばれるものになる。[151]この連鎖はラカンが言う通りに、「無意識の欲望」の「不滅の存続」[152]と結びついている。[153]どんなに反復しても、どんなにゲームを重ねても、どんなに「シニフィアン」連鎖の糸を手繰っても、そこには何かが抜け落ちるのだ。

何が抜け落ちるのか。この抜け落ちた文字とは何か。この時代のラカンならば、答えは主体そのものだということになるだろう。シニフィアン連鎖の外に疎外され、放逐されるものとしての主体ということになろう。ここでは「象徴の連鎖」と呼ばれている「シニフィアン連鎖」[154]を構成する「シニフィアン」とは、「他のシニフィアンに対して主体を表象するもの」と定義されている。シニフィアンは$\beta \downarrow \delta \downarrow \beta \downarrow \gamma$と主体を他のシニフィアンに対してのみ表象しつづけ、ついにシニフィアンにおいて主体に対しては主体は表象されず、現前しない。だからこそ、この機械的な二進法に由来するシニフィアンのゲームの反復の効果として、主体は生産されるのだ。このβδβγなどの結合関係は「本源的な主体性に対して設定を行う価値」を持っており[155]、そして「この反復は象徴的な反復であって、そこから当然、象徴の秩序はいまでは人間によって構成されるものとは考えられず、かえって人間を構成するものと考えられる」[156]。主体がゲームを行うように事は始まった。しかし、実は主体がゲームをするのではない、逆にゲームによって主体が作り出されるのだ。

この時代のラカンならば、と言った。後年のラカンならば、そこから抜け落ちるものを「対象a」と呼ぶことになるだろう。たとえば、六六年のセミネール『幻想の論理』のなかでは、「母の現前あるいは不在と関係づけられるかぎりでの Fort-Da」は「シニフィアンのゲームへの参入の徹底的な分節などというものではない」のであって、そこにあるのは対象aであって主体ではなく、むしろこの「糸巻」こそが「対象a」であると語られもするのだが[157]、それはこの時点では措く。つまるところ、この時点のラカンの結論はこうだ。「主体性は」「シニフィアンの刻印がそこに生み出す統辞法からやってくる」[158]。

逆転は明らかである。充溢した「パロール」を話す約束の主体はラカンが「ランガージュ」と呼んだものの効果でしかなくなる。無意識の欲望に突き動かされ、反復強迫に塗れ、「機械の世界」における統辞法によるゲームを繰り返し、シニフィアンの連鎖を次々と辿っていくもの、それが結果として落としこむように構成する「何か」にすぎなくなる。「文」を、「象徴的決定」を、「主体」を結果として生み出す「ランガージュ」は、主体の発話たる「光あれ」に先行する。「はじめにランガージュありき」。「はじめに Fort-Da ありき」。機械の世界が、神との契約に先行する。

第一一節　浮遊するシニフィアン、流動するシニフィエ、凝視する換喩

しかし、多少の先回りを、またも冒してしまったようである。シニフィアンをめぐる理論を、われわれはいまだ見ていない。ラカンのシニフィアン、この主体を効果にすぎないものにいわば「格下げ」するシニフィアンとは何だったろうか。この問いに答える前に、二つ前置きしておこう。

一つ目の前置きだ。シニフィアンは、ラカンを読むに際して最初の躓きの石となる概念ではある。それを、自ら自身の理路からその輪郭を素描することもせずに振り回すような野暮はすまい。シニフィアン概念の素描として、強《あなが》ちな遣り口だがこう断じてみよう。何のことはない。シニフィアンとは単に、逆立ちした「充実した言葉」にすぎない。連鎖し、横滑りし、強迫的に反復するが、要するに主体の「後ろ」に回り込んだ「充実した言葉」、あの「変形作用」をもつ「わたしはこれだ」にすぎない。しかしその違いはあまりにも露わだ。それははっきりと発話される「言葉」であることを失い、言葉の他の領域にも滲んでいて、その「充実」を丸ごとくり抜かれたかのように失っている。

そう、われわれはすでに語ったではないか、充実した言葉自体の「空疎さ」について。われわれはすでに見たではないか、絶対的な発話する主体、神＝大他者の「在れ」のうしろに、「ランガージュ」が回り込む様を。その空疎なるもののありのままが、中をくり抜かれた充溢した言葉が、浮遊し流動しつつ軋んで回転する。それがシニフィアンの連鎖なのであり、そこから僅かに、それが織りなす連鎖の切れ目のようにして主体は零れ落ちてくる。そういうことだ。しかしその帰結は重大である。

すでにその一部は註で触れたことだが、もうひとつの前置きを。シニフィアンとシニフィエだけでなく、ラカンが「ラング（langue）」「ランガージュ（langage）」「ディスクール（discours）」「エノンセ（énoncé）」「エノンシアシオン（énonciation）」「シニフィカシオン（signification）」などの言語学の用語、それぞれ「言語」「言語活動」「言説」「言表」「言表行為」といった訳語が定着している用語を使用するときには、結局のところそれらの用語は全く曖昧なままに使用されている場合が少なくない。だからこそ、彼は開き直りとも取れる態度で、自らの言語学をアカデミックな言語学と対立させて「言語学もどき（linguisteries）」[159]と呼ばなくてはならなくなったのだった。しかし、それはよい。続けよう。無論何よりも簡潔を旨として。[160]

シニフィアンとシニフィエ。ソシュールが導入したこの有名な区分に、ラカンは数箇所にわたって操作を加える。ソシュールが設けたパロールとラングの区別を、あからさまにパロールとランガージュの区別に置き換えたように、彼は密やかに、かつ公然とそれに操作を加える。それを見ていこう。ソシュールが「シニフィエ（意味されるもの、概念内容）」と「シニフィアン（意味するもの、聴覚イメージ）」との区別を示した「シニフィエとシニフィアンの図」二つを見てほしい（図二）[161]。そして、ラカンが「無意識における文字の審級、あるいはフロイト以後の理性」で示した「シニフィアンとシニフィエの式、図」を三つ示そう（図三）[162]。ラカンは、この図三の最初の「式」を「シニフィアンがシニフィエの上にある、と読まれるのであって、この『の上に』が、二つの段階を分割している横線に対応している」[163]と説明している。

一見して、違いは明白だ。まず、ソシュールの図ではシニフィエ（signifié）とシニフィアン（signifiant）は一体となってひとつの記号をなすものであることを強調するように楕円で囲まれていて、しかも対応関係を強固なものにするかのように矢印まで描かれている。そして、シニフィアンはシニフィエの下にある。それは樹木の概念内容を示す絵と「木（arbor）」という聴覚イメージをあらわしている用例でも同じだ。

ラカンの場合は、まずその楕円が三つの図すべてから一貫して取り除かれていて、矢印も見られない。そして、シニフィアンはすべてシニフィエの上にある。もっと珍妙なのは、シニフィエの位置にトイレの扉と思しき全く同一の扉の絵が二つ書いてあって、その上のシニフィアンの位置に「殿方（HOMMES）」と「ご婦人（DAMES）」の文字が麗々しくこれまた二つ並んでいるということである。

ここに、微かにアイロニーの笑いを感じ取ることは全く難しくない。しかしアイロニ

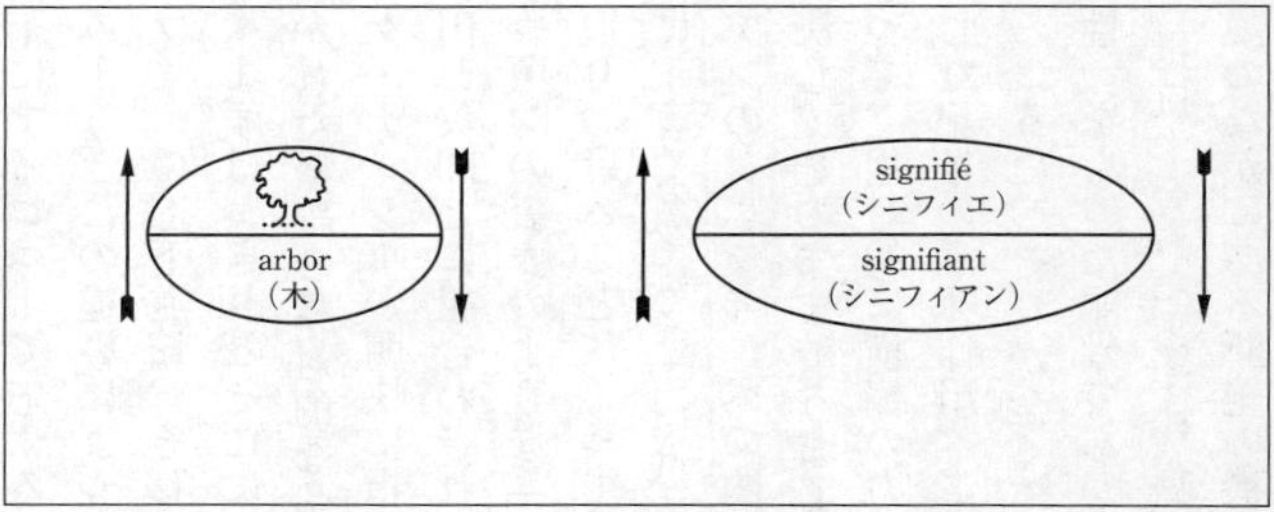
arbor
（木）
signifié
（シニフィエ）
signifiant
（シニフィアン）

図二

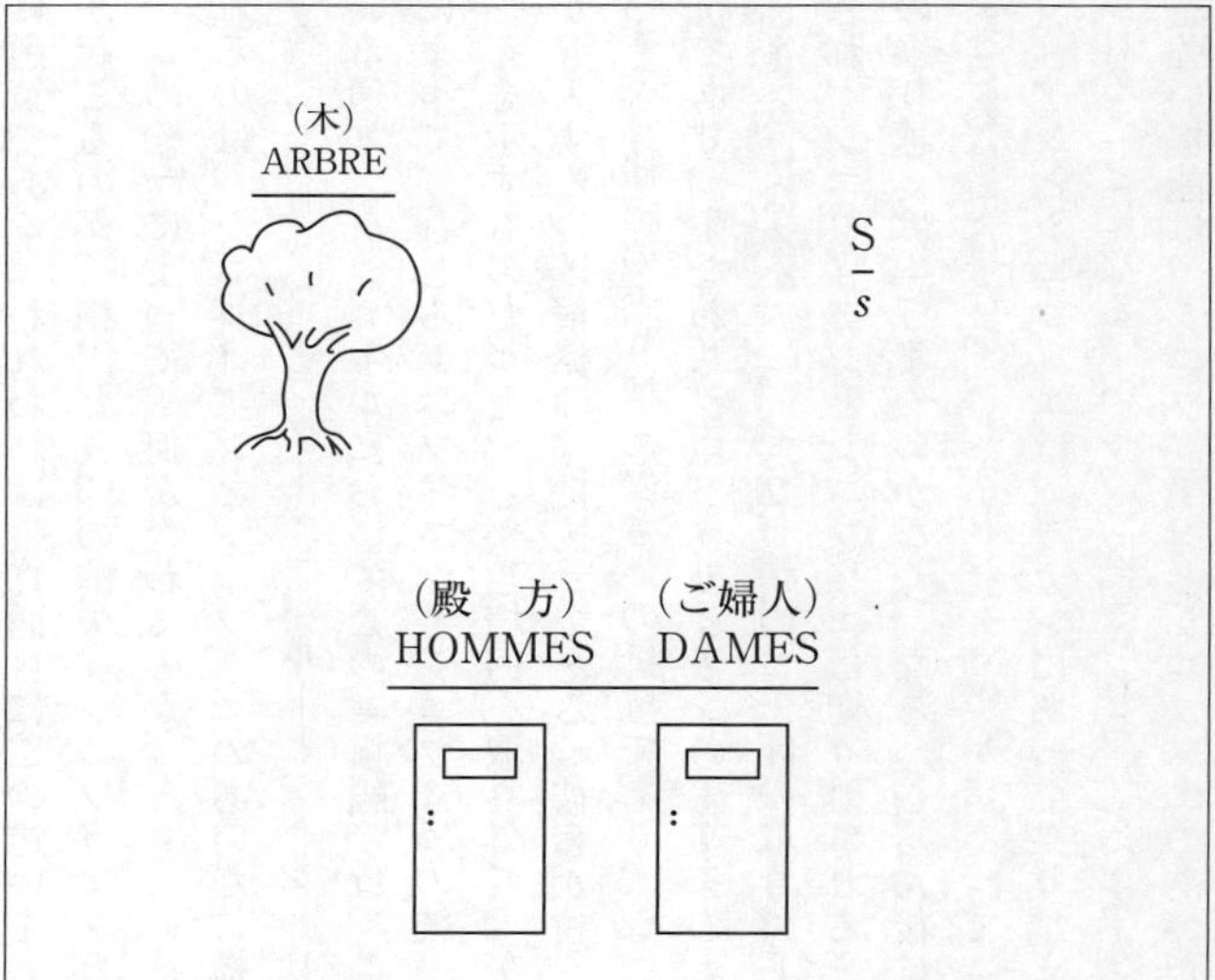
（木）
ARBRE
S
s
（殿　方）
HOMMES
（ご婦人）
DAMES

図三

ーにアイロニーで応ずるのは常に愚策である。われわれは生真面目にこの違いを考えてみよう。この違いによって、何が起こるのか。楕円と矢印の消失、シニフィアンとシニフィエの上下逆転、そして「トイレの絵」によって、何が変わるのか。

まずはっきりとそこに見てとれるのは、シニフィアンとシニフィエのあいだに横に引かれた横線の相対的な強調である。フィリップ・ラクー＝ラバルトとジャン＝リュック・ナンシーが明快に指摘している通り、ソシュールにおいてこの「横線」は、この楕円と矢印とに組合わされることによって、むしろシニフィアンとシニフィエの統一性、コインの裏表のような「関係」こそを示すものだった。しかし楕円を取り外し、矢印を取りのけることによってラカンが導入するのは横棒の「抵抗」である。彼らが言うように、「ラカンはそこに抵抗を導入する。棒線の乗り越えのさいの抵抗であり、シニフィアンのシニフィエへの関連の抵抗であり、すなわちシニフィカシオンの生産そのものが、決してそのままでうまくいかないようになるのだ」[164]。そう、楕円と矢印の取り外しによって、相対的に横棒の力は強化され、シニフィアンとシニフィエは切り離される。安定した記号の意味作用、この棒線の乗り越えは「うまくいかなく」なる。むろん後に触れるように、それが全く不可能になるわけではない。しかしソシュールにあって「統一性」をもった記号であったシニフィアンとシニフィエは、ラカンにあって乗り越え難い「抵抗」をもたらす棒線で区切られることになる。いや、「区切られる」どころか、「言説のなかにある断絶の機能で一番強い機能は、シニフィアンとシニフィエのあいだに横棒を作る機能である。そこにおいて主体は不意に取り押さえられる」[165]とまで言うのだ。記号のまとまりを囲い込んでいた楕円と、棒線を越えようとするベクトルを示していた矢印を取り外して、この棒線だけを強調する。と、何が起こるか。「シニフィアンの連鎖とシニフィエの流れとのあいだには相互的な滑り行き（glissement）のようなもの」が起こり「これが両者の関係の本質をなす」[166]ことになる。そしてこの横棒は「浮遊するシニフィアンと流れ出すシニフィエとの現実の縁（bord）になるもの」[167]になる。すべては流動的になり、特にシニフィアンはそのすべてが浮遊することになる。だから安定した記号だったはずのものは、枠となるものを外されこの棒線の抵抗を受けて、何か止めどなく押し流れ出るものの流動のなかに曝されることになっていく。

　そして、このシニフィアンとシニフィエの上下逆転が表しているのは、ラカンが繰り返し言う「シニフィエに対するシニフィアンの優位性」[168]である。いや、優位性どころの話ではもはやない。ラカンは後年『精神分析の決定的問題』のセミネールのなかで次のように語ることになる。

> シニフィアンの準拠の次元というものがあり、それは去年私がそう呼んだように、他のシニフィアン（un autre signifiant）です。これがこの次元を本質的に決定しているんです。
>
> では、シニフィエとは何でしょう。シニフィエ、それはまったく理解すべきもの

ではないのです。主体との関係においてすらそうなのです。[169]

また、『アンコール』の冒頭で彼は、「シニフィアン、それはシニフィエという効果をもつものです」[170]と定義し、次の頁でも「シニフィエという効果」という言葉を繰り返している。そしてその次の回のセミネールではもっとはっきりと「シニフィエは、ひとが聞く［理解する、言おうとする（entendre）］ものではありません。ひとが聞く（entendre）ものはシニフィアンです。シニフィエとは、シニフィアンの効果です」[171]と断じている。シニフィアンとシニフィエがまずあって、シニフィエのほうが優先権だの優位性だのを持つというのではない。彼の操作において、まさにシニフィエはシニフィアンの効果であり、「主体との関係においてすら理解できない」何かに成り果ててしまうのである。シニフィアンとシニフィエの関係は完全に変化した。安定した統一性は消え去った。シニフィアンは浮遊し止めどなく連鎖し流動する。そして脈動の効果でしかなくなったシニフィエも「流れ出す」。もはやソシュールの描いた安定した関係とは遠いことは明白だ。そこで問題が出てくる。このシニフィエを効果として産出するシニフィアンの脈動は、具体的にどのようなものか。シニフィアン連鎖の具体例はすぐ後でラカン自身の例を引くことにして、まず、このシニフィアンが連鎖していく「止めどなさ」をどう見ていけばいいのか。すでに述べたように「他のシニフィアンに対して（あるいは「他のシニフィアンの代わりに（pour）」）、主体を表象するもの」と定義されたシニフィアンの、主体を表象せんとするある種の「強迫」、決して満たされることのない空虚な「反復」を活気づけているものの特性、ラカンは自ら定義の言語学的かつ修辞学的な厳密さを危ぶめる危険を冒しながらそれを「換喩」と呼ぶ。彼は修辞学的な意味での換喩の例（近接性に基づく比喩、換喩の例として、ラカンが述べているのは「三〇枚の帆」[172]だ）も挙げるし、フロイトの夢の「置き換え」の機制とそれを近づけてみせたりもする。しかし何よりもここで重要なのは、そこにあるのが「無限の深淵を真似てみせんとする熱狂」であり、「知る快楽と享楽をもって支配することの快楽とがそのなかに包み込まれているような、そうした密やかな共謀」[173]であり、それが他でもない「他のものへの欲望にむかって無限に伸びている換喩のレール」なしにはないと断言していることである。換喩は欲望、切りもなく果てしもない「他のものが欲しい」の通路なのだ。なぜか。簡単である。三〇隻の船を「三〇枚の帆」と換喩にするときに働いているもの、それはラカン自身の言葉を借りれば「リアリズム」の「細部のクローズアップ」であり、彼がトルストイから引いた例を引けば、それは「かすかなつけぼくろ」「上唇のわずかな染み」だからだ。[174] そう、これは、あの女の伏目がちなくすんだ茶色の長い睫毛であり、剝き出しになった白い肩にうっすら浮かぶ斜めの傷跡である。あの男の微笑みのときに右頰だけにできるえくぼであり、少しめくれあがって愛嬌がある薄い唇である。出先のショウ・ウィンドゥで見かけた真新しいストライプのシャツの繊細で美しい襟元の刺繡であり、雑誌で眺めた新作の靴の爪先のラインが描いてみせる魅力的な丸みである。換喩は凝視する。次々に凝視して語る。この換喩機能は、「シニフィアンとシニフィアンの連結」と定義されている。そう、それはその都度わずかにシニフィエを効果として作り出しはする。しかし、そのシニフィエに届くことはないのだ。語れば語るほど、あの女やあの男の仕草、細部、表情について語るほど、一体何が語りたかったのかわからなくなっていく。自らの効果であるはずのシニフィエに到達することができず、横棒は維持されたままである。そしてこの「到達することができない」ことを薪として燃え盛る「熱狂」、これが「換喩の構造」なのだ。[175]

第一二節　隠喩の「煌き」

では、ラカンがもうひとつのシニフィアンとシニフィエの関係の構造として挙げた「隠喩の構造」はどうか。これはラカンが「隠喩の公式」として述べているのは「ひとつの語に代えて別の語」[176]である。フロイトの夢判断の語彙における「圧縮」[177]がこれに重ね合わされている。「彼の束は、欲深くなく、恨み深くなく……」[178]と「愛は、太陽のなかで笑う小石」[179]という詩句が例になっているように、これはシニフィアンとシニフィアンを「ひとつの語に代えて別の語」という「隠喩の公式」にしたがって代置し代入することによってよって起こる「創造的な火花」[180]「詩的な火花」[181]だ。まさに創作で問題になってくるこの隠喩が、横棒の「飛び越し」であり、「シニフィアンがシニフィエに入り込む条件[182]」である。ここにおいて真の意味が結実する。実際、ラカンは「隠喩とは、意味が無意味の中で産み出される、まさにその地点に位置を占める[183]」と明言している。つまり意味の創造的な生産である。これは詩人の霊感だけがなしうることではない。たとえば、ラカンは『精神分析の決定的問題』のセミネールの冒頭で、チョムスキーが無意味な文の典型的な例として作り出したあの有名な「色のない緑の観念は獰猛に眠る(Colorless green ideas sleep furiously)」すらある種の詩的な意味が出てきてしまうと述べている[184]。おそらく、チョムスキーはランダムに「シニフィアンをシニフィアンに取り替える」ことによってこの文を作った筈である。が、それが思わぬ意味を、「シニフィエとシニフィアンの関係」を、火花のように「創造」してしまう。そしておそらくはその効果としてのシニフィアンを。この避け難い事態がここで語られている「隠喩」なのだ。しかしそれは一瞬のことでしかなく、シニフィエとシニフィアンの関係がこのような「火花」によって安定するということはない。それは一瞬の現出に留まる。ラカンはむしろ、やはりここでもシニフィエはシニフィアンが「創造」する「効果」でしかなく、その創造されたシニフィエも「火花」のように消えていくということを強調したいのだ。「火花、閃き(étincelle)」という語が一頁あまりのあいだに二度繰り返されているのは、その証左といって良いだろう。

　そして、われわれはここで前もって指摘しておかなくてはならないことがある。この「隠喩」は、シニフィアン連鎖の時空としての「第二の象徴界」のこの段階の論旨のなかで、何か「浮いた」ものであるということだ。勿論、この「隠喩」の定式化は「第二の象徴界」とわれわれが呼んできたものの成立に固く結びついており、切り離すことはできない。しかし、たとえばラカンは『無意識の形成物』のセミネールのなかで、隠喩は「換喩という根本的な構造」がなかったら存在し得ない、と、まるで隠喩が換喩の派生物、換喩に対して二次的なものであるかのような発言をしているし、[185] また、『精神病』のセミネールでは換喩が合言葉であるとすれば隠喩は「定礎するパロール」[186]である、と克明に言っている。要するに、隠喩は「第二の象徴界」のなかでどこか居場所を定め難く、そこで齟齬や軋轢を来す何ものかを抱え込んでしまっている。隠喩とは何か「第一の象徴界」や「想像界」などの他の領域からいうなれば「密輸」されたものなのかもしれないという疑いがあるのだ。シニフィアン連鎖の果てしなき「熱狂」をもたらす換喩とは違って、隠喩は第二の象徴界にそぐわない何かを持っている。隠喩によるこの「横棒の乗り越え」が横棒を「廃棄」することがなく、その乗り越えが換喩に影響を与えることなどないように書かれている理由は、ここにあると思われる。詩があるからといって、リアリズムが、そしてわれわれの欲望の「レール」が無くなることなどない。[187]だから象徴界は「換喩の優位」の世界であると、この時点では言っておくことにしよう。隠喩については、この章の最後で再び論じることになる。

さて、あの「クッションの綴じ目、ポワン・ド・キャピトン」についても触れるべきだろうか。あの何か読者や聴衆を安心させるために取り出されてきたような、シニフィアンとシニフィエを「ひっかけ」、その無限の滑り行きを止めるものとされているあの「綴じ目」について。しかし、筆者にはこの概念はそう重要なものとは思われない。ラカン自身も、ラカン派の人々もラカンを批判する人々も、結局この概念がシニフィアンとシニフィエの流動を留めるものであると解説するか、あるいは「オイディプス」[188]との関連をほのめかすラカンに追随してこれは父の機能なのだと言ってみせるかくらいのものであって、結局は大した発展は見込めない概念だからである。なぜなら、ラカン自身があるところではっきりこう言っているからだ。

私の言っているピン留め、ポワン・ド・キャピトンとは、神話的な事柄でしかありません。というのも、一つの意味作用をひとつのシニフィアンにピン留めするのは、けっして誰にもできないからです。[189]

すでに見たように、彼自身、後にシニフィエは理解しようとすべきものではないと言う羽目に陥ったのであって、それとシニフィアンを留めるものがあると言われても困る。ただ、問題はなくはない。これは「神話的」な事柄である、とラカン自身が口にしているということは頭に入れておいていいだろう。このあと、「神話」の専門家について、われわれは第二部で長く論じなくてはならなくなるのだから。シニフィアンは連鎖し、流動し、換喩的な構造において飽くなき確認しながら進もう。

き欲望を抱いて進みつづける。その流れのうねりや淀みがもたらす偶《たま》さかの閃光が、効果としてシニフィエを生産する。そう、記号が「誰かに何かを表象する」ものであるのに対して、ラカンはシニフィアンを「他のシニフィアンに対して（あるいは「他のシニフィアンの代わりに（pour）」）、主体を表象するもの」と定義していたことは再三述べた。だから、シニフィアンはシニフィエを表象しない。主体を表象する。しかも「他のシニフィアン」という「準拠の次元」に向かって表象する。ほとんどラカンの概念操作の一閃のもと、シニフィエは衰弱し、消失していくかのようだ。そう、だからこそ飽くまで繰り返しラカンは言っていたのだった、シニフィエは「流れ出し」、絶えずシニフィアンの下に「絶え間なく滑り込んで」[190]いくのだと。結局シニフィエはどこに行ってしまうのか。それは何なのか。ジャン＝フランソワ・リオタールが早い時期に明快なラカン論をものし、そのなかでシニフィエを結局は主体のことなのだと言っていることを知らないわけではないし、それは当たっていなくはない[191]。シニフィアン、そしてその連鎖の効果こそ主体だと、われわれも語ってきたではないか。しかし、やはりたとえばラカンが『不安』のセミネールのなかで「シニフィアンの効果は、主体の内部に、本質的にシニフィエの次元を出現させるのです[192]」と言うときに、何か委曲を尽くすことを許さない齟齬が垣間見える。ここではやはり、主体とシニフィエが別のものであるかのように述べられているからだ。だが、これはこれでよい。齟齬は齟齬のままに放っておこう。他でもないラカン自身がそのような齟齬を望んだのだから。シニフィエについては彼自ら「わからない」と言っているのだから。シニフィエ、つまりシニフィアンの連鎖と主体が効果として作り出す何か、それは想像的な幻想に属するようにも見える叙述もあるし、たとえば晩年の「リチュラテール」を読むと、なにか現実界にも関係するものであるかのような叙述が見える。しかし、この点については、現実界について論ずる時に簡略に触れるにとどめよう。

しかし、国内外問わず散見される、シニフィエは要するにイメージだ、とする理解は単純すぎるとは言える。そのような理解は、ソシュールとラカンがともにシニフィエのところに「木の絵」を描いてみせたことくらいしか根拠がない。筆者の知る限り。それは少なくともソシュールの場合は「概念内容」であって、その絵のことではない。ラカンの場合はもう論じてきた。繰り返すまい。

もっと大雑把に言ってしまえば、われわれが見てきたあの文が閉じるときに落ちる文字がシニフィエであり、[193]そこで生れるその落ちた穴のまわりを経めぐることを強制される何かが主体なのだ、と言ってもいい。しかしわれわれがラカン自身から引いて立証したとおり、この文字は対象aであり、穴のまわりをめぐるのは享楽、剰余享楽と呼ばれる何かである。ここには概念の精緻化があるのだというよりも、われわれが最初に述べたような概念の相互浸透、不均質性があるといったほうが正確だろう。ここではシニフィエと主体と対象aが浸透してしまっていると。また、ここにはラカンが時代によって自らを更新していったダイナミズムがあるのだというよりも、単にラカンはいつも同じ

「抜け落ち」いつも同じ「穴」を持ち出して説明する癖が抜けないということでしかないと言ったほうが公正だろう。いつも穴の論理、いつも欠如の論理、いつも排除の論理なのだ。シニフィエだろうと対象aだろうと、主体だろうと享楽だろうと。実際、後になってラカンは、象徴界にも想像界にも現実界にも穴をばらまくことになりもするのだから。しかし、それもどうでもよろしい。われわれの理路の埒外にあることだ。だが、彼が「真の穴」と呼ぶ何かについては、どうでもよいと言うわけにはいかないだろう。ラカンの真に読むべき箇所はそこなのだから。しかしそれを語るにはまだ早い。続けよう。

第一三節　大他者という死の木霊、シニフィアン連鎖の果てに

われわれの結論はこうである。シニフィアンの、そしてその連鎖の効果としてシニフィエが滑り落ち脱落して消えるその一瞬に、その僅かな切れ目において、刹那の残光のようにしてあらわれるのが主体なのだ、と。まさにシニフィアンとシニフィエの間の「横棒の抵抗」として、というよりも先に引用した文言のように「浮遊するシニフィアンと流れ出すシニフィエとの現実の縁（bord）」として、一瞬だけ出現するもの、これが主体である。主体を表象するもの、シニフィアン。この連鎖の燃え上がるような換喩的欲望のなかで次々と前倒しにされたあげく、句読点が打たれた一瞬だけひとまとまり

の単位が決まって遡及的に出現する表象、それが主体だ。一瞬だけ出現しては消えていく主体。そう、ラカンははっきりと言っていたではないか、「自らの消失（aphanisis）を伴わない主体などどこにも存在しない」[194]と。しかしその主体はゆくりなく文字の脱落に気づき、また換喩の糸を辿るという強迫反復に耽ることになる。そう、シニフィアンは他のシニフィアンに向かって／対して主体を表象する。しかし、それは具体的にはどのような様態においてか。

それについては、この少々馬鹿げているようにも見える「トイレ」の図式を見よう。この図は、何を表しているのか。直訳する。この図式が「象徴化している」のは、「尿の隔離の掟（lois de la ségrégation urinaire）に公共生活を従わせる至上命令、大多数の原始共同体と共有していると思われるこの至上命令」である。尿の隔離の掟、である。ここは笑うところではない[195]。なぜなら、まさに駅に入ってくる列車のなかに向かい合って座っている小さな兄妹が、駅のプラットホームにあったこの図のような光景に接して、「ほら、婦人だよ」「ばかね、男よ。見えないの」と言い合いを交わす、そのようなちょっとした挿話をさらに同じ頁で重ねることによって、ラカンがここで何かをシニフィアンという概念に「密輸」しようとしていることは明らかだからだ。何か。明白だ。性別にまつわる象徴的な掟という価値であり、男、女という語がシニフィアンであるということであり、さらにそれは男‐女とシニフィアン連鎖してこそ作用するものであるということである。まさにこの図は、薄ら笑いと多少の諧謔に交えてそっとラカンが加えた、ソシュールに対する決定的な変更を表すものなのだ。ラカンは、昼と夜もシニフィアンであって、相互の対比においてしか成立しないという意味のことを言ったあと、同じように「男や女」も「シニフィアン」であると言い、それは「受動的な態度であるとか能動的な態度であるとか」そういうこととは関係がないと言っている。[196] また、男と女という区別は、あらかじめ与えられたものでも経験から導きだせるものでもなく、「その個人にシニフィアンの体系がすでに与えられている」からこそ、ひとは男や女として自らを知るのであると語っている。[197] つまり、「女というシニフィアンは、男というシニフィアンに対して主体を表象する」のである。少なくとも、シニフィアンの水準においてはそうだ。シニフィアンには差異しか存在しない。他のシニフィアンに対して／に代えて、主体を表象しなければシニフィアンたりえないのだから、他のシニフィアンから完全に孤絶してしまえばそれは何も意味できなくなる。ゆえにラカンはそこに「連鎖」を、流動性を、そして「欲望」を導入しようとする。「わたしは女だ」「わたしは男だ」、これは真にある対比のもとで、差異のもとで主体を表象する。

そして、ラカンが言う「全く真のシニフィアンとは、それ自体では何も意味しないシニフィアンである」[198] という文言の意味もここから逆説的に明確になる。全く何も意味しないシニフィアン、と。全く何も意味しない、主体を他のシニフィアンに表象するもの。それはどんな言明になるだろうか。換喩の構造においても、少なくともあのシニフィアンの換喩の糸を手繰っていく「熱狂」と「他のものへの欲望」をその凝視によって僭くも意味してしまう――それが「空虚な言葉」の「意味作用」にすぎないものであろうとも――だろうし、隠喩とはそもそも閃光のような一瞬のものとはいえ、詩人の創造であり、全き意味の創出であったではないか。どのようなシニフィアンが、どのような他のシニフィアンに対する主体の表象が、「真のシニフィアン」、「それ自体では全く何も意味しないシニフィアン」なのだろうか。端的に言おう。それは「わたしはわたしだ」だ。もっと言えば、旧約聖書にある神の科白「わたしは『在りて在る者』だ」がそれだ。[199]見事なまでに無意味な言明である。[200]「おまえはわたしの夫だ」よりも、「妻だ」よりも、「師匠だ」よりも、あの「光あれ」よりも、遥かに、致命的に、空疎なことばだ。これが、われわれの「第二の象徴界」の結論なのだろうか。

いや、そうではない。まだ結論の時ではない。さらに問題が残っている。第一の象徴界でわれわれの約束の真理を保証する第三者として提起されていた大他者、「光あれ」と定礎的な言葉を発する「真理の場所」にして「神」だった大他者は、ここでどうなっていくのだろうか。第一の象徴界にあっては、「そこで聞いているひととわたしが一緒に構成されていく」[201]「第三者としての大他者」[202]、「シニフィアンの宝庫」[203]であり「言葉の契約」の「誠実の保証人」[204]であったはずの大他者は。

まず、この大他者と主体との関係はどういうものか。そこから見ていこう。それは端的に「欲望」である。[205]主体が欲望するのは、常に「欲望の欲望」「大他者の欲望」[206]であり、「自分の欲望を承認させる欲望」[207]であった。大他者は何を望むのか。主体は、大他者の欲望を欲望する主体であり、つまり大他者の欲望に承認されることを欲望する主体であり、そのことによって大他者の欲望を欲望することを成就しようとする主体である。自らの欲望が、大他者の欲望であるように。自らの欲望が、真理の欲望であるように。そのありのままが、自らの真理を、「ほんとうの自分」を欲望することであるように。その遂に見出した「自己の真理」が、大他者の欲望でもあり、その承認のもとにあるように。無限の欲望の「ピント合わせ」がそこにあり、それはラカンがシニフィアン連鎖の換喩的構造と呼んだものとぴたりと一致する。Ｘというシニフィアンが主体を表象するとする。それは他のシニフィアンに対して／に向かってしか主体を表象しないのだから、それは無限に横滑りしていく。わたしはＸである、と言うときのＸの無限の擦れゆきと流出のなかで、ひとはこう言う。わたしはこれであり、これであるからこそわたしはわたしだ。そう、これであるわたしはわたしだ。しかしそれを保証するものは何か。わたしはこれであり、これであるわたしはわたしだ、と言うわたしだ、を保証するものは。わたしはこれでありこれであるわたしはわたしだ、と言うわたしはわたしだ、と言うわたしはわたしだ、と言う、わたしは、わたしは……。危うく無限に続きそうになるこの空疎なシニフィアンのゲームが、大他者の宣明する「わたしはわたしだ」「在りて在る者だ」と重なる瞬間、その絶対的な保証と承認の瞬間、「おまえはこれだ」「おまえはおまえだ」「おまえはＸだ」という最後の言葉が自らの欲望と重なる瞬間を、主体は切りなくシニフィアン連鎖のなかで強迫的に手繰り寄せようとするのだ。あからさまにヘーゲル的な、というよりもコジェーヴの解釈のもとにあるヘーゲル的なと言うべきこの大他者と主体との「欲望の弁証法」は、長きにわたってラカンの思考の枠組みとなる。実際、一九六二年の『不安』のセミネールのなかでも、ヘーゲルを引きながら大他者と主体の欲望を重ねて論じている。[208]また「大他者の享楽」という別の様態を持つものについて述べて以後、七四年のセミネール『騙されないものは彷徨う』のなかでも、繰り返し「主体の欲望は大他者の欲望である」「主体は大他者のなかにすでに漬かっている」と言い、その欲望の「絡み合い」について語っている。[209]

しかし、この最後の瞬間は訪れない。むろんそれは、シニフィアンを介した大他者と主体との関係が「疎外」[210]に貫かれたものであるからではある。われわれは想像界の袋小路において、すでにこの疎外という言葉を引用した。だが、大他者の、第二の象徴界にあっても疎外は解消されない。そもそも、こうした欲望ははじめから大他者との「間隔（intervalle）」「疎隔（écart）」「空隙（béance）」[211]のなかに現れるものだと、そう彼は語っていたのだった。大他者はなお遠い、神は遠い。しかし、問題はそういうことだけではない。

『欲望とその解釈』[212]のセミネールで、「『斜線を引かれた大他者』のシニフィアン」というマテームを持ち出し、彼はついに大他者に斜線を引く。そして彼は次のように言うことになる。「『斜線を引かれた大他者』のシニフィアン」というこのマテームの意味は、「パロールの場所のなかで」「シニフィアンのシステムの、つまりランガージュの総体」

として、大他者は「何かを欠いている」ということだと。[213] さらに彼は言葉を重ねる、「精神分析の大いなる秘密、それは」「大他者には大他者はいない、ということです」「大他者のなかには、『わたしはある』に答えることができるどんなシニフィアンもないのです」「大他者の言説を保証するものはなにもないのです」[214]と。

　大他者は何かを欠いている。それらパロールの主体としても、ランガージュの総体、シニフィアンの宝庫としても、何かを欠いている。なぜなら、「わたしだ」を保証する第三者たる大他者は、大他者にとっては存在しないからだ。大他者には神がいない。だから大他者は自分を保証してくれる者が誰もいない。自分を保証してくれる言葉もない。だから、大他者はわれわれ一人一人の「わたしはある」すら保証できない。大他者は、それを保証するシニフィアンを何一つ持っていない。いくらシニフィアン連鎖を手繰っていっても、最後の言葉はない。それを大他者から獲得することはできない。すると、どうしてもこういうことになる――主体は大他者にむかって、上目づかいでこう口にする。「わたしはある。だってわたしはこれだ、そう言うわたしはわたしだ、ねえ、そうでしょう?」そう保証を求める切りもなく果てしもない主体の熱っぽく浮わついた声に、大他者はあらぬ方を向いてこう呟く。答えになっていないことばを。「わたしはある。だってわたしはこれだ、そう言うわたしはわたしだ、ねえ、そうでしょう?」

　こんなことは、もうオウィディウスが語っていたではないか。想像界のナルシス、水面に映える自らに恋着するあのナルシスの傍らにいたのは、無限に相手のことばを繰り返すことしかできないあの小さな妖精エコーだったなどということは。そう、究極的には、大他者はあの哀れな妖精エコーにすぎなくなる。木霊《エコー》のように言葉を繰り返す以外に何を言うこともできない、自ら語る自らのことばを奪われたあのエコーに。なぜなら、彼は自分の言葉を保証する誰かをもっていないのだから。「わたし」と同じように。[215] ラカンが繰り返し「メタ言語《ランガージュ》は存在しない」と言っていたのは、まさにこの「大他者には大他者はいない」「神の言葉を保証する誰かはいない」という意味だった。[216] ラカンが、あの晦渋だがさして有益とも思われない「欲望のグラフ」の図式で語ってきたことは、結局はここに帰着する。そこで、シニフィアンの連鎖全体は「大他者における欠如のシニフィアン」に帰着すると彼は語っていた。「大他者には大他者はいない」と言い、「真理の無‐信仰」について彼は語っていた。その同じ頁で、さらに彼はこう語っていたのだった。

ここで問題になっている欠如とは、われわれがすでに、大他者の大他者は存在しない、と言って公式化したものである。しかし、真理の無‐信仰のこの特徴は、「大他者はわたしに何を望んでいるのか」という質問に答えるべき最後の言葉なのだろうか。その答えは、われわれが分析家であるとき、われわれは果たしてその代弁者なのだろうか。もちろん、そうではない。われわれの職務は教条的なところをまったく持ってはいないのだから。われわれは、いかなる最終的な真理によっても答えるべきではない。とくに、いかなる宗教に対しても、これに賛成したり、反対することによって答えるべきではない。[217]

「宗教が勝つか精神分析が勝つかだ」などと奇妙に萎えた熱を込めて言い放った後年とはだいぶ趣が違うではないか、と茶々を入れるのは後にしよう。そしてまた、この大他者はやはり、死と重ね合わされることになる。この前年のセミネールで彼はこう言っていた。「最後の絶対的大他者」は「死の姿（la figure de la mort）[218]」だと。だから、必然的にこういうことになる。もしかして、大他者からの決定的な返答はありうるかもしれないということに。最後の言葉はありうるかもしれないということに。彼に向かって「わたしは何ですか」と言ってみるといいかもしれない。しかし、この最後の絶対的大他者はこう答えるだろう。「おまえは死ぬ」。

――そういうことが聞きたかったのではない。やはりここでも、何かがすれ違っていて、何かが違う。ここに返ってくるのは、やはり何かが欠けた言葉だけだ。「おまえは死だ」ですらない、「おまえは死ぬ」。これが、象徴界の、大他者の答えなのだろうか。そうだ。

死の姿が遂に浮かび出た。しかし今ここに至っても、まだ問題は残っている。こういう疑問が浮上する。では、この大他者と主体のあいだに、この「欲望の弁証法」に貫かれたこの関係に、同一化の機制は存在するのか、と。小他者に対しての想像的な同一化の機制についてはすでに語った。それが「嫉妬の弁証法」と重ね合わされたものであることについても、それが鏡像として「自己」を構成するものであることについても。しかし、この大他者、欠如を抱えた大他者に対して、同一化の機制はあるのか。ある。それが、ラカンの言う「一の線＝一元特徴（trait unaire）」による「象徴的同一化」だった。一の線《トレ・ユネール》、これを見ていこう。

第一四節　トレ・ユネールとは何か

これは六一年から六二年にかけて行われた『同一化』のセミネールで提出され、徐々に精緻化されていく。初回のセミネールではまだ「トレ・ユニック（唯一の線・独自の特徴）」と呼んでいるが、彼はこれを「シニフィアンのなかに含まれている単位をまとめる機能」とははっきりと区別する。われわれも見てきたようなシニフィアンの上位の単位への纏めあげは、たんにあのシニフィアンの差異をもたらすだけであり、トレ・ユニックはそれとは違うのだと。[219]そして一二月六日にトレ・ユネールという言葉を改めて採用しそれを「縦の、垂直の（vertical）」ものだと形容する。横棒ではなくて、縦棒である。そしてそれをシニフィアンの差異を「支えるもの（support）」であり、そしてフロイトを引きながらここで第二の種類の同一化が問題になっているのだと言う。[220]まさに小他者への同一化とは別の同一化をもたらすもの、それがトレ・ユネールだと。

病んだ想像的な同一化とは違った、象徴的な同一化をもたらすもの、トレ・ユネール。トレ・ユネールと「固有名」との関連を明言しつつ[221]、年を越した年頭のセミネールで彼はこう語ることになる。「私が前回言ったことをもう一度思い出してみましょう。それは、主体の同一化、第二のタイプの退行的なさんに固有名についてお話しました。それは、主体の同一化、第二のタイプの退行的な同一化、つまり〈大他者のトレ・ユネール〉に対する同一化をめぐるわれわれの道のりのなかで、それに出会ったからです[222]」と。

もうよい。こうして六一年の晩秋から冬にかけて少しずつ立ち上げられていく、この「トレ・ユネール」について、ここでもわれわれらしく簡潔に裁断することにしよう。要するに、トレ・ユネールとは、「主体を大他者の領域に引っ掛ける[223]」ものであり、それによって「主体を設定する[224]」。だからそれは「主体以前[225]」にある根源的な「一」の書き込みである。シニフィアンの効果である主体が出現するためには、当然主体以前に「最初のシニフィアンの出現」が必要であり、その「もっとも単純な」シニフィアンがこのトレ・ユネールだ。そうラカンは言う[226]。ここからシニフィアン連鎖のゲームが、あの差異のゲームがはじまる。だからこそ、トレ・ユネールはシニフィアンの差異を支えるものであり、その差異を「創出する[227]」機能があると定義されているのだ。だが、その差異とはどういうものだったろうか。シニフィアン連鎖における差異とはどんなものだったか。そう、あの「熱狂」の「凝視」の、次々と流れ出し手繰られていく換喩の差異だった。だから、彼はフロイトを呼びだして「フロイトが小さな差異たちのナルシシズムと呼んだもの」[228]とトレ・ユネールを結びつけるのであり、トレ・ユネールは、どうしようもなく主体が巻き込まれていく強迫反復の、「一回」を数えるもの、「反復の一巡りの単一性」[229]を示していると言うのだ。トレ・ユネールはシニフィアン連鎖の「強迫反復」の「反復の一周」をいうなれば「初期設定」するものである。そしてシニフィアンの一回一回と数えられていく反復が主体を作り出していく以上、トレ・ユネールは主体に、自らを数えることを可能にするものだということになる。反復の一回が、主体の出現の一回なのだから。だから、トレ・ユネールは「主体にとっての計算の基盤と根拠」であり、「トレ・ユネールが数えるという機能を開始する」とラカンは言う[230]。しかし、それだけでこの主体が自分を数えることができるようになるのか。自分を一として数えること。これは見かけほど自明のことではない。自分を勘定に入れ忘れるということはよくあることであって、それは自分を数える別の自分を要求するからだということは常識に属する。シニフィアンの反復の一回が主体の生成の一回だからといって、その主体が自ら自分を一と数えられる能力を備えることに本当になるだろうか。では、このトレ・ユネールが主体が「自らを一として数えられるもの」にして行く過程はどうなっているのか。ラカンは、トレ・ユネールを論じていくなかで、この主体を「一としての大他者」の「ナイーヴな欲望」[231]のなかに引っ掛けられ巻き込まれる「換喩でしかない主体」と克明に言っている。シニフィアン連鎖の換喩的欲望のなかで自失しているこの主体が、どう自分を一と数えるのか。しかし、ここには何も難しいことはない。ラカンは、トレ・ユネールは大他者と主体との承認の欲望の弁証法を駆り立てる撥条を、すなわち「矛盾」をつくるものであるとしている[232]。だが、この「一としての大他者」との欲望の弁証法の過程そのものが、ここでは象徴的な「同一化」と同じものとされているのだから、一たる大他者に同一化する主体がそもそも「一」にならないわけがないのだ。つまり主体は、シニフィアンの一回ずつの反復の効果として一でもあるが、そのシニフィアン連鎖の反復の「他のもの」への欲望が「一としての大他者」への同一化に向かう志向性でもあるということにおいても、一になるのだ。シニフィアン連鎖の反復の一回ずつが、否定性によって駆動する「欲望の弁証法」のなかで、大他者への「一」への同一化となる。だからトレ・ユネールは同一化を可能にする。この主体は、この象徴的同一化において「一人」になる。つまり人間のなかの一人、と自らを数えられるようになる。つまり、自分を分類できるようになり、そのなかの一人でしかないことを理解できるようになる。ラカンは短く曖昧な言い方でしかないがこれを「分類」と関係づけているのはここから理解できる[233]。これは要するに、人類学的な「親族の基本構造」への、「象徴的分類」への根本的な書き込みでもあるのだ。こうして主体はトレ・ユネールにおいて自らを勘定できるようになる。人間のなかの、男女のなかの、誰彼に対して父親であったり母親であったり兄であったり弟であったりする、そうした「分類」の種や属のなかの「一人」として。この大他者への書き込みから「余った」もの、主体の「一」の計算から漏れた「余り」が対象aとされることになるのだが[234]、それは今はよい。

要するに、トレ・ユネールとはわれわれが「第二の象徴界」と呼んできたものすべてを実現するものであり、欠如を穿たれた大他者とシニフィアン連鎖に曝された主体の換喩的な「欲望」とのあいだの際限のない絡み合いを、「象徴的同一化」とするためのものだったのだ。

第一五節　二つの同一化、二つの弁証法、二つの死の姿——想像界と象徴界、その動揺

だから、こうなる。象徴界の主体と「死の姿」である大他者とのあいだにあるシニフィアンの「欲望の弁証法」は、最初のシニフィアンたるトレ・ユネールによって無限の「熱狂」と虚しい「他のものへの欲望」の「連鎖」に身を焦がす「同一化」となる。想像界の自我と「死の筆触」で描かれた「死のイメージ」である小他者とのあいだにあるイメージの「嫉妬の弁証法」が、最初のイメージたる鏡像段階の自己イメージによって無限の「愛憎」と「殺戮」の「増殖」をもたらす「同一化」になったように。さらに言わなくてはならないことがある。トレ・ユネールは主体に先行する。主体に先行するシニフィアンにも先行する。大他者にすら先行する。だから、ラカンは、次のように語ることになる。

トレ・ユネールは主体の前にあります。「はじめにことば《ウェルブム》ありき」というのは、

つまり「はじめにトレ・ユネールありき」という意味なんですね。[235]

ここは笑うところなのだろうか。わからない。もうわからない。はじめにあるのはウェルブムだった。それはダヴァルでもパロールでもなく、ランガージュだった。しかし、今やそれはランガージュですらなく、今度はトレ・ユネールだと言うのだ。いや、茫然とすることは何もない。なんら難解でも晦渋でもない。それはわれわれがすでに検討してきたところなのだから。確かに、ラカンの理路のなかでは、当初においては最初にあるものはパロールでなくてはならなかったし、次にそれはランガージュにならなければならなかったし、そして最後にそれは「最初のシニフィアン」であるトレ・ユネールにならなければならなかった。最初のシニフィアンがなければ、そもそもランガージュさえもありえないのだから、これは当然の帰結なのだ。われわれはそれを逐一、できるかぎり論理的に追ってきた。われわれはそれを横切ってきた。これを必然とする理路の糸は、われわれにはすでにはっきり見える。われわれはそういう場所まで来た。

だが、それにしても。やはり何かがおかしい。違和は拭えない、拭い切れない。それは、やはり何も解決されないではないか、主体の切りのない欲望、「わたし」の「これ」を求め続ける欲望という問題は解決されないではないか、ということでは全然ない。もとより解決などありはしないし、ラカンにそれを求めても詮がない。疑念は別のところにある。それはもう目に見えて明らかなのだ。もう隠しようも誤魔化しようもないのだ。

こうだ。われわれが斜めに横切ってきた、この二つの輪、想像界と象徴界は、実は同じものなのではないか。

一般に流布している理解では、想像界はイメージと愛憎の世界であり、象徴界は言語と法の世界である。それは単純だが、特に間違ってはいない。ばかりか、イメージと言語が別のものだということは、哲学的な知見を俟つまでもなくわれわれの常識に属することだ。誰が、言葉とイメージとを取り違えたりするだろうか。しかし、ここで問題になるのは、ラカンにおいて象徴界の構成要素はパロールでも語でも記号でもなく、「シニフィアン」というこの奇妙な何物かであるということだ。記号は「誰かに対して何かを表象するもの」[236]だが、シニフィアンはそうではない、とラカンは断じていたのだった。シニフィアンは記号と違って、その定義自体のなかには「誰か」も「何か」も欠いている。どころか、その「誰か」と「何か」を効果として産み出した瞬間消失させる何ものかなのだ。それはわれわれが追い確かめてきた通りである。

ここで多少不躾な質問をしなくてはならなくなる。シニフィアンは何でできているのか、シニフィアンの材質は何なのか、と。不躾と言ったのは、シニフィアンの定義である「他のシニフィアンに対して／に代わって主体を表象するもの」はあくまで形式的な定義であり、定義上その内実だとか材質だとかは一切問題になっていないからだ。だから、シニフィアンの材質は如何などと口にするのは定義上「お門違い」なのであり、「愚問」なのだ。

しかし、ラカン自身もこれについて語っていないわけではない。どころか、そこには大きな問題があり、多くの議論がある。まず、ラカンは「文字」をモデルとして「シニフィアンの物質性」について語っていることはよく知られている。[237]そしてこの「文字」については「われわれは、文字という言葉によって、言説《ディスクール》が言語《ランガージュ》から借りる物質的な支持体を指示する」[238]と言っている。そして、「シニフィアンの物質性」について語った『エクリ』版「『盗まれた手紙』のセミネール」の同じ頁で、彼は自らシニフィアンと同一視する「手紙＝文字（lettre）」について、それを「小さく引きちぎってみても、それはやはり手紙＝文字のままである」[239]と言っている。引きちぎっても変わらない物質があり、それはシニフィアンである、と。要するに曖昧極まりない話であって、だからフィリップ・ラクー＝ラバルトとジャン＝リュック・ナンシーはこのシニフィアンで表されているのは言語の観念性でも物質性でもないのであり、ここにあるのは観念性と物質性への、観念論と唯物論への「二重の拒絶」[240]であると語ったのだった。同じ本のなかで彼らは、シニフィアンは「場所の差異」であり「位置決定の可能性そのもの」であり、場所を「分割し制定する」ものだと結論しているが、[241]これは形式的な定義にすぎず、われわれの理路のなかですでに述べてきたことだ。象徴的決定とははじめから「象徴的な位置の決定」であり、シニフィアン連鎖の差異のもとで一瞬確定する主体の言明は、他のシニフィアンに対して主体の場所を、つまりたとえばあのトイレの図ならば男に対して女を「表象する」ものであったのだから。次いで、さらにジャック・デリダは、この文字＝シニフィアンの「物質性」とは「この分割不能性から演繹するに」「実際には観念化に対応する」[242]のだと断言したのだった。それはその通りだ。なぜなら、ラカン自身『エクリ』の同じ頁のなかでこの物質性の「特異さ」を認めてしまっているし、とある講演でも「シニフィアン、それは物質です。言語のなかで自己を超越する物質です」[243]などと言っている。しかし、あたりまえのことだが、物質や質料は自己など超越しないから物質や質料なのだ。このようなことは、哲学的な素養の有無にかかわらず自明のことであるし、ラカンもそれを知った上でこう言っていることは明らかだ。さらに後年、ラカンは『アンコール』のなかでこう言っている。「シニフィアンは、どんな仕方においても、この音素的な支持体に限られうるものではありません」[244]。注意しよう。ラカンは、シニフィアンは音ではないと言っているのではない。要するに、ラカンはシニフィアンを音に限りたくないのだ。ソシュールがそうしたように、それを「聴覚」だけにかかわるものにしたくないのだ。アラン・ジュランヴィルが、多少寄り道が多く蛇行しがちなその議論のなかで、フロイトが厳密に区別した「言語表象」と「事物表象」はソシュールの「シニフィアン」と「シニフィエ」に一応は対応すると言うことができると前置きしつつ、結局ラカンが言っているシニフィアンというのはもはや「言語表象ではなく事物表象である」と言っているのは半ば正しい[245]。しかし、彼の言い方を借りて言えば、シニフィアンは言語表象でも事物表象でもある、あるいはその相互浸透である、と言ったほうが正確だろう。それはある程度は物質で、ある程度は観念で、ある程度は言語の表象で、ある程度は事物の表象なのだ。はっきり言おう。シニフィアンの材質は、不確定であり不均質である。われわれが最初に主張した、ラカンの概念の不均質性がここに露わになっているのだ。逆に言えば、ソシュールはシニフィアンを「聴覚イメージ（image acoustique）」と定義したが、これを妙な仕方で真に受けたのがラカンであり、彼のシニフィアンだと言ってもいい。ソシュールは音の響き自体が心に作り出す何か、という意味でこういう言い方をしたのだった。しかしラカンは、イメージであり音であり、そして同時にイメージでも音でもあるものとしてそれを読んだのではないかとあやしまれる。しかもそれは観念的な物質でもあり物質的な観念でもあり、自己を超越したり分割不可能だったりする。ここで頭を抱えるのはやめよう。無駄なことだ。われわれははじめからそう言っていた。それは「何か」だ。無論、言葉にかかわる「何か」であることが多くはある。そういう傾向はありはする。だがそれは単に「傾向」に留まる。[246] それは、「何か」だ。他の「何か」に向かって／の代わりに「主体」を「表象」する「何か」だ。そして、その材質は、詰まる所何でもいいのだ。無論、イメージでも。

われわれはすでにこう語った。象徴界と想像界は、そのメカニズムからして似過ぎている。象徴界の主体に対するに、想像界の自我。象徴界の大他者の「死の姿」に対するに、想像界の小他者の「死の筆触」で描かれた「死という絶対的主人のイメージ」。象徴界の「欲望の弁証法」に対するに、想像界の「嫉妬の弁証法」。その欲望の弁証法を起動するのは象徴界の「最初のシニフィアン」たる「トレ・ユネール」だったが、嫉妬の弁証法を起動するのは想像界の「最初のイメージ」たる「自己の鏡像」だった。シニフィアン連鎖には無限の「熱狂」があったが、イメージの小他者の増殖には果てしのない「愛憎」があった。象徴界には「同一化」があった、想像界にも「同一化」があったように。そして、シニフィアンはイメージでもあるとしたら。あの鏡に映えた自己イメージを、「他のイメージに対して主体を表象するもの」と定義し直すことは完全に可能ではないか。[247]

第一六節　〈鏡〉という装置

簡単なことだ。何のことはないことなのだ。最初に戻って考えてみよう。はじめに鏡ありき。われわれの議論は、鏡から始まっていたのだった。その鏡の面《おもて》に戻って考えてみよう。もうすべて註を付して委曲を尽くしてきたことだから、一々典拠を明示することはしない。一息に論じよう。

鏡を前にした子ども。彼は鏡のなかに自己の「全身像」を、統一されたイメージを認めて歓喜する。彼はイメージの世界、想像界に参入し、かくして象徴界のFort-Daを、そこから析出してくる言葉を待つことになる。彼はすでにイメージの世界にいて、いまだ到来しない言葉を待っている。そうわれわれは論じてきたのだった。しかしこれはおかしい。なぜなら、その子どもはもう知っているからだ。もう受け取っているからだ。

「これがおまえだ」という言葉を、彼はすでに聞き取っているからだ。そうでなければ、なぜ鏡に映った「これ」が自分だということが知れよう。このような言明がなければ、「これ」はなにか平板な表面のなかで照り映えている何か、多少は動いたり多少は止まったりする何か、あるいは吸ったり吸われたり舐めたり舐められたりする何かにすぎない。「これがおまえだ」がそこに塗り重ねられなくては、そもそも鏡のイメージ自体が存在しないのだ。だからむろん、そこに自己の全体性を見出す歓喜も沸き上がっては来ない。その歓喜の瞬間、すでに言葉はそこに忍び込んでしまっている。「融合的なカニバリスム」「暴虐」から脱出を可能にする原初のイメージに、すでに言葉は密やかに染み渡っているのだ。言葉はつねに隈なくその面に植えられているのだ。繰り返す。そうでなくては、なぜこの奇妙に輝く表面が自分だなどということを知ることができるだろうか。こう言おう。イメージはイメージではない。すべてのイメージの基《もとい》となる最初のイメージ、鏡の自己イメージ。それは純粋なイメージでは全然ない。イメージと言葉が混ざった何かなのだ。純粋なイメージなど存在しない、シニフィアンが純粋なものでなかったように。

われわれも、歓喜することは少なかろうけれども、毎日のように鏡を見つめてそこに自分の姿を認める。「これがわたしだ」。そう、そこにいるのは「わたしだ」。白けた日常の、乾いた事実だ。しかしこれすら金輪際自明ではない。なぜなら、そこに映っている「わたし」は「わたし」ではないということを知っていないと「そこに映っているものは『わたし』である」とは言うことはできないからだ。逆説を弄しているのではない。当然にすぎることだ。その鏡に映っているイメージが「本当のわたし」であると言う者はいない筈だ。それは虚像にすぎない。実体がない。それは表象であり仮象である。「それはわたしではない」。誰がこの鏡のなかの照り映えた姿それ自体を、自分そのものだなどと思い込むだろうか。「それはわたしではない」から「これはわたしだ」なのだ。このことを知らないならば、たとえば動物が鏡の後ろに回り込んでそこに誰もいないことを不思議がるような誤りを犯すことになる。あるいは小さな子どもがテレヴィジョンのなかに「本物の」人間がいるのだと思いこむような、そういったあどけなく愛らしいが、しかし幼年期の束の間の幻想として誰もの記憶のなかに刻み込まれているような誤りを犯すことになる。誰が一体、鏡に映った自分の姿そのもの、それそのものが「わたし」であるなどと思うだろうか。それは鏡像である。だから虚像である。表象である。それは死んでいるのだ。当然だ、それはわたしと違って生きてはいない筈なのだから。精神分析において表象とは「空っぽの身体、幽霊、世界との関係の青白い夢魔、痩せ細った享楽」[248]を意味するとラカンは言っていたのだった。われわれはこの文言を何の当惑もなく理解しうる場所まで既に来た。〈鏡〉の表象は、生き生きとしたままどこか死んだ人形《ひとがた》なのだ。ゆえにそれは「わたしそのもの」ではない。しかし、このことが鏡に相対しての「これはわたしだ」を可能にするのだ。

鏡に映った姿はすでに純粋なイメージではない。「わたしだ」「わたしではない」という二重の言葉が、すでに鏡には折り畳まれている。そうでないと鏡は機能しない。鏡が与えるのはイメージではなく、当たり前だが鏡そのものもイメージではない。

では、この鏡は何なのか。あの、われわれの身近にある道具ではないのか。そう、それは単純な意味での道具ではもはやない。鏡は見えないのだから。あなたが鏡を見るときに目にするのは「おまえだ」「おまえではない」の二重の言葉が彫り込まれたイメージにすぎない。「鏡そのもの」ではない。では鏡を裏返してみよう。それは鏡ではなく、板にすぎない。鏡の機能を果たしていないのだから。つまり鏡はある超越論的な機能を持つべく組み立てられた何かであり、ゆえにそれは経験の条件を設定する。鏡は見えない。が、見させるのだ。視覚上そこにはなく、しかしそこにないことによってのみ主体に対して存在者の知覚を可能にするもの。これが鏡だ。ゆえに、この機能を果たす何かはすべて鏡と呼びうることになる。

いうなれば、〈鏡〉はひとつの装置なのだ。それ自体は言葉でもイメージでもないが、言葉とイメージと端的な物質から、何よりも言葉とイメージの相互浸透から精緻に組み立てられたひとつの装置なのだ。そして、鏡に映った自分の姿は「わたしではない」。それは表象である。これを前提にしてはじめて鏡の「これはわたしだ」は成立する。何か、ここに難しいことがあるだろうか。繰り返す。鏡は端的で単純な現前性を、「指向対象」を与えるただの道具ではない。[249] そこにいるのはわたしではないがわたしだ、という言葉とともに、われわれはそこにわれわれの姿をイメージとして見る。鏡は、「わたしである」イメージと「わたしではない」イメージ、そして「わたしだ」「わたしではない」という相反するふたつの言葉で組み上げられたモンタージュなのだ。だからそれは一致も不一致も同時に産み出す。

だから結論はこうだ。〈鏡〉は言葉とイメージの不均質な浸透状態から構成されている装置であり、その装置は言葉とイメージのあいだにある何かを生産する。つまり表象を生産する。主体という表象を、自我という表象を、他者という表象を生産するのだ。そしてその表象は欲望し、狂乱する。

だから、われわれの理路とは狙いや語彙こそ違え、ジル・ドゥルーズが『意味の論理学』のなかで「鏡はパラドクサルな審級」であり「同時に語であり物であり、名であり対象であり、意味であり示されたものであり、表現でもあり指示でもある」[250]と性急さを恐れず次々に言ったのは正しい。ドゥルーズ＝ガタリが『アンチ・オイディプス』のなかで「象徴界と想像界のあいだには境界でも走っているのか」と力強く反問し、「想像界と象徴界のあいだには、いかなる本性上の差異も、いかなる境界も、いかなる限界も認めることはできなかった」[251]と揚言しているのは正しい。そしてピエール・ルジャンドルが「ナルシスにとって、鏡は決定的に存在しない」[252]と断言し、「社会的鏡」[253]の概念を練り上げてこの鏡を社会のほうへと解き放つ一方で、一貫して想像界と象徴界は切り離すことができないと言い続けたのは正しい。この象徴的かつ想像的な〈鏡〉、本稿の第二部はここから始まることになるだろう。

想像界は象徴界の裏面であり、象徴界は想像界の裏地である。ここに驚くべきことは何もない。「これがおまえだ」という言表を最終的に保証する筈だった欠如を抱えた死の形象である大他者、そして目の前に凝固し凍結されて魅惑する死のイメージたる小他者は、つねに-すでに鏡において存在している。象徴界は想像界に、主体は自我に、シニフィアンはイメージに、欲望の弁証法は嫉妬の弁証法に、トレ・ユネールは原初の自己イメージに、象徴的同一化は想像的同一化に、ゆくりなく浸透し、その画然とした区別の線分は滲んで破線のように掠れていく。シニフィエは主体と混ざり合い、なにか対象aのような色合いを帯びながら消えていく。われわれは言った。ラカンの概念は、根本的にある種の不均質性を、不確定性を、混成性を持つと。だから難解なのだと。それは、ある程度まで論証された。

第一七節　想像界と象徴界のあいだ、〈意味〉の領域——詩の閃光

が、まだ本章を終えることはできない。問題はまだ残っている。なぜなら、われわれが示した最初のボロメオの想像界のIと象徴界のSの重なる場所、つまり「意味」の場所を、われわれはまだ横切っていないからだ。どうしても、われわれの理路によると〈鏡〉こそがこの「意味」の場所に来ることになる。しかしそれはどういうことか。ラカンは、セミネール『R. S. I.』のなかで、意味の位置づけに多少苦慮してい

るように見える。もちろん、図を見ればわかるようにこの「意味」の領域は現実界の外にある。だから意味は現実界の「外-存［現実存在］（existence）」であると言い、ゆえに現実界は意味を欠いていると言いつつ、[254]たとえば「現実界、それは白紙の意味なのです」[255]というような言い方で説明しようとしている。同じ日のセミネールで彼は、「意味に固有なものとは、何ものかに命名するということであり」、「そのことによってわれわれが諸事物と呼ぶあいまいな『もの』の次-元（dit-mansion、次元＝語られた-舞台装置の一角）が出現するのです。そしてそれは現実界からしか確立されたものにはならないのです」と語り、「意味の出現」について語っている。[256]ついにここにまで、少しずつ概念の相互浸透が始まって、などと口にすればそれは拙速に過ぎる。だが、現実界との関連からだけ意味を確定することは困難だった。しかし一九七六-七七年の、全体としては老いの衰弱の印象だけしか残らない晩年のセミネールの七七年三月一五日の会合で、ラカンは突如として若き日の理路を、若き日のシュルレアリストたちとの交遊の記憶を思い出したかのように言う。「詩とは、想像的に象徴的なものです」。そして即座にこの「想像的に象徴的なもの」は「真理と呼ばれます」と言い放つ。また現実界と意味の関係はと繰り返しつつも、彼はついにあの懐かしい「充実した言葉」まで持ち出すのだ。「充実した言葉、それは意味に充実した言葉ということです。空虚な言葉というのは、つまり意味作用しかもたない言葉ということです」と言いつつ、すぐに「わたしが真理と言うときに、わたしは意味ということに言及しているのです。しかし、詩がまずいものになってしまうと、詩の本来のものは、単に意味作用しかもたないのです[257]。そう、われわれも思い出そう。ラカンにとって単なる意味作用ではない、真の「意味」を産み出すものは「隠喩」だった。シニフィアンとシニフィエを分かつあの横棒の一瞬の乗り越えであり、「詩的な閃き」「創造的な閃き」だった。「愛は太陽のなかで笑う小石」だった。たしかに初期のセミネール『精神病』で、彼はただの合言葉にすぎない換喩とは区別し、隠喩をはっきりと「定礎的な言葉」と同一視していたのだった[258]。さらに「隠喩的でないような意味は存在しません[259]」と断言していたのだった。「動物が隠喩を使うなどということは全く考えられません[260]」とも。そして、われわれはこの「隠喩」が、何かを「第二の象徴界」のなかで即断し難い違和を残す何かを孕んでいると、第一二節で既に指摘しておいた。想像界と象徴界のあいだにある、「意味」。それは「詩人」の「充溢した言葉」であり、「定礎的な言葉」であり、新たなる「意味」の生産であり、それは「真理」である、と老いたラカンは言う。これはつまり、われわれが「第一の象徴界」と呼びならわしてきたものの「定礎する」作用が、「パロール」を「ランガージュ」に取りかえても、「トレ・ユネール」に取りかえても、ついに解消し切れなかったということなのだ。定礎の言葉の充溢した力は、象徴界と想像界の区別を危ぶめるものとしてわれわれが提示した〈鏡〉の定礎する力として、第二の象徴界で何か軋轢を来すものだった「隠喩」の意味の創造の力として、消滅することなくついに帰還したのだ。隠喩は定礎する。意味は定礎する。詩人の言葉は定礎するのだ。「想像的に象徴的な」ものとして。

しかし、なぜ鏡がそのような詩人の創造する隠喩なのか。そう、ラカンは語っていた。子どもの最初の同一化の選択、すなわち鏡像段階の自己イメージへの同一化は、「そこによって人間が自分を人間と思うところのあの狂気以外のなにものをも引き起こさない」[261]と。鏡の前に立って「これはわたしだ、人間だ」と言うことは、権利上「わたしはナポレオンだ」「天皇だ」と言うことに等しい狂気である。そしてこのパラノイア的な狂気は人格と同じものだと、われわれは既に述べた。鏡に向かって「わたしだ」と言うことが隠喩なのは、それがわたしではないからである。〈鏡〉の像は表象であり、わたしではない。それは「死の姿」である。死の姿の「全体像」であり、「細部のクローズアップ」ではない。

「わたしはこの死の姿だ」。幼児がはじめて口にする、十二分に詩的なこの言葉が、定礎する言葉《パロール》として主体を析出する。ある純然たる死の姿、表象を前にして、それがわたしだと言うこと。これはまさに「主体の隠喩」[262]以外のものではありえないのだ。

しかし、たとえば次のような反問もありえよう。そうはいっても、この鏡の「わたしだ」は想像的なものであり、この「死の姿」への同一化はあの狂気の愛憎を産み出すのであったはずではないか。それがどう詩人の閃きと、「隠喩」と関係しているというのか、と。だが、まさに『エクリ』の補遺論文「主体の隠喩」のひとつのパラグラフで、ラカンは言っていたのだった。「隠喩」が産み出すものにこそ、「愛の袋小路」[263]があるのだと。そして彼の批判的な弟子ピエール・ルジャンドルならオウィディウスに直接言及しながらもっと明快に言うだろう。鏡において他者として自己を見出すこと、これは「隠喩化」[264]であると。

われわれの本章での目的は達せられた。〈鏡〉は象徴的かつ想像的な装置である。そしてそれが産み出すものは、意味であり隠喩である。〈鏡〉を前にして「こおどり」する幼児、彼は自らを隠喩として定礎する一人の詩人だったのだ。〈鏡〉は、ナルシスに囁くエコーである[265]。他でもないナルシスについて繰り返し語った詩人ポール・ヴァレリーを、ラカンが幾度か引用していることをここで付け加えれば、それは既に蛇足となろう[266]。

しかし、ここで終わりではない。まだ終われない。詩人の隠喩が創出する意味は、現実界に「外‐存するもの」であるばかりではない。それは不意にボロメオの他の場所にも浸透し流れ込み、突如として現実界の穴のなかに不穏で異様な形で浮上することになる。これを見ていかなくては、以上のわれわれの論旨も空文となろう。そして、その「浮上」にこそラカンの真の可能性があると私は思う。しかしそれはもはや本章で論ずべきことではない。

ボロメオの第三の輪、現実界に向かうことにしよう。

第三章　享楽のレギュレーター——ファルスと対象a

第一八節　現実界とは何か——小さな物音、軋み

現実界とは何か。そのような「現実界とは何か」を許さない何か、だ。ラカンは、想像界と象徴界と比べても、現実界はそれらとは全然違うものだと言っている[267]。そう、根本的に意味あるいは意味作用の領域であるこの二つと違って、現実界は意味を欠いている。これは既に述べた。一九七四年ローマで行われたパリ・フロイト派第七回総会での講演『第三の女』のなかで、ラカンは「現実界は世界ではありません。表象によって現実界に到達できるかもしれないというような希望は一切ありません」と言い、また「現実界とは、全称的（普遍的、universel）なものではありません。これはどういうことかと申しますと、現実界は厳密な意味で『すべて』ではないということです。それはつまり、現実界の諸要素のひとつひとつが、それ自体と同一ではないという意味においてであり、また『すべての……』と言われることができないという意味においてです[268]」と言

っている。現実界における要素は「すべての……は……である」というような全称命題で言い表すことができない。それは表象ではなく、意味もない。その彼岸にある、のではなく、その彼岸である。だから「現実界は厳密に思考不可能なものである」「現実界は日々のことごと（affaire）の穴をなすものである」[269]。だからその唯一の定義は「現実界とは不可能として定義される」[270]でしかありえない。

「現実界は不可能なものである」[271]。不可能である現実界、それは世界内にはない。表象も意味も言葉もイメージも追いつかない。だから象徴化できない。つまり〈鏡〉に映らない。現実界は「世界」ではないのだから。だが、このように言うと現実界が実体化されて受け取られかねない。現実界の実体化。これを許してしまえば、世界への現実界の「侵入」が起こるなどという言明も可能になり、何か現実界がどこかしら通俗的な、獰猛な野獣めいたものとして考えられてしまうことにもなる。世界と現実界のあいだに、あの懐かしい中心と周縁の弁証法などといったものすら可能だと考えられてしまうことにもなりもしよう。「現実界の侵入」と。こうした理解ははっきりと間違っているし、理論的な後退にしかならない。だからむしろこう言おう。世界が構成された時に、「整形外科的」な手続きによって表象や意味や言葉やイメージが現れたときに、つまり「象徴化」が行われたときに、そこからその結果として「不可能」になり失われる何かだ、と。「存在の鬱積」が起こった瞬間にそこから逃れた筈の、鬱積されなかった何か。そう、われわれが辿ってきた通り、象徴的で想像的なこの「世界」とは、「死の姿」「死のイメージ」に取り囲まれ貫き通された自動人形の世界だった。縫い合わされ凝固した立像の世界だった。そこに取り込まれなかったものが現実界である。とすると、「世界の外」たる現実界とはあの「生の哲学」が、特に俗流のそれが論《あげつら》うような「個を超えた生命の海」「生命の脈動そのもの」だということになるだろうか。あの甘美な、しかし何か緩みきって俗情に濡れた「豊饒なる海」であると。違う。全く違う。ラカンはあるところで、聴衆に対してやや苛立ったような口調で言明している。「想像界が死んでいて、現実界が生きているなどという理解は間違っています[272]」と。そう、それはむしろ死の側にある。彼は現実界を「快感原則の彼岸」すなわち「死の欲動」に関係するものだとしているのだから[273]。世界が快楽の此岸であるとすれば、現実界はまさにその「彼岸」だと言うのだから。想像界も死、象徴界も死、現実界も死だ。此岸も死、彼岸も死。死、死、死。どこを向いても死ばかりだ。ラカン理論とは結局のところ究極のニヒリズムの一形態ではないのか――との疑事はまったく正当なものではあるが、ここでは措く。

　シニフィアンもイメージも届かない、それからゆくりなく漏出する現実界。そもそもシニフィアン連鎖は「偶然」を必然化するものであった。現実界を象徴化するものであった。そのことはすでに見た。しかし、それは確率論的な偶然にすぎない。ある規則のもとで必然に吸い込まれうるものにすぎない。すでに0と1とそれを区別する第三項に区切られ、ゲームとなるべく誂えられたものにすぎない。ゲームを設定したあとで、そこで確率論的なパラメータとして遡行的に発見されるものにすぎない。すでに引用したように、シニフィアン連鎖のゲームを精緻化した筈のラカンが、その後になっても依然として「偶然なるもの、それが現実界なのです」[274]と執拗に繰り返すときに言わんとしているのは、まさに現実界とは、そのゲームが成功したこと自体が丸ごと失敗になってしまうような偶然なのだということだ。そのゲームが現実界を計算に繰り入れ偶然を吸収し解消仕切ったと思い込んだその勝利の瞬間、その勝利自体が突如として裏切られ、ただの「幻想」「妄想」になってしまうような、そういう「純粋な偶然」だ。そして、その「幻覚」「幻想」たる「成功したゲーム」がわれわれの世界であり、われわれの「現実性」である。それもすでに述べたことだ。では、現実界の偶然性とはどういうものなのか。簡単だ。彼が繰り返し述べているように、現実界は「外傷《トラウマ》」[275]との偶然の「遭遇」であり、「本質的に遭遇し損なったものとしての遭遇」である。それは現前しない。遭遇は起きない。起きなかったはずのものとして起こる。主体はそれと常に遭遇し損なう。なぜなら、現実界との遭遇は、主体のなかに「同化できないもの」であり、主体に「偶発的な起源を与える外傷」だからである[276]。それを覚えていないことによってのみ、それを忘れることによってのみ、それを「無い」ことにすることによってのみ、それを「同化しない」ことによってのみ、主体が主体たるような「何か」[277]。これが外傷であり、現実界との遭遇だ。ある留保を置かなくてはならないとはいえ、純粋な偶然性はここにあると言えるだろう。

　だからそれはシニフィアンにもイメージにもならない。少なくともわれわれが見てきたような〈鏡〉に映る、〈シニフィアン-イメージ〉にはならない。その相互浸透のなかには現実界の外傷は出現しない。出現しない筈のもの、である。精神医学者中井久夫がその著作のなかで、心的外傷の「フラッシュバック」が、通常のイメージとはまったく掛け離れた非文脈性・無意味性・反復性を持っていて、「鮮明であるにもかかわらず、言語で表現しにくく、絵にも描きにくい」「語りとしての自己史に統合されない『異物』」であると指摘していることが、この傍証となろう。[278]〈鏡〉に映らない穴、語ることも描くこともできない穴、これが現実界である。

シニフィアンにもイメージにもならない、と言った。しかし、その逆を言うこともできる。つまり、現実界から見ると、「シニフィアンを形成することと、現実界に裂け目、穴を導入することは同じことなのです」[279]ということになる。「現実界に属しており原初的な現実界である」「〈もの〉」は、「シニフィアンを受苦する（pâtit du signifiant）」[280]ものであるということにもなる訳だ。無論「主体以前にある」「最初のシニフィアン」であるトレ・ユネールが、まさに現実界へ斬りつけられるシニフィアンの切っ先として、そこに最初に打ち込まれる一の矢として働き、それと逆説的な関係を持つことになることは明らかだろう。[281]その一の矢の打撃によってのみ、それの効果によってのみ、われわれの世界は世界として開かれる。ただし、その打撃を忘却のなかに溶け込ませることによってのみ。

とはいっても、ではわれわれが現実界とどのような接触を持てるだろうか。外傷においてということはわかるが、イメージとシニフィアンのゲーム、すなわちこの世界の現実性が「幻想」であるとすると、それはひどく通俗的なことになりはしないか。この世は夢などということは、もうわれわれは何度も聞いたではないか。そればかりではなく、全くわれわれがその「幻想としての現実性」である世界の内にある存在であるとすると、では一体われわれはどうして現実界があることを予感してしまうのか、それがわからなくなる。しかし、これはそう難しい問題ではない。現実界は「直接には＝媒介なしには (immédiatement) 接近することができない[282]」ものである、とラカンは言う。この「媒介なしには」という言葉はやや粗略にすぎる感もあるが、とにかく現実界に「触れる」「掠める」出来事は〈ある〉し、それこそがわれわれのこの現実性を夢に、幻想にしない。させてくれない。しかし、それはどのようなものか。ラカンはこう言っている。

現実界の代わりを果たすものとして、確かに生み出されるもの、それは通常の現実性という幻想なのだ。この幻想が運搬するものは、何によって言語のなかに滑り込むのか。それは、「すべて (tout)」の観念である。それでも、わずかな現実界との遭遇が、この観念に反論を加えるのであるが[283]。

現実界の場所は、外傷から幻想に向かいます――この幻想というのは、全くもって原初的な何かを、反復の機能において決定因となっている何かを隠蔽しているスクリーンとしての幻想ということですよ――ここでこそ、われわれはこの現実界の場所の位置をはっきり見定めておかなくてはなりません。……現実界が表象されうるのは、偶発事、小さな物音、現実性の少なさ（現実性の切れ端、peu-de-réalité）によってなんです。これが、われわれが夢をみているわけではないということを証言してくれるわけです。ですが、違う面からすれば、この現実性は少ないもの、切れ端どころではないのです。われわれを目覚めさせるのは、表象の代わりになるものの欠如の背後に隠されているもう一つの現実性だからです。フロイトはそれを欲動（Trieb）だと言います。[284]

ふと何かが触れる。不意に何かが軋る。その軋りの音がする。鳴り止みのあとの煙たいような静寂のなかで、何か薄い、しかし底の知れない予感があとを引く。日々の暮らしの往来のなかで、居住まいの何気ない挙措のうちで、ふと何かそこにあるはずのない妙なものを凝視している。何も不思議はない、謎などあろう筈もないもののなかに、ありえない異相があらわれる。何かがひび割れ、何かが掠れる。何かが裂かれ、何かが剝き出しになっている。為す術もない、と思う間もなくそれは消えていく。目を剝くことも耳を殊更に澄ますことも益体のない振る舞いだ。何かが起こったのに、その何かをおもむろに忘れている。忘れていることだけ、そのことだけがまた自らの内で何かを擾乱させる。その冷えた熱のなかで、何かが、ひっそりとこの厚ぼったい身体の縁を憤《むずか》らせる。それがひとを妙な仕方で激させ、あるいは躁《はしや》がせ、あるいは沈黙させる。あれは何だったのだろう、もしや夢だったのではないか。なくもがなの訝しみが広がっていく。

いや、確かに起こった。あれ、あれは一体何だったのだろう。

また念を押しておかなくては、やはりならないだろうか。筆者は何かいわゆる「オカルトめいた」ことを言いたいのでは全然ない。比喩や修辞や文飾を弄しているのではさらにない。明晰と簡潔と例示とを旨として、概念の註釈に溺れまいとしてここまで辿ってきたわれわれの理路をそのままに続けるためには、以上の描写は他に致しようもない処置だったのだ。「現実界が表象されうるとすれば」とラカンは言っていた。「現実性の少なさ、切れ端」からであると。つまり、夢ではないかと怪しまれるほどに現実性の「少ない」何かの、「小さな物音」の、僅かな突発が、逆説的にこのわれわれの生きる現実性が「幻想」であることを暴露し、また同時にわれわれが生きているこの現実が夢ではないことをも露呈させるのだ。それはわれわれを「目覚め」させる。無意味な、何ものでもない、何ものにもならない無為の覚醒。それ自体は、何がどうということはない、何に向かってのものでもない、何の役にも立たない覚醒である。しかし、その覚醒のあまりの冴えたありようは、日々繰り返される日常を幻想にすぎないものへと雪崩れさせると同時に、この「わたし」がそこで生きつつありそして死につつあるこれが、少しも夢ではないということを、あえかに、しかし残酷なまでに露わに示すのだ。ラカンは言っていた、現実界は「すべて」ではないもののことだと。そう、筆者が描写した「現実界が触れる」出来事を、「誰にでもあることだ、すべての人にあることだ」とは言うことはできない。元々それはそういうものなのだ。そのようにラカンが提起していることなのだ。それがゆえの論旨の危うさは、現実界を論じている以上、事の本性に属することである。いまわれわれが論じている現実界とは、こういうものなのだ。

こうしたことを「体験」と呼び特権視することは稚気のなせる業でしかない。それが何故なのかは後に、第四章で述べる。そしてここで言わなくてはならないことは、現実界へのこうしたありえない接近も、基本的には規制され取り締まられ調整され標準化され包囲され柵を設けられ枠に塞き止められたものであり、その欲動の流れは治水され既定の回路に吸引されてその回路の駆動因となり、変換器によって変換されて搾取されるものになっているということだ。現実界への接近すらをも、その多くは無垢ではありえない。現実界の接触の大部分は、ある種の調整器《レギュレータ》に、規制を行う回路に回収されてしまい、われわれが描き出したような何かとして現出することはほとんどない。そう、引用した箇所でもラカンは「欲動」と言っていたのだった。この調整器を見ていこう。ラカンは、この「吸引」と「搾取」を行う「回路」のことを二つに分類した。それが、われわれが示した図一で現実界と重ね合わされた箇所にある「ファルスの享楽」と「対象aの剰余享楽」である。「大他者の享楽」はそれとは別にある。むしろそれは今言った軌りのほうにある。あるいはさらにその彼方に。

順を追って行こう。これらの三つの享楽を見ていく前に、問いをひとつ置かなくてはならない。享楽（jouissance）、これはそもそも何だろうか。

第一九節　享楽とは何か――マリー・アラコックの嚥下

精神分析に慣れ親しんでいない人にとっても、ここで何やら快楽＝快感（plaisir）と区別されたものがあることは見て取れるだろう。現実界にあるもの、イメージにもシニフィアンにもならない、見えもしなければ言葉にもできない現実界に属し、他の輪と交差するところにあらわれるものらしいから、それはもう「えも言われぬ」快楽ということだろうか。そうではない。七一年のセミネール『……あるいはもっと悪く』の最初の会合で、ラカンはこのことについて実に明快に説き起こしている。彼はこう語る。まず、前提として享楽は身体の享楽であり、身体がなければ享楽はない。「そこには身体が必要です」。ところが、身体とは「死へと沈静していく次元」でもある。フロイトが言った「快感（快楽）原則」の「快楽」とは、要するにこのことに関わる。つまり「快楽とは、緊張《テンシヨン》を下げるということなのです」。では、享楽が快感原則に従うものではないとしたら、「緊張《テンシヨン》を産み出すこと以外に、何を享楽したらいいというのでしょうか」。だから享楽は「快感原則の彼岸」にあるものなのです、と[285]。基本的なことだが、フロイトの言った快感原則とはある平穏さを、欲望の沈静を目指すものである。欲望に苛まれるという震えるような緊張から解放されて、「沈静」していくことであり、それは何か

「小さな死」であるような脱力を伴う。身体はほぐれ、脱力し、まるで死体であるかのようにぐったりと倒れ込む。これが誰にでも経験がある「快楽」だ。それと比較して、快感原則の彼岸、すなわち「死の欲動」の側にある享楽は「緊張」を再び作り出し、それを持続しようとすることによって享受される何かだ。つまり、享楽も快楽も最終的には「死」に関わるものであることは同じだが、その性質が全く違うということだ。ラカンは「主体は欲望に満足しません。人間は欲望することを享楽するのであって、それが人間の享楽の本質的な次元をなしています」[286]と言っているが、また「欲望は大他者からやってきて、享楽は物の側にあるからである」[287]と区別もしている。だが、これは要するに大他者とのシニフィアン連鎖の関係だけには回収されない、現実界に属する「もの」そのものの次元に深く参与するのが享楽であって、その言葉にもイメージにもならない何かに向かって「欲望し続けること、欲望することをやめないこと」というよりはむしろ「欲望の緊張を持ちつづけることをやめられないこと」が享楽であると言ったほうが妥当だろう。身体の緊張の持続、果てしのないその持続を反復すること、それが享楽することである。しかも「もの」という現実界を、シニフィアンにもイメージにもならない何かをめぐって、それは何の役にも立たない不毛さのままに繰り返されるしかない。そう、快楽が「何かの役に立つ」ものであるのに対して、享楽は「何の役にも立たない」「有効性の内部にはない」「利用することができない」「盲目の」ものであると言うことができるだろう[288]。

もうよい。あまり面白くもない教科書的な叙述はそろそろ止めておこう。前置きとしては充分だ。このような記述を続けていっても享楽は鮮明にならない。一挙にラカン自身の言葉を引用しよう。享楽とは、これである。

> ここで隣人愛の意味が、われわれに正しい方向性を与えてくれます。そのためには次のことを直視せねばなりません。わたしの隣人の享楽、彼の有害な享楽、彼の悪しき享楽、これこそがわたしの愛にとって真の問題として提起されるのです。……快楽原則の彼岸、名付けることのできない〈もの〉の場、そこで生じていることが、われわれの判断を迫るいくつかの宗教的偉業で問題になっていることは間違いありません。例えば、フォリーニョのアンジェラは癩患者の足を洗ったばかりの水を喜んで飲み干したのですが、そのとき彼女の喉に癩患者の皮膚がひっかかってですね、まあそういうことです、これ以上は申しますまい。あるいは、福者マリー・アラコックは少なからざる霊的恵みに満たされて病人の糞便を食べました。[289]

ついでラカンは、「カント先生は、誰でも美女と一夜を過ごすために自分の命を賭けたりはしないとあたりまえのように仰っていますがね」と快い皮肉を感じさせる科白回しで、こう言っている。「しかしながら見方をかえれば、女性との一夜を、快楽という項目から享楽という項目へと、つまり死の受容を含意する享楽へと移行させれば」、このカントの寓話、美女と一夜を過ごしたあとに殺されるという状況をめぐる寓話は「成立しなくなる」[290]と。

　癩病者の汚水を飲み干す享楽。病人の糞を食べる聖なる慈善の享楽。美女との死を控えた性交のあとで一撃のもとに殺される享楽。神の祝福のもとに汚物を口に含んで味わい喉元へ溜め飲み下すこと、死をありありと目前に据えた上での最後の震える愛撫と肉欲の衝動の突き上げ。われわれの日々の快楽を蔑し峻拒するように行われるこれらの享楽の行為を見れば、享楽がどのようなものかは既に明らかだ。まず、それは生々しく身体にかかわる。身体が自らを震わせながら飲み干し、嚥下し、食べ、噛み、吸い、舐め、交わり、そして殺されることに、享楽は骨絡みになっている。快楽も身体にかかわりはする。しかしここには「死の欲動」と呼ばれるに相応しい緊張とその持続がある。馬鈴薯を漉してクリームを注いで作った冷たいスープを、イタリア風にオリーヴ油で焼き上げて乾燥トマトがきれいに彩られたパンを飲みかつ食べるときに、上に挙げたような聖なる汚濁の行為の震えと緊張を誰が感じるというのだろうか。享楽はそういうところにはない。われわれの安穏たる世界の中には。しかし、かといってこの享楽がわれわれから遠いところにあるわけでもない。なぜなら、実はラカンは上の引用を軽い冗談めいた口調でこう続けているからだ。「福者マリー・アラコックは少なからざる霊的恵みに満たされて病人の糞便を食べました。これらたいへんためになる事実の説得力は、もしその排泄物が若い美人のものであったら、あるいはそこいらのラグビー・チームのフォワードの精液を飲んだということなら、おそらく少々怪しくなるでしょうね」[291]と。また、満腹になることは享楽ではないが、断食や飢えは享楽たりうる。いわく、「動物は一定の周期でがつがつ食べるんですが、それは明らかに飢えの享楽を知らないからです」[292]と。断食、過剰なる食餌療法《ダイエット》の「飢え」がもたらす享楽については、誰にでも覚えがあることだろう。

そしてもうひとつ、享楽が快楽と違う点を述べて置かなくてはならない。それは享楽とは根本的に「法」に、「禁止」に、「倫理」に、いうなれば「掟」にかかわるものであるということだ。いわく、「享楽は、語るもの自身には禁じられている」[293]。それも二重に重ね合わされた意味で。

享楽は掟にかかわる。すると、問いはこうなる。絶対的享楽というものがあるとすれば、それはどういうものか。端的に、それはあのフロイトの「原父殺害神話」の「原父」が享楽していた筈の享楽である。すべての女性を独占し、すべての女性を享楽していた専制君主たる原父。これを息子たちが共謀して殺す。しかしそこから「罪悪感」が芽生え、この死せる父への同一化の機制がはじまる。こうして、息子たち同士の女性の果てしのない奪い合いが始まるのを止めるために、死せる父を、すなわち法を打ち立てることになったのだった——このフロイトの語った神話は、本来語ることが不可能な「法の起源」を語ることを可能にしようとしたものだったと言い得る。絶対的享楽を享楽する専制君主の殺害から、万人の万人に対する享楽をめぐる闘争へ、しかしそれを停止し調停する「法」の設立へ。ラカンは、「すべての女性を享楽する原父を殺害し」、「息子たちはひとりの女性しか享楽しなくなる、この有名な神話をさして」、「社会契約である」と言っている[294]。

つまり、この原父は契約の前に、掟の前にいる。ゆえに法も禁止も知らない。ある意味では〈インファンス〉に酷似した形象である、この神話的な父が享受していた筈のものが「不可能」な「絶対的享楽」だ。それが不可能で絶対的な享楽と呼ばれるのは、もちろんその「すべての女性」のなかに近親姦の禁止の対象に入っている女性が含まれているからでもある。また、ラカンは、この享楽が「不可能なもの」であり、原父の神話が神話でしかないのは、そもそもこの「すべての女性」など存在しないからであると言っている[295]。原父の存在によって、その威圧によって、息子たちはこの絶対的享楽に近寄ることすらできなかった。しかし、彼らは父を殺すことによっても、その絶対的享楽を得ることはできなかった。父が存在していたときよりも、その「罪悪感」によって、「社会契約」によって享楽への禁止は「強化された」[296]。息子たちにとって、絶対的享楽は禁止されている。いつも、つねに、すでに。絶対的な享楽を禁ずること、これが「社会契約」の意味であり、法の、掟の意味である[297]。絶対的享楽とは、神話的形象たるこの「原父」、ありえない法の外にいるこの者が享楽していたと想定されるものであり、そうであるしかなく、そうであるだけのものでしかない。一言でいうと、絶対的享楽は存在しない。

とはいうものの、ここからはうんざりするほど通俗的な話も引き出すことができるようになる。禁じられた近親姦を犯すときに感じられるもの、それが絶対的な享楽である――ということになってしまうからだ。実際、そうラカン派の人々は言うし、確かに一般的な精神分析の思路からはその通りだ。無論、人類学の知見に拠らずとも近親姦の禁止は禁止のなかでも最も枢要な禁止ではある。ならば、この禁止を破りさえすれば絶対的な享楽が入手できるということになりもする。逆に言えば、近親姦の享楽こそ絶対的な享楽で、だからこそそれはわれわれに禁じられているのであるという推論が成り立つ。再び逆に言えば、その近親姦の絶対的享楽はわれわれに禁じられているからこそ欲望をそそり続けるものなのであるということにもなる。そして、それが正しいのなら、同じく人類学によって絶対的な禁止とされてきた殺人の禁止についてもこう言えるだろう。殺人の享楽こそ絶対的な享楽で、だからそこはわれわれに禁じられているのだ。それは絶対的に禁じられているからこそ欲望をそそり続けるのだ。殺せば、人を殺せば、あの絶対的な享楽が入手できる――どうしても、そういうことになってしまう。享楽とは、こうしたものなのだろうか。こうしたものでもあるのだろうか。禁止の侵犯において輝くもの、それが享楽であるのだろうか。殺人の享楽、近親姦の享楽、これを認めなくてはならないのだろうか。そうだ。げんなりするほど退屈な話ではあるし、どんな意味においても危うい話である。絶対的享楽は殺人と近親姦の享楽であり、人は享楽をその絶対においてまで求めるものだとすると、精神分析は、すべての人が実は殺人を犯し幼児虐待を犯したくて仕方がないのだと言っていることになる。それだけではない。そう言うことによって、精神分析は誰も彼もを自在に「潜在的に異常者」として指定することができるではないか、その「潜在的な異常者」の社会的な排除の具体的なメカニズムの歯車となりうるものではないのか。この見方はまったく正しい。

しかし、われわれは快楽の話をしているのではなく、「つねに-すでに」禁じられたものである「享楽」の話をしているのだということを見損なってはならない。それが「快楽」だったのかどうか、単に口当たりのいい冷やしたスープを飲み薫り高い焼きたてのパンを食べたあとに雨上がりの夏の午後を散歩するように「気持ちがよい」「快適な」ものだったのかどうか、檻の中に自らの子どもを強姦した人間などいくらでもいるのだから聞いてみればいいし、人を殺した戦争帰りの人などいくらでもいるのだから聞いてみればいい。それは最終的には言葉にもできないし、絵に描いてみせることも難しいだろうけれども。少なくとも、すでに引用した文献で中井久夫が述べているように、戦時常時に関わらず殺人を犯した人間は「人を殺してしまった」という致命的な外傷に苛まれている場合が多い。殺人犯が多く早々に自白するのもこのためである、と、殺人犯の精神鑑定医の経験を有する彼は克明に言っている。[298] 人を殺したまま罰されずに口を拭って生き続ける外傷的な享楽に、その「フラッシュバック」の絶え間のない強襲に、人はそう耐えられるものではない。そのような永遠の苦痛の反復にこそ「死の欲動」と「享楽」がある、絶対的享楽とはむしろそういう意味であって、この場合は臨床によっても、あるいは改めて「法の一撃」によってでも治癒しなければならない何かだ――そう言わなければ筋が通らないだろう。幼児虐待についても同断である、しかもこの場合は被害者において。絶対的享楽とは、まさに現実界の享楽である。外傷の享楽である。それは快楽ではない。

正確に言えばこうだ。禁止は、法は、掟は、二重の機能を持っている。禁止は絶対的享楽を絶対的に禁ずる。それはあってはならない。法の外にあって絶対的享楽を享楽していた原父は、神話上の登場人物にすぎない。死せる父としての法から、遡行的に見だされた形象にすぎない。自由に人を殺しやがて誰かに殺されるこの法の外にあった「筈の」者を、実体化することは誤りでありまた無益である。すでに引用した箇所でラカンも言っている通り、有史以来法を持たない社会など存在しない。近親姦を自由に犯し、殺人を自由に犯す享楽は、常にすでに禁じられている。それはただの「してはいけない」と口にすることではない。法は禁止を染み込ませる。身体にも、精神にも、おそらくは魂にも。罪悪感を楔のように心身に叩き込み、まさに刺青のように心にも身体にも一面に彫り巡らす。汝殺す勿れ。汝姦淫する勿れ。この言葉を身体に彫り込む――というより、禁止によって身体を彫りだす、と言ったほうが正確だろう――ことによって、人は「『フラッシュバック』にそう耐えられない」有罪性の主体となる。罪悪感、これが法の細心なる武器であり、書き込みの繊細なる切っ先なのだ。フロイトの「原父殺害の神話」もすでに息子たちの「罪悪感」を前提とした話であったことを思い出そう。そして、掟はそのような有罪性の主体として主体を設定し尽くした上で、残酷にもこう言うのだ――「享楽せよ！（Jouis!）」と。ラカンは言う、「〈掟〉は、事実、享楽せよ《ジュイ》（Jouis!）と命令する。主体は、これにたいしてただひとこと、わたしは聞いた《ジュイ》（J'ouis）と答えることができるだけなのだろう。そこでは、享楽は、もはや言外に含まれたものでしかなかろう[299]」と。

掟は二重の声を持つ。それは「享楽するな！」と言うとともに、「享楽せよ！」と言うのだ。「享楽するな！」と「享楽せよ！」はここで一体になっている。掟は、禁止の声で主体を抉り出した上で、享楽に駆り立てる声で主体を撃つのだ。そもそも、享楽せよ、という聖なる命令がなければ、誰がフォリーニョのアンジェラやマリー・アラコックのような真似をするだろうか。

ゆえに、こういうことにもなる。罰される危険を犯してでも敢えて殺したいから奴を殺す、ということと、この者を殺さなければ自分が殺されるのに敢えてこの者を殺さずに自らが死に赴く、ということは同じ享楽の掟、同じ「享楽せよ！」という声に従っているということに。だからラカンは『エクリ』のなかで、カントとサドを並べて見せることができたのだ。道徳の定言命令の人カントと、享楽の無限の権利要求人サドとを。確かに、「殺すくらいなら殺される」者と「殺したいから殺す」者とを全くの同列にするのは、あまりのことではある[300]。しかし、その通底を敢えて見据えることによってこそ、何か見えてくるものがあるとラカンは踏んだのだ。そして実際に見えて来るものはある。

それは以上述べてきた通りだ。この耐え難い享楽、それを強制するこの〈掟〉。繰り返しを恐れず言おう。絶対的享楽は禁じられている。その禁止を破れば、確かにその絶対的享楽は与えられるだろう。しかしそれはまさにその同じ掟が同じ声で作り出した有罪性の主体には担いきれない何かだ。絶対的享楽を求めて、本当に殺してしまえば、もう何もすることがなくなる。その「フラッシュバック」を無意味に反復すること以外は。虚無でさえない何物かが広がり出し、そのなかで空虚に震える生が続くだけだ。掟、法、禁止が、絶対的な享楽が不可能なものであるように身体を隅々に至るまで設定し統御し尽くした上で、つまり人間を「外傷的な享楽にそう耐えられるものではない」ようにした上で、「超自我の至上命令」[301]として「『享楽せよ！』」と言い放って、「何の役にも立たない」享楽を強制するというのは、こういうことである。

　掟、法、禁止は、絶対的な享楽が不可能なものであるように身体を隅々に至るまで設定し統御し尽くす、そう言った。それを単に禁止するだけではなく、禁止することによって規制し、標準化し、調整し、吸引し、回路に組み込んで変換し、危うい操作で欲動を刈り込んで切り詰めたままなんとかその享楽の流れを治水しておかなくてはならない。身体が、死への傾斜のただなかにあって脈動するこの身体があるかぎり、享楽と欲動がなくなることなどありはしないのだから。絶対的な享楽を絶対的に禁止する、その禁止の上で、「享楽せよ！」と命令を改めて発しなくてはならない。欲動の流れを、すでに合法的なものになった享楽へと、絶対的な享楽から逸らされた享楽へ向かうようにしなければならない。ラカンは、たんに禁止とそれによって駆り立てられる欲望というような単純にすぎることだけを言ったのでは全然ない。どう転んでも消えることだけはない享楽を、絶対的な享楽にせず逸らすための規制と統御と治水を行う回路の危ういメカニズムを、まずは細密に描写してみせもしたのだ。非合法な享楽と合法的な享楽を分け、後者に欲動の水流を向けること。[302] その合法的な享楽の二つの統御のあり方が、「ファルスの享楽」と「対象aの剰余享楽」である。注意しておこう、この享楽の統御はどんな意味でも危ういものだということを。ゆくりなく失敗して絶対的享楽へと崩落しかねない操作なのだということを。しかし、他に術はない。

第二〇節　二つのファルスの享楽、器官と王杖――享楽のレギュレータ（一）

かくして、問題はこうなる。このファルスの享楽とは何か。そもそもファルスとは何か。しかし、これほど厄介な問いはない。ペニスから峻別されたものとしてのファルスは、ほとんどわれわれが前章で考察したラカンの理路をその概念上の不均質性・冗長性ごと全部そこに放り込んだ上で現実界を注ぎ込んだような概念と化しているからだ。しかも、もともと性の享楽と強く結びついたこの概念は、ラカンを、いや精神分析全体を嘲笑する人々のための良いきっかけともなりうる概念ですらある。なにしろ、いくらペニスとは峻別するとは言っても、そもそものはじまりのフロイトからして、それは幼児語で言うところの「おちんちん（pipi）」の考察から始まったことは間違いないところであるし、「男の子」の驚き——pipiがないひとがいるんだ、じゃあ僕もpipiをとられちゃうかもしれない、という驚き——から蛇行し始めるその妙に「乳臭い」理路は一見するとあまりにも馬鹿馬鹿しくも見え、しかも乳臭いだけに女性男性問わずひとの幼児のころの記憶、その痛点を細かく突くような響きをどうしても持ってしまうことにもなる。だからその苛立ちとともに、引き攣った嘲笑を煽ることにもなる訳だ。また、ファルスという概念の奇妙な難解さを、そしてラカンが「ファルスの享楽」とは別の享楽があるのだと執拗に主張したことを見損なってしまえば、精神分析はファルス中心主義であるとの批判も甘んじて受けなくてはならないことになるだろう。しかも、身体の一部でもあり、イメージでもありシニフィアンでもあるというその概念上のパラドクサルな不均質性からして、この概念は多くの哲学的考察をも挑発することになってきた。そもそもすでに引用したドゥルーズの『意味の論理学』の、すくなくともその一部は「ファルスの論理学」とでも呼びうるものだったではないか。

しかし、それはよい。どちらにしろ本章の理路は現実界に属することだ。語り難いのははじめから当然のことなのだから。煩瑣な註釈やさして意味があるとも思われない図式や隠語は省略して、われわれは簡潔かつ明晰に行こう。そして再びこう問おう。ファルスとは何か。他でもないファルス、この生物学的な男性に限らずわれわれの享楽が集中するものであるはずの何かが、享楽を「統御する」「調整器」であるというのは、一体どういうことなのか。まず、ファルスがそのような「レギュレータ」になっていく過程を追おう。

　想像界から象徴界へ。ファルスにおいても、〝事の次第〟はわれわれが論じてきた理路と一致する。まず、想像的なファルスがあり、そこから象徴的なファルスへの転換が起こる。ラカンが「オイディプス・コンプレックスの三つの段階」[303]として描き出したこの過程を復習していこう。まず、生れたばかりの子どもにとって、ファルスは「母－子ども－ファルス」という「それ自体、前オイディプス的」な「想像的な三つ組」の関係のなかにある[304]。つまり、幼児は最初の他者である母を「欲望」する。しかし幼児は母も何かを欠いていて、ゆえに何かを「欲望」していることに気づく。その欠如した「何か」をラカンは想像的なファルスと呼ぶ。いわく、「子どもは一人の母親と結びついています。そして、この母親は一方では想像的な平面の上で、欠如としてのファルスに結びついています[305]」。すると、幼児は「何か」を欲望している母を欲望していることになり、欲望は二重化される。その「母が欲望している何か」でありたい、想像的なファルスでありたい、という欲望が幼児に芽生えることになる。いわく、この「原始的なファルス期」においては「主体は、母の欲望の対象に鏡像的に同一化する（s'identifie en miroir）のです[306]」。「ファルスで『あるのかないのか（to be or not to be）』。想像的な平面では、主体にとってはファルスであるのかないのかということが問題になるのです[307]」。ここでは幼児の欲望は、「母親が欠いているがゆえに欲望しているはずのファルス」に想像的に同一化すること、つまり「ファルスになる」ことである。

母の欲望しているファルス「になる」こと。この近親姦的な欲望に対して、父が、去勢が介入する。「去勢によって制定される象徴的な負債のなかで、問題になり賭けられるもの」は「想像的な対象、すなわちファルスです」[308]。幼児と母との想像的な二者関係において欠如した欲望の対象として存在した想像的ファルスは、去勢される。オイディプス・コンプレックスの第二の段階において、父が登場し、彼は子に言い渡す。おまえは母の欲望するファルスであることはできない、母が欲望しているのはファルスを持つわたし、すなわち父である、と。ここで最初の他者、最初の大他者であった「母」の他者、すなわち次の段階の大他者である「父」としての大他者が登場する。幼児たる主体はここで「大他者の大他者、つまり大他者自身の法に出会う」[309]。まさにこの段階の父、オイディプス・コンプレックスの去勢する父は、「全能の父」[310]であり、子から母を、母から子を「剝奪」し、想像的にファルスであることを切断し、禁ずる。おまえはファルスであることはできない。ファルスは持っているか持たないでいるかどちらかであって、それであることはできない、と。ラカンは言う、「人間は、自分がファルスではないことを発見した以上、男であろうと女であろうと、ファルスを持っていること、およびファルスを持っていないことを受け入れなければならない」[311]。『エクリ』のなかの一論文「精神病のあらゆる可能な治療に関する前提的問題について」のなかで、父の名において「母の欲望、大文字のM」が削除され父の名とシニフィアンとしてのファルスが残ると書かれている式は、このことを指している。[312] つまり、欲望する大他者は欲望する想像的な母であることをやめ、欲望する象徴的な父に変換されるのだ。これが父の名の「介入」であり、去勢である。この去勢によるファルス「である」からファルス「を持つ」への移行は、われわれが見てきたような「想像界から象徴界へ」の移行、エメに対する「法の一撃」と同じ途を辿っている。

こうして、「それで在る」想像的なファルスの去勢によって、「それを持つ」象徴的なファルスが出現する。ゆえにラカンは、ファルスは「ひとつのシニフィアンである[313]」と言うことができたのである。われわれは、これを難なく理解できるところまで既に来ている。象徴的なファルス、それはひとつのシニフィアンである。だからもちろん、それが「ある」か「ない」か、0か1かが問題になる。ラカンは、はっきりと象徴的対象としてのファルスを「不在であるとともに現前する何か」であると述べ、それは「一種の根本的な交代のなかでつくられます。ある点であらわれ、消え、またある点であらわれるわけです。いいかえれば、それは循環し、自分がやってきた点に、みずからのうしろにその不在の記号を残すのです[314]」と言っている。そして「これがファルスの象徴的機能です。とくにそれがそこにある、あるいはそこにない、ということにおいてこそ、性別の象徴的文化は基礎づけられるのです[315]」と結論している。そしてまた、「シニフィアンのなかでは、ファルスはこう位置づけておけば足ります――これは換喩的対象なのです[316]」とも言っている。要するに象徴的ファルスとは、われわれが見てきたあのシニフィアンそのものだ。現前と不在の交代、つまり誰かは持つが誰かは持たない、というひとつひとつの現前と不在の交代によってあらわれ、換喩によって駆動するシニフィアン連鎖、その効果として性別を持った主体を生産する「象徴的決定」。シニフィアン連鎖による「象徴的同一化」が、「分類」を可能にするものである以上、この主体が「性別」という根本的分類をすでに被ったものとして生産されることは見やすい道理だ。これについてはわれわれは詳論してきた。もはや繰り返すまい。かくして、オイディプス・コンプレックスの「去勢」、すなわち想像的ファルスから象徴的ファルスへの移行は行われた。

ここまでが、いわゆるオイディプス・コンプレックスと考えられていた時代には、この父の全能性が害悪を与えていると考えられていましたが――とラカンは五七―五八年のセミネール『無意識の形成物』で言葉を次ぐ。次の段階があります、と。オイディプス・コンプレックスの第三段階において、この父は自らの子に向かってこう「証言する」。わたしはおまえに想像的なファルスに代えて象徴的なファルスの現前あるいは不在をもたらしたが、それができたのはわたしが「法の支持者＝法を耐え忍ぶ者(supporter)[317]」であり、そうであるかぎりにおいてでしかない、と。つまりこのオイディプス・コンプレックスの第三段階では、父親は万能の父親ではなくなる。想像的でイメージであるファルスである者ではなく、象徴的なシニフィアンであるファルス、つまり「言葉」でもあるファルスを持つ者でしかない者である。万能な父ではなく象徴的な父である以上、つまり法を遵守し誓いを立てる者として「約束」を守らなくてはならない。子どもとの約束を違えてはならず、破約などという「違法」を犯してはならない。ここにおいて、父はもう万能の「原父」ではなく、子と連れ立って法に従い、法のもとに額づいている何者かだ。父は「隠喩」となる。想像的なものであり、いまだ鏡像以前にある「何か」の影を纏っていた「母の欲望、大文字のM」が削除され、父の名とシニフィアンとしてのファルスが残ると書かれている式については既に触れたが、ラカンはこのことによって父は「隠喩」となると言っていたのだった。もっと言えば「隠喩」にすぎないものに。いわく、「母の欲望M」の削除は「隠喩の成功の条件である」[318]。ラカンはこれを敷衍して次のように言う。

> 今日は、象徴的な父という概念にもう少し正確さを与えることを申し上げます。それはこうです——父とは一つの隠喩なのです。……隠喩とは、別のシニフィアンの場所にやって来る一つのシニフィアンです。……これこそがオイディプス・コンプレックスにおける父であると私は言います。正確に言うと、——父とは、別のシニフィアンの代わりに置きかえられた一つのシニフィアンなのです。ここに、父がオイディプス・コンプレックスのなかに介入してくる、その原動力、本質的な、独特の原動力があります。父性欠如はこの水準に求めるのでなければ、他のどこにも見つからないでしょうね。オイディプス・コンプレックスにおける父の役割とは、象

徴化のうちに導入された最初のシニフィアン、つまり母性シニフィアンの代わりに置き換えられた一つのシニフィアンである、ということです。皆さんに隠喩の定式として一度説明したことのある言い方に従えば、父は、母の場所に「母の代わりに」やって来るのです。[319]

だから、こういう言い方をしてみよう。オイディプスの第三段階、ここで父は「象徴化」され、「万能」の、「原父」の、「法」の「隠喩」にすぎなくなる、と。象徴的な父は、隠喩になった大他者にすぎない。彼はもう法「である」ことはできない。法を「持つ」ことができるだけ、いや子と連れ立って法に服従することができるだけだ、と。そして、もうひとつ注意しておかなくてはならないことがある。おそらく、「母性的シニフィアン」とここで呼ばれている以上、子どもがその欲望を欲望する何かが「母」と呼ばれているのは、このシニフィアンの導入から遡及的にそう呼ばれているにすぎないということになるだろう。当然のことだが、だからここで問題になっているのは具体的で生物学的な父や母ではない。だからここでシニフィアンとしてのファルスと呼ばれているのは「ペニスでもクリトリスでもない」[320]。「ある」「ない」のなかで性別を決定する「性の単位」である「何か」であり、それが想像的なものから象徴的なものに移行するということが語られているだけのことである。そして、象徴界に移行したこの時点では、父は隠喩であり、ファルスは換喩である。われわれの理路で言えば、前者は子どもにとって〈鏡〉に映った全体像として「父への愛」「象徴的同一化」の対象であり、後者はその「細部のクローズアップ」である。われわれのボロメオをもう一度見よう。ファルスの享楽の場所は、象徴界の輪の内部にあり、想像界の「外に-ある」。だからそれは象徴的ファルスの享楽なのだ。ここまでは、別に難しいことは何もない。問題は次だ。では、ファルスの享楽とは何か。ファルスが「享楽」にかかわるものであるためには、それが「現実界」に連なるものでなければならない。実は、われわれが細かく引用してきた五七—五八年のセミネール『無意識の形成物』の時点で、ラカンはこのことに既に気づいているかのような発言をしている。オイディプス・コンプレックスの第三の段階を指摘している最中に、彼はこう言う。

> 第三段階はこうです。父は、母に欲望するものを与えることができるのであって、それは父がそれを持っているからだと。つまりここでは、性器的な意味での能力ということが関わっているんですね。つまり、父とはその能力のある父だ、と言っておきましょう。ここから、母の父に対する関係は、現実的な平面へと再び移行します。[321]

ここでまた、密やかに、しかしあからさまに概念は浸透し出す、というべきだろうか。ペニスでもクリトリスでもないと、欲望の想像的なイメージであることから断たれた欲望の象徴的なシニフィアンであり換喩であると力説されてきたファルスが、具体的な性器的能力を持つペニスでもあり、そしてそうであることに裏打ちされた何かであることが明らかになるのだ。しかも、法を「耐え忍ぶ者」であり「約束を守らねばならない」、すなわち全能であることを失ったオイディプスの第三段階における父親においてはじめて、ファルスは性的に享楽するものとなる。そう、ここでこそファルスは享楽の調整器となり、享楽するのだ。しかし、それはどのようにしてか。その仕方は二つある。われわれは二つのファルス的享楽を区別しよう。「第一のファルスの享楽」と「第二のファルスの享楽」とに。

一、第一のファルスの享楽、シニフィアンとしてのファルスの享楽。まず、ファルスの享楽と言うときに問題になっているものは「身体の小他者、異性の小他者である」[322]とラカンは言う。だから、ここでファルスの享楽ということで問題になっているのは、具体的なあの性行為における享楽である。あの誰にでも馴染みがある、性行為においてファルスが享受しファルスによって享受される享楽である。ここでは、ほとんどこのファルスはペニスと呼ばれて然るべきものと見える。が、それでもここで問われているのはファルスであり、したがってこのファルスはシニフィアンである。このファルスは去勢の結果として、つまり万能ではなくなったことによって産み出されたものであり、象徴界に属するものでしかない。それは奪われたものにすぎない。ラカンは明快に言う、主体から奪われている「何か」がシニフィアンとしてのファルスである、と[323]。すると、どういうことになるか。「ファルスの享楽は、男が女の身体を享楽するのを妨げるものである」ということになる。「なぜなら、彼が享楽しているのは、器官の享楽なのですから」[324]。さらにラカンは繰り返す、去勢された男、つまりここで言うファルスを持つ男にとっては「女性の身体を享楽するどんなチャンスもないんです。いいかえれば、性交するチャンスはないんです」[325]。

ファルスによる享楽、それは性行為の障害となり、性交を成立させない。一見すると、非常に奇妙な考え方ではある。しかし、この箇所のラカンの理路は明快かつ鮮明であり、誤解の余地はない。これは要するにあの「性的関係は存在しない」にかかわることだ。これは、六七年の『幻想の論理』において、「大他者には大他者がいない」と同じように「精神分析の大いなる秘密」と前置きされながら、「性行為は存在しない（il n'y a pas d'actes sexuel.）」[326]という形で切り出され、「性的関係は存在しない（il n'y a pas de rapport sexuel）」と言い換えられてそれ以後絶え間なく繰り返されることになった定式だ。この「大他者には大他者がいない」と重ね合わされているかのようなこの文言は、さまざまな意味を塗り重ねることが可能だろう。が、ここでは端的にこう言おう。性的関係が存在しないのは、ファルスを持ったり持たなかったりするからである、と。六三年のセミネール『不安』の段階でも、ラカンは男女の間の交接においては、去勢が機能することを可能にするものはファルスであり、このファルスが意義深いのは「その脱落＝失敗（chute）」ゆえであり「失敗した対象（objet chu）でありうる」からだと言っている[327]。さらに引用を重ねよう。『アンコール』のなかでラカンは次のように述べる。

> われわれがΦで示すこのファルスについては、これはシニフィエを持たないシニフィアンであると詳しく述べましたね。これは、男性のファルスの享楽において耐え忍ばれるものです。これは何でしょうか、われわれの実践のなかで重きを占める自慰が、白痴の享楽であるということを際立たせるものでないとすれば。[328]

また、後に述べる論旨を先回りしなくては説明仕切れないし、これ自体はあまり有益とも思えないので簡単に触れるにとどめるが、同セミネールの七三年三月一三日の冒頭に掲げられた図表でも、男性の斜線を引かれた主体は女性の対象aに向かい、定冠詞Laに斜線が引かれた女性は「斜線を引かれた大他者のシニフィアン」と男性の「ファルス」に向かっており、男女のあいだでは享楽を求めて向かうベクトルが決定的にずれていることは簡単に見てとれる。[329]男女の欲望のベクトルは、永久にすれ違い食い違ったままなのだ。しかし、「性的関係は存在しない」とは、本当にこうした意味しか持たないのだろうか。もしこの文言がこうした意味しか持たないのなら、性行為の享楽は自慰的であるとか男女は永遠にすれ違い真に「ひとつになる」ことは不可能なのだとか、結局は誰でも知っているそんな単純なことをどうしてこのような面倒な道具立てで大げさに言わなくてはならないのか、そこがわからなくなる。この文言は、もっと別の意味があるのではないのか。いや、まだそれを言うべき時ではない。われわれはファルスの享楽に留まろう。続ける。

性的な関係は存在しない。ファルスによって。ファルスは、性的関係を妨げ、それをファルスの享楽に、「自慰の白痴的な享楽」に似た何かに変えてしまう。これはどういうことだろうか。

まず、この「性的関係は存在しない」という場合の「関係」とはフランス語ではrapportであり、ただ関係というだけではなくたとえば調和や均衡や利潤などといった意味もある。そして、何よりも二項のあいだの「比、比率、割合」という意味がある。性的な二つの項のあいだの「正しい関係＝比（rapport）」[330]は存在しない、という言い方もラカンはしている。どんな仏語辞典を引いても「比（ratio）」の同義語とされている「比（rapport）」が必要とする、共通の尺度というものが性的なものには存在しないということなのだ、ということでもありはするし、その理解は間違っているわけではない。しかし、それがなぜファルスによって妨げられるのか。ラカンは、別の場所でこう言っていたのだった。ファルスは「大他者の欲望の比率＝割合＝理性（raison）」[331]であると。語源を「比（ratio）」に持つこの「比率＝割合＝理性（raison）」の語をここに置いたのは、おそらくは偶然ではない。新しく純然たる関係＝比（rapport = ratio）をそこに取り結ぼうとしても、そこにはすでに理性＝比率（raison = ratio）が障害として前もって書き込まれているということだ。したがって、ファルスによって、性的な関係はすでに規制され、統御され、「無きもの」になっているということである。

しかし、このようなことはラカンの言葉遊びにすぎないものかもしれない。付き合うのはこれくらいにして、端的に言おう。法に従う父親の場、「オイディプスの第三段階」において、去勢の効果として産出されるファルスは、「ひとつの器官」であるに留まる。ラカンはこう言っていた、「語る者たちの身体は、諸器官に分割されざるを得ない。だからこそ諸器官はみずからの機能を充分に身につけるのである」と。もちろんその「分割」の例としてあげられるのは「割礼」にさらされる「包皮」であり、「外科」にさらされる「突起物」である。「そして、ある器官はシニフィアンになるわけです」と。[332] そう、ファルスは「分割」され「外科的」な操作にさらされることによってこそ、つまり「去勢」「割礼」によってこそ「器官」となり、そして「ひとつの器官」になることによってこそ「シニフィアン」になるのだ。われわれが第二章で辿ってきた理路のなかでも幾度か出てきた「整形外科的」な操作は、これと別のものではない。シニフィアンとイメージは、外科手術を行い主体を縫い合わせるのだ。それはすでに確認してきた通りである。

こうしてファルスはひとつの器官として、ひとつのシニフィアンとして作り出される。男女が性行為を行うときに、享楽はその「ひとつの器官」にすぎないファルスに「集中」する。それを持つものも、持たないものも。つまり女性も。ラカンは、女性がファルス機能に精通することは不可能でもなんでもないと言っていたし、[333] ファルス的な女性たちがいるなんてこと、誰だって知ってますよね、と多少冗談めかした言い方で語ってもいたのだった。[334]性行為は、ひとつの器官にすぎないファルスを媒介にして、ひとつのシニフィアンにすぎないファルスという媒介を中心にして行われる。他のさまざまな可能性を切り捨ててでも、あの「融合的なカニバリスム」にも似たさまざまな可能性を切り捨ててでも、多くの人はファルスに執着し、その享楽こそが性的な享楽の「中心」であり「すべて」であると思い込んでいる。このひとつのシニフィアンにすぎないが「比類なきシニフィアン」[335]である、欲望のシニフィアンであるファルスに。ゆえに、ファルスにおいて「器官によって局所化されない純然たる性的な関係」というものは消失している。あの惨めですらあるひとつの器官だけを、ひとつのシニフィアンだけをめぐって、性的関係は紡がれていくのだ。だからこそ、ラカンはファルスにおいて性的関係はないと言ったのであり、われわれはファルスこそが享楽を「統御する」「調整器《レギュレータ》」であると言ったのだった。享楽が、あの恐るべき絶対的享楽にならないようにするために、規制し調整し変圧し変換し治水するものだと。ファルスの享楽は、馴い慣らされたものであり、合法的である。そしてそれで良い。それでこそ良い。ラカンはファルスの享楽を否定しているのではない。その規制においてこそ、人の性の営みは、何かを奪われどこか死んだものとしてその穏やかな享楽を心地よく生き続けるのだから。日々の性の睦み合い、その激しいが平穏な喜びを、誰が否定できるだろうか。妙な愁訴などものの数ではない。ファルスがシニフィアンであるという意味はこういうことであり、それが奪われどこか死んだもの、去勢されたものであることについてはすでに長く論じたことだ。繰り返すまい。次だ。

二、第二のファルスの享楽、「イメージ＝シニフィアン」としてのファルスの享楽。

しかし、われわれの理路から言えば、シニフィアンはイメージのほうに溶けだしているはずだった。象徴界は想像界に裏打ちされなくては存在し得ないはずだった。では、ファルスがシニフィアンであるとすれば、当然ファルスはイメージに滲んでいる。これを、おそらくは「去勢仕切れなかったもの」として考えれば、対象aについて語ることになるだろう。が、このイメージとシニフィアンの相互浸透におけるファルスはそれとはまた別の話だ。さて、これはどういうものなのか――不均質性と浸透について一貫して論じてきた以上、この問いを避けて通ることは許されまい。もちろん、ラカンもこのことに勘づいている。

シニフィアンであるがゆえにイメージに滲んだファルス、そしてその享楽とは具体的にどういうものか。詳しく論じるためには、ピエール・ルジャンドルの理論を俟たなくてはならないだろうけれども、ラカンの文言のみから言えるところまで論じてみよう。ファルスの享楽、イメージの方に滲んだファルスの享楽。象徴的ではあるが、想像的なものも拭いきれずにそこにあるファルスの、その享楽。一言で言えば、それは「権力の享楽」である。

引用を重ねよう。ラカンは、セミネール『無意識の形成物』の五八年三月一二日の会合で、ファルスを「権力のシニフィアン」でもあり、「王杖」[336]であると言っているし、六月二五日には「ファルスを崇拝《カルト》の対象としているもの」、「建立＝勃起（érection）そのものをシニフィアンとし」「立てられた石像が、われわれのとても古い文化のなかで持つ、人間集団の団結においてシニフィアンとして与える影響」[337]について触れている。つまり権力の表徴として打ち立てられた立像であり、塔であり、城郭や宮殿であり、その「聳え立つ」姿であるものについて。また、その一年前のセミネール『対象関係』においても、「シニフィアンのなかに取り入れられた身体」は、「最初の紋章＝具足(armes)」を手に入れると前置きし、それをはっきりと「ファルス的な」ものと、「純然たる建立＝勃起（érection）」と結びつけてこう言っている。「石柱（pierre dressée）がそのひとつの例となるでしょうし、打ち立てられたものであるかぎりの人間身体という観念も、もうひとつの例となるでしょう」「こうした一連の要素はすべて、たんに身体の生きられた経験に結びついているのではなくて、身体の背丈（stature）に結びついているのです」[338]。つまり、屹立するものとしての人間身体＝石柱だ。そして同じセミネールで、レヴィ＝ストロースを引きながら短いが興味深い考察を加えている。つまり、女性ではなく男性を、つまりファルスを交換するような秩序はありうるだろうか、と。レヴィ＝ストロースが『親族の基本構造』で近親姦の禁止の存在理由を「女性」の交換に求めたこととは逆に、「ファルスを持つ少年を産んで与えるから、ファルスを持つ男を寄越せ」と言う母権的権力の秩序は考えられるだろうか、と。ラカンはここで、「母権制社会においても政治権力は雄性中心的（androcentrique）」に「表象」されていると言っている。つまり、「王杖とファルスが混同されるシニフィアンの秩序」[339]がそこにある。つまり、王杖を持つ女王だ。さらに思い出そう、彼はそもそもファルスはシニフィアンであると断言した『エクリ』の一節の直前で、「フロイトが、ファルスが古代人にとってどういうものであったか、それを示すイメージについて言及したのは理由があることなのだ」[340]と言っていたことを。また、時を経て一九七一年のセミネール『見せかけではないかもしれないひとつの言説について』でも、性的関係がフィクションの構造の価値を持つ王と女王の姿に受肉するという「性的関係の国家化」について語っていたのだった。[341]

ここでは、想像的ファルスの姿が、象徴的な権力のシニフィアンに重ね書きされている。母が欲望していた想像的なファルスの勃起した姿と、自らの〈鏡〉のなかの立ち姿、その歓喜とともに受け入れられる身体の輪郭が「鏡像的に同一化する」と、ラカンはすでに語っていたのだった。それが象徴的なファルスとなっても、この想像的ファルスは残留し続ける。「権力のシニフィアン」として、すなわちイメージのほうに滲んでいく「権力のシニフィアン＝イメージ」として。屹立し、建立し、聳え立ち、自立する権力を誇示するさまざまな建造物たち、われわれの日々の生活をも取り囲むあの塔、あの記念碑、あの宮殿たちが、これを反復するのだ。つまり「垂直に屹立する姿」に、屹立する権力のシニフィアン＝イメージに同一化しようとすること、権力に同一化しようとすること。その享楽。これが「第二のファルス的享楽」である。想像的かつ象徴的なファルスに同一化する享楽であり、権力の享楽である。そう、権力を求める人々は、何を欲望しているのだろうか。無論「権力を持つこと」だ。象徴的な権力のシニフィアンを「持つ」ことだ。象徴的ファルスの享楽。ある地位を占めること、ある象徴的な位置決定においてその位置を占めることだ。象徴的ファルスの享楽。しかし、それが密やかに「権力である」ことと二重になっているとしたら。その権力のシニフィアンを「持とう」とする欲望が、権力のシニフィアンで「あろう」とする欲望に汚染されているとしたら。権力の純然たる姿である享楽にも向けられているとしたら。権力の享楽は、ファルス的享楽である。想像的ファルスで「ある」享楽であり、同時に象徴的ファルスを「持つ」享楽である——確かに危うい、剣呑な話である。象徴的なだけのファルスの享楽と比べて、それは恐ろしい結論を引き出しうる。だが、それでも、これはありふれた、合法的な享楽にすぎないと言い得る。「権力でありたい」という欲望は、結局はいつのまにか去勢され「権力を持ちたい」という欲望に変換されてしまうのだから。人は、王になれたとしても、王杖であることはできない。それを持ったものを王にする、この王杖であることはできない。王杖を持つことができるだけだ。父から手渡され、子に手渡さなくてはならない「束の間の代理人」として、それをひととき「持つ」ことができるだけだ。そして、第一のファルス的享楽、あの日々の平穏な性の喜びの享楽と同じく、この第二のファルス的享楽も平凡なものにすぎない。権力のシニフィアン＝イメージである想像的かつ象徴的なファルスに憑かれた人間など、新聞やテレヴィジョンに一瞥を投げかけるまでもなく、いくらでも周囲にその姿をまざまざと思い浮かべることができるだろう。もちろん、そのなかには女性もいるだろう。ファルス的な女性がいるなんてこと、誰でも知ってますよね、とラカンは言い、「王杖を持つ母権制の女王」について彼は語っていたのだから。勿論、繰り返しを恐れず言おう。ありふれていて平凡だからといって、この「第二のファルスの享楽」のいうなれば「危険性」は「第一のファルスの享楽」の比ではない、と。専制君主の「殺せ」と命令する享楽への、微かな導入になりうる享楽なのかもしれないのだから。しかし、それでもこれは合法的な享楽にすぎない。あるいは権力の階梯を登り詰める享楽は、それ自体では、奴をいますぐ殺す享楽や自らの血を分けた娘を手込めにする享楽よりも、ずっと「おとなしい」「馴い慣らされた」ものにすぎない。そしてそれで良い。それでこそ良い。そうであるからこそ、日々の性の営みと同じように、日々の権力欲の営みをその平凡さにおいて続けることができる。部長になりたい、社長になりたい、大臣になりたい、「ワンランク上の」生活を享受したい、有名になりたい――結構なことではないか。つましい願いだ。精神分析学派同士の権力闘争を生き抜いていったラカンが、この享楽を否定する筈もない。第二のファルスも、やはり享楽の調整器《レギュレータ》だったのだ。できるだけ典拠を集め引用を重ねたつもりだが、ラカンはこの「第二のファルスの享楽」すなわち「想像的かつ象徴的なファルスの享楽」については、断片的な考察しか残していない。はっきり言えば、このことはラカンの手に余ることとなのだ。これを引き受けて行く者の理路については、第二部で詳しく論ずることになるだろう。

われわれは第一の享楽のレギュレータを追っていくうちに、それが二台あることに気づかざるを得なくなった。しかし、まだ話は終わらない。第二の享楽のレギュレータ、「対象ａの剰余享楽」についてわれわれはまだ何も語っていない。さらに続けよう。もうひとつのこの享楽の調整器はどういうものか。まずこう問おう。対象ａとは何か。

第二一節　対象ａの剰余享楽――享楽のレギュレータ（二）

もうすでに、われわれは長く論じてきた。去勢について、外科手術について、整形外科的な何かについて、鏡像において「縫い合わされ」るイメージについて、そしてシニフィアン連鎖のなかから「落ちる」何かについて、現実界に「打ち込まれる」トレ・ユネールについて。そう、主体は削り出されるものだった。対象ａは、その余りである。主体そこから零れ落ち、滴り落ちる何ものか、削り屑であり、飛び散った体液である。主体を「一」と数えた瞬間に、そこから漏れ出る「何か」である。主体が主体になるときに、そこに失われる「何か」である。逆に言えば、主体が主体になることに抵抗して逃げ出す「何か」である。鏡に照り映えている姿に「何かが欠けている」と思わせてしまうその「何か」である。シニフィアン連鎖を手繰っていっても「何かが違う、何かが足りない」と思わせてしまうその「何か」である。ファルスの享楽を何か惨めなものにしてしまう「何か」である。ふと気がつくと、ふと「物心がつく」と、もうすでにそこには決定的に無くなっている「何か」である。そうであるがゆえにどうしようもなくわれわれの欲望を挑発せずにおかない「何か」である。だから、結局われわれはいつも対象aのことについて語ってきたと言ってもよい。この「欲望の原因」[342]と定義される対象aについて。われわれは、ラカンの概念の不均質性と混成性について語ってきた。そのそもそもの概念自体が不均質であったというのに、それらすべてから漏れ出る対象aは、それよりもいやまして「何でもあり」の、いうなれば何でも放り込んでおける屑籠的な概念になり果ててしまっている。だから対象aについて無限に説明を繰り広げていくことができるし、また対象aを使えば何でも説明してみせることができる訳だ。しかし、そうしたことはわれわれとは無縁だ。

さて、改めてラカン自身に問おう。対象aとは何か。思わせぶりな註釈は何度でも避けることにしよう。われわれのボロメオにおいて、対象aは想像界、象徴界、そして現実界に跨がるものであり、その中心にある。跨がるということは、つまりその三つすべてから逃れているということでもある。

まず原則として、対象aとは主体が主体となった瞬間、主体から、主体の身体から「落ちた」「切り離された」「失われた」何ものかである。主体を主体として裁断したあげく、裁断仕切れなかった「裁ちくず」「残り」である。何の残りか。「対象aはリビドーの還元不可能な最後の遺留分（réserve）[343]」であり、そのリビドーとは「純粋な性の本能としてのリビドーです。つまり、不死の生、押さえこむことのできない生、いかなる器官も必要としない生、単純化され、壊すことのできない生、そういう生の本能です」。「対象aはこれの代理、これに姿を与えるものにすぎません[344]」。そのようなリビドー、いまだ器官化されておらず、不死であるリビドー、われわれの理路で言えば〈インファンス〉の、いやあるいは〈インファンス〉以前にあるかもしれない無限定のリビドーは、主体の主体化によって、その切断と断絶と割礼によって、「余り」でしかないものになる。このようなリビドーすら、この「裁断」から遡及的に想定されたものであるかもしれないと、もう繰り返すことは無用だろう。幾度も述べたことだ。

ゆえに、対象aとは一として数えられる主体から切り離された「余り」である。いわく、「この余り、主体を定礎する境界線が決まった瞬間にしか現れない余りこそ、対象aと呼ばれるのです[345]」。ラカンは『不安』のセミネールで、主体が「大他者の領域にある、シニフィアンのトレ・ユネールを印づけられる」ときの「割り算」の、つまり主体が「一」として数えられるようになるときに行われる計算の「余り（reste）」が対象aだと言っている[346]。つまり、シニフィアンによって「斜線が引かれ」「去勢され」て主体が主体となった瞬間、そこから主体から漏れ出て永久に失われる「屑（résidu）」が対象aであると。大他者との象徴的同一化において主体が成形されるときに現れるものは、「シニフィアンの斜線が引かれた主体と、そういう条件づけの屑としての対象aです[347]」。

つまり、これはシニフィアンによって「象徴化」されない何か、「シニフィアンの喉につかえた、飲み込めない対象のようなもの」[348]である。象徴化に抵抗し、飲み込めない何か。飲み込めなかった以上、「その本性からして、対象aは失われ、二度と見いだされない」[349]。大他者との関係において絶対的に失われた「何か」。自分の体のなかにあったはずの「何か」。ここにおいて、ラカンは主体の欲望を向け代える。われわれが検討してきた通り、それは大他者に向かう筈だった。しかし、一九六三年三月二〇日のセミネールで彼ははっきりと「対象aは大他者Aの代理物であり」、欲望の「真の対象は対象aであり、「欲望のなかで問題になるのは大他者ではなく対象aである」と明言することになる。[350]ここで欲望は対象aの「効果」[351]でしかなくなる。ゆえに当初は「欲望の対象」[352]として提起されていた対象aは、「欲望の原因」となる。すでに述べたように、010のゲームが始まったときに、糸巻＝対象aは明滅し、ただの現前と不在の交代あるいは不在の現前にすぎないものとして、「そのもの」としてはすでに失われていた。だからシニフィアン連鎖が始まったときには、もうそれは「落ちている」。だからこそラカンは、『幻想の論理』の一九六六年一一月一六日の会合で、シニフィアンが出現したときにすでにそこにないものをシニフィアンは示すことはできないのであって、シニフィアンはそれを作り出すのです、と言ったあとに、「言い換えれば、起源に存在しないもの、それは主体自身ということです。さらに言い換えれば、対象aのなかにでなければ、はじめに現存在ありきなんてことはないんです」[353]と言い得たのである。つまり、シニフィアンの Fort-da、もっとも単純な01011が駆動し始めた瞬間、つねにすでに対象aは失われている。失われたものとしてだけ対象aはそこにある。そしてはじめから喪失の対象であり対象の喪失そのものであった対象aにおいてのみ、主体は成立するのだ。では、シニフィアン連鎖が発動した後はどうなるのだろうか。主体は換喩的な欲望の原因である対象aを取り押さえることができるのだろうか。否。ラカンはこう言う。

> わたしはあなたに要求する——何を?——拒否することを——何を?——わたしがあなたに提供したものを——なぜ?——なぜならこれはそれではないから——この「それ」が、もうご存じでしょう、対象aなのです。対象aはどんな存在でもありません。それは換喩において位置づけられてのみ存在します。ということはつまり、フレーズの最初から終わりまで保証された純粋な連続性によって存在するわけです。[354]

換喩の糸、このシニフィアン連鎖を強迫的に手繰っていても「これはそれではない」。わたしがわたしであるために、失われた「あれ」ではない。シニフィアン連鎖において手に入れられず、逆にそれを駆動させる失われた対象、それが対象aであるということになろう。そう、これはわたしがわたしである、その瞬間に失われた「何か」である。それこそ、わたしがわたしである証であり、わたしが大他者から受け取ることができなかった「これがおまえだ」の「これ」ではないか。対象aは主体の真理ではなかろうか。そう、ラカンもそう言っている。「主体は分析において、この途、この方法によって、私が対象aの機能であると定義するものへと導かれます。つまり対象aのなかに、自らの真理を発見するよう導かれるのです」。そう、対象a、この「わたし」の真理は遂に与えられるのだ。──しかしこの文言はこう続く。「自分の糞便のようなものの形をとったものとして」[355]。主体が削り出されたものの余りであり、屑である対象aが、糞便のようなものであることは自然なことである。実際、それは「〈快感〉（*Lust*）の領域」にある「めでたく、やさしく、好ましいイメージ」ではありえず、現実性のなかにあらわれてしまえば「つまり乳房、糞、眼差し、そして声」のような「取るに足らない」ものになる[356]。「これら切り離すことができるけれども、しかしまったく身体に結びついた断片」[357]になる。そして、もう何度もこのことを繰り返してきた気がするが、この対象aは「死んでいる（inanimé）」[358]。だから主体はそれと出会ったときに、こう言うのだ。「これはわたしではない」と。あるいはそれに対する享楽を、果てもなく切りもない「なにか〈もの〉足りない」ものとして追求することを止めることができなくなるのだ。ラカンははっきり言っていた、対象aは「くず対象（objet de dechet）」であり「不可能なもの」であると[359]。屑であり糞であり、欲望の真の原因であり、主体の真理であり、しかし到達不可能な「何か」。「われわれが対象aと呼ぶあの特異な、類を見ない、パラドクサルな対象[360]」。そう、それは本質や実質を持たず、それ自身に反してつねに反転しているがゆえに「パラドクサル」なのだ。

だから、それは身体から排出されるものすべてでありうる。確かに精神病の「幻聴」といわゆる「注察妄想」(いつも誰かに見られている、監視されているという妄想)との関係から「声」と「まなざし」が強調され、母における始原的対象との関連から「乳房」が、そして子どもにとって母に最初に与えうるものとして精神分析では「金銭」とほとんど同義とされる「糞便」が強調されているけれども、一般に身体から、体の「穴」「裂け目」から排出されるさまざまなものは、すべて「これではない」「現実性のなかに出現した対象a」でありうる。実際ラカンはこう言っている、「わたしが対象aと呼んだ対象は、唯一のおなじ対象ではありません」[361]。だからそれは涎、尿、汗、血、切られた髪の毛や爪、精液などのあらゆる体液でありうるだろうし、切り離された盲腸や肋骨でありうるだろう。そうでなければ、なぜ医者は多少厳粛な顔をして、患者たるわれわれに手術で切除されたわれわれの肋骨や入院中何箇月も足の関節を留めていたボルトなどを手渡そうとするのだろうか。なぜ戦争に行く者は、家族に遺髪や爪を残して行こうとするのだろうか。そしてそれを捨てられないのだろうか。もちろん、女性にとっては自らが産んだ子どもすらも、この対象aの「現実化」でありうる。あるいはそこから零れ出る「胎盤」が[362]。

ありありとそこにあるこの主体の真理。屑、余り、糞。しかしそれは「わたし」に欠けている。そこにいくら生々しく存在しても、それは「あれ」ではない。対象aは、主体が主体になった瞬間「欠如」したものであり、それを代理しに来る何かである。代理しにきたものは、常に「それではない」のだから、対象aはパラドクサルに「その穴」があることを示してしまう。だから、簡単に言えばこうなる。対象aは現実界に属し、「リアル」である。[363] そしてラカンは言う、「対象aが欠けているものであるということこそが、この世界の『リアリティ』をつくりだす」と。この世界の平穏な現実性と、福者マリー・アラコックの嚥下する喉の、そのうっすらと上下する喉の表面の「リアル」に同時に関係するもの、それがこの対象aなのだ。

が、まだ問題は残る。想像界との関係が。こう問おう。対象aは見えるのだろうか。もちろん見える筈だ。糞便が、遺髪が、乳房が、見えないわけがない。しかしラカンはこう言う。「対象aは鏡像的なイメージ（image spéculaire）をもちません。それは鏡像化可能（spécularisable）ではないのです[364]」と。また対象aをはっきりと「盲点[365]」と呼んでいる。それは、鏡に映らない。だから見えない。

どういうことだろうか。ラカンは、『エクリ』のなかで、この鏡像化不可能なものをファルスを示す「ファイ（φ）」にマイナス記号をつけた「マイナスファイ（-φ）」と呼んで、対象aと同一視している[366]。鏡像に映らないファルス。おかしな話ではないか。ファルスとはそもそも想像的ファルスとしてまず与えられていたのであって、それは鏡像に映った自己イメージと同一化するものだとラカンは断言していたではないか。想像的ファルスが与えられる鏡像において、ファルスが「マイナス」になるなどということがありえるだろうか。想像的なファルスにおいてさえ映らないファルスがある、それが対象aであり、ゆえに対象aは見えない。これは矛盾ではないか。ラカンの想像的ファルスは、象徴的な去勢を待たずしてすでに去勢されたものになってしまうではないか。

実は、『不安』のセミネールなどで何度かラカンはこのマイナスファイの曖昧さを告白している。つまり、これは端からかなり無理がある立言なのだ。しかし、われわれの立場からすれば単純なことである。われわれは想像界と象徴界の区別を危ぶめるものこそが鏡であると論じてきた。その理路からすれば、そこにあるのは鏡ではなく〈鏡〉であり、想像的かつ象徴的な鏡面であり、つねにすでに言葉が植えられている面《おもて》だった。そして想像的ファルスと象徴的ファルスが重なって滲んでいく瞬間すら、われわれは論じておいたのだった。[367] すると、こういうことになる。象徴的なファルスの去勢は、実は想像的なファルスが出現した瞬間にもすでに行われているということに、そしてそれは克明な二つの段階を刻むのではなく、不意に滲んでしまうものだということに。想像的なファルスにおいてすら、すでにそこに何か欠けたものが、奪われたものがある。実は、われわれはこのことについてはすでに論じていた。想像界における自己イメージが「何かおかしい」「何かが死んでいる」「死の筆触」による「死のイメージ」であると、ラカンと共にわれわれは言ってきたではないか。そう、想像的ファルスにも何かが欠けており、鏡の自己イメージが現れた瞬間にすらそこには何かが欠けている。それが対象aだと、ラカンはそう言っているにすぎない。対象aは、はじめから主体が「全体像」として与えられた瞬間そこから「余り」「屑」として漏れ出るものだった。だから全体像のなかにはないものなのだ。逆に言えば、対象aは決定的に不均質な概念であり、見えるが見えない、見えないが見えるものである。見えた瞬間、「それではなく」なる。見えないことによって欲望の原因の潜在性として「作用」する。それははじめからそうしたものである。もう既にわれわれは論じてきたはずなのだ。対象aはリアルなものであると同時に、その喪失において「リアル」ではない「現実性」を確保すると。しかし、対象aはそもそも「喪失された」対象であったはずなのだから、それはあるがない、ないがあるのだ。だからそれはリアルであるとともにリアルではない。そしてわれわれは対象aが、シニフィアン連鎖のなかに「ある」はずであることによって欲望の駆動因となり、「それではない」ものであることによって連鎖の反復の原因にもなることを見てきたではないか。だから対象aはシニフィアンであるとともにシニフィアンではない、つまり語れるが語れないのだ。対象aは現実性のなかに現れた瞬間、「それではなく」なる。だから「ある」が「ない」、ないがある。見えるが見えない、リアルだがリアルではない、語れるが語れない。一瞬にしてそれは逃走する。対象aははじめからこうしたものである。だから対象aは本質を持たず、「パラドクサル」なものであり続けるのだ。一言で言うと、対象aはわれわれの〈鏡〉にも映らない、その〈鏡〉の効果として産出されてしまうものである。

では、対象aの享楽である「剰余享楽」とは何で、それはどういう意味で享楽の

「調整器《レギュレータ》」なのか。前置きとして、既に引用した文言をもう少しだけ長く引こう。こうだ。

この余り、主体を定礎する境界線が決まった瞬間にしか現れないものの余りこそ、対象aと呼ばれるのです。そこにこそ、一撃で快感原則に成り果ててしまうことがない享楽が棲み着くのです。[368]

快感原則に回収されない、現実界の享楽が棲み着く、対象a。それはどのように享楽されるものなのか。ラカンは、『大他者から小他者へ』のセミネールで、マルクスの「剰余価値説」とフロイトの「機知」の概念を重ね合わせることによって、「剰余享楽」の概念を提案している。もちろんここには、労働者の労働を等価交換するのではなく「不払労働」という「搾取」によって「剰余価値」を産み出し、生産過程からいつのまにか利潤を産み出す資本家の「笑い」の機知と享楽について語り、さらにそこで「搾取」される労働者の苦境をヘーゲルの主人に対する奴隷の「詐取」の苦境を重ね合わせるなどといった彼らしい饒舌が見られるしそれはそれで面白くないものではない。が、ここでもわれわれは事の核心だけを見よう。要するに、対象aの剰余享楽とは何か。まずラカンが一一月一三日のセミネールではっきりと念を押すのは、生産労働に従事するということは、「享楽を断念」することであるということだ。ヘーゲルの言う主人は思うがまま生産物を享楽するが、奴隷は自らの享楽を搾取され、日々の労働に身をすり減らせなくてはならない。このことはすでに述べた。そしてラカンは言う、「ここで新しいもの、それはこの断念を分節する言説があるということです。そしてそこにあらわれるのは……わたしが『剰余享楽』の機能と呼ぶものなのです[369]」と。享楽の断念による享楽、剰余享楽。その「剰余享楽のまわりで、本質的なひとつの対象の生産がおこなわれるのです。いまやこの対象の機能を定義しましょう。つまり、それは対象aなのです」「剰余享楽、これは対象aの機能を浮き彫りにするのではないでしょうか[370]」。

対象aの享楽、「剰余享楽（plus-de-jouir）」は「享楽を断念することから獲得される享楽[371]」である。このplus-de-jouirは「もはや享楽しないこと」とも「もっと享楽すること」とも二重に読める。対象aの享楽は、こうした断念に立脚する。なぜなら、それは屑への、残り滓への、糞への享楽なのだから。ファルスの輝かしい建立された像はすでにない。わたしが真に享楽したい「本物」の「それ」はもうそこにはない。それが残した痕跡がある。だからわたしはせめてこの残り滓を享楽しよう、もっと、もっと。だから対象aの享楽は、絶対的な享楽やファルス的享楽の断念の享楽であり、それとは別のところに享楽を見出そうとする。ゆえにそれはどこか倒錯的な享楽である。糞便を食べ尿を飲み、血や精液を飲み干す享楽なのだから。われわれはすでにそのような例をあげてきた。それが享楽でなければ、なぜ癩病者の汚水を、貧者の糞便を、美女の糞尿を、ラグビー・チームのフォワードの精液を、嬉々として人は飲み干そうとするだろうか。あるいは対象aは眼差しでもあるのだから、その享楽は窃視者の、覗き魔の享楽となるだろう。あるいは露出狂の。これは倒錯者たちの、彼ら彼女らだけの享楽なのだろうか。そうではない。ラカンもはっきりとこの対象aの享楽を「倒錯者だけのことではありません」[372]と言っている。口づけを交わすとき、恋人の涎を甘く感じたことのない者がいるだろうか。遠くにいる恋人の携帯電話越しの掠れた声を聞くことの享楽に、愛児が指を切って泣きはじめたときに思わず傷口に口を押し当てて感じる血の味の享楽に、憎からず思う人が炎天下に脱ぎ捨てた衣服から香る仄かな汗の匂いの享楽に、そしてまなざしに曝されまなざしを向けるその視線の一瞬の交錯の享楽に、思い当たる節がない人などいるだろうか。出征し戦死した夫が遺していった髪の毛に頬を押し当てて泣く妻の享楽の姿を、妻の急な死を自宅で知らされた男が残された衣服に微かなその体臭を嗅ごうとする享楽の姿を、誰が倒錯的だと笑うことができよう。なぜ医者は、切除された腸の一部をそのまま捨てずに見せようとするのだろう。なぜ抜かれた歯は返され、自分の肋骨はなかなか捨てられないのだろう。死んだ親友の書斎に通され、つい数日前まではあいつはここで私の貸したあの本を読んでいたのだという思いに打たれながら、愛用していた万年筆を形見として差し出されたときに、帰り道のごみ箱にそれを打ち捨てて何も感じない者がどれくらいいるだろうか。クロード・レヴィ＝ストロースが、「結局のところ紙切れにすぎない」古文書の奇妙な魅惑について触れ、「ヨハン＝セバスティアン・バッハの三小節をきいただけで心をときめかさずにはいられぬ人」がバッハ自身の手になる署名譜を手にしたときに感ずるだろう戦慄を例としてあげるときに、誰がこれを否定できるだろうか。[373] もちろん、対象aは乳房でもあるのだから、女性の乳房に偏執的な執着を示す男の享楽もこの剰余享楽である。事がマルクスからはじまった享楽であり、精神分析の「象徴的等式」によれば糞便は金銭でもあるのだから、これは守銭奴の享楽、一円でも多く貯め込もうとする享楽でもあり、投機対象を選んでうまく資産を増やそうと日々企てる男が、預金通帳の額を見てあまり美しいとはお世辞にも言えない微笑をその顔に浮かべつつ感じる享楽でもある。しかし、これとて身に覚えがない者は少ないだろう。つまり、結論は同じだ。剰余享楽は、合法的な享楽である。あえて言えば半‐合法的な享楽と言えるかもしれない。「誰もがやっている」、夜の軽犯罪であり、薄い倒錯行為だ。それは退屈で、抜き難いがゆえにどこにでも見られる享楽にすぎない。そして三たび言おう。それで良い。それでこそ良い、と。こうしたことは、われわれの日々の営みのなかにある。それが金が「すべて」だと断言して憚らない者の享楽であろうとも、それもまたわれわれの世界のなかの日常だ。実際、人を驚かせるような派手なスーツやネクタイを身につけることを好んだ洒落者だったラカンが、そのセミネールの演壇から聴衆の眼差しを一身に集めながら、服を着るということ自体に男装とか女装とかの衣装倒錯の傾向があるのです、それはファルスの欠如を隠そうとすることであり、ゆえに対象の欠如を隠そうとすることなのですなどとぬけぬけと言うときに、[374] ユーモアとともに「対象aの剰余享楽」をここに感じないでいるのは難しかろう。

第二節　享楽のレギュレータ、その彼方に

繰り返す。剰余享楽も、平穏な日々のなかの「ちょっとしたスパイス」でしかない。それは何も揺るがさず、何も変えない。そしてそれはそれで良い。対象aと剰余享楽が、享楽を吸引し調整しているかぎり、世界は「ほぼ」平和なのだ。それがどんなに紛争や汚職や搾取に塗れた世界であっても。ラカン理論に通暁した社会学者たちは言う、資本主義は、「性的関係はない」という「不可能」な穴を中心に、永久に欲動を回転させつづけるのだと。そう、彼らがそう口にすることは、この世界の享楽を肯定することになるのだ。権力を求めるのもいい。金を求めるのもいい。異性に、あるいは同性に狂うのもいい。品のよい衣服に身を包み、ギャンブルや株に打ち興じるのもいい。たまには麻薬を嗜むのもいいし、ちょっとしたサディズムやマゾヒズムに身を浸すのもいいだろう。それはとても楽しいことだ。さらに、それは資本主義を、この社会を揺るがすことなどない安全な享楽なのだから。ファルスと対象aは、享楽のレギュレータである。われわれの享楽はこれに吸い込まれ、心地よく絶対的享楽から切り離される。絶対的享楽はそこから削除される。そしてこれを拒否して、絶対的享楽を直接に求めて殺し犯しても詮がなく不毛なのだ。そのことは既に述べた。調整器にかかった享楽か、殺人と近親姦の絶対的享楽か。ならば前者しか選択の余地はないだろう、それは心地よく後者を忘れさ

せてくれさえするのだから。そのあまりの享楽に、その享楽を得る場自体を確保するために人が殺されているかもしれないことすら、それは忘却させてくれる。そう、この世界のことはファルスの享楽と対象aの剰余享楽ですべて説明できる。嬉々として説明できる。ラカンを称賛しようとするものでも批判しようとするものでも、多くのラカン論やラカン理論の解説書が、ここで論旨を止めている。想像界、象徴界、現実界、ファルス、対象a。資本主義の平和。資本主義の「セキュリティ」。そしてそれはそれで良いのだろう。これらの享楽はこの社会を変えることなどなく、平穏で、平和なままに保つ。素晴らしい、温厚で安全な、そして刺激的な享楽である。享楽のレギュレータ、ファルスと対象a。これは、絶え間のない主体たちの、奴隷たちの搾取を行い、そしてその奴隷が自らのことを奴隷だと思わないようにする精妙な機械なのだ。人々は嬉々として搾取されていて、そのことに満足している。これらのことに、何の文句があるというのだろう。

　文句がある。あるに決まっている。ラカンは言う。享楽はこれだけではない。これらの享楽を否定するわけではない。否定などできよう筈もない。だが、別の、これとは別の享楽が存在する。享楽の調整器に巻き込まれて資本主義の血塗られた平和のなかに安住するのでもなく、殺人や幼児虐待という不毛をも招かない享楽が存在する。もうひとつの、別の、第三の享楽が。もっとも困難で、もっとも難解で、偏見に塗れた「普通の人」をしてもっとも脅えさせる享楽が。言葉の真の意味で「反時代的な」享楽が。そして、ここが、ここだけがラカンの真に読むべき箇所だ。私はそう考える。われわれは向かおう。別の享楽へ。女性の享楽、大他者の享楽へ。社会が創出されていく享楽へ。

第四章　女性の享楽、大他者の享楽――精神分析の臨界点

第二三節　「別の」享楽

ひとつだけ前置きをしておく。女性の享楽、それは大他者の享楽である。この女性の享楽＝大他者の享楽は、多くの人々がそこで脅えて立ち竦み、三舎を避く享楽である。われわれはそう言ったばかりだ。実はラカン自身も、多少は例外たることは免れない。彼が、これを言い切れているかどうかは訝しまれる。また、注意しなくてはならないことがある。今までも幾度か引用してきたし、またこれから第二部で長く論ずることになるだろうピエール・ルジャンドルの観点を先取りして述べれば、この社会を創出していく享楽を「女性の享楽」と呼ぶこと自体が、神を「男性」とするキリスト教の影響下にある社会でしか通用しない「ひとつのヴァージョン」にすぎないのかもしれないということだ。[375] しかし、それは今はよい。ここではラカンの理路に集中し、再び始めよう。

まず、引用を続ける。ラカンは、『アンコール』の一九七二年一二月一九日で、次の

ように語っている。

前回強調しましたように、享楽というのは愛のしるしではないんですね。それはファルスの享楽を支えようとするものであり、われわれをファルスの享楽の水準に向かわせるものです。ところが、わたしがまさしく大他者の享楽（La jouissance de l'Autre）と呼ぶもの、これはここでは象徴化されたものとしてのそれですが、これはさらにまったく別のものなのです。たとえば、「すべてではない（pas-tout）」ということですね。これをこれから詳しく述べたいと思います。[376]

また、七三年二月一三日には次のように言っている。

次回は、女性の側にある、ひとつのやり方について話してみようかと思います――とはいっても、この「女性（La femme）」の定冠詞 la には斜線が引かれなくてはなりませんが――これは、性的関係がないということを埋め合わせに来る対象 a とは別のものなのです。[377]

別の享楽がある。ファルスの享楽ではなく、対象 a の享楽でもない、「女性の側にある」大他者の享楽が。しかし、この「定冠詞に斜線が引かれた」「すべてではない」女性とは何だろうか。彼は言う、「女性というもの（La femme）は存在しません。これは全称で示されるものとして定義される冠詞です」。「その本質からして、彼女は『すべてではない』のです」[378]。定冠詞で示される「女性」なるものは存在しない。「すべての女性は……である」という命題は成立しないし、「すべての女性」など存在しない。「すべて」には納まらない何かが、女性であり、その享楽である。ラカンは続ける。そういう（la femme）に付いている「この la はシニフィアンです」と。また、女性は存在しないと言ったことから予測される誤解を前もって避けるために、彼はこう言葉を継ぐ。「かといって、事の本性から彼女は排除されているのだということじゃあないですよ。まさに、すべてではない、ということにおいて、彼女はファルス的機能で示される享楽に対して、超過するような享楽を持つのです。注意してください、わたしは超過的（supplémentaire）と言ったので、それを補完するような（complémentaire）と言ったのではないのですよ」[379]。

原父が享楽していたのは「すべての女性」だった。だから彼は神話の登場人物にすぎなかった。それがこの世界に出てくれば、すべての女性を享楽せんと奔走し、意気揚々と籠絡した女性を数え上げるあのドン・ファンの姿になるだろう。が、それは不可能な企てなのだ。女性はすべてではないし、すべての女性など存在しないのだから。だから彼の姿は少し哀れで、ちょっと滑稽なのだ。そう、ラカンもはっきりと述べているように、彼はどこまでも「数えられる」女性しか相手にしていない。トレ・ユネールを穿たれ、一と数えられるようになり、同一性という全体性で枠取られ、Laというシニフィアンを備えつけた女性しか。要するに、彼が相手にしているのはシニフィアンであり、それだけでしかない。もちろん、彼もそのさまざまな女性の官能的な姿態や豊かな髪やえくぼや黒子やくちびるや瞼や睫毛や後ろ姿について、こと細かに思い出せるだろう。ひどく甘美な追憶として。しかしそれもまた換喩の構造のなかにあることにすぎない[380]。実際、われわれが経めぐってきたラカンの論旨は、すべてが「すべて」にまつわるものだった。自己イメージは「全体像」だった。シニフィアンのすべては「シニフィアンの宝庫」たる大他者に収められているはずだった。想像的ファルスは母と子にとって「すべて」だった。象徴的ファルスは性行為にとって中心であり「すべて」だった。対象aですら、身体から何か欠落した何かであって、それを追い求めることはみずからの全体性を、「すべて」を追い求めることと同じことだった。すべてを手に入れたい、すべてでありたい。われわれの欲望は、一として数えられるもののすべてを含む集合としての「すべて」、統一された「すべて」をめぐるものであった。そして、それを単純に否定することなどできはしない。

しかし、女性は「すべてではない」。女性は、すべてではない享楽へ開かれている。別の享楽がある。もちろん、すべての女性がその享楽に開かれているわけではない。すべての女性が「すべてではない女性」ではない。ラカンは、ファルス的な「ブルジョワ女性」の例を挙げて、「彼女は、そこでは『すべてではない』のではないのです。彼女はそれでいっぱいなのです[381]」と言っている。いま言ったような欲望に突き動かされている女性などいくらでもいる。ファルス的享楽で、剰余享楽で「いっぱいな」女性がいたとして、誰がそれを咎められるだろう。いや、そもそもそんな「すべてではない」女性など存在するのだろうかという疑念すら沸き上がって来もしよう。だが、ラカンは断固として続ける。「しかし、それ以上の（en plus）何かがあるのです」「ファルスの彼方にある享楽が」[382]。

もうここでは、あのいつも精神分析に付きまとう卑俗な言説とは全く関係のないものが論じられていることは明らかだ。それはつまり、女性は性行為において男性「以上の」享楽を得ている、という、ほとんど野卑な男どもの下品な駄弁の種にしかならないあの話だ。こんな浮言を、ラカンの女性の享楽に重ね合わせて論じている者がいること自体が俄には信じ難いことである。このような話の最終的な準拠となる神話があることは周知だろう。オウィディウスの筆になるティレイシアスの神話、呪いによって女性にも男性にもなったことがある彼が、女性の享楽のほうが上だったと語ったというあの神話だ。しかし、「レトゥルディ」のなかで、この神話について触れたあと、ラカンは次のように言う。「ある女性（une femme）はすべてではないと言うことは、つまりこの神話がわれわれに示していることが、ある女性とは、唯一、性交からくる享楽を超越している者なのだということだ」[383]と。つまり、ティレイシアスの神話からも、ラカンは敢えてそのような下種な理解を遠ざけようとしている。ティレイシアスが「より以上」の享楽といったのは、ファルスを超えた「すべてではない」女性の享楽のほうなのだ。このことを忘れまい。

　では、この女性の享楽とは、どんな享楽なのか。「すべてではない」「ある女性」の享楽が、「大他者」の享楽、あの神と呼ばれていた大他者の享楽でもあるということは、一体どういうことなのか。享楽は言葉にならないはずのものだったのに、斜線を引かれ欠如を穿たれてはいるとはいえ神とははっきり名指されてもいたシニフィアンの宝庫である大他者が「享楽」し、しかもそれが「ある女性」の享楽であると言うのだ。あまりの理解のし難さに、この「大他者の享楽（Jouissance de l'Autre）」のAutreとは「大他者」のことではなくて「他の性」のことであって、つまりこれは女性の享楽という意味しか持たないのだ、と、そう力説する者も絶えない。脅え切った所作と言うべきだ。ここでのラカンの立言は明晰であり、誤解の余地は全くない。斜線を引かれた大他者のシニフィアン、あの欠如を穿たれエコーとなり果てた大他者を示したあと、彼はこう言う。

　女性はこの大他者のシニフィアンに関係（rapport）を持ちます。この大他者は、つねに大他者でありつづけるしかできない大他者としての大他者です。私が大他者には大他者はいないと言ったことを思い出してください、それをここで前提とするしかありませんので。シニフィアンが分節されうるすべてのものが書き込まれている場所であるこの大他者は、その根拠からして、ラディカルに大他者なのです。だからこそ、このシニフィアンは、斜線を引かれたものとしての大他者を括弧に入れたシニフィアンなのです。[384]

ある女性は、すべてではない女性は、大他者のシニフィアンに「関係をもつ」。この「関係（rapport）」がどういう意味だったのか思い出そう。それは「性的関係はない」における「関係」と同じ語、同じ語彙なのだ。この関係が、女性の享楽であり、大他者の享楽である。大他者がいない大他者、ラディカルな大他者の享楽である。「大他者とはたんに真理がもぐもぐ言う場所ではないのです。それは女性が根本的に関係（rapport）を持つなにものかを表象するという力があるのです[385]」。彼は続ける、「この『斜線を引かれた大他者のシニフィアン』は、女性の享楽以外のなにものも示しません。とすれば、そこで私が指し示すのは、〈神〉はまだ退場していないということです[386]」と。しかもそれが「シニフィアン」と呼ばれている以上、この享楽は「言葉になる」のかもしれない。「この『斜線を引かれた大他者のシニフィアン』は、女性の享楽以外のなにものも示しません。とすれば、そこで私が指し示すのは、〈神〉はまだ退場していないということです」と言った直後に彼は聴衆にこう語りかけている。「ここにこそ、ほぼ、みなさんの使用に供するべく私が書いているものがあるのです。私はみなさんに何を書いているのでしょうか――少しでも真摯にものしうる唯一のこと、それは恋文＝愛の文字（lettre d'amour）です[387]」。彼はここで、斜線を引かれた大他者のシニフィアンあるいはそれとの「関係」を明らかに「愛の文字＝恋文」に擬している[388]。そしてラカンはこう言う。

性的関係が存在しないのは、身体としてとらえられた大他者の享楽がいつも不適切なものだからです。一方には倒錯があります。大他者が対象aに還元されてしまえば、それは倒錯となります。他方には、謎めいた狂気がある、と言いましょう。これは、愛が試練にかけられるこの袋小路、現実界が定義されるこの不可能性に直面することでなくてなんでしょうか。相手にとっては、愛はわれわれが一種の詩によって呼ぶものとしてしか現実化されえないのです。それで私は理解するのです、避け難い運命に向かう勇気を[389]。

何を言っているのだろうか。彼は。大他者の欲望は対象aの欲望に変換され切ってしまったのではなかったのか。彼はそう断言していたではないか。それが倒錯にすぎず、他のものがあるなどと。「謎めいた狂気」があるなどと。「愛」、「詩」、「勇気」と。彼は、ラカンは、どうかしてしまったのではないか。そうではない。そうではありえない。彼は極めて明晰である。そしてその明晰さのまま、こう畳みかけていたのだった。「存在の享楽があります」。「至高存在の享楽、つまり神の享楽です」。「一言で言えば、神を愛することによって、われわれはわれわれ自身を愛しているのです」。「われわれは神にオマージュをささげるのです[390]」。そして、彼は次のように反問することになる。「どうして大他者の顔を、神の顔を、女性の享楽で支えられたものとして解釈してはいけないのでしょうか」[391]。

第二四節　神の恋――神秘主義とは何だったのか

もうよい。読者は、まず『アンコール』の表紙（二〇九頁参照）を眺めてほしい。そこにあるのは、ベルニーニの高名な「聖テレジアの法悦」の像である。ラカンは、ペギン修道会の女性神秘家ハデウェイヒの名をあげてから、次のように語りだす。

神秘的なもの（la mystique）というのは、政治ではないものすべてのことではありませんよ。それはなにか真摯なものです。このことについては、私たちは何人かの人々からいろいろ教えてもらいましたよね。多くは女性たちが、あるいは十字架の聖ヨハネのような恵まれたひとたちもいたわけです……ひとは、「すべてではない」側にいることもできます。女性たちだけではなく、男性たちもいたわけですからね。……彼女ら彼らは微かに見たのです、彼女ら彼らは感じたのです、その彼方にある享楽がそこにあるはずだという観念をね。これが、神秘家と呼ばれる人たちです[392]。

ラカンは、「すべてではない」女性の方にいた十字架の聖ヨハネと違い、自らの目と神の目を混同した男性神秘家アンゲルス・シレジウスはファルス的で倒錯的にすぎないと断じて退けたあと、次のように続ける。

> ハデウェイヒが問題になっているわけですが、それはちょうど聖テレジアがそうであるようにです――ローマに行ってベルニーニの彫刻を見るだけでいいんです、すぐにわかるでしょう、彼女が享楽していることを。それは疑いのないことです。でも、彼女は何を享楽しているのでしょう。明白なのは、神秘家たちの本質的な証言は、それはまさに彼女彼らが感じたことを言うことだったわけですが、しかし彼女彼らはそれについて何も知らないのです。
>
> 　この神秘家たちの迸る祈りは、お喋りでも無駄口でもありません。それは要するに、もっと丁寧に読まれてしかるべきものなのです――まったくページの下、註解に至るまでね――そこにジャック・ラカンの『エクリ』を加えたい、だってそれは同じ次元にあるものなのですから。こんなことを言うと、当然みなさんは私が神を信じているのだと思ってしまうかもしれませんね。私は女性の享楽を信じているのです。それが「それ以上（en plus）」のものであるかぎりの女性の享楽をね。[393]

神秘家、神秘主義と。神秘主義こそが、われわれの世界の享楽を凌駕する「別の」「女性の」享楽であると言うのか。神秘主義なんて、「形而上学」「宗教」「カルト」「神

『アンコール』表紙

学」とともに、ただの罵倒語と化しているものでしかないではないか。やはりラカンは、弟がカトリックの枢機卿だったという話もあるし、自らのローマ講演に教皇の来臨を仰ごうとしただのという噂もあるし、ただの宗教的な人間にすぎなかったのだ。われわれは騙されていたのだ。なにやらラカンは神学的だ否定神学的だなどと言う人たちも多くいるらしいし、それに反論もうまく加えられていないらしいではないか。そもそも彼のラカン派とやらは、まるでカルトのような有り様だったらしいではないか。そうだ、二〇年も前に我が国の精神医学者土居健郎は、オウム真理教出現以前にラカンを指して「彼はグルだね」[394]呟いたそうだが、やはりそれは正しかったのだ——こんな脅え切った声が聞こえて来そうだ。しかし、待ってほしい。ここであなたが目を逸らすのならば、ラカンが言っているように「そんなことは『女の言うこと《ディ・ファム》（dir-femme）』にすぎないと、中傷《ディファム》する(diffame)」連中と変わらないことになる。つまり男根主義者で倒錯者である連中、資本主義の享楽に塗れて恥も疑念も持たない連中と。だが、それも仕方のないことなのかもしれない。あのラカン自身ですら、どこか気弱に「こんなことを言うと、当然みなさんは私が神を信じているのだと思ってしまうかもしれませんね」などと心配してさえいることなのだから。だが、われわれは気安く罵倒語として神秘化だの神秘主義だのと口にするが、歴史上の神秘主義について何を知っているだろう。彼女らが何をなし、何を考え、何に戦いを挑んでいたのか、本当にわれわれは知っているだろうか。

　別の享楽、女性の享楽、大他者の享楽。想像界の提起から遠く、長い理論の道程を辿って享楽のあらゆる分類をし尽くしてみせた果てに、それをこれだと言っただけで、すでにラカンの偉大さは明らかなのだ。そう、彼はもうこれ以上のことは言えず死ぬことになる。『サントーム』のなかでも、大他者の享楽の場所を指して「真の穴はここにある[396]」などと言っているが、これ以上の進展はなかった。そして、その弟子たちもここで脅えて踵を返す。当然だ。ここに踏み込むことは、精神分析の臨界点、精神分析の歴史性を露わにすることでもあるのだから。しかしさらにわれわれは進もう。女性の享楽＝大他者の享楽が神秘家のそれであるとしたら、それはどういうことになるのか。

　しかし、ラカンだけでは、すでに理路は途絶えつつある。ラテン語も覚束ない私が、委曲を尽くして歴史的に神秘主義について論じうるわけもない。助けを借りなくてはならない。「喪の作業としての歴史のエクリチュール」に沈静する大歴史家であり、六八年革命に賛同し「民主主義的抵抗」を宣明した思想家であり、イエズス会士でありラカンのセミネールの出席者であり、おそらくはラカンがここで「何人かのひとにいろいろ教えてもらった」と語っているその「何人か」の一人であったろう彼、ミシェル・ド・セルトーの助けを。[397]

まず誤解を解くために、ごく簡単に前置きをしよう。神秘主義は「体験」ではない。神秘主義は「伝統」を持たない。神秘主義は「言葉」である。神秘主義は「歴史的」である。神秘主義は「蒙昧主義」とは何の関係もない。そして神秘主義は死を賭した「抵抗運動」である。先回りして彼の言葉を置こう。ミシェル・フーコーははっきりと言っていたのだった、神秘主義は、司牧権力に対する「反‐導き」、すなわち「抵抗運動」だったのだと。このことは第七章八四節および九四節で改めて触れる。

順を追って行こう。まず、「神秘主義（mysticism）」という言葉は、一九世紀に作られたものにすぎない。実際この語のフランス語の初出は一八〇四年である。[398] だからハデウエイヒやアヴィラの聖テレジアや十字架の聖ヨハネが自らと自らがなしていることを、この語が指すような意味で「神秘主義」だと思っていたことはありえない。この神秘主義という語は、一六―一七世紀に最盛期を迎えた神秘家たちの運動をモデルとして「捏造」された語であって、ゆえにそこから遡行してそれ以前の時代にも「神秘主義」が発見され、神秘主義はバロック時代にも中世初期にも教父時代にもそれ以前にもあったということになり、「神秘主義の伝統」が「創出」されていくのである。どこにでも見られる「伝統の創出」が、神秘主義においても起こったのだ。それだけではない。このように作られた「神秘主義」概念は、一六世紀と一七世紀のキリスト教神秘主義運動が持っていた「スタイル」を捨象した概念となり、地理的にも遡行して「適用」されていくことになる。そして、東方正教会ばかりかイスラームや仏教にもヒンドゥー教にも、世界のありとあらゆる宗教に「神秘主義」は存在するということになっていく。神秘主義と神秘主義の「体験」は、こうして普遍化されたのだ。

　ここで強調しておかなくてはならないことが二つある。ひとつは、神秘主義は本来「近代」の、少なくとも「近世」の時代の現象であるということだ。それはその時点においてしか、西欧一六―一七世紀という特定の歴史的時空にしか存在しなかった。それは「近代性の閾にあった」「歴史的形象」[399]である。歴史学的にもう少し時代を広くとっても、せいぜい一三世紀から一七世紀までであって、その時空の外にあるものは本来の意味では神秘主義《ミスティック》とは呼び得ない。そして、歴史的に遡行され地理的に拡大適用されていく「捏造」と「普遍化」の作業において珍妙な観念が繁茂し出し、その観念は薄く広まってわれわれの時代にあっても人々の常識めいた固定観念となっていく。その珍妙なる観念とは、それら古今東西を問わずあらゆる「神秘なる体験」「特殊な体験」を持った者は、すべて「同じ」ものを感じ、「同じ」体験をしていたのだ、体験のありやなしやが問題であってその文化の違いは問題ではない、というものだ。スペイン神秘主義研究家鶴岡賀雄はこのような態度を「体験主義」と呼んで厳しく退ける。そのような普遍的な「体験」などありはしない。ある歴史的時空のある特殊な体験の受け取り方が、その言い方が、それをめぐる書き方と生き方の「文体《スタイル》」が問題なのだ。もしそのような

「普遍的」な体験が存在して、それを得さえすれば神秘に到達できるなどという俗っぽい考え方が罷り通るならば、その「体験」は脳内物質のなせるわざであって、激しい身体運動を伴う「修行」や麻薬を使用すればそのような「境地」に到達できるなどという噴飯ものの駄弁が撒き散らされることにもなる。二〇世紀にあって不可能と知りつつ一六世紀―一七世紀神秘家たちに回帰せんとしたジョルジュ・バタイユが、このような知見など知りようもない立場にあったにもかかわらず、「外在的な諸手段を放棄せねばならぬ」と断じ、強い口調でヨガや身体技法にのめり込む人々を嘲弄し、自分が体験を得たときは素面だった、酒すら一滴も飲んでいなかったと繰り返していたのは、彼の烱眼を示すものだと言えるだろう。[400] こうした身体技法や薬物に頼るものは、神秘主義ではない。それはただの剰余享楽にすぎない。このような剰余享楽を中心に据えてそれを餌にする宗教は、宗教ではない。そのような輩たちこそ、正しく原理主義的カルトと呼ぶべきだろう。ラカンは言っていたではないか、これは「それ以上」のものだと。もちろん彼女たちも禁欲や苦行の類のことを行わないわけではない。だが、もし神秘主義がこうした薬物や身体技法による作用に還元できるものだったとしたら、薬物を自由に処方できる医師の国家資格を持ち精神病院の勤務経験があったラカンが、つまりその意志さえあれば強い麻酔や睡眠薬や精神安定剤を、麻薬に分類されうるものですら自在に投与できる権限を持っていた彼が、なぜいまさら神秘主義に注目しなければならないのか全くわからなくなる。

では、神秘家の、「彼女たち」の体験とはどういうものなのか。そこにあるのは、あのわれわれが偏見がそう思わせるような「めくるめく光に満ちた強烈な体験」「炸裂」だけではない。現実界との遭遇は、「小さな物音」だと、ラカンも言っていたではないか。自らも体験を持っていたあの謙抑の人セルトーはこう語っている。「小鳥の唄が、自らの天命を知らせる。ひとつのことばが、心を貫く。ある光景が、生を転回させる……『それはそこにあった』」[401]。そしてそれを口やかましく喧伝し、自らの体験を特権視し、自らの絶対化をそこから導き出そうとする者は神秘家ではない。「神秘家の羞《はじ》らい（pudeur）」。チェスの愛好者ならば、チェスの守護聖人でもあるアヴィラの聖テレジアの、あの美しいチェスの比喩を用いた説教を覚えているだろう。そこに横溢している、王たる神をも清楚な物腰で籠絡する女王の駒の比喩の「羞らい」「謙譲」をすぐに思い出せるだろう。そう、彼らは自らの体験を「相対化」してみせもするのだ。セルトーは言う、「制度にかなった確信であろうと、例外的な確信であろうと、確信を相対化することによってこそ、彼女たちは全き神秘家の伝統の貞潔さを持つことになる」[402]。十字架の聖ヨハネとアヴィラの聖テレジア、スペイン神秘主義を代表する「彼女たち」は異口同音に繰り返す。「神秘的体験の特徴は、途方もなく驚くべきこと（l'extraordinaire）ということではありません」。「そうではなく、それはその瞬間ひとつひとつを、他の瞬間ひとつひとつと取り持ちつづけること、あたかもある語が他の語と関係を持つようにそうすること、その関係（rapport）なのです」[403]と。あの瞬間を、おもむろにこの瞬間と語り合わせること。この小鳥の唄と、あの海に沈む日輪の光とを。この冬の黄昏の空に走った閃光と、あの夏の陽光の眩しさのなかの不穏な静けさとを。森の道のなかで低く数度だけ鳴ったあの物音と、何故かも知れず不意に零れ落ちたこの涙とを。それらを繋ぎ合わせ、静かに絡み合わせていく、この長い長い営み。それはある種の時空のなかにあり、歴史的なものである。ゆえにそれはさまざまな他者との共同性のなかの過ぎ行く四季のなかにあり、具体的な人々、他人との交流の生の営みのなかにある。体験は一瞬のものではないのだ。その体験は、修道院や教会のみならずそれをも超えた人々との日々の語らいと、それに取り囲まれたある日々のなかにある。体験のあと、生は変わる。そして次の体験を待ち焦がれもする。それについて語り合い、ものを書く。詩を書く。体験は来ない。長く恐ろしい不毛の感覚が襲い、しかしそれを仲間とともに耐えて行く、そうしたある厚みと長さをもった時間と共同性のなかに、生を変革し、その方向を向き換える体験は静かに滲んでいくものなのだ。あの軋み、あの音、あの小さな声。それは静かに拡散して、生を覆っていく。自分の生だけではなく、この具体的な他者たちの生をも。「生の文体」がそこに浮上していく。

しかし、この神秘主義、一六—一七世紀神秘主義はある特殊な体験の受け取り方をする。その体験は、神の訪《おとな》いとなるのだ。雅歌にあるように、彼は髪を雨でしとどに濡らせたままに、「妹よ、この戸を開けておくれ」と囁く。その囁く声を聞き取ること。「小さな物音」。そう、この神秘主義は、恋である。「神の身体のエロティック」[404]である。一三世紀から宮廷愛によって練り上げられてきた洗練を極めた恋の語彙やイメージが、ここに継承されていく。ただし反転された形で。絶対的な彼方にあって到達不能なのは、貴婦人ではない。「斜線を引かれた大他者」であり、エコーのような神である。だから、当然、その訪いを受ける者は、「すべてではない」女性である。「私が－すべてではない－女性に－なる」出来事。いわゆる「婚姻神秘主義」と歴史学上呼ばれるこの神秘主義は、神と恋をするのだ。鶴岡氏の論文から、十字架の聖ヨハネの詩の一節を引こう。「そこには岩穴がいくつもあるの。そこにいっしょに行ってみましょう。／そこは誰からも隠された場所。／だからそこに、ふたりで入っていきましょう。／そして石榴のお酒をいっしょに飲みましょう」。生物学的に十字架の聖ヨハネが男性だなどということは一体にどうでもよろしい。彼はここで、「すべてではない」ひとりの女性である。神と恋をする一人の女性である。ラカンも彼の名を出したときに、生真面目に、しかし多少茶目っ気を感じさせる口調でこう言っていたのだった。「彼のファルスなどについては語りますまい[405]」。そして、無論、「彼女たち」は、神と褥を共にすることにもなる。これは恋だ、何の不思議があるだろう。しかし、と読者は考えるかもしれない。神と恋をする——ここには奇妙な無神論の観念がありはすまいか、と。神が「花婿」であり、神秘家は「花嫁」であり、手を取り合って森のなかで逢い引きをして、石榴の美酒を飲んだりする——それが神だろうか。そう、ラカンも同じセミネールで語っていたのだった、「面白いのは、明らかに無神論というのは聖職者によってしか担えないということです。

……かわいそうなヴォルテール」[406]と。ここに何か、驚くべきことがあるだろうか。あのジル・ドゥルーズすら言っていたではないか、「無神論は決して宗教の外部にあったためしがないのです。無神論、これこそ宗教に働きかける芸術家の可能態＝力（puissance-artiste）なのです。神とともにあってこそ、すべては許されるのです」[407]と。そう、ここには奇妙に穏やかな無神論がある。あの資本主義の享楽の平穏さではなく、無限に不穏な神との恋の、無限に異様な穏やかさがここにあるのだ。

第二五節　書く享楽――果敢なる破綻、ララング

そして、それよりも極めて重要な問題がある。もちろん、これらの体験、恋の体験は、「語れない（indicible）」。それ自体は「ことばではない」。だが、鶴岡氏が神秘家のテクストの精読を重ねた上、セルトーの初期論文から引用するのは「言説のむなしさは言葉《パロール》の現前である」ということだ。「言語はしたがって経験の外からの闖入物ではない。沈黙は言語の彼方にあるのではない。それは言語のただなかにある。それは言語の真理である。言い得ないものは言われたもののなかにある」。若きセルトーはこうまで言うのだ、「この言説自体が、当の体験そのものだった」と。そして鶴岡氏は言う。「神秘体験は言語と不可分である」。なぜなら、神秘家とは「書く者」のことだからだ。書かない神秘家など存在しない。彼女たちは書く。彼女たちは詩を書き、註釈を書く。恋文を。

この恋は、書くことに駆り立てる。「愛される身体は、書くことに取りつく」[408]。そう、ラカンはここで急に混乱を来し出す。ラカン自身は気づいていない、いやあるいは気づいていないふりをしていることが、ここで露わになっている。女性＝大他者の享楽は、象徴界の「外に‐ある」ものだった。言葉にならないはずのものだった。シニフィアンには関係がないもののはずだった。それは想像界と現実界が重なる場所、イメージには辛うじてなるが言語にするのは不可能な場所のはずだった。しかもラカン自身言っていたではないか。「恋文」と。「詩」と。「勇気」と。女性の享楽は、神と恋をし、神に抱かれ、それをめぐって書く享楽である。恋文を書く享楽、神の恋文に遭遇する享楽。神に抱かれ、神の文字が聖痕として自らの身体に書き込まれる享楽、そしてまたそれについて書く享楽。書く享楽。ラカン理論が破綻する一点、そしてラカンが「女に‐なろうとする」一点だ。ラカンは言っていた。詩の場所、隠喩の場所、「閃光」の場所は、現実界の外にある「意味」の場所、象徴界と想像界のあいだにあると。それは、女性の享楽の場所と重ならない。あのトポロジー、あの数学化への意志、そしてそのボロメオの輪は、今ここに穏やかに引きちぎられるのだ――あの老ジャック・ラカンが迷い込んだ精神分析の数学化とは、「すべて」への意志、全体化への意志でなくて何だったというのだろうか。

　しかし、「すべてではない」彼女たちは書く。一六―一七世紀の大神秘家たちの詩や文言を、「詩人の閃光」「隠喩」と関係ないとすることは、どう考えても出来ない。彼女たちは、詩を、恋人への称賛（louange）を書いたのだから。そして、ラカンも自らの著作をおずおずとその列に加えようともしたのだった。そのことはすでに見た。「女に－なる－ラカン」。ジャック・ラカンの蛇行する論旨のなかで、すぐに消えていったかのようである老嬢ジャクリーヌ・ラカン。「彼女」は、しかし一瞬だけは現れた。だが、問題は残る。詩人の意味の場所と、女性の享楽の場所は別にある。象徴界の外にある。その女性たちが、これ以上ない言葉の使い手、詩人だったというのだ。ついに、言葉が、言葉の外へと滲み出す、その瞬間にわれわれは立ち会っている。ジャック・ラカンの混迷の極と同時に、ジャクリーヌ・ラカンの出現と即座の失跡と共に。

もう、無理な話なのだ。もうやめよう。一切やめよう。言語の外があって、語れないものがあって、それをめぐってわれわれは恐怖したり憧れたりするのだなどと言うことは。下品な話なのだ。言語に唯一の穴が空いているなどと言うことは。そこに俗っぽい意味での「神秘」を見出すなどということは。「言葉にならないものがある」などと嬉々として言う、そんな中学生なみのことを何時まで繰り返していれば気が済むのか。それを批判して、一回一回のコミュニケーションにおいて言語は「創発」されるなどという考え方も退屈極まる。そうではない。そうではありえない。別の享楽がある。だから、別の言葉があるのだ。オルテガ・イ・ガセーはこう言っていた。「神秘家は、恐るべき『ことばの使い手』である」と。[409]

しかし、それはどんな言葉なのか。「見えるが見えない、語れるが語れない」「パラドックス」を孕む出来事だが、[410] 対象aとは何の関係もない出来事を語る言葉とは。セルトーは、はっきりとそれを「ひとつの言語の統辞法や語彙と理解してはならない」[411] と言う。それはイメージであり、音であり、嗅覚であり、眺めである。さまざまな制度や教義の布置である。聖痕であり、傷であり、腫れであり、熱であり、ささくれであり、涙であり、病である。異言であり、呻きであり、祈りであり、叫びであり、歌である。詩であり、本であり、註解である。それをもって、彼女はこう言う。「わたしたち」と。念を押しておく。神秘体験は、融合ではない。彼女たちが語る「人と神との合一」とは、神に溶け込んで「ひとつになる」ことでは全然ない。[412] 何度も言う。全体としての一になることを、つまり「ひとつになる」ことを欲望するファルス的享楽や、それを断念する剰余享楽は、もはや一切問題になっていない。彼女たちの欲望すること、それは神と「わたしたち」と言うことである。確かに異様な話なのだ、これは。われわれが論じてきた理路によれば、「おまえはわたしの妻だ」を可能にする、つまり「わたしたち」を何らか可能にする立言は、大他者において保証されてこそ有効なものになるはずだった。しかし、大他者には大他者がいない。大他者は小さく惨めなエコーにすぎなかった。この大他者をかたわらに座らせて、彼女は言うのだ。「わたしたち二人は」と。われわれが辿ってきた「保証の無さ」など問題にならないほどの致命的な「保証の無さ」だ。だから、彼女たちは自らを指して言うのだ、「迷い子」「流離い人《ヴァガボンド》」「幸福な難破[413]」と。しかし、朗らかにすら彼女たちはそれを言い放ってみせる。「わたしたち」を作り出す、詩の言葉。「われわれ」を創出する、叫び。祈り。傷。

この言葉。恋文の言葉。いままでラカンが語ってきた言葉から奇妙に逸れていく「すべてではない」女性の言葉。この熱を受けて、ラカンの言語観も大きく窯変していく。「恋文」について語った以上、ラカンは「ララング」「リチュラテール」と語り出さずにはいられなかった。これを簡単に見ていくことにしよう。

「ララング」とは「言語《ラング》」を捩《もじ》って作り出された用語だが、彼はこれをまさに『アンコール』で「恋文」と結びつけて語っており、さらに後年にははっきりと、ララングが解体したあと、「この女性たちの集まりが、ララングを産み出すのです」[414]と言っている。これは、要するに「象徴界には属さないことば」なのだ。それは言語学の外にある言葉、客観的な対象になりようもない言葉だ。トレ・ユネールとは「関係ない」言葉だ。「すべてではない‐女に‐なろうとする」ラカンは、ここで構造主義言語学と決定的に訣別する。しかし、象徴界でもなく、言語学的でもない言葉とはどういう言葉だろうか。それはつまりそれ自身に自己同一的ではなく、一貫した等質性をもたず、語彙や文や命題などのクラス分けから滲み出る言葉であり、文法や統辞法の枠組みからも漏れ出る言葉であり、「国語」としての統一体をも形成しない言葉だ。象徴界のシニフィアンも、ソシュールのシニフィアンも、言語は差異しかもたない純粋な形式であり、ある実質を持つことなどないものだった[415]。しかし、ララング、この神に恋する女性の言葉は、ある実質を持つ。祈りの叫びであり、恋の溜め息であり、聖痕のくすみであり、詩の言葉を選ぶ一瞬のためらいである。恋文としての言語、愛の文字としての言語。こう言おう。言語とは言語ではない。言語は形式化されない。同一性を持たない。それは何か熱を持ち、匂いを放ち、汗ばみ、重ったるく、何か不透明な鈍さを持つ何かである。それはときに掠れ、淀み、濁り、そしてあざやかに放たれる。

傍証として、再び中井久夫を引こう。神秘家が神の訪いを受けずに苦しむ「乾燥＝貧窮《アリディティ》」を例に挙げながら、作家の創造について論じている素晴らしい試論がある。そのなかで、彼は文体についてこう語っている。「歴史的重層性だけでもない。均整とその破れ、調和とその超出だけでもない。言語の喚起するイメージであり、音の聴覚的快感だけではない。文字面の美であり、音の喚起する色彩であり、発声筋の、口腔粘膜の感覚であり、その他、その他である」[416]と。言語を形式化した構造主義は既存のテクストの分析に優れたが、第一級の文学を生産できなかった、ラカンが無意識を象徴界としてだけ理解していたことが惜しまれる——と彼が同じ論文で指弾していることとあわせて、われわれの理路に叶うものであろう。無論、中井氏が理解しているラカンは初期の彼でしかないが、構造主義が、ヴァレリーの翻訳者たる彼が言うところの「第一級の文学」を欠いていると言うのは完全に正しい。

そう、構造主義言語学は間違っている。さらに言語を形式化して扱うすべての言語学は間違っている。言語は形式ではない。口ずさまれる詩の言葉の色彩であり、文体の奇妙な軋みであり、一文のなかに置かれた言葉の匂いが発する齟齬であり、声のトーンであり、訛りであり、口籠もりであり、吃音であり、間であり、発すると同時に採られる挙措であり、言葉が放たれると同時に吊り上げられる片眉であり見開かれる瞳であり、その奇妙にテンポを失ったリズムであり、言い損ないであり、駄洒落であり、吐息であり、話の接ぎ穂であり、その言葉の色であり、口腔の感覚であり、八重歯に当たる舌先であり、声ならぬ音であり、軋みであり、歯ぎしりであり、あえかな口臭であり、涎の微かな匂いであり、唇の端につい浮かんだ泡であり、痙攣的に歪められる唇であり、その唇にひく糸をすすり込む音であり、筆先に込められた力であり、その力の圧迫で白くなった指先であり、拭いがたい筆跡の癖であり、繰り返される幾つかの文句であり、使ってみたいと思いながらもどうも自分の文章に上手く嵌め込めない語彙の歪みであり、新しいインクの匂いと爪のあいだに入り込んだその染みであり、万年筆の書き味によって揺れる文章の流れであり、モニタに映し出されるフォントの好悪であり、あるいは愛用のキーボードの上で踊る変則的な指遣いであり、そのカタカタと調子外れのリズムを刻む音ですらある。だから、言語とは文体である。語り‐口である。書き‐方である。言語は言語ではない。言語とは、「言語とは何か」というそれもまた言語で発されるしかない無粋な問いの「何か」にならない何かなのだ。言語は、言語の外を含み、言語の外においてこそ言語たる。何度も言うようだが、言語に――形式化の果てにであろうと何だろうと――穴が空いていてという幼稚な話ではない。言語は言語ではないものに滲み、言語は自らの身体に溶け出した言語の外を含む。言語は、滲んで溶ける水溶性の染みでできた、斑の身体を持つのだ。「すべてではない」女性の恋文の言葉は、「わたしたち」と神に囁きかける「ララング」は。

そして、ラカンは「リチュラテール」で、先程の混乱の極みに相応しく、滲みに滲んだなにものかとして「書く」ことを提出せざるを得なくなる。「ララング」をめぐる論旨と違って、これは読むに耐えないものになっていると私は思う。ここにいるのはジャックだ。ジャクリーヌではない。彼はこのリチュラテール（lituraterre）という、一見して「文学（littérature）」の語呂合わせと知れる語を提起し、ジョイスがletter（文字）からlitter（屑）へ意味を重ねたことを手本にして、これに次々と意味を「塗り重ね」ていく。「塗る」「擦りつける」の意味を持つlino、「塗料」「塗り付けるもの」「液体を塗って行う修正、抹消、しみ」の意味を持つlitura、あるいは塗るという、だが海岸を意味する単語と同じ綴りのlitusを。[417] 彼は自ら手紙＝文字（lettre）をシニフィアンと同じものとしていた「『盗まれた手紙』のセミネール」を否定するような所作を取りながら、「文字（lettre）とは、……沿岸的（littorale）なものではないだろうか」[418]と問いかける。いまだに穴を埋める文字という理解に固執し、文字はシニフィアンに優越するものだとは思わないと、おそらくはジャック・デリダの批判を気にした素振りも見せながら、晦渋極まりない言い口でたどり着く最後の結論は、「沿岸的なものという状況だけが決定的であり」「文学はこの沿岸的なもののまわりを回るのだ」ということである。[419] それ以前に存在するあらゆる痕跡を消去しようとすることが陸地であり、文字的なものである。

沿岸的なものは、その手前にある。そして、どうしようもなく混迷したまま沿岸を彷徨うラカンは、まったく自分の言ってきたことと矛盾し、しかも新しい展開など望めないことを繰り返している。そこではシニフィアンもシニフィエも現実界も、全面的に溶け出して「雨」のように降り注ぎ、それが地面に「溝」を穿っていく――それを逐一追うことはすまい。しかし、日本は沿岸的だったとか日本旅行で現実界を感じたとか日本のカリグラフィー（書道）は凄い、西洋人にはわからない沿岸的なものがあるなどと言い出すに至っては、いい加減にしろ、と、少なくとも日本語圏に住まう者の一人としては一喝する権利があるだろう。[420]

話が逸れた。要するに、われわれはこの「恋の言葉」を前にして、ラカンが自らの言語に対する態度を根本的に変容させざるを得なかったことが指摘できればよい。われわれは「彼女たち」の享楽に戻ろう。

第二六節　「性的関係は、存在する」――概念・妊娠・闘争

彼女の、彼女たちの、大他者の享楽。「別の言葉」の享楽。しかし、まだよくわからないことがある。ラカンは現実界の穴を「性的関係は存在しない」ことだと言っていたのだった。そして、現実界に重なっている箇所である以上、この女性の享楽＝大他者の享楽にも、要するに「性的関係は存在しない」のではないか。恋と。しかし、神と交わ

るなどということが、本当に可能だったのか。その不可能性をめぐるという点では、この「恋文」「ララング」も、たとえば対象aと似たようなものではないのか。

そうではない。彼女たちは、神の恋人である。神と褥を共にする恋人である。これがどういう意味を持つか、考えてみればよい。宗教思想史上の知見に属することだが、キリスト教において人間が到達できる最高の境地、「完徳」の姿とは、誰の姿だろうか。キリストではない。キリストは神であって、人が目指すべきものではない。それは誰か。マリアである。少なくとも西方キリスト教徒である「すべてではない女性」が根本的に願うこと、それは「神の女となり」「神に抱かれ」「神を産むこと」なのだ。神学文献でははっきりと大文字の「御言葉（Verbe）」と同義とされる、イエス・キリストを産むこと。神に抱かれ、言葉であるイエス・キリストを産むこと。確認しておく。キリスト教の世界を、その共同体の全体を、「キリスト教共同体《コルプス》（corpus Christianum）」と呼ぶ。これはヨーロッパ大に広がる「キリストの身体《コルプス》（corpus christi）」そのものであるとされる。無論、これはいわゆるわれわれが考えるような内面的な信仰を持ち自発的に結社される「宗教的共同体」「カルト」ではない。それはまさしく「精神的かつ政治的な共同体《コルプス》（corpus morale et politicum）」であり、政治的社会をも包括する「世界」そのものであった。

繰り返す。神の女となり、神に抱かれ、御言葉である神の子を産むこと。つまり「世界」を産むこと。これが「女性の享楽＝大他者の享楽」の極点である。「性的関係は、存在する」。そう、「性的関係は存在しない」とは、この世界にはマリアがいない、だからキリストが現れないという以外の意味ではない。ある社会が、ある政治体が、ある「世界」が、新しく産み出されない。だから、「性的関係は存在しない」のだ。もっと言おう。「性的関係は存在しない」だから、真の革命は起こらない。ひとつの世界が、ひとつの社会が、新しく生れることはない。「性的関係は存在しない」をめぐって繰り広げられるしかないファルスの享楽と剰余享楽においては、革命は起こらない。そのためにこそ、それは享楽を調整していたのだ。殺し近親姦を犯す享楽でもない、享楽のレギユレータに取り込まれる享楽でもない享楽、それはこの女性＝大他者の享楽以外にはない。彼女たちがどうして書くことに固執したのかも、ここで明らかになる。神秘家はマリアを反復しようとするのだ。産み出されるもの、それは恋文である。愛の文字であり、愛の証である。そう、キリストは受肉した「御言葉（Verbe）」である。そして「概念（concept）」はそもそも「受胎されたもの、孕まれたもの（conceptus）」という意味であり、「マリアの妊娠」はconceptio Mariaeである。ゆえに、キリストはマリアの概念化（conceptio）によって産み出された概念（conceptus）である。そしてそれは、その概念の身体は、新しい世界である。[421] この「概念＝妊娠」の問題系は、無下にして良いものではない。たとえば、ジル・ドゥルーズが、「書くこと」と「女に-なること」の連関を強調しながら「書く理由のなかで最良のもの、それは男であるということの恥ずかしさではないだろうか」と反問し、哲学とは概念の創造であると定義した上に、私もいろいろな哲学者と交わることによって、奇妙な子どもを次々と作り出してきたのだ、と語っていたことは、要するにこのことなのだ[422]。また、フリードリヒ・ニーチェが一生涯の著作のさまざまな箇所で書くことを「妊娠」や「懐妊の深い沈黙」と結びつけたのも偶然ではない。当然のことだが、ツァラトゥストラは超人ではなく、「超人が産まれて来ることを待つ者」である。そして、その最終章は、ある予感に泣き濡れるツァラトゥストラの科白で締めくくられていたのだった――その予感の科白とは、こうだ。「私の子どもたちが来る、私の子どもたちが[423]」。

書くこと。ピエール・ルジャンドルが言うように、「社会とはテクストである[424]」。ならば、書くことは、社会を織り上げ、紡ぎ直すこと、そしてその究極の一点においては「産み出すこと」以外のことではない。神の女となり、産まれるもの。それがこの「恋文」だった。だから彼女たちは書くことをやめない。それが真の概念になるまで、真の神の子を産み出すことになるまで、それをやめられる訳がないのだ。すでにラカンが「書かれないことをやめないこと[425]」と定義したあの「不可能性」は破られている。恋文を書きつらねる日々の営みを通じて、意味を、概念を、そして社会を産み出そうとすること。テクストを書き‐換えること、テクストを分娩すること。これが神秘家の企てであり、「すべてではない」女性の享楽なのだ。それを目指さない「書かれたもの（エクリ）」は、恋文ではない。意味もない、概念もない、「閃光」もない、これらの書物たち。それはファルス的享楽と剰余享楽についての情報が盛られたパッケージにすぎない。そう、ラカンの矛盾を逆に引き受けてもいい。象徴界と想像界の真中にある意味の領野にあっても、「詩がまずいものになると」意味は産み出されることがないのです、とラカンは念を押していたのだった。そう、それもまた仕方のないことかもしれない。誰が、社会を産み出すことができるかもしれない、という「謎めいた狂気」に取り憑かれた「恋する女性」として書くだろうか。しかも、「この俺」が書くのだなどというファルス的享楽や、「趣味的」に「快楽として」書くなどという剰余享楽に捕らえられることなくそれをすること、それ以外の文体において書くなどということが、果たして可能なのか。

危うい企てだ。ある人は、なんと夢想的なとも言うかもしれない。そう、どんな意味においてもこれは危うい企てなのだ。どんな社会にもテクストの序列があり、反してはならないテクストが存在する。それに一部は依拠しつつ、しかし自らの体験を梃に、「別の仕方で」恋文を書き募ること――こうして、彼女たちは異端の嫌疑をかけられることになる。実際神秘家のなかで、異端審問にかかって火炙りになった者は少なくない。アヴィラの聖テレジアですらも陰に陽に圧迫を受けては一生涯猜疑の眼差しに曝され続け、十字架の聖ヨハネに至っては二度にわたって反対派に拉致監禁すらされていることを、われわれは忘れるべきではない。ある制度のなかでその地位を手厚く保証され体験に酔うことを許されたさまざまな文化の賢者は、神秘家ではない。そう、ラカンも言っていたし、セルトーも言っていた。彼らは政治的であると。当然だ、彼女たちが新たに産み落とそうとするテクスト＝御言葉＝概念は、「キリストの身体《コルプス》（corpus christi）」であり、ゆえにそれは「精神的かつ政治的な共同体《コルプス》（corpus morale et politicum）」と同義なのだから。神に抱かれ、神と「いっしょに」恋文を、「わたしたち」の言葉を産み出そうとすることは、そのままあるコルプスを、政治社会を産み出そうとすることである。彼女たちは、ある歴史的時点で、ある戦いの轟きを響かせたのだ。だからすでに言っておいたのだ、「死を賭けた抵抗運動」と。しかし、このような力んだ、青臭い言い方は彼女たちの含羞に叶うまい。あたりまえの話なのだ、神への恋文を、死に狂いになって書くなどということは。死の煽りから遥か遠い場所にある、異様な穏やかさ、不穏な静けさのなかでしか、それはなされない。死という絶対的主人への恐怖、性的関係の不可能などという「男臭い」話は、彼女たちにとっては端から関係のない話なのだ。しかし、それでも。

第二七節　精神分析の歴史的臨界──「過渡の形象」

潰えた企てだったのだ。彼女たちは流産した。彼女たちの恋とその恋文は、時間の経過のなかでその戦いの轟きを馴化され、古い権力の公認するところとなった。彼女たちは死後、聖人となっていった。時はすでに一七世紀、新たな権力の小役人たち、心理学者たちは、彼女たちの恋文に蟻のようにたかっていく。そしてそこに典型的な神経症や分裂病を見出すことになるだろう。もし「神の女となった」「神に抱かれた」と口にし続けた分裂病者シュレーバー議長が一六―一七世紀に産まれていたら――などと口にすることは、益体もないことであるにせよ。

彼女たちのテクストは、古き聖典を携えた教会の司牧権力と、新たな統治性の形式という武器を創案しつつあった世俗国家とに、[426] 同時に戦いを挑むものだった。古きものと、新しいものとに、同時に否を言うものだった。この恋は、戦いだった。彼女たちのテクストは素晴らしいものも多くある。神学文献のなかで、あるいはスペイン詩のなかでも最も美しいものと、今でも彼女たちの恋文に対する賛辞は絶えることがない。その燃え上がる語、その流麗なる隠喩、薫り高い寓意、その羞らいの清楚な姿。しかし、それは歴史の闇に溶け出し、教会権力と世俗国家のあいだで押し潰され、歴史の過渡期のなかの一瞬の閃光として消えて行った。一瞬で異端を宣告され焼き殺される時代から、一瞬で分裂病者と宣告され精神病院に幽閉される時代へ。そのあいだに開いた、あの空白。長いようで短い二〇〇年、その束の間の蒼穹、その空の青みにおいてのみ、彼女たちは危うく生き延びることができ、そして恋をした。テクストを産んだ。その出自を多く没落貴族に、改宗ユダヤ人に、無学な女性や愚人に、辺境の人々に持っていた彼女たちは、徹底して「別の」「ことのやり方、スタイル」[427] を貫いて見せたのだ。別の恋、新しい恋、新しい革命。だが、事は破れた。分裂病者テレジア、分裂病者ヨハネ。時代は大きく旋回し、彼女たちは病理学的な対象となっていくだろう。彼女たちは、流産したのだ。彼女たちは、失敗したのだ。しかし、誰がそれを嘲弄することができよう。古いものとの古い関係に固執することなく、新しいものとの新しい関係に自失することなく、古いものとの新しい関係を、別の「関係」を、「恋」を——彼女たちは生きたのだから。

事ここに至っても、そのような恋だの恋文だの何の役に立つかとの反問は、さしあたってこの世界に自足する男根主義者のみのものであるだろう。存分に「女の言うことだ《ディ・ファム》」と中傷《ディファム》するといい。「すべてではない」者たちの戦いが、「すべての人」にわかるわけがないのだから。ここで、ラカンの女性の享楽＝大他者の享楽がわかりづらいとすれば、それはわれわれが指摘してきた概念の不均質性と混成性がその極に達しているからだけではない。概念自体が分娩される、ということがそれでも「ありうる」ということ自体の異様な理解のし難さがここにある。だからここにあるのは難解さではない。「困難さ」であり、ある程度は読者の資質の問題である。ゆえに、「女に‐なる‐ラカン」、あのジャクリーヌ・ラカンも、束の間のあいだだけセミネールにその含羞に満ちた表情を見せたまま、消えて行った。それも仕方のないことなのかもしれない。そう、セルトーは、精神分析と神秘主義の類似性について語っていたのだった。[428] それは「過渡の形象」[429]である。中世世界の黄昏、近代世界の曙光の過渡期にいるという意識において第三の道を示そうとした神秘主義と同じく、近代個人主義世界の黄昏のなかにいるという意識にあって——ラカンがコジェーヴの友人であり、その「絶対知における歴史の終焉」の理論に通暁していたことはよく知られる——別の方途を探ろうとした精神分析も、過渡期の、ある空白の時代のなかの形象だったのだ。神秘主義と精神分析は、そのような過渡期のなかにあってその内部から社会的価値を揺さぶり、それを「内破」しようとした企てだった。それらは多くの語彙を共通して持つ。「身体」「無意識」「言葉にならないもの」「欲望の法」「欠如」「愛」「転移」「主体の裂け目」「否定性」そしてそれらへの「解釈」等々。かたやブルジョワ社会に否定的であるにもかかわらず、顧客はほぼブルジョワだった精神分析があり、既存の権威に否定的だったにもかかわらず、やはりそれでもキリスト教の正統教義から離れ切ることはできなかった神秘主義があった。セルトーの以上の言葉に、私は次のように付け加えたいと思う。そして、精神分析も、神秘主義と同じように、遂には失敗するだろう。私は精神分析がそのまま神秘主義のような抵抗運動であり恋の言葉の創出であったとは思わない――恋の狂乱のなかにいたのが神秘家だとすれば、その恋の狂乱を症状と見定め、「治療」するのが精神分析家の役目なのだから。精神分析が失敗しないとすれば、生き延びうるとすれば、それは端的に神秘家のような人々を圧殺する側にいるからというそれだけのことにすぎない。しかし、ラカンは、いやジャクリーヌ・ラカンは――一度は、この「社会が創出される瞬間の享楽」を見せてくれた。それが撒き散らした害毒にもかかわらず、精神分析が何か捨てられないものでありつづけるのは、まさにこの「女性の享楽＝大他者の享楽」が、「社会を産み出し編み直す」享楽が、ファルス的享楽や剰余享楽とは「別にある」ということを克明に示すことができる唯一の理論だったからだ。このことに脅えて目を逸らす精神分析やその応用などに用はない。

最後に。『アンコール』から一年後、晩年の一〇頁ほどのインタヴューで、ラカンは宗教と精神分析について語っている。次々と引用しよう。

精神分析と宗教は、あまり仲がよいとは言えませんね。要するに一方にこれがあれば、もう一方にはこれがあるといった具合なんです。まあ一番その公算が高いんでしょうが、宗教が勝ったら――わたしが話してるのは真の宗教ですよ、真の宗教はひとつしかありません――宗教が勝ったら、それは精神分析が失敗したというとのしるしです。精神分析が失敗するというのは、これはまったく当たり前のことなんです。だって精神分析は非常に困難な何かに取り組んでいるんですからね。

精神分析は宗教には勝てないでしょう、宗教はタフですからね。精神分析は勝てません、生き延びるかそうではないか、です。

精神分析が宗教になるか、ですって？　そうではないことを望みます、少なくともね。でも、精神分析が実際にたぶん宗教になるかもしれない、ということはわかりませんね。それでどうしていけないでしょう？　でも、そこに抜けていく道があるとは思いません。私は精神分析がどんな歴史的時点においてやってきてもよいものだとは思いません。精神分析が歴史上にあらわれたのは、ある重要な一歩、すなわち科学の言説のある進展にかかわってのことなんですよ。

精神分析は、ひとつの症状です……精神分析はね、フロイトがいうところの『文明のなかの不安』の一部なんです。

真の宗教とは、それはローマ的なものです。すべての諸宗教をおなじ袋に詰め込んで、たとえば諸宗教の歴史などというものをやるなんていうのは、本当にひどいことです。真の宗教があります。それはキリスト教です。[430]

ラカンがここで言っている「宗教」が「キリスト教」のことであるということに目を閉ざし、この文言を引いて精神分析は宗教一般を批判するものだと得々として言う者がいるが、それはまず論外としよう。ここではもっと微妙なことが語られている。おそらく、ラカンは気づいている。精神分析がある歴史的時点においてのみ効力を持つ過渡的なものにすぎないということに。そして神秘主義がそうだったように、キリスト教には「勝てない」ものであることに。それについて、彼はここで克明に語っているのだから。ある歴史的時点においてだけ生き延びることを許されうる、「過渡の形象」。精神分析は、そういうものだったのだ。しかし、ここには何かそれ以上の意気阻喪の印象が拭い難い。

神秘家の恋の闘争は、潰えた企てだったとはいえ戦いの轟きそのものであった。それに比べて、精神分析は自らをただの「症状」だと言うのだ。ならばすべての潰えた抵抗の企ては症状にすぎないということになるだろう。神秘家も。そればかりか、変革を目指して新たな文体を書こうとする行為すら。診断をこととする精神分析らしいことだ。「彼ら」は自らをすら症状だと診断してみせる。それが自らの鋭敏さ聡明さの証であるかのように。しかし、そのようなことが一体何を産み出すというのだろうか。そのような解釈が何の役に立つのだろう。神秘家たちが、自分たちのやっていることは症状なのですなどという、アイロニカルな教師然としたことを嬉々として言うなどということをしただろうか。そしてすべての偉大な詩人が、作家が、革命家が、定礎的な法の草案を書いた法学者たちが。

まだある。事も無げに真の宗教はキリスト教だけだと言い放つ彼の姿に、われわれは何か閉じられた、息苦しいものを感じざるを得ない。神秘家たち、この古き教会の司牧権力と新しい世俗国家の統治性に挟撃されていた「彼女たち」が、同じ科白を言うのとは訳が違う。彼は二〇世紀に、彼女たちとは違う過渡期にいる。そのことにラカンが気づいていないわけはないというのに。斟酌しようのない、しかし真意を問う意志もすでに萎えさせるような息苦しさが、このインタヴューの文言には充満している。

もうよい。もうよいのだ。ラカンは十分に勇敢だった。彼はすべてではない女性であろうとして、束の間のあいだとは言えそれを試したのだから。ラカンの勇気、それを認めよう。しかし、われわれにとって、この息苦しい空気はすでに耐え難い。天窓を押し開くことにしよう。そのために論じなくてはならないのは、死、である。

括弧《パランテーズ》　表象と死体――ハイデガー・ブランショ・ギンズブルグ

第二八節　死、死、死――ハイデガーとラカン、死の真理

死、死だ。われわれはラカンの理路を横断してきた。その途上でいつも遭遇してきたのだった。「死の筆触」に、「死のイメージ」に、「死の影」に。ラカン理論にある「すべて」が、何か死の匂いを拭いされないものだった。死から吹いてくる凍てつく風、それは死体の腐臭に重なっていく。いつもそこにあらわれるものは、何かが欠けていて、どこか死んでいて、凝結していた。そこにいるのはいつも「自動人形」であり、存在の「鬱積」だった。ファルスすら、どこか死んでいるものだった。何か欠けた器官としてだけその享楽を全うするものだった。そこから漏れ出てくる対象aもはっきりと「死んでいる」ものだった。想像界も死、象徴界も死、現実界も死。死、死、死。精神分析はニヒリズムの究極の一形態ではないのか――そう、すでに語った。しかし、それが精神分析に限ったことだろうか。人は死ぬ。死にうる。「すべての」人に当てはまる唯一の

真理、唯一の事実があるとすれば、それは「死ぬ」ということだ。「すべての」人が死ぬ。「すべて」とは「死」のことなのだ。すべての人は死ぬ。これを書いている私も、これを読んでいるあなたも。「人は死ぬ、必ず死ぬ、絶対死ぬ、死は避けられない」。「人は死ぬ、必ず死ぬ、絶対死ぬ、死は避けられない」。この科白が、麻原彰晃の言葉でもあることを思い出そう。[431] 死への、死の恐怖への煽り。いつ死ぬかもしれない、しかし死ぬことだけは真理であり、事実であり、誰もが死ぬ。だから——。この「だから」の後にどういう文句が来るのか、それは場合による。しかしこのような「死の煽り」が、「死を忘却すること」とひとつの連結をなして、時には惨事をも招いてきた。そしてわれわれの日々も、この死の忘却と死の煽りのなかにある。死の恐怖に取りつかれ、そこから目を逸らし、そして逃避した先にある享楽のなかにも仄かにまた死の香りを嗅ぐのだ。「すべての」人は死ぬ。これが「真理」だ。死には逆らえない。ラカンが言っていたように「死、この絶対的主人」[432] の奴隷として、僅かな享楽に縋り、その余りものの享楽を啜って死を待つしか術はない。死こそが、死だけが、絶対的な真理であり絶対的な王なのだ。他のすべての可能性を不可能にする可能性としての死。この乾ききった自明性をもとに、世界のすべては巡っている。おまえは死ぬ。そして私も。誰も逃れられない。誰にも否定できない。

長く、哲学史でも、死は主体のなかにあって軸をなすものだった。ヘーゲルやニーチェ、そしてハイデガーに至るまで、自分が死にうる、ということが「精神の生」をより強めるものだと語りつづけられてきた。ここではハイデガーの言葉を引こう。『存在と時間』の第二編第一章、「現存在の可能的な全体存在と、死へ臨む存在」の分析である。誰だってひとが死ぬことは知っている。自分もそのうちの一人だということだって知っている。日常の日々のなかで、しかしそれを凝視したりするだろうか。引用しよう。

> 日常的な相互存在の公開性は、死のことを、たえず発生する災難として、「死亡例」として「承知している」。あれこれの近親者や遠戚の人が「死ぬ」。未見の人びとならば、毎日、毎時間、「死んでいく」。「死」は、世界の内部で起こる当たり前の出来事である。かようなものとして、それは日常的に接するものごとの特色をなす目立たなさのうちにとどまっている。そして世間はまた、この出来事にそなえて、すでにひとつの解釈を用意している。死について口にだして、あるいはたいていは言葉をはばかるようにして、世間が「漏らす」語の趣旨は、《ひとはいつかはきっと死ぬ、しかし当分は、自分の番ではない》ということなのである[433]。

　そう、この直後で彼が続けるように「《ひとは死ぬ》という話し方は、死はいわば世間の人の身の上におけるひとごとだという意見をひろめる」[434]。そりゃあ人は死ぬだろう、そういうものさ——そして、われわれは日常に戻っていくのだ。こうして、われわれは「死はいかなる瞬間にも可能であるということを、覆い隠してしまう」[435]。

これが、ハイデガーの言う「非本来的な」現存在のあり方である。違う、とハイデガーは声を張り上げる。「おまえは死ぬのだ」。死は、「この私」に起こる。どころか、死は、死だけは、「この私」固有のものなのだ。彼は言う。

死は、現存在自身のもっとも固有な［ひとごとでない、(eigenste)］可能性である。この可能性へ臨む存在は、そこで現存在の存在そのものが賭けられているような、現存在自身の固有の［ひとごとでない］存在可能を現存在に開示するのだ。その存在のなかで、現存在には、自分がおのれ自身に際立った可能性において世間から絶縁されていることが露わになりうる。[436]

死は各自の現存在にただ漠然と「属している」だけのものではない。死は現存在を個別的現存在として呼び立てるのである。先駆のなかで了解される死の係累のなさは、現存在をおのれ自身に孤独化させる。この孤独化は、実存にむかって「現」が開示されるありさまである。そこは、ひとごとではない自己の存在可能性が賭けられているときには、われわれが配慮しているものごとのもとでの存在や、ほかの人びととの共同存在が、すべてものを言わなくなるということを露わにするのである。現存在が本来的におのれ自身として存在しうるのは、みずからおのれをかくあるように可能ならしめることによるのである。[437]

おまえは死ぬ。死ぬのは「君自身」だ。いつか、その「私」は死ぬ。「私」が死ぬことだけは、誰に代わってもらうこともできない「固有」の、ひとごとではない出来事なのだ。死において、一人おまえは孤独に「世間から絶縁」され「ほかの人々との共同存在」からまったく途絶されて、死ぬ。[438] しかし、それこそみずからが、「本来的におのれ自身として存在しうる」「可能性」そのものなのだとすれば。

　誰が誰だっていい、誰が誰とでも取替えが利く。換喩的な欲望を煽るものを備えているのなら誰でもいい。このような享楽の調整器にかかったこの世界で、私は何が私であるのかを失っていた。「わたしはこれだ」の「これ」は無かった。刈り込まれた大他者の虚ろな答えは「おまえは死ぬ」だった。そのことはすでに述べた。ハイデガーはこれを逆に、積極的に引き受けようとする。どんなに誰が誰とでも取替えが効くこの世界にあっても、私の死だけは、私が引き受けなくてはならない。私の死は、誰のものでもない「この私だけ」のものだ。その可能性、つまり他の可能性すべてを不可能にする唯一の可能性、特権的な「死の可能性」において、われわれは「本来の自己」に回帰しうる。私の死を死ぬのは誰でもいい誰かではない、この私だ。本来の私だ。「ほんとうのわたし」は、死において顕れる。

　これは、ある意味ではとても通俗的な話ではあるのだ。人は死ぬ、人は死ぬときは一人だ。しかし、死の覚悟ができている、いつでも死ねるという肚が据わっているからこそ、日々の生を緊張感を持って生きていけると——そういうことにすぎないのだから。死への凝視による精神の生、死に‐臨む‐存在。そこで「本来性」に回帰する自己。「本当の自分」。だが、本当にそうだろうか。何かおかしくないか。確かにここでは切迫した何かが語られている。誰も否定しがたい犀利な分析だ。ラカンも口にしていたように、確かに死はこうしたものであるに相違ない。しかし、何か奇妙だ。死ぬということは、本当にこういうものだろうか。ここには、彼が見ずに済ませているものがありはしないか。目前にあることを感じ取りつつ、目を逸らしたままに踵を返した何かが。そして彼が踵を返してどこに向かったかは、誰でも知っている。

しかし、この死の真理は否定し難い。誰が、すべての人が死ぬということを否定できるだろう。そしてその「すべて」のなかに自分も、この自分も入っていることを。おまえは死ぬ。私も死ぬ。だから、これを逆転させ「いつでも死ねる」「死ぬことができる」ということを「覚悟」して、日々を生きていくしかない。通俗的との誹りを免れないとしても、「すべての」人はそうしていくしかないのだ——と。だから「すべての人」はこの本来性に回帰せねばならぬ、と。

第二九節　死の非‐真理、〈外〉と〈夜〉

しかし、本当にそうだろうか——人は死ねるのだろうか。モーリス・ブランショは静かに、そして不穏に語りかける。本当に、あなたは死ねるのか。「この私」は死ぬことが「できる」のか。死は真理なのか。自己の真理を開示するものなのか。ブランショは言う。

私は、私自身として死ぬのか、あるいは私は、常に他者として死ぬのではないだろうか。だから、正しくは、私は死なないというべきではないだろうか。私は死ぬことが出来るか。私は死ぬ能力を持っているのか。[439]

人は、自殺を「企てること［投企すること、projeter］」ができない。この見かけだけの企ては、決して当たることのない何ものかに向かって、狙い得ぬ目標に向かって、投ぜられるのだ。また、その結果も、決して、結果とはみなし得ないようなものだ。[440]

それは、不可避だが近づき得ぬ死だ。現在の深淵だ、私がなんの関係も持つことがない、現在なき時だ。私はそれに向かって飛躍することもできない。なぜなら、この死のなかでは、私は死なず、死ぬ能力を失っている。この死のなかではひと（on）が死ぬのだ。死ぬことを止めず、死をなしおえることもできない。[441]

私は決して死ぬことはなく、「ひとが死ぬ」のであり、人は常に自己とは別の者として、中性の水準において、永遠の「それ」の持つ非人称性の水準において死ぬのである。[442]

何を言っているのだろうか。私が、死なないと。死ねない、と。ブランショが、自殺者をモデルに語っていることを見よう。あなたが自殺を企てたとしよう。細心な準備だ。ナイフを、錠剤を、ロープを選び、カレンダーのなかでこの日と見定めて、決行する。掻き切る、飲み下す、あるいは頸を掛けて踏み台を蹴りつける——何でも良い。あなたは死にゆく。さあ、これが私だ。私だけが引き受けられる、私の死であり、私の真理であり、私の人生に私自身が結着をつける雄々しくすらある一瞬だ——しかし、その死への挙措の一撃のもと、様相は一変する。永遠のスローモーションが出現する。そこで、死は消失する。そこで死がなくなって永生が顕れるわけではない。むしろこれは死の出来事の現実としての出現なのだから。しかしこの瞬間にあって、「死ぬ私」自体が消失していく。その死の最中にあって、「固有の私」が溶けていく。灰色の闇のなかに「この私」は投げだされ、その輪郭は薄くひろがって破線となっていく。私は私のものであるはずだった死を無限に手放すことしかできず、死の未完了のなかで、死の永遠の未到来のなかで、消え果てていくだけだ。

もはや話は自殺だけに限らない。どのような死においても、ここで死んでいくのは、

「この私」ではない。「中性」となり、「非人称性」のなかで「死に‐行く」誰かだ。誰かが死ぬ。そこにいるのは、私ではない。そして、その「死」を「この私」は最後まで見届けることができない。その行為の結果は、「結果とはみなし得ない」。「死ぬことを止めず、死をなしおえることもできない」。

そう、行為とは、企て、決行し、そしてその結果を見て終わるものである。しかし、死の行為は、終わらない。自らの死体を見たことがある者はいない。その死体を見て、「よし、私は死んだ」などと言って行為の完了を確認できる者は誰一人いない。死とは、「この私」ごと「死」が「消えていく」出来事なのだ。[443] しかも、その消失は原則として永遠に続く。なぜなら、その消失の完了を見取ることは、「この私」にはできないからだ。ゆえに、死は完遂できない。死はつねに「未完了」なのだ。だから、「私」は死ねない。そこで永遠に「死んで‐行く」のは誰とも知れない「誰か」だ。だから、私が死んだかどうか、私は知らない。死者は、自分が本当に死んだかどうか知らないのだ。

そうだ、主体は、想像界においても象徴界においてもファルスの享楽においても剰余享楽においても「本来性」における「私」を見出すことができなかった。「これがわたしだ」の断言は空しくなり果てるばかりだった。「誰か」の、「ひと」のものではない、他ならぬ「私だけ」の「何か」を手に入れることは遂にできなかった。大他者においてさえ、「ほんとうの自分」は見出すことができなかった。そのエコーの虚ろな声が言う「おまえは死ぬ」だけが答えだった。だが、ハイデガーの庇護のもと、ついにこの「死」

こそを「本来性」として、「ほんとうの自分」として見出すことができたのだ。その筈、だった。遂に手に入れた、「これが私だ」。「私固有の」「私だけの」「この私の」死、私の「真理」だ。しかし、モーリス・ブランショは、静かにこの真理を、死を、脱臼させる。彼はその死の真理を、何か灰色に溶けだした不穏な静けさのなかに解き放ち、潤《ほと》びて溶解して行くに任せる。おまえが死ぬ、この死だけが自分に固有のものだと、君は思っていたのか。「すべて」の者が死ぬことを自ら引き受け、その引き受けにおいてこそ自らだけの固有の「真理」が咲き生える筈だった死は、「すべてではない」。それは完了しない。だからすべてでは、ない。死、そこで暴露されるのは、君の真理は無いということだけだ。そう、「私の死」を看取り、引き受け、完遂させることができるのは「他人」である。私が死んだかどうかすら、「この私」にはわからない。絶対的な非‐真理、非‐確実性だ。それを引き受け、真理として確定するのは、この私が居ない世界の「他人」である。主体はついに単独では「すべて」であることは「できない」者となる。その「すべて」を看取ることができるのは、他人、死に行く私の体を抱きとめ、その死体を弔う他人だけだ。

ブランショが、なぜこの「無限に‐死に行く‐者」、「死ねない」灰色の闇のなかにいる者を、詩人に、作家に、画家に、「作品を書く者」に重ね合わせているのか、われわれの理路からはすでに明らかだ。「すべてではない」者に「なる」ことにおいてしか、「女性に‐なる」ことにおいてしか、ひとは書くことができない。恋文を。引用しよう。

ブランショは自殺の経験の特質を述べたあと、こう語っている。

> これらの特質はすべて、次のような驚くべき点を持っている。つまり、これらの特質は、ある他の経験、一見それほど危険ではないがおそらくは同じように狂った経験、つまり芸術家の経験にも当て嵌まるのだ。これは、芸術家が、死に似た行為をするという意味ではない。だが、彼は、死を目的とする人間が死に結ばれるのに似た異様な結ばれ方で、作品に結ばれていると言い得るのだ。
>
> このことは、一見して否応なく合点される。両者とも、あらゆる企てを逃れるものを企てている。また、道はあっても目的地はなく、おのれが何をしているのか知らない。両者とも、堅固な意志をもってのぞんでいるが、彼らの意志などとは無関係なある要請によっておのれの望むものに結びつけられている。両者とも、たくみさと駆け引きと労苦とこの世に対する確信をもって近づかねばならぬ一地点を目指しているが、この地点は、これらの諸手段とはなんの関係もなく、この世界を知らず、どんな完了とも無縁であり、絶えることなく、どのような熟慮の上の決然とした行為をも失敗させる。[444]
>
> 芸術に至る道は知られていない。確かに、作品は、労苦と実践と知識とを要求する。だからこれら一切の才能の有り様は、ある計り知れぬ無知のなかに沈んでいる

のだ。作品活動は、常に、次のことを意味している。すなわち、すでにひとつの芸術が存在しているのを知らぬこと。すでにひとつの世界が存在しているのを知らぬこと。[445]

夜のなかで、獣が他の獣の声を聞くような瞬間が常にあるものだ。それがもうひとつの夜である。これはいささかも恐るべきことではなく、途方もなく驚くべき(extraordinaire)何ものをも語りはしない——幻だの恍惚だのと関わりがある何事をも語りはしない——それは聞き取り難いさざめきにすぎず、沈黙とも弁別しがたい音、沈黙の砂のこぼれ出る音にすぎない。いや、それですらない。単なるひとつの仕事の音、穴を穿つ仕事の音、土を盛る仕事の音だ。はじめそれは断絶している。だがわれわれがそれに気づくや否や、もはやその音は止むことがない。[446]

霊感を受けた者は——そう信ずる者は——自分が終わることなく喋り、書こうとしているという感じを持つ。「時禱詩集」を書いていたときリルケは、自分はもはや書き止めることができないという感じを持ったと指摘している。ヴァン・ゴッホもまた、自分はもはや仕事を止め得ないと言った。そうだ、それには終わりがない。それは語り、それは語ることをやめず、沈黙なき言語となる。[447]

「彼女たち」との類縁性は明らかだ。「途方もなく驚くべきこと」など何もない。小さな物音、小鳥の歌、沈黙の砂のこぼれ出る音。強調しておこう、彼はこれを〈外〉と、「夜」と呼ぶことを止めない[448]。これはもはやハイデガーの言うような「呼び声」ではない。「幻だの恍惚だのと関わりがある何事も語りはしない」。ましてや既成の民族などに縋るとは。薄い、軋みであり、訪いである。そして、すでにひとつの芸術が、すでにひとつの世界が、存在しているのを知らぬかのように彼女たちは振る舞ったのだった。イエス・キリストが、キリスト教世界がすでに存在するというのに、それを半ば無視するようにして、彼女たちは神と恋をし、その概念を孕もうとしたのだった。そして、彼女たちは書きやめることがなかった。投獄されても、死の危機に曝されてでも。芸術家は、女に‐なる‐者、「すべてでは‐なくなる」異様だが静けさが満ち溢れるこの空間においてしか書き、描くことはできない。では、「すべてではない」「彼女たち」の書いたものを読むという行為は、どういうことになるか。あるいは「彼女たち」が「彼女たち」の書いた恋文を読むという行為は。こうなる。「読書とは、実際、おそらくは、隔離された空間において、目に見えないパートナーと共にするひとつのダンス、『墓石』との愉しい、熱狂的なダンスなのである[449]」。そしてまた、散っていく自らの真理の場所としての死は、絶対的な不確実性の、非‐真理の場所だった。この場所が、本性からしてフィクションの住居であることは見やすい道理である。この夜、この外、この死の永遠の未完了というフィクションの住処においてのみ、それはなされる。書くこと、描くこと、踊ることが。概念を孕むことが。

ここで、残念だが、私は――少なくともこの時点のブランショ、『文学空間』におけるブランショに――否を言わなくてはならなくなる。そこには、恋が足りない。なぜ、ブランショはこのことを「芸術家」だけのこととしてしまったのだろうか。彼ははっきり言っている。「芸術はそれ自身の現存とならねばならない。芸術が確証しようとするもの、それは芸術である。それが追求し、それが達成しようと試みるものは、まさしく芸術の本質なのだ」[450]。ブランショは、芸術のための芸術と言ってしまっている。このことを、芸術のための芸術に限ってしまっている。国家の芸術化とも呼ばれもしようナチズム、その惨禍にあらゆる意味で「巻き込ま」れ、その危うい道程でそれでも親友レヴィナスと共にハイデガーに抗せんとした彼が、芸術と政治を分離しようとする、その強い願いはよくわかる。六八年五月革命において、彼が書くことを再び政治的なものに繋げたことも知っている。しかし、まさにこの『文学空間』でこそ、それは法の、政治の空間であると言わなくてはならなかったのではないだろうか。われわれは勇気を出して言わなくてはならない――作品は通常の意味では死ではないし、それは芸術家だけの体験ではない、と。「すべてではない」「女性の享楽」においてのみ、書き描くことは終わりのない、止めることのできない何かになる。そしてそれはそのまま恋であり、具体的な闘争であり、政治的な抵抗であった。穏やかな微笑に包まれた、羞らいに満ちた、死を賭けた闘争だった。神に抱かれ、神を産むこと。概念化し、概念を産むこと。つまり懐妊し、子を産むこと。新しい世界を、それでも産もうとすること。これが書くことそのものだった。これは、紛うことなく芸術である。が、「芸術のための芸術」ではない。そこに閉じられている何かでは全然ない。ブランショが、ヘーゲルの言う「芸術の終わり」に屈しそうになる瞬間がある。その論旨を「芸術の持っていたすべての紛れもなく真なるもの、生き生きとしたものは、今や世界に、世界内に於ける現実の仕事に属しているのだということだ」[451]と一息で要約しつつ——彼は遂にこのことを否定し切ることがない。私はこれを不可解に思う。女性の享楽、このマリア的享楽は、政治的な闘争としても、いやそうであるからこそ終われない筈だ。無論、現在にあって神秘家がなしたようにそれをすることはできないだろう。しかし、この世界の現実の仕事として、この「すべてではない」、死を真理としない「女性＝大他者の享楽」の営みを続けていくことは「それでも可能」なのだ。ブランショは、なぜこのことをわからないふりをしたのだろうか。彼の論旨から、このような「現実の仕事」の真摯な作業を直接に引き出しうるというのに。それが無論あの「彼女たち」の仕事と何の不一致もなく重なり合うとは言うまい。しかし、何の弁明もなく真摯な案出の作業、詩的ですらある作業と言いうる「現実の仕事」の意味を、彼は間接的に明らかにしているというのに。なぜ、彼は自らの論旨から遠ざけたのか——葬礼を。[452]彼自身、このことに気づいている文言を遺しているというのに。

第三〇節　死体・表象・人形

「私」は死ぬことができない。死者は、自分が死んだことを知らない。がゆえに、死を死なしめなくてはならない。死が死ぬことを虚構として捏造しなくてはならない。死を完了させなくてはならない。葬礼とは、単に死者の死を「飲み込めない」周囲の人々の慰めのためだけにあるのではない。それは死を死なしめるためにあるのだ。そう、誰のものでもない誰かが死んだ、その暴露された非人称の死を、彼女に、彼に、送り返してやること。おまえは死んだ、と言うこと。おまえの死は「われわれ」が看取り引き受けた、死んだのはあの灰色の中性の空間のなかに溶け込む誰かではなく、確かにおまえだ、と言うこと。死を死なしめること――これが宗教が、「われわれが宗教と呼ぶもの」が担ってきた絶対的な要請である。[453] 宗教とは、死の完遂の装置を含むのだ。その死の完遂の「フィクション」のために、膨大な儀礼のための図案や言葉、仕草や祈りが案出されてきたではないか。そう、死を死なしめるための手妻を含まない宗教は存在しない。その永劫とも思われる長きあいだにわたって、葬送という儀礼は反復されてきた。言葉の、イメージの、歌の、ダンスの、衣服の、調理の、ありとあらゆる創意の果実がそこに惜しげもなく投入されてきた。その反復の強固さこそが、「われわれが宗教と呼んできたもの」を下支えする主石《おもいし》なのだ。

宗教など信じていない、私が信じるのは私だけだ。あるいは私は何も信じていない。

そう口にする超近代的な主体——ルジャンドルなら、「ウルトラ・モダンな産業主義者」とでも言うだろう——が、なぜこの二一世紀になっても葬礼に参加し涙まで零すのか、すでに明らかだ。なぜなら、そこで死んだのは、彼女あるいは彼では「ない」からだ。その死、誰のものでもない死を、彼女あるいは彼に与え返してやらなくてはならない。彼をあの灰色に溶けだした空間のなかに放置しておいてはいけない——そういう不安に駆られて、ひとは葬礼に駆けつける。無論、宗教的な葬礼を拒み、自然葬や散骨を望む人々も増えてきた。しかし、そのことは事態を何も変えはしない。そこにあるのは、儀礼の不滅性であり、その更新の創意であり、賭けられた課題の、この主石の重さだけだ。宗教学者たちが、このことを指して「死の個人化」などと言ったりするのは、端的な誤りだ。葬礼とは、はじめから「死の個人化」なのだから[454]。この死、この不確定の死を、彼女の死として、彼の死として、認証し送り返してやること。この務めの真摯さを、疑い得る者がいるだろうか。そして、この務めのための虚構の手妻が、「表象」と呼ばれるものである。丁寧に見ていこう。

死が起こった。そしてそこに残るのは死体だ。まずこれをなんとかしなくてはならない。なぜなら、まさにブランショ自身が語っているとおり、この死体は「奇異」なるものだからだ。それは通常のカテゴリーには入らない。「そこに、われわれの前に、何ものかがある。生者それ自身（vivant en personne）でもなければ、何らかの現実性でもなく、かつて生きていた者と同一の者でもなく、ひとりの他者でもなく、別の物でもない[455]」。

この死体は何だろう。死んだ彼女や彼でもなく、物でもなく、精神でもない。ブランショはこの奇異さを、このように語っている。「死体はここにはなく、また他のところにもない。だがこの時、どこでもない場所がすなわちここなのだ」[456]。あの、不確定の死、誰のものでもない死が、そこに痕跡を残してある量塊として「ある」。奇異なパラドックスだ。しかも、ここで厄介なことが起こる。この死体自体は、死んだ筈の彼女でも彼でもない。それを彼女だ、彼だと認証する儀礼をこれから執り行おうとするのだから、さしあたって「これ」は彼女や彼では「ない」。しかし「死体の現前がわれわれの前で未知の人間の現前であるような瞬間、そうした瞬間と同時に、哀悼されるその死者は彼自身に似始めるのである」[457]。「私にはわかる、それが完璧にそれ自身に似ているのが。それは自己に似ている。死体は死体自身のイメージなのだ」[458]。死体は、死体に似ている。彼女自身に、彼自身に、似ている。何の驚くことがあるだろう。われわれの理路からは、もともと自己イメージは「死の筆触」の「死の影」だった。その意味は再びここで明らかになる。死体こそ、自分にもっともよく似たもの、自分にもっとも良く似ているが自分ではないもの、自分が「真には」見れない何か、なのだ。自分の死体を見たことがある人間などいない。だから、自分の死体に一番「似ている」ものを見ようと思うならば、鏡を見るしかない。そう、だから死体は自分自身のイメージであり、自分自身の鏡に映るイメージは何か死体めいているのだ。上に引用したブランショの文言の「死体」の部分を、ラカンの「鏡像」に置き換えてみればよい。完全に意味が通る。それは、異様なまでに同じことを語っていることがわかるだろう。だから鏡像は死んでおり、それはどこにもない何かなのだ。

しかし、厄介なことがもうひとつある。なぜなら、鏡像と違って、この死体は腐るからだ。段々と変質し、変色し、液体を滲み出させ、腐っていく。それは困る。あらゆる文化で、この腐乱に対する処置がなされてきた。[459] その代わりに置かれるのは何か。それが「表象」である。

イタリアの歴史学者カルロ・ギンズブルグは、『ピノッキオの眼』第三章において、近来の表象文化論とかいうそうしたものに与する気はさらさらないが——と彼らしい余裕ある皮肉を漂わせながらひとつの問いを置く。そもそも「表象」とは何か。ここから彼は矢継ぎ早に博識を開陳していく。一六九〇年に出版されたフュルティエールの『大辞典』によると、「表象」とは仏王や英王の葬儀のときに、「棺台に乗せられる蠟、木材、皮革製の人形」であり、あるいはそれより以前に死んだ国王を表現していた、「死者用のシーツに覆われた空の葬儀用寝台」である。また一二九一年、国王アルフォンソ三世を「表象する」棺を囲んでいたユダヤ人がアラブ人に襲われたという記述がある。イギリスでは一三二七年のエドワード二世の崩御、フランスでは一四二二年シャルル六世の崩御のときに、人形が使われたという記録が残っている。カントロヴィッチは、この人形が国王の二重の身体という法理論を目に見える形で表現していると主張した。——そして、ギンズブルグは次のような等式を示してみせる。「永遠の身体＝人形＝国体」、

「束の間の身体＝遺骸」。そもそも、と彼は言葉を続ける。二世紀と三世紀にローマ皇帝の葬儀に使われた蠟製の像が、一千年後の同じ状況で展示された英仏国王の蠟、木材、皮革製の像ととてもよく似ているのである、と。そして、彼はバンヴェニストを引いてコロッソス＝彫像という語の意味をこう断じる。「これが言葉の真の意味だ。葬儀の像、儀礼の身代わり、不在のものに代わり地上に存在し続ける代役、である」。「これに『表象』と付け加えることができるだろう」、[460]と。

表象は、死体の人形である。葬礼に使われる死体の身代わりであり、すでに死んでいるがゆえに不死である「代役」である。葬礼、葬儀において、ひとは写真を掲げる。この写真という、死体に似た「表象」を。いや、そもそもわれわれの理路によれば、〈鏡〉によって産み出される「主体」とは、イメージにおいてもシニフィアンにおいても、どこまで行っても「死の影」であり「自動人形」であった。ラカンは言っていた、「浮き《レリ》彫り《ーフ》」と。そう、屹立する姿として、権力のシニフィアンたる王杖はファルスだった。つまり想像的かつ象徴的な「表象」だった。〈鏡〉において産み出される主体もまたどこまでも「表象」だった。そう、その通りだ。はじめからラカンと共に、われわれは何度も繰り返してきたではないか。われわれは、はじめから享楽する死体の人形《ひとがた》であり人《にん》形《ぎょう》である。そして、死んで死体を処理されたあとに、またその死体の人形＝表象が置かれるのだ。表象として生き、表象として葬られる。死体の人形として生き、死体の人形として葬られる。表象としての生。これが人の生だ。もはや、これはニヒリズムではない。「生き生きと」生きたい、などという益体のないことを考えるから、表象として生きることが「疎外」になるのだ。生き生きと生きたいというものか、われわれは見てきたではないか。ギュレータの罠に吸収され磨り潰され搾取されやすいものか、われわれは見てきたではないか。はじめからわれわれは死体の人形であり、死体の人形の削り滓を舐め、死体の人形についた小さなファルスに歓喜し、死体となるが早いか自らによく似た死体の人形を据えられてこの人形の世界から消え去るのだ。何か、ここに悲しい、辛いことなどあるだろうか。表象を批判せよ、イメージを批判せよ、現実へ、現実の方へ、などと口にする軽率な輩は絶えないが、一度でも自らが「生き生きと生きたい」などという俗情の享楽に濡れ切って言葉を発したことがないか、それがあの不毛な絶対的享楽と野合したものではなかったか、自問自答してみるがいい。この死体の人形としての生、自動人形としての生に、何か欠けた、欠如したものがあるなどと考えることこそが、自らを疎外と愁訴の罠に閉じ込めるのだ。何度でも言う。こうした愁訴は幼稚なのだ。そして再度言おう、人形の生、だから良い、だからこそ良いと。このような人形の生を、中身がないとか剝き出しだとか動物的だとか何とか結局は蔑視する者は、要するに死を享楽し、死の姿に享楽し、また自分だけはこの人の生の営みから逃れそれを「超越」していると必死で思い込もうとしている、惨めな輩にすぎない。ここにはニヒリズムなど何もない。はじめからそれはそういうことなのだから。そして――この人形を、作ることだってできる。産むことができる。人形として産まれ、人形として生き、人形として死ぬ。そのあいだに、切れ目のようにして顕れる「すべてではない」束の間の蒼穹にこそ、「女性の享楽」の場所が、書き描き産む場所がある。つまり人形を作り出そう、新しい人形の身体《コルプス》を作り出そう、新しい世界、共同体《コルプス》を作り出そうという恋の企てがあるのだ。そこにおいて、もう死は恐怖ではない。われわれは神の恋人、神の人形なのだから。「死ぬのが怖い」だなどと。そこに広がるのは、「恋」と「闘争」と「詩」と「勇気」だ。われわれは、すでにそれを語ったではないか。

さあ、このわれわれ、この人形たるわれわれは、新しく人形を作ることができる。われわれ人形は、われわれ人形の世界を作り出すことだってできる。神と恋をすることだってできる。恋文を書くことだってできる。人形は、表象であるからこそ、彼もまた一人の人形であるだろう手厚い職人の繊細な作業によって、作り出すことができるのだ。それを削りだそう、それに色を塗ろう、それに言葉を教えてあげよう、書くことを、踊りを教えてあげよう――人形には、何も欠けていない。その内在性の世界にあっては、死すら恐怖ではないのだから。この死の人形の世界こそが、「現実の」歴史の世界、その闘争の世界なのだ。

さあ、この括弧《パランテーズ》によって、愁訴と悲嘆と鬱屈とアイロニーに満ちた精神分析の密室の天窓は、半分押し開かれた。さらにこれを開け放つために、行こう、人形職人の世界へ。神話の厨房の匂いのなかへ。ピエール・ルジャンドルの方へ。

第二部　ピエール・ルジャンドル、神話の厨房の匂い

第一章　「彼らは戻って来る。刃を携えて」――ルジャンドルとは誰か

第三一節　〈疎隔〉の人、ルジャンドル

ピエール・ルジャンドルの名は、そして彼が主唱する「ドグマ人類学」の名は、静かに、また密やかに浸透してきている。彼のさまざまな業績の翻訳作業も各国でなされているし、日本語での邦訳もすでに四冊を数えるようになった。[1] また、ルジャンドルの弟子たちの活躍も聞かれるようになってきた。たとえばナント大学法学部教授アラン・シュピオ。労働法研究の分野ではフランスの第一人者と目される彼は、ドグマ人類学からヒントを得てヨーロッパから発した基本法の改訂権をすべての民族に「解放」するべきだとの主張をするに至り、その主張の簡潔な要約たる論文にはすでに邦訳がある。[2] また、すでに日本の法学会の主導のもとに来日も果たした。そして二〇〇五年には、自ら認める通りいまだルジャンドルの圧倒的影響下にあるものの、そこからなにがしか前進しようとする意欲が窺える『法的人間――法権利の人類学的機能についての試論』という最

初の著書を出版している。[3]またパリ第一〇大学法学部教授ジャン＝ピエール・ボー。ルジャンドルを指導教授に迎えて博士論文を執筆し、法制史・宗教史・そして現行の民法の細則にまで渡る広い知見から血液、精液、そして「切断された手」などの肉体の全体性から漏れていく諸部分がローマ法から継承された近代法の内部で軋轢を来す抑圧されたステイタスを持つものであることを鋭敏に指摘する『盗まれた手の事件――肉体の法制史』はすでに邦訳が出版されている。[4]そして、本稿でもっとも多く依拠することになるだろうパリ第八大学教授フェティ・ベンスラマ。正式な学問上の子弟というわけではないにせよその論拠の根本的部分をルジャンドルに負っている彼は、精神分析家としてパリで移民の臨床に真摯に携わる傍ら、ジャン＝リュック・ナンシーらとともに射程の長い哲学的議論を繰り広げつつ、困難な「世俗と自由を求めるムスリム」としてそのイスラーム急進主義をもグローバリゼーションの「管理経営帝国主義」をも同時に撃つ政治的発言がまた注目されている。これらの名は、法学、歴史学、そしてイスラームなどに格別の興味を持つ読書人なら、専門家でなくともその名を耳にしたことがあろうかと思われる。

こうして少しずつ、ルジャンドルの理路はその弟子たちの「応用」から知られるようになってきた。数年前本人も来日を果たし、その謙虚で常に微笑を絶やさない雅量を湛えた人柄と、しかしその静かな雅量のままに何か不思議な激しさをその物腰に感じさせる姿とを日本の聴衆の前に披露したばかりである。

が、このように少しずつ染み通るように彼の論旨が知られるにつれ、内外を問わずさまざまな誤解もまた瀰漫するようになってきた。自分の理解したくないものには耳を塞いで何も理解しようとせず、自分に理解できないものには即座に目を閉じ誹謗中傷を投げかけるだけが誇りのすべてであるような卑小な人間の惨めな自足などには構うまい。だが、中世スコラ学やローマ法、教会法の学殖を基《もとい》に据え特異な文体で繰り出される彼の論旨は、自ら敢えて挑発的に誤解を産み易く書いているような節もないではない。ゆえに、古代から中世に至る教会法学者やローマ法学者、果ては初期教父やイスラームのアリストテレス学者の文言すら自在に引用してみせるその蒼古とした道具立てを見て、また「〈父〉」「法権利」「ドグマ」「絶対的準拠」「定礎的場面」の重要性を飽かず強調し、「管理経営的」「肉処理的」「科学主義的」思考を嘲罵に近い強い口調で難詰する彼の強面の断言を目にして、たとえば彼は反動とは言わずとも保守的な論客なのでないか、人間の「自由な」「創出的な」側面や行為を見損なっているのではないか、もはや今となっては「古い」ものになった構造主義の知見を複雑にしただけのものなのではないか、あるいは師たるラカンから受け継いだ精神分析的な難解な概念を法制史に晦渋に「応用」しただけのものなのではないかというような疑念も発されることになる。そして、そのような疑念はある程度は致し方のないところだ。最初に念を押しておかなくてはならない。彼の理論は、異様な飲み込み難さを含む。実は、その「飲み込み難さ」はラカンの比ではない。なぜなら、ラカン理論の難解さは概念それ自体の相互浸透と混成性から来るものであり、そこさえ丁寧に押さえて見ていけばある程度は誰にでも安んじて飲み込めるものだからだ——われわれが見てきたとおり、女性の享楽を除いては。ルジャンドルの理論は、この概念上の相互浸透をはじめから前提として成立している。そこで一応はラカンのそれにも似た「難解さ」を彼の論旨も身に纏うことにもなる。しかしこの相互浸透、冗長性について長く検討してきたわれわれにとっては、この水準の「難解さ」はすでに何程のものでもない。問題は別にある。つまり、彼の言っていることの「飲み込み難さ」は、すでに述べた言い口を繰り返せば「難解さ」ではなく「困難さ」なのだ。つまり、ある程度は読者の資質がここでも問題になってくる。読者はある忍従を、資質によっては耐え難い「屈辱」すら強いられることになる。なぜなら、彼がその半世紀にわたる文言を貫いて言い続けてきたことは、読者の多くも自ら任じるところであろう「近代的人間」の地位の「格下げ」を要求するものだからだ。その穏やかな微笑と苛烈な断言を同居させる「鋼のように鍛え上げられたペシミズム」を以て、彼は長きにわたってこう囁き続けてきたのだ——あなたは自分を「自由な」近代人だと、いや「超近代人」だと思ってきたのか。狂信だの宗教だの迷信だの、そうしたものにいつまでも関わり合っている「野蛮」で「野卑」な田舎者の連中とは「一味違う」人間だと、自分のことを思ってきたのか。「まったく新しい」時代を生き、「まったく新しい」時代を今や迎えんとする、「新しい人間」だと、そう思ってきたのか。すると、あなたは自らが生きているあいだに、歴史上決定的な出来事が起こるはずだし、現に起こっていると決め込んでいるということになる。誠に失礼だが、そんなことはありえないのだ。歴史的にも論理的にも。そうではない。そうではありえない。あなたは一個の野蛮人なのだ。ただし、ある種の人々がはしたない享楽を昂らせるような「聖なる野蛮人」、「法の外にある未開人」の形象などといった惰弱な夢想とは無縁な、そのような夢想を削ぎ落とされたかぎりにおいての野蛮人だ。平々凡々として乾いた、索漠たる日々を僅かに生き長らえ従容として死に赴くしかない野蛮人なのだ。そう、私と同じように。敢えてこういう言い方をしてみよう。あなたは、人間《ヒューマン》ではない。だが動物《アニマル》にすらなり切れない。「わたしは人間だ」「わたしは超‐人間だ」。あるいは「わたしは動物だ」。人間であることの誇りと、それから逸れて行こうとする「動物」「非‐人間」への侮蔑とないまぜになった憧れ。しかし、こんなことは益体もないことだったのだ。その二つは、ただの妄想だったのだ。あなたは、私は、われわれは、その二つのあいだに開いた際限のない中空に、体液が滴る灰色の黄昏のなかに永遠に生き続けることになるのだ——なぜなら、あなたは誰かから産まれてきて、そして誰かを産むのだから。

どういうことだろうか。何を言っているのだろうか。しかしまだ、このことについて詳しく述べる時ではない。ここでは、ルジャンドルの「ドグマ人類学」が、その字面の難解さあるいは簡便な一瞥による単純な理解を超えた異様なものを孕んでいることだけ、それだけを感じ取って下さればよい。

本章で述べるべきことは、ルジャンドルとは誰か、ということだった。ラカンやフーコーとは違って、読者が彼の来歴に知悉していることを前提として語りだすのは難しかろう。簡単に経歴を紹介しておく。

ピエール・ルジャンドル。先の教皇ヨハネ・パウロ二世と机を並べ同じ勉強会に出席していたこともあるという彼は、一九三〇年に生れた。大学では法学、経済学、歴史学、哲学を修めた。が、そのなかでも彼が後にさまざまな意味で重要視するのは、各国図書館に散在するラテン語の挿絵や装飾入りの古文書やその写本の専門的な取り扱いやその書記の技法の習得である。こうしたローマ法、教会法、中世スコラ学を中心とした勉学の末、中世教会法制史の大家ガブリエル・ル・ブラ教授の指導のもと二七歳にしてパリ第一大学に博士論文『古典教会法へのローマ法の浸透——グラティアヌスからインノケンティウス四世、一一四〇年から一二五四年に至る』[7]を提出することになる。これは彼が以後その論旨の要とし続ける事象、すなわちローマ法と教会法との結合により〈国家〉や〈主体〉や〈科学的原理〉などの近代国民国家の基礎となる概念が創出されていったということにかかわる論文だ。この論文は多くの賞を受け、彼は法制史とローマ法の教授資格を獲得する。

この博士論文の提出と教授資格の取得と前後して、ジャック・ラカンの知己を得てそのセミネールに最初期から出席し、そのもとで精神分析の研究を開始していく。後に至ってはラカンが設けた「パス」をも通過し、「学派分析家」の正式な資格を得ることになる。

このように、何よりも「ラテン語の読み書き」を主軸に据えた、広い分野における学問上の研鑽を重ねつつも、彼はその古代から中世に至る広大無辺の知の森のなかだけに留まることがなかった。五九年から六四年にかけて、彼は一人の法制官僚としてアフリカのガボンやセネガルなどで産業政策顧問を務め、また国連のユネスコ専門職員として主に西アフリカおよび中央アフリカで開発の企画に携わることになる。ここで彼は「私の師はアフリカの人々だ」と後に述懐する経験を得ることになり、また現地の土着の習俗を蔑《なみ》しそのクルアーン学校を取り壊そうとする上司と激しく衝突することにもなる。が、これは直後に改めて触れることにしよう。このような国際官僚としての経験と並行して、本来の専門である西洋法制史と中世スコラ学をめぐる実証研究を掘り下げて行き、欧米各地の主要図書館の中世手稿の遺産を探索していく。のみならず、一九六〇年代にはフランス近代行政史、官僚制の歴史をめぐって驚くべき精密で網羅的な研究を行い、その成果として六〇〇頁を越える実証研究の大著『一七五〇年から今日にいたる行政史』を六八年に出版する。フランス近代官僚制史・行政史研究の礎とも称されるこの手堅く浩瀚《こうかん》な研究書は、フランス高級官僚育成のためのエリート機関「国立行政学院」の公認の教科書として指定されるべく書かれたものであった。

国際中世教会法研究所やドイツのマックス・プランク研究所ヨーロッパ法制史部門に参加してさらに自らの学殖の錬磨を重ねつつ、リール大学、パリ第一〇大学を経て、六八年、パリ第一大学法学部教授に選任され法制史を教えることになる。七七年以降、高等研究院（ＥＰＨＥ）宗教学部門主任教授を兼任し、「西洋キリスト教規範空間」と自ら題した講座を受け持つ。彼の著作の根幹をなす『講義（ルソン）』シリーズは後者での講義に由来するものである。

以上のように描き出してきた、緻密で実証的な学者として中世法制史や近代フランス行政史に関する専門的な著作をものしてきたルジャンドルが、はじめて自らの思想上の旗幟を鮮明とする第一歩となった著作が七四年の『検閲官の愛――ドグマ的次元についての試論』である。これはラカン自身の強い後押しによって出版されたものであり、実際『騙されないものは彷徨う』のセミネールでラカンはこの著作を手ずから紹介し称賛している。が、ルジャンドル自身幾度も語る通りに、この時代から制度的なもの・法的なものから目を逸らし自閉的な疑似数学化に熱狂する一部の精神分析家の態度には極めて批判的であり、ラカン自身に「何故制度的なものの探究へと向かわないのか」と繰り返し質問したことも知られている。その返事は「私にはその余裕がないのだ」というものだったそうである。また、ラカンの死に前後して分裂解体を続け、司法手段に訴えるまでに白熱する無益な批判や中傷合戦を繰り広げるラカン派の有象無象を尻目に、ルジャンドルは「精神分析を管理行政すること――パリ・フロイト派の解散に寄せて」という極めて冷静な論文をパリ・フロイト派の解散の直後に発表する。そのなかで彼は、このようなラカンの「継承戦争」にのめり込む精神分析家たちの右往左往の有り様を冷徹な眼差しで分析し、ラカン派精神分析はそのままフランス的中央集権的官僚制度の歴史的布置の枠内にありその土壌のなかで生きているものであるにもかかわらず、ラカン派の人々はまったくそれに目を逸らしそのことによって生き延びていると克明に指摘しつつ、フロイトとラカンという形象に盲目的な崇拝と狂信を注ぎ込むことによって、彼らは想像的な憎悪を差し向けあっているだけである、と語っている。後者の「狂信」への批判については、今となっては誰でも口にできることではあるだろう。が、あの理不尽極まる「学派分析家」の資格審査試験、自殺者まで出した「パス」にすら合格しラカンの愛弟子の一人であった人間で、一九八一年というこの時点でこのような冷徹さを貫くことができたのは、すでにラカン派をスターリン主義と批判し離脱していたフェリックス・ガタリを除いては、ピエール・ルジャンドルただ一人だった。まさに〈疎隔〉、〈隔たり〉の人ルジャンドルに相応しいことである。エリザベト・ルディネスコもラカンの伝記のなかでこの論文を引用し、その冷静さと明敏さを称賛していることを付け加えておこう。その後ルジャンドルは、どのラカン派の派閥にも属さず不偏不党の孤立を守っていくことになる。

その後、彼は着々と自らの理論的な基盤を固めていく。犀利な分析や豊富な知見を盛り込んだものとは言え、その詰屈な論の運びからいまだ若書きの感は否めなかった『検閲官の愛』『権力を享楽する』に続いて出版された一九七八年の『他者であろうとする情熱——ダンス研究』でまず彼はひとつの飛躍を行ったと言える。前二著でも身体への調教の水準を提出してはいるものの、この書物における堂々として鋭利な分析の水準には達していなかった。キリスト教規範システムの歴史から説き起こしてダンスを研究することによって、彼は身体の調教の概念を研ぎ澄ますばかりか、テクストという概念をも驚嘆すべき広がりを持つものとして提出することができるようになった。しかし、この飛躍の代償としてか、次の書物『テクストから漏れる詩的な言葉』はほとんど肉体的な「文字への愛」の体験と歴史上のさまざまな制度的布置やイメージが軋り合い削り合うように交錯する、錯乱的なと形容するしかない異様な書物だった（がゆえにルジャンドル自身の信念の奈辺にありやということが如実に露わになっており、筆者はこの書物を重要視したい）。そして、この彼の書誌のなかでいうなれば陥没地帯をなす錯乱的書物を撥条にするかのように、翌年から次々と公刊される『講義（ルソン）』シリーズはそれぞれが安定して充実した内容を持つものとなっていく。また、映画の愛好家でありセルジュ・ダネイの友人としていくつかの対談をも発表している彼は、九〇年代後半からさまざまなドキュメンタリー・フィルムの制作に携わることにもなる。現在、パリ第一大学名誉教授、高等研究院名誉教授、「ドグマ人類学会　四〇本の柱」会長のほか、複数の研究所の所長として存命である。

奇妙な経歴。そう思わず口にしても、失礼にはあたるまい。ここから浮かび上がってくる人物は複数いるかのようだ。各地の司教座や大学図書館の地下室で、少しでも雑に扱えば丸ごと破損してしまうような中世の手稿や写本の山に埋もれ、その菌臭のなかに浸り切って手ずからその筆跡を写し取るような細心極まりない作業に身を焦がす、まさに埃を払うような地道なローマ法制史、中世教会法の研究に没頭する彼がいる。しかし、ラカン派精神分析家としての正式資格も臨床経験も持つばかりでなく、ラカン自身にまでその真意を問うべく詰め寄り、制度性に無知な分析家を批判し精神分析の会合で議論を白熱させては抜き差しならぬ事態を招く彼もいる。と思えば、「わたしの師、それはアフリカの人々だ」と呟く、産業顧問として開発に携わっている公務員であるというのに「産業化」「近代化」「開発」に強く反発する法制官僚としての彼がいる。あるいはパリ第一大学や高等研究院などの教授として、法制史や人類学などを教え優秀な学問上の弟子を輩出させるばかりではなく、法学者として若い法曹家の育成にも参与する極めて優れた教育者としての彼もいる。しかも、この複数の人格を内に孕むかのようなこの姿は、あなたは人間ではない、あなたがそう思っているような人間ではないのだ、と低い声で囁き続けてきたあの謎めいた姿の、その当人でもあるのだ。

　さて、彼の経歴の紹介を閉じるにあたって、ひとつの挿話を置こう。彼が、国連の職員としてアフリカで働いていたときの事である。彼の周囲にいた官僚たちのあいだでは、「黒人たちが自分たちのダンスと手を切ったときこそ、彼らは産業世界に慣れるだろう」というような「蒼白でどんよりとした言い方」[12]が罷り通っていた。そして彼は次のように語っている。

　　私にとってとても重要なのは、かつて国際機関の、国連やユネスコの仕事で専門家としてアフリカに行ったときの経験です。……そこでわたしが見たものは何だったか？　私が見たのは、国際的に流布する標準的言説、国連の物言いに代表されるような言説、それと世界戦争の勝者である西洋の政治大国の言説といったものが幅を利かせて、産業による進歩だとか、科学技術の万能だとか、あるいは宗教は時代遅れで消滅するとかいった、近代化の言説の押しつけでした。連中はそういう言説をやみくもに押しつけようとします。宗教が消滅する？　そんなことはありえない、近代化は万能ではない、と私は言いました。だから上司ともめました。それは六〇年代初めのことでしたが、私は言ったものです、「イスラームをよく観察しようではないか、イスラームとは何かを現地で学ぼうではないか」と。ところが彼らは、宗教など古い遺物で発展の妨げにしかならない、イスラームなどもう終わりで、観光客のためのフォークロアにすぎない、などと考えていました。が、私は言ったものです。「イスラームは戻ってくる」。そしてそのときこういう表現を使いました、「手に刃を持って」と。[13]

　天窓は開け放たれようとしている。ピエール・ルジャンドルはイスラームの「政治的な」回帰を予言していたということだ。一九六〇年代初頭に、である。現在から四〇数年前、イラン革命から二〇年近く前に、である。驚くべきことだ。茫然とすらすべきことだ。無論予言など下らない仕事だ、しかし下らない仕事をやる以上は必ず当てなくてはならない――そう語ったのは詩人ポール・ヴァレリーだった。彼は当てた。ここにあるのは「われわれが宗教と呼んできたもの」に対する神経症的な攻撃でもなければ偏執狂的な擁護でもない、第三の道だ。ここにはいわゆる原理主義とも呼ばれもしようイスラーム急進主義がまさに「近代的言説の闇雲な押しつけ」から来るものだという明察まで潜んでおり、それは暴力的な狂信が誰による誰のどのような主体のモンタージュの破壊によるものなのかを考えようともせずに、その抑圧された罪悪感から政治的イマームによる弾圧を「文化多元主義」の名のもとに微温的に正当化しようとする人々の脂下《やにさ》がった態度からは眩暈がするほど遥かに隔っている。しかしここで躁ぎ切った多弁に陥るような真似はすまい。多くは語らないでおこう。ここにはすでに、ルジャンドルの理路の「飲み込み難さ」の一端が剝き出しになっているのだから。しかし、はっきりと言っておこう。われわれはこの文言に達する道を選ぶ。このようなことが当然だと感じられるまで、彼の理路を追って行こう。思い出そう、ラカン自身が提起しつつ、彼には論じ切れていなかった論点をいくつか指摘しておいた。われわれはそこから始めることになるだろう。

第二章　〈鏡〉の策略——政治的愛と「ドグマ」の意味

第三二節　ルジャンドルの精神分析「批判」

しかし、まだひとつの迂回を置かなくてはならない。最初に率直に打ち明けておく。近年もヴァカンスのあいだナント司教座の地下図書館に籠もって中世の教皇や司教の勅令を、その手稿や写本を一頁一頁閲読し続けていたというピエール・ルジャンドルの博引旁証とその巨大な学殖については、残念ながら筆者の手に余る。カントやヘーゲル、ライプニッツあるいはアリストテレスやプラトン、アウグスティヌスやドゥンス・スコトゥス、テルトゥリアヌスやオリゲネス、グロティウスを、あるいはローマ法大全の原典たる『法学提要』や『学説彙纂』を、あるいは教会法の原典たる『グラーティアヌス教令集』を彼が典拠として引くのは当然として、ゲリウス、セビーリャのイシドルス、ジルベルトゥス・ポレタヌス、ポワティエのヒラリウス、セグシオのヘンリクス、ロゲリウス、チュートン人のヨハネスや教皇の侍医パウルス・ザッキアスを、イエズス会の神学者ポセヴィナスやアタナシウス・キルヒャーを、グレゴリウス九世の勅令やそれを編纂したペニャフォルの聖ライムンドゥスを、東ローマ帝国の文官ルフィヌスでもなくオリゲネスのラテン語訳で知られるルフィヌスでもなくグラーティアヌス教令集の註釈者のほうのルフィヌスを、果ては一〇世紀ムスリムのアリストテレス学者ミスカワイヒに至るまで次々と、しかしひけらかすような調子をともなった無益な迂回など微塵もなく彼は引用していく。勿論、上に挙げたのは慣れぬ手つきで神学辞典など引いて判明したごくごく一部の固有名詞にすぎない。まさに、かのエルンスト・カントロヴィッチの衣鉢を継ぐと言われるに相応しいヨーロッパ法制史の泰斗にして「人類学のブニュエル」の異名を持つ碩学ピエール・ルジャンドルの理路は、ラテン語もうまく読みこなせない筆者にとって時についていくだけで精一杯という箇所も少なくない。法制史上の専門的な学術雑誌に掲載された論文については特に。読む者によっては、その註に書き込まれている典拠の指示の仕方や神学的文言への独自の註釈に深い興味を見出せる者もいるだろう。しかし私にはそれについて云々する資格はない。残念ながら。だから、筆者としてはこのような碩学の筆で描き出される歴史的な学殖の多くを抽象して事を進めるしかない。われわれは禁欲的に、直線的に、理論的な核心のみに向かうことにする。

もうひとつ断っておく。彼の文体についてだ。彼自身「バルバロイ的」と呼んで何憚ることのない、断言と飛躍と反復と突拍子もない例証が不穏な激しさを纏って延々と続いていくその特異な文体は、フランス人の語学教師をして「こんなフランス語はない」

と当惑せしめる体のものである。しかし、その文体は、特にラカンのそれのように「故意に」難解に書いている印象を受けるものでは全くない。ただの悪文だと割り切ってしまえば、一定のフランス語の知識さえあれば読めないことは全然ない。文法上の破格は、むしろ他の難解と言われるフランスの哲学者たちよりも少ないとすら言える。言えるのだが、何か――何といったらいいのか、ローマ法ラテン語の、あるいは教会ラテン語の文法文体のままにフランス語で書いている箇所があると言えばいいのか、あの高名なイングランド法の文体、古フランス語とラテン語と中世英語が入り交じったまま関係節を延々繋ぎ合わせる錯乱した文体に似ていると言えばいいのか、それとも法的思考の特徴たる「謬思考」を無理やりに散文に展開したものと言えばいいのか、それとも彼が読み込み続けている教皇や大司教の個々の勅令の文体に似ていると言えばいいのか、筆者の乏しい学殖では何とも判断できない。アルトーやミショーを愛読する彼だが、彼らの文体とは違うことくらいは何とか私にもわかる。が、それとは別の、異様な瞬間が彼の文体に時に顕れるのは確かなのだ。

このような「困難さ」から言っても、われわれの理路の流れから言っても、精神分析の方から近づくしか術はない。しかし、これはある種の危険を冒すことにもなる。つまり、ルジャンドルの「ドグマ人類学」が精神分析の単なる「応用」に見えてしまうという危険だ。無論、彼自身も精神分析に多くを負っていることは明言しており、逆に法制史の知識のみでは彼の著作を一貫したものとして読み解くことは難しいとすら言いうる。

が、彼が精神分析と取り持つことになった複雑な関係を見損なってしまえば、ドグマ人類学の存在理由すら不分明なものとなっていくだろう。「私は『諸制度の精神分析』などというものを提示する気はない。これは明らかに莫迦げた企てだ[14]」と、彼は初期の『権力を享楽する――愛国的官僚制についての概論』のなかで宣明してさえいるのだから。そして、ラカンが晩年に語った、キリスト教が勝利すればそれは精神分析が敗北したということだ、という文言に横溢する息苦しさと、ルジャンドルの若き日を回顧する述懐との対比は鮮やかである。そのことはすでに見た。そう、前置きとしてルジャンドルの精神分析批判をまず見なくてはならない。ラカンの後押しによって出版され、そのセミネールのなかで称賛した当の『検閲官の愛』のなかで、すでに彼はこう語っていたのだった。

われわれの目前には、長く打ち続き深刻な精神分析家同士の対立がある。彼らは一定の個人やフロイトの文書に対する盲目的な崇拝という現象から離れることができない。こうした対立の持続と深刻さは、そこここで、詳しい事情をよく知らない意見にいたるまで、精神分析は科学に関しても権力に関しても問題を抱えているということを確実に表明しているのだ[15]。

この「一定の個人」がラカン自身であるということを疑いうるものはいないだろう。

すでにラカンの存命中から彼は精神分析家の「狂信」について警鐘を鳴らしていたのだ。このような克明な態度表明をその劈頭に置く書物をセミネールの出席者たちに推薦するラカンの胸中には、もはや忖度を許さない何かがある。そして、このような精神分析家の狂信が現在でも打ち続いている以上、ルジャンドルの批判の矢弾もまた絶えることがない。彼は現在に至るまで繰り返し語っている。次々と引用しよう。いわく、「精神分析家の大半は法の問いを粉砕しようと躍起になっている」が、このような分析家たちが「フロイトや、とりわけラカンの文書に対して」持つ関係とは、「実際のところ媒体を介しておらず、そもそもこのために、専制という政治的症状を、彼らは生み出してしまうのだ。この［専制という］語はつまり無法のことである。例えばアンシャン・レジームの公法学者は、フランスを諸々の法で中和された君主制と定義して、専制に対置していた」[16]。「強がりを言わずに、『われを失う』ということが制度の側面では何を意味するのかを考えてみようという私の提案を、よく熟慮してほしい。われわれがこれについて何一つ知ろうとすらしていないことの証拠は、一部の精神分析家が、特にフランスにおいて、フロイトやとりわけラカンという、神的な創設者の名に狂信を注ぎ込んでいることである。死に瀕した欲望の狂気について問うために、精神分析——ああ、今日では邪道に逸れることもしばしばだ——など当てにすらされていなかったというのは、人類にとっては言ってみればこれ幸いなのである」[17]。「今となっては精神分析は見違えるほどに変わってしまい、単に愁訴の売り買い市場か、なんでもござれと答えてくれるドクトリンになってしまっている」[18]。「精神分析は、フロイトやラカンを聖なる名として取り扱い、新たなる封建制の司教管区を生産するにうってつけの諸制度のカリカチュアを定礎するために、それを大衆向けエンブレムとして開発するという実践に陥ってしまっているのだ」[19]。そして、無骨なユーモアを感じさせる口調でルジャンドルは言う。紋切り型となった隠語を「鸚鵡返し」に呟くことしかできない精神分析を放っておくことはできない、「ゆえにわたしは精神分析家のところへ出向いてそれを金槌で打とうと思うのだ。つまり、精神分析は西洋の自己自身についての無理解を著しいままにしているのだから」[20]。

この辺で宜しかろう。われわれは端から「輸出品目に成り果ててしまったフランスのラカン主義」[21]などに用はないと繰り返し言ってきたのだし、「このように管理経営的で教科書臭のあるものになってしまっては、精神分析は超近代性の行き詰まりに全く何も言うことはできない」[22]ということは、周囲を一通り見わたしてみれば明らかにすぎることなのだから。そう、いまだにたとえばフーコーを「歴史主義」と指弾しつつ精神分析は「普遍」だなどと口にする者は絶えない。そう言う当人の正気を疑わざるを得ないような文句を並べてみせるこうした狂信者の輩たちを軽々と飛び越えるかのように、七四年の『検閲官の愛』の段階で、ルジャンドルは次のように言っている。

われわれが先ずもって認めなくてはならないことは、精神分析は大いなる制度的営みの結び目にあるものだということ、そしてその結び目は時が経つにつれ別様になりうるのだということだ。だから、精神分析はみずからが伝統の帰結だということを明らかにする。[23]

精神分析はある制度的な営みの、歴史上のひとつの形象である。その制度的営みは「別様になりうる」。だからこそ、精神分析は自らの伝統に連なる——こうした何気ない一言がどのような射程を持つのかは、第一部において部分的には明らかになっている。精神分析は歴史上の「過渡の形象」である。それは歴史上地理上の一定の時空においてしか機能しない歴史的産物にすぎず、過ぎ去っていく何かにすぎない。ルジャンドルもそれにはっきりと賛意を呈している。それはある「伝統の帰結」であり、伝統のなかにある。これをまず確認しておこう。だが、その歴史上のひとつの形象であることを認めることにおいてこそ、精神分析はその自らの知的な膂力を全うすることができる。もちろん、「講義（ルソン）」シリーズの第五巻として予告されている『思考の偶然事、精神分析——フロイトが開いた問いかけについての研究』がいまだ公刊されていないため、彼の精神分析に対する歴史的な位置づけや最終的評価は明らかではない。ただ、彼は以上のように法や制度や歴史から逃避する精神分析の堕落を指弾してなお、たとえば法や制度というものが性的にしか機能しないということは精神分析からしか理解できないとはっきり述べているし、[24]「精神分析の濫用は非難さるべきであるし、精神分析から重大な誤解が出てきたことは確かだが、だからといって精神分析が『親子関係の制度の真理』を明らかにしたという事実には何ら変わりがないのである。つまり、系譜的構築すなわち規範システムとしての〈法権利〉のつとめは人間の絶滅を食い止めることなのであるという真理だ」[25]と明晰に語っている。

前置きは十分だ。われわれ自身の理路に戻ることにしよう。

第三三節　〈鏡〉のモンタージュ――テクスト・イメージ・第三者

思い出そう。女性の享楽＝大他者の享楽における果敢な破綻とは別に、精密に織り上げられたラカン理論の布地が奇妙な解《ほつ》れを見せる箇所が二つあった。一つは、想像界と象徴界が全くの相似形を描き出し、その相互浸透を露わにする意味と表象を生産する装置としての〈鏡〉だった。もう一つは、イメージがシニフィアンに滲み出し、象徴界と想像界が同じ構造を持っている以上、想像的なものを経て象徴的なものに達した筈の「ファルス」も、何か想像的なものを拭いきれないままに「象徴的かつ想像的なファルス」、すなわち「権力の王杖」としての姿を見せてしまうということだった。〈鏡〉と「象徴的‐想像的ファルス」。この二つの場所こそ、ラカンが自ら立ち竦んで言い切れなかった何かが、そして法学者にして人類学者たるルジャンドルが引き受けていく何かがある。この二つを、順に追っていこう。

象徴界と想像界を重ね合わせるもの、まず、それは〈鏡〉だった。繰り返す。〈鏡〉

はひとつの装置なのだ。それ自体は言葉でもイメージでもないが、言葉とイメージと端的な物質から、何よりも言葉とイメージの相互浸透から精緻に組み立てられたひとつの装置なのだ。ここではすでに、シニフィアンとイメージの区別は破られていた。すなわち小他者と大他者の区別も、密やかに危ぶめられていた。われわれは長く検討してきたのだった、象徴界と想像界は概念の布置や機能の仕方においてまったく同じ構成を持っていることを。ルジャンドルもドゥルーズもドゥルーズ＝ガタリも、いやラカン自身に至るまで、この二つを全く別のものとして考えるのは間違いなのだと言っていたことを。

こうして、想像的であり象徴的でもある〈鏡〉は、ひとつの屹立する姿、死の影たる彫像のイメージを示して、語る。「これはおまえだ」と「これはおまえではない」と、同時に。〈鏡〉を見て、そこに自らの垂直的な「全体像」を見出し、そこに同一化の愛と憎しみを湧出させる「これはおまえだ」という言明があった。そして、その像が表象でしかなく、自己そのものではありえないという疎隔、疎外を設定する「これはおまえではない」という言明があった。この二つの言明なくしては、〈鏡〉は〈鏡〉として機能しない。つまり、鏡像的自己であり言語的主体である「わたし」を出現させることはできない。想像界と象徴界が浸透し出すこの「意味」の場所たる〈鏡〉に自らを映し出すことを指して、ルジャンドルはこれ以上なく的確に「隠喩化」と呼んでいた。このことはすでに見た。[26] それ自体は見ることができない〈鏡〉。そのイメージ、この死体の筆触の手になる死の姿、静止した直立像を見て、「これがわたしだ」と言うこと。これが幼児が最初に口にする「詩人の閃光」たる「隠喩」だった。われわれはこの理論的地点にいま立ち戻っている。

そう、ここまで来れば、ルジャンドルを読んだ者をまず最初に唖然たらしめるさまざまな異様な文言は、たやすく理解できるようになる。たとえば彼は主著『〈鏡〉を持つ神』のなかで次々と言い放つ。「個々の主体にとって、イメージの次元はその言葉の広がりと共存している」[27]。「イメージは言葉にかかわる事柄なのだ」[28]。「イメージとはまずなによりも第一に言説の現象なのである」[29]。「鏡とは言葉のモンタージュなのだ」[30]。「想像的なもののなかにはすでに象徴的なものはある」[31]。何の前提も置くことなしに、このような文言を目にすれば混乱を来すしかないだろう。しかしわれわれはこれを易々と飲み込める場所にすでにいる。われわれはラカンの想像界と象徴界の区別が破線となって掠れていく場所を、丁寧に追ってきたのだから。そう、鏡は鏡ではない。それは〈鏡〉という装置だった。それはイメージと言葉から成立するモンタージュであり、イメージとシニフィアンの浸透からなる装置だった。イメージには言葉が植えられており、言葉もイメージなしにはなかった。そして、〈鏡〉は、想像的自己と象徴的主体を同時に「表象」として、つまり「死体の人形」として設定するものだった。そうである以上、ルジャンドルが「自己イメージとなった自らの身体の鏡像的な書き込み」において、「身体は身体ではなくなり、表象のステイタスを得るのだ」[32]と言っているのも腑に落ちることだ。「これはおまえだ」「おまえではない」という二重の言明が映えたこの輝く姿によって、われわれは一人一人表象となる。ルジャンドルが「ナルシスにとって、決定的に鏡は存在しない」[33]と語るときに、この表象の生産が、「隠喩化」が失敗することがありうるということを示している。ナルシスには顔がない。周知のとおり、ナルシスは水面《みなも》に映えたイメージに恋着し、その姿と一つになるべく身を投げて息絶えたのだった。彼が知らなかったのは、そのイメージが自分であるということだけではない。そのイメージが死んだ表象であって「本当は」自分ではない、ということをも知らなかったのである。だから、ナルシスは自分を愛していたのではない。ナルシスはナルシストではないのだ。彼が存在していたのは、自己の像と他者の像の区別がない、ゆえに自己と他者の区別がない、ゆえに自己もなく他者もない、また自己と自己の像の区別がない、ゆえに現実と虚構の区別がない時空だったのである。このようにナルシスの無知は何層にも入り組んだ無知であり、この無知を解消するためにはその無知に見合っただけ多くの「仕掛け」が必要なのだ。その「仕掛け」こそわれわれが語ってきた〈鏡〉という装置である。繰り返す。〈鏡〉が機能するためには「これがわたしだ」という同一化の言明だけではなく、「これはわたしではない」という疎外と分離の言明も、その眼差しの切り開く空間に響いていなくてはならない。われわれがナルシスではないのは、「これはおまえだ」「これはおまえではない」という相矛盾するかに見える言明をいつの日にか知ったからだ。そしてこの二つの言明は、言葉を介してしか伝達されない。挙措、仕草、イメージによっても、「これだ」という端的な指示を伝えることはできる。だが、「これはおまえだ」ということを伝えることはできない。いうなれば、ナルシスはこの言明を受け取ることがなかった者の名であるだろう。そこには伝達の失敗がある。ナルシスは「これがおまえだ」「しかしこれはおまえではない」という言明を受け取ることができなかった。こうした主体の成立にかかわる根源的なメッセージの伝達の失敗の可能性を消去し切ることはできないだろう。その「賭け」については後に述べる。だが、それを危うく切り抜けるために、〈鏡〉は組み立てられるのだ。それは、言語とイメージと物から出来た装置である。だからこそそれは語りうる。ここに驚くべきことは何もない。問題は次だ。

通常の理解では、想像的な小他者と自己のあいだに噴出する愛憎、時には端的な殺人にまで至る、政治的なものですらある愛憎を、調停し「和約」をもたらすのが象徴的な「第三者」であった。それは協定であり、法の約束だった。想像界と象徴界が截然と区別しうるものではないとすると、つまり〈鏡〉が、想像的でありかつ象徴的なものであるとすると、奇妙なことになる。この第三者も、イメージであるということになってしまうからだ。すでに引用したように、大他者は「われわれを見る」ものだった。ならば、この大他者を見ることができない理由がなくなる。小他者と同じように、それを見ることができるということになる。そう、それで良い。ルジャンドルは簡潔に言う。「分割を構成する第三者は、イメージの場所にもなければ、効力を持たない」[34]。「第三者はイメージである」[35]。引用を続けよう。

自らを、鏡の他者のなかに認め、それに同一化すること。これは自分を分割されたものとして、そしてこの他者にふたたび結ばれたものとして知るということだ。鏡は分割する第三者の、わたしが他の箇所で「分離する絆」と呼んだ関係を設定する者のステイタスを得るのだ。[36]

ラカンの言葉を敷衍し展開することによって、わたしは次のように言いたい。鏡と向き合った子どもという場面における〈わたし〉の出現は、「疎外されたアイデンティティ」や「自我の構成の誤認」という問題に還元されるものなどではない。それを越えて開かれるのは、鏡そのもののステイタスの問題なのだ。ラカン理論の進展において、鏡は第三者のステイタスを受け入れなくなる。それは単なる光学的器械として提出されてしまう。主体による自己イメージの把握や、分身の表象への参入に関して、ラカンが指摘していないのは、鏡が第三者を作るということだ。鏡によって二重化されること、そのことから由来する疎隔のなかでこそ、表象への接近は創設ずみのものとして書き込まれ、関係の世界ははっきりとあらわれ、主体にとっての世界への入口を、世界は作るのだ。この見方からすれば、鏡とはすべての認識のはじまりであると言いうる。とりわけ何よりも、疎隔を出現させることによって、それは規範的関係の概略を示し、「取り掛かりの第一歩」として現れるのだ。[37]

〈鏡〉は第三者である。それを作るものですらある。事の本質を剔抉する言葉だ。このことをしっかり見据えよう。すでに問題は「私的なもの」の領域だけでなく、制度性、規範性の領野にも相渉るものになっている。個人の水準と社会の水準を区別しようとし、分割不能の個人が集合したものが社会だなどという考えに縋ることは、ここまで理路を追ってきた以上もう諦めるしかない。すでに心理学や社会学が云々する抽象的な第三項排除などは問題になっていない。当然のことだが、無意識は公的なものと私的なものの区別を知らない。さらに、三世紀の法学者ウルピアヌスの「公的なもの」「私的なもの」、つまり「公法」と「私法」の区別の定義にまで遡って、こうした公的なものと私的なものの区別は単にヨーロッパ法制史上の歴史的地理的に限定された考えに過ぎないと言い放って見せるルジャンドルにとっては[38]、そのような区別にしがみついてものを考えることは単に法の検閲を喜んで受けているということに過ぎなくなる。すでにこの〈鏡〉は、「私事」ではない。そう、この〈鏡〉は、社会に置かれている。いわく「社会は鏡として現れる」[39]。

> いまや理解しなくてはならない重要なことは、〈社会的鏡〉の問題が問いのあらたな水準を設立するということだ。その問いは、われわれがかつて主体による分割の弁証法のなかに位置づけた三つの要素についての問いというのみではもはやなく、要するに上演される根拠についての、因果性の根拠の表象についての問いなのだ。

〈鏡〉として上演される〈第三者〉は、イメージとして固定されなくてはならない。[40]

社会である〈鏡〉。それは「これはおまえだ」と言うことによって、それに対する切りのない愛を、すでに個人的なものではない「政治的愛」を可能にする。その同一化によって表象としての主体は生産される。と同時に、「これはおまえではない」と言うことによって、そこに映えた愛憎の姿から主体を分離し、限界を通告することによって「疎隔」を、「疎外」を生産する。この二つの言明をイメージの力によって機能させること、これが〈鏡〉の社会的な機能なのだ。ゆえに、「イメージとは人間の母胎＝臓物(entraille)」[41]なのであり、そこから生産されるわれわれ一人一人は、イメージでありシニフィアンである。ゆえに「表象＝死体の人形」である。だから、ルジャンドルが次のように語りうることになる。

> こう言うことができる。われわれのあいだで、われわれはイメージなのである。[42]
>
> 主体性とはまず、われわれがある観念性を受肉するために生れるということだ。それは人間主体の法的観念性である。その主体性は、生きている写し、イメージの特殊な種の再生産のなかにある、イメージというわれわれ自身としての観念性だ。そのイメージはテクストである。[43]

われわれはイメージである。ゆえにテクストである。象徴的でありかつ想像的な〈鏡〉の写しとして生産されたものなのだから、これは当然の帰結である。われわれはこれについて長く語ってきたが、たとえば「プリミティヴ」な「感情」や「身体感覚」に重きを置こうとする人々からは、われわれの身体がイメージでありテクストであるという立言は、耐え難いものであるかもしれない。事ここに至っても。何度も断っておく。そのような人々が言う「身体感覚の直接性・現前性」など存在しない。まず、感覚の基体としての自己の身体そのものが現に「その形」をしているということは、けっしてその「感覚」のみから導出されることはない。嗅覚であろうと触覚であろうと、「一次的」「動物的」な感覚など金輪際存在しない。それは論理的にありえない。そういう人々が感じている情動やら感覚やらは、要するに全体像に立脚するファルス的享楽か、その余りものである剰余享楽にすぎない。それは「享楽のレギュレータ」に磨り潰されたものであり、それが世界を変えることなど絶対にない。それは証明済みだ。そうではなく、「身体は主体にイメージを通して与えられている……身体は生物学的対象のステイタスを離れ、フィクションのステイタスを得る。言い換えれば、身体は身体ではない。その構築はイメージから導かれる。生きる身体はイメージの支配から分離できないのだ」[44]。このイメージが社会的なものであるならば、社会によって、文化によって身体のイメージが違うことは当然となるが、それはひとまず措く。

イメージを通して、いや〈イメージ－テクスト〉を通して、〈鏡〉の面には言葉が一面に植えられていると、われわれはすでに語った。だから、第三者たる〈鏡〉は、テクスト「でも」ある。だからそれは織り上げられたものである。ゆえに〈鏡〉の効果として、表象として生産されるわれわれはイメージであり、なおかつテクストでもある。われわれはすでにこのことについて十分語ってきた。しかし、それにしても。第三者は象徴的であり、想像的な愛憎、その際限のない闘争とは別の次元にあるからこそ、それを調停できる筈のものだったではないか。それがイメージでもあり、それによってこそ主体が生産されるとすると、では、この愛憎を誰が止めるのか。こうした疑念は、すでにわれわれが精神分析の密室ではなく、社会、宗教、神話と呼ばれるほうへと天窓を押し開いていることを見損なっている。ここでルジャンドルの言う「第三者」「第三項」は、通俗的な物言いで類推的に語られるようなそれではもう無い。もう一言付け加えておこう。第三者は存在しない、いや第三者は存在する、フィクションとして、いやフィクションとしても不要だ、などとさまざまな人がさまざまなことを言っているが、ルジャンドルはこうした文言を全く相手にしていない。彼には第三者の「別の」概念化がある。が、このことについては後で、第五章で長く語る。われわれの理路に戻ろう。

狂気の愛憎は、究極の一点で小他者との「融合」を目指す。それができないからこそ、それを破壊するのだ。それを阻みうるものは何か。ルジャンドルは明快に言う。「言語と〈絶対的鏡〉の鏡像性はどういう関係にあるのか。疎隔の重要性をみてみよう。言語の構造のはじまり、それは疎隔なのだ」[46]と。また「疎隔の社会的構築が、文化的レヴェルにおいて、主体を他性のなかへ入らせることを可能にするのだ。これは、鏡の論理の位置転換として分析されなくてはならない」[47]。

つまり、装置としての〈鏡〉は、「これはおまえではない」という表象化・隠喩化の言明によって、鏡の自己イメージと主体のあいだに「疎隔」を作り出す。主体を分割し、主体を疎外に追い込み、主体に限界を通告するこの「疎隔」によってこそ、このイメージとの狂乱の一体化である「ナルシス的狂気」は回避されるのだ。誰が、自分の姿により近づきたいからといって、眼球を鏡に押しつけようと思うだろうか。しかしこれは笑い話ではない。この疎隔を維持できなかったからこそ、エメは刃を振り上げざるを得なかったのではないのか。この疎隔が崩れ落ちていたからこそ、ラカン派の有象無象はフロイトとラカンに「狂信を注ぎ込み」、嫉妬と憎悪の果てに分裂に分裂を重ねなくてはならなかったのではなかったのか。この疎隔が消失する時空でこそ、あの「総統の姿」に同一化する「ハイル！」の絶叫が鳴り響き、政治的イマームたちによる「ファトワー」の怒号が噴出していたのではなかったろうか。だから何としても疎隔を設けなくてはならない。それは「社会的に」構築されなくてはならないのだ。何によってか。まずは禁止によって、法によって。いわく「主体とそのイメージは禁止の関係にある」[48]。主体とイメージの融合と愛憎を禁ずる「法の一撃」たる禁止こそが、疎隔を作り出す。そしてその疎隔なしには「意味」はない。だから「隠喩」もない。ゆえに「主体」はない。

疎隔があってこそ、主体は自らの生を生きうるものとするのだ。この疎隔は、それ自体が「意味のメッセンジャー」であり、「意味の表象を設立する『メッセージにしてメッセンジャーの仮定』の場所」[49]である。そう、〈鏡〉は疎隔をも生産する。そこにすでに「これはおまえではない」「これはおまえだ」という言葉は植えられていた。それは禁止の、法の言葉である。それはイメージがあるところに、つねにすでにそこにある。もっと言えば、それがつねにすでにそこにある、ことを可能にする装置が組み立てられなくてはならないのだ。そしてそれが作り出す疎隔においてこそ、その想像的な狂気は回避される。逆に言えば、疎隔を作り出す法の言葉は、イメージと同居しなければ機能しないということだ。機能しないということは、それが身体を作り出せないということである。法の宣明は、イメージと切り離せないのだ。なぜなら、それがイメージ＝テクストとして作り出す主体の身体は、同じくイメージ＝テクストであるからだ。ゆえに、「法に関する諸学は、身体を歩み出させることを目的としている。というのも〈法〉の次元は身体を通じて伝わるからである」[50]と言いうるのだ。しかし、この極めて重要な疎隔の問題についてはまた後で論じよう。それは近親姦と、そして殺人と切り離せないのだから。他に問題はある。ルジャンドルは〈鏡〉を象徴的かつ想像的なものとするが、すると神たる大他者も見えるものであるのか、と。では、それは小他者と区別できないものになるのではないのか、と。

第三四節「鏡を持つ神」、その狂気

われわれは既に触れた。大他者は見える筈であると。つまり、神は見える筈である、と。しかし、どうだろう。ルジャンドルが中世スコラ学の議論から取り出してみせたひとつの問題がある。こうだ。「神は鏡に映るのか」。「神は鏡を持っているのだろうか。神が傷つけられる、つまりは分割されるのは、どのような彼自身の他者においてだろう。神が人間のために鏡を持つとすれば、それはなんのためにだろうか[51]」。そう、ルジャンドルも強調するように、キリスト教において人間は「神の似姿（imago dei）」として、つまり「神のイメージ」として創造されたのだった。人間は、神のイメージに似せて作られた被造物である。とすると、神は鏡を持っていて、自分の姿を知っていたということになる。そうでなければ、どうやって「自分の姿に似せて」人間を作るなどということができるだろうか。そう、では神は鏡を持っていて、それを眺めているということにしよう。すると「神は傷つけられる」。なぜなら、神もまたあやうくナルシス的狂気をかい潜り、「おまえではない」という言明が設定する疎隔によって限界を通告され、あの想像的愛憎の世界へ、象徴的な調停の「下に」服するものになってしまうからだ。神は、シニフィアン連鎖の換喩的構造を空しく辿るわれわれと何も変わらなくなってしまう。鏡に映る神は、主体のように分割されてしまう。だから、こう言わなくてはならない。「神を前にした鏡は何も映さない。それは裏箔がない鏡と同じだ[52]」。神は鏡に映らない。

〈鏡〉に映ってしまったら、神には「他者」がいるということになってしまう。「大他者には大他者がいる」ことになってしまう。それは神ではない。少なくとも一神教の神では。しかしやはりこれは奇妙だ。なぜなら、すでに述べたように、神は自らに似せて人間を作ったのだから自分の姿を知っていた筈である。どうやって、神は自らの姿を知ったのか。この問いに答えはない。だから大他者に大他者はいないのだ。ルジャンドルは、中世スコラ学者の便宜的な解決をこう紹介している。「中世のドグマティックに戻ることにしよう。〈神〉は鏡に自分の姿を映す。が、その鏡に映るのは神の顔ではなく、世界である」[53]と。しかし彼は即座にこう言葉を継ぐ。

しかし、もっと前に進むべきだろう。〈神のイメージ〉についての言説が異様なのは、それがいま描きだしたような側面とは別の側面をもまた含むという点においてなのだということに気づいておくためだ。図像学がその側面に注意を払うことを強いるわけである。この側面を理解するためには、〈神の鏡〉というこのような場面あるいは言説が明らかに狂っているということを銘記しなくてはならない。それが映し出すのは〈神〉ではなく、神の〈創造物〉なのだから。[54]

そう、〈鏡〉を見たらそこに自分が作ったものが写っていたなどという言説は、完全に「狂っている」。たとえば筆者が朝に鏡を見て、そこに本稿の文面が一面に映えていたら、私は自らの正気を疑ったほうがよいだろう。

そして、キリスト教の高名な「三位一体」の教説も、この「狂気」を示すものだといい得る。父と子と聖霊は同一であり、ゆえに、1＋1＝1であるというのだから。ルジャンドルは、この三位一体論について「神と鏡の関係の不可能性を、自己との分離の不可能性を通達している」[55]と克明に語っている。神は〈鏡〉に映らない。映らないから分割できず、トレ・ユネールも叩き込まれることがない。だから自分を一と数えることができない。だから足し算もできない。「万能」「全能」が何個もあっては困るのだ。ゆえに、どのような神学上の註釈においても、神の〈鏡〉についての議論は「狂った」ものであらざるを得ない。そして、それで良い。そうでなくてはならない。なぜなら、このような「明らかな鏡の狂気の働き」に、「われわれは神話の原理自体を見て取らなくてはならない」のだから。つまり「因果性を、表象のなかで理解できるものにすること」[56]という神話の原理を。つまり、〈鏡〉を持つ神ということを内部に入り込んで議論すれば、その議論は神話的なものにならざるを得ない。もっと言えば「狂ったもの」にならざるを得ない。「狂っている」ということは、つまりそこに根拠がない、原因が特定できないということである。そしてそれで全く構わない。なぜなら、ルジャンドルが言う通り、神話はそれ自体が「原光景」であるかのようにそれ自体が「因果性の審級」であり、「〈絶対的な鏡〉の位置に到来する」ものである。[57]だから、神話とはよく言われるように「世界の説明」なのではない。むしろ、それは「そこから」説明が可能になっていくような説明の限界点であり、因果がそこから始まっていくような因果性の極限であり、根拠がそこから始まっていくような無‐根拠である[58]。なぜ人間はこういう形をしているのか、それは神が自らの姿に似せて人間をお作りになったからだ。これは明らかなる神話であり、説明であり、根拠であり、原因の明示である。だからこそ、それを詳しく議論しようとすれば、それ自体は完全に狂っていることが明らかになるのは当然である。「神はすべての鏡に先立つ〈鏡〉である」[59]。神は〈鏡〉である。鏡を鏡に向かい合わせても、無限の反射のなかでそこには何も映ることがない。それと同じように、〈鏡〉たる神は〈鏡〉に映らない。われわれはすでに語っておいたではないか、〈鏡〉それ自体は見えない、と[60]。すべての鏡に先立つ〈鏡〉、そこから説明も、因果性も、根拠も開始されるが、それ自体は説明もできず因果性もなく根拠もないこの〈絶対的鏡〉の「神話の原理」[61]。繰り返す。これなしにはどんな説明も、因果律も、根拠律も可能にはならない。しかし〈鏡〉自体には因果律も根拠律もない。それはその「極限」である。だからこの〈鏡〉をルジャンドルはドグマと呼ぶのだ。

第三五節　「ドグマ」の意味——モンタージュとしてのエンブレム、〈社会的鏡〉

ドグマ、ドグマティック。ルジャンドルが自ら語る通りに、これは「憎悪される言葉」だ。これは一種の罵倒語としてしか使用されない。ルジャンドルは快いまでに余裕ある皮肉の微笑を感じさせる風情でこう言っている。「ひとはピンセットででもそれに触れたがらない」。しかし「憎悪は、いつも無知と結びついている」[62]。そう、ドグマとは本来どのような意味だったか。ドグマというギリシャ語は、本来見えるもの、現れたもの、そう見えるもの、そう見させるもの、ひいては見せかけを意味する。そこから派生してくる意味は、基本となる公理、原理ないし決定であり、名誉、美化、装飾という意味もある。用法としては、夢や幻覚を、意見や決議、そして採択を語るために、使用される語である[63]。

ルジャンドルが、なぜ自らの仕事の冠として「ドグマ」という、この「嫌われる言葉」を選んだのか、すでに明らかだろう。ドグマとはこの象徴的かつ想像的な〈鏡〉の作用、すなわち「見えるものが原理として決定する」というこの働きを、その意味の豊饒さによってはっきりと指し示す言葉だからだ。そして、この言葉の意味には、それ自体には因果性も根拠も説明もないがそこから因果性と根拠と説明が開始される何ものかという含意が折り畳まれてすらいる。そしてこの語彙を用いることによって、われわれは一挙に家族や心理学、精神分析の密室から解き放たれることになる。そう、明らかにドグマとは、社会的なものに、権力に、政治に、芸術に、宗教に関わる語彙以外の何ものでもない。だから彼の理論は精神分析の単なる「応用」では全然ない。逆だ。精神分析は、中世神学や教会法やローマ法が、彼の言葉で言えば「西洋キリスト教規範空間」が切り無く問いつづけて来た問いを引き受ける仕方の一つのヴァージョンに過ぎないのだ――その更新の力は疑い得ないものであるにせよ。

無論、ドグマというこの語を使用することによって引き起こされたとおぼしい誤解は散見される。ドグマが文化によって別々に存在するだなんて『文明の衝突』とどう違うのか、などと口にして馬脚を露わしてしまう人たちがいることは事実だが、おそらくは彼の書物の題名しか見ていないのだろう。それはよい。われわれは彼の言葉を引いて再度確認しよう。「鏡を見ればそこに自分のイメージがあるということは、議論の余地がない。表象のモンタージュのドグマ的世界はここからはじまる」[64]。「議論の余地がない」自明性を与えるというのに、そこには「表象のモンタージュ」があるのだ。つまり装置が、作為が。繰り返す。ドグマティックな〈鏡〉は組み立てられた装置である。ルジャンドルの語彙で言えば、「鏡とはモンタージュの効果である」[65]。だからそこから作り出される人間も「身体、イメージ、言葉」からなる「モンタージュである」[66]。

この「モンタージュの効果」である〈社会的鏡〉。究極的にはキリスト教世界では神そのものがこの〈鏡〉であった。しかし、注意しよう。われわれは大他者は見える筈だと語ったのに、その大他者たる神は〈鏡〉それ自体であり、ゆえに見えないという結論を下すことになってしまった。これは矛盾ではないだろうか。否。〈鏡〉は装置であり、そこに映えたイメージを見ることが、想像的かつ象徴的に神を見ることであるのだ。もっと言えば、神を見ることにおいて自己のイメージを見ることを可能にする策略こそがこの〈鏡〉なのだ。だからそれはモンタージュの効果なのであり、それ自体がイメージと表象のモンタージュの作用なのだ。さまざまな場面で取り沙汰されるあの高名な「偶像崇拝の禁止」、出エジプト記二〇・四の「偶像を作る勿れ」から開始され、古代中世近代に渡って何度も議論され少しずつ改訂されてきた膨大な来歴を持つこの禁止も、ルジャンドルにとっては「否定性を規制するひとつの方策」[67]のヨーロッパのひとつのヴァージョンにすぎないということになる。つまり、偶像崇拝の禁止とは、〈鏡〉が語る「おまえはこれではない」という言明のなかにある「ない」を、つまり「否定」を、つまり禁止と疎隔と限界の通告を可能にする「否定辞」の言明を調節する手管の、ユダヤ・キリスト教のひとつのヴァージョンだったのだ。この〈鏡〉の装置を精緻に組み上げ繊細に調節する「規制」の「策略」によってこそ、逆にあの豊饒極まりないユダヤ－キリスト教のエンブレム、シンボル、絵画、肖像、イメージの歴史が可能になったのだから。

この言葉とイメージと享楽が交錯する〈鏡〉が、つまりドグマが個々に具体化したものを、ルジャンドルは総称して「エンブレム」と呼ぶ。旗、エンブレム、バッジ、ロゴ、マーク。これらのイメージと言葉の中間にあるようなものたちこそ、まさに〈鏡〉の具体化したものなのだ。なぜなら、「エンブレムはわれわれに宛てられており、われわれはそのエンブレムを見ると、見ているわれわれを見る」のだから[68]。たとえば、フットボール・チームのサポーターを考えてみよう。彼らは個々の選手を愛しているのではない。もちろん自らのチームの素晴らしい選手を称賛し愛しもするだろう。しかし彼が移籍してしまえば、彼らにとってはまったくその選手は愛着の対象ではなくなる。彼らが身を焦がして「愛している」のは「チーム」という抽象的な「団体」なのだ。しかし、どこにも実体などありはしないこのような抽象的団体を、どうやって愛することができるのだろうか。そう、彼らは肉体的にすらそれを愛することができる。チームカラーを、チームのユニフォームを、ユニフォームに縫い付けられた優勝回数を示す星印を、そしてなによりもチームのエンブレムを。そこに彼らは、神話的な歴史性を、語り継がれるべきチームの劇的な過去のノスタルジックなイメージを見る。そして、そこに映えた自らのイメージを見るのだ。エンブレムは〈鏡〉である。だからこそ、「誰もエンブレムなしで群衆を動かすことはできない。社会的宛先をもった言説はすべて系譜への愛着を示し、権威づけられたバッジを見せなくてはならない。これが彼らを準拠に結びつける」[69]のだ。どのような集団でも、このようなエンブレムやバッジ、IDカード、旗や同じマークが入ったTシャツ、美しくデザインされたロゴを持つ。そしてその成員は、その美しい表面に自らの姿を映し出して愛するのだ。ベースボールやフットボール・チームに限らず、学会や地方公共団体、そして国家や宗教も、このようなエンブレムをどうしても持ってしまう。エンブレムは享楽を与えるものなのだから。それがファルス的な享楽であろうと、剰余享楽であろうと。ルジャンドルは言う、「享楽に挿絵を描くこと、そこにエンブレムがある」[70]と。

危うい言説だ、と思う向きも多かろう。エンブレムは国旗でもあり、国家こそそれを利用し、「国家への愛」を煽り立ててきたのだから。しかし国家という形式についてのルジャンドルの評言に触れるのはまだ早い。確かに危うい現象がここで扱われている。旗、エンブレムと。それへの愛、同一化などと。しかし、これを野蛮と言う資格がある者は一人として存在しない。フットボール・チームや国家などの団体への所属を嫌う自称リバタリアンたちも、事が自分の名刺やウェブ・サイトに至ると、いそいそとそこに美しいイラストやアイコン（まさに「イコン」だ）を並べ、快く享楽を誘うフォントでそれを飾ろうとするのだから。そう、ドグマという言葉が「装飾」にかかわるものであったことは、すでに指摘しておいた。ドグマとは、形への、「加工された形」への愛である[71]。ゆえに、整えられ美しくデザインされた文字や形象を愛すること、それを加工する作業は、ドグマティックなものでありつづけるしかない。それだけではない。ルジャンドルという男は、ある意味でテクストとイメージの区別がつかない、異様な眼差しを持った男であるのだから、あるテクストを丁寧に読みこなしそれに註釈をつけるという作業すら、〈テクスト－エンブレム〉[72]への愛着のもとにあり、「テクストのエンブレム的機能」[73]に巻き込まれたものとなる。誰が敬愛する作家の新刊の書物を手に取り、そのなかの素晴らしい一段落を繰り返し読むときに、それを丁寧に本棚にしまいこむ僅かなあいだ、その表紙を凝視するときに、そこに「享楽」を感じずに居られるだろうか。それだけではない。彼は「身体－エンブレム」[74]という言い方をしさえする。そう、すでにわれわれは「こう言うことができる、われわれのあいだで、われわれはイメージなのである」という文言を引いたが、この文章は次のように続くのだ。「われわれはそこに表象の対象のように植え付けられている。われわれはまず形をとるもの、エンブレム、準拠される対象、準拠の創設者として現実に存在するのだ」[75]と。われわれは〈鏡〉から表象として製造されたものである以上、イメージであり、テクストであり、そしてエンブレムでもある。こうしてルジャンドルは〈社会的鏡〉や〈エンブレム〉の概念を提出することによって、ミクロな水準とマクロな水準を区別する作用自体を問いにかける。がゆえに、彼はその水準の分離を前提としてそれを接合するために四苦八苦する必要がない。そのことによって、彼は理論的な更新を力ずくでなすことができたのだ。そこで問題になることがある。それ自身準拠される対象であるさまざまなミクロな水準のエンブレムが最終的に準拠するマクロな水準のエンブレムを〈絶対的エンブレム〉と呼びうるとすれば、それはどういうものなのか。それを明快に説き明かす文言を引用しておこう。

> 〈絶対的エンブレム〉が鏡として取り扱いうるのならば、〈絶対的エンブレム〉はさまざまなイメージを産み出すのだということになる。そうなら、アイデンティティの社会的かつ主体的な手続きがこの〈第三者〉を支えているわけだ。言いかえれば、アイデンティティを可能にするイメージは、原理的に、「鏡による」分割の現前の様態に属しているのである。このように、〈テクスト〉の中継を通して、つまり〈〈トーラー〉、〈福音書〉、〈クルアーン〉などの〉〈テクスト〉の言説のなかにあ

る「前もって語りかけられた主体」のイメージを通じてこそ、主体はこの謎めいた形を発見するのであり、それと同時に他者と自己自身を発見するのである。つまりユダヤ人であり、キリスト教徒であり、ムスリムである、と。[76]

要約する。〈鏡〉という装置は、象徴的かつ想像的であり、テクストでもイメージでもあり享楽を与えるものでもあり、ゆえに個々のエンブレムとして具体化される。無論、それは社会に置かれている。というよりも、それは社会である。それは「これがおまえだ」と発話し、同一化、すなわち「政治的愛」を燃え立たせることによって同一性《アイデンティティ》を可能にし、その社会の成員の「自己イメージ」を可能にする。それが「狂気」に似た融合を目指す愛であり、ゆくりなく憎悪に転化するものであろうとも。それと同時に、この〈鏡〉の策略は「これはおまえではない」と発話する。分離、疎隔、疎外、そして限界を通告することによって、あのナルシス的狂気を危うく免れさせ、その禁止と約定と法の言葉によって象徴的な同一化を起動し、その社会の成員を「主体」にする。この神と同一視されてきた〈聖なる鏡〉[77]が「これはおまえではない」と発話することは、まさに各員に「おまえは神ではない」と通達することである。つまり、主体は法を超えたものではなく、法そのものでもないということを通達することである。だからこそ、ここには全き禁止が、法の命令が存在するのだ。精神分析の多少硬直した用語を敢えて用いれば「去勢」が。だからこそ、そこに映えた姿も、そこに連鎖していく言葉たちも、何か死んでいて、何か欠けていたのだった。だが、すでにわれわれはこうした精神分析の語彙を遥かに遠くに回顧する場所まで来ている。

　われわれはまだ道半ばにいる。ラカンの論旨の二つの解《ほつ》れを、ルジャンドルは引き受けていると述べた。いまだわれわれはその一つの、その半分しか語ってはいないのだから。そう、われわれはこの〈鏡〉が根拠に、因果性に、神話に、説明に、そして「準拠」に関わるものであると予告しておいた。これをもっと詳しく知らなくてはならない。

第三章　根拠律と分割原理――「何故」の問い

第三六節　根拠律とは何か

われわれはこう語った。〈鏡〉自体には根拠も因果性も説明もない。それは「狂って」おり、「ドグマ」である。だからこそそれは「神話の原理」であり、それ自体は根拠でも因果性でも説明でもないがゆえに、そこから根拠や因果性や説明が開始される何かであると。いわく、「神話は世界の説明ではない」[78]。すでに引用した部分で、ルジャンドルは「〈社会的鏡〉の問題」は「要するに上演される根拠についての、因果性の根拠の表象についての問いなのだ」[79]と述べていた。しかし、このような〈鏡〉において上演される「根拠」とは一体何だろうか。ここでは何が問われているのか。

まず、ルジャンドルの文章に頻出し彼が極めて重要視する「根拠律＝理性原理(principe de Raison)」について語らなくてはならない。まず、語義にかかわる煩雑さから解きほぐして行こう。これはもともとラテン語では Ratio の原理(principium rationis)

と呼ばれている。Ratio は「関係」「比」などさまざまな意味があるが、ここで問われているのは当然「理由」そして「理性」という意味である。だからこれは「理由の原理」でもある。ハイデガーが述べる通りに、一八世紀にこの「理性原理（principium rationis）」がドイツ語に翻訳されたときに選択された訳語は「根拠律＝根拠の命題（Der Satz vom Grund）」であり、「根拠律」とは、それをさらに日本語に翻訳したものである。Grund には理性、根拠、理由という意味とともに強い「大地」という含意があるが、Ratio や Raison にはそうした含意はない。ハイデガーもこの翻訳には無理があることを認めている（しかしまたそこから、いつもの通り彼は深い意義を汲み出そうとする訳ではある）。ルジャンドルがこの概念を用いるときに、明らかにハイデガーの分析を前提として語っていることから[80]、われわれはルジャンドルの principe de Raison に「根拠律」の訳語を当てることにする。

ハイデガーは言う。この根拠律は「何ものも根拠なしにはない（Nihil est sine ratione）」という形で表現される。これは「何かがあるところには根拠がある」という言い方とは違うのであって、この「なしには－ない（Nicht ohne）」という言い方、この奇妙な切実さを感じさせる言い方に[81]、ハイデガーはある「必然性」を見る[82]。そしてハイデガーは、通常根拠律よりも上位に置かれる同一律すら「根拠律に基づいている」と言い、根拠律は、同一律・区別律・矛盾律・排中律のなかでも「すべての第一の根本命題中の最上位の根本命題である」と断じている[83]。そして根拠律について二つの可能性を示したあと、彼は最初に示した可能性を選ぶ。こうだ。

　根拠律とは、その命題の言っていること、すなわち何らかの仕方で有るものは如何なるものでも必然的に根拠をもっているということ、そのことが妥当しない唯一の命題であり、一般的に言えば、そのことが妥当しない唯一の或るものである。この場合には、この上もなく奇異なることが生じて来るであろう。すなわちそれは、まさしく根拠の命題が――しかもこの命題だけが――この命題自身の妥当境域から脱落してしまうことになり、根拠の命題は根拠無しにあることになる、ということである。[84]

　根拠律は「何ものも根拠＝理由なしにはない」というものであった。しかし、この「何ものも根拠＝理由なしにはない」ということ自体には根拠がない。ゆえに、そこには根拠（Grund）に除去、隔離、否定、消滅の意味を持つ接頭詞ab-をつけた「破滅の深淵、無‐根拠（Abgrund）」が出現することになる。[85] 根拠律は根拠を与える。が、それ自体は無根拠であり、破滅的な深淵である。ゆえにこの無根拠性は表象不可能であるが、だからといって「思考不可能」であるわけではない、とハイデガーは断言する。ここから彼の論旨は蛇行し始め、たとえば土着性の剝奪であるとか芸術の非対象的なものへの変容であるとかを根拠律に絡めて語る箇所などは大いに得るところがあり、またその結論も極めて刺激的であるが、しかしわれわれは真っ直ぐにわれわれの理路を貫こう。彼は、ライプニッツが根拠律と因果性、あるいは因果律を等値していることに注目している。つまり「いかなるものも根拠なしにあるのではなく、もしくはいかなる結果も原因なしにあるのではない（Nihil est sine ratione seu Nullus effectus sine causa）」。[86] つまり、「因果律は根拠律の勢力圏内に属している」。[87] また、彼は根拠律が「いかなるものも原因なしにあるのではない（Nihil est sine causa）」とも言い表されてきたことを重ねて指摘し、キケロの「原因と私が名付けるのは、働きの根拠であり、結果と名付けるのは、働きによって引き起こされたものである（Causam appello rationem efficiendi, eventum id quod est effectum）」との文言を引いて傍証としている。[88] そして最後に、彼は根拠律を「何故」という問いと結びつけることになる。

何故にということの内で、われわれは根拠を問うている。したがって「如何なるものも、立て渡される根拠無しには、有るのではない」という根拠の命題の厳密なる体裁は、次の如き形式のうちにもたらされうる、すなわち、如何なるものも何故なしにあるのではない（Nichts ist ohne Warum）と。[89]

つまり、こうなる。根拠律は「何ものも根拠なしに、理由なしに、あるのではない」というものであった。われわれの理性的な判断、ひいてはわれわれの表象としての生は、これを当然のものとして受けいれており、「それなしにはない」。現在に至っても、どんな言説にも「根拠」や「理由」、「原因」が、法学的に言えば「証拠」が、そしてもっと当世風の言い方をすれば「ソース」が、飽くことなく切りもなく求められるのは、われわれが今もこの根拠律に基づいてしか生きていくことができないからだ。しかし、根拠律それ自体はまったく無根拠な「断言」である。そしてそれは因果律と同じものである。つまり「原因なしに、結果はない」、「ある結果があった以上、原因がなくてはならない」という因果律と。根拠律は「何ものも原因なしにあるのではない」でもある。そして、根拠を求めることは「何故」と問うことであり、ゆえに根拠律は「いかなるものも何故なしにはない」とも言い表されなくてはならない。そして、やはりそれ自体には根拠はない。そう、「本当は」、結果があったからといって原因があるとは限らないのかもしれない。原因が特定できるとは限らない。何故に答えなどないのかもしれない。しかし、それは真の意味で生きうる命題ではない。だから、今でもわれわれは、無意識に根拠律を前提として語っている。繰り返す。それ自体に根拠はないが、そこからしか根拠が、理性が、理由が、原因と結果との連鎖が、つまり因果性が、「何故」との問いとその答えが始まらない喫水線。これが根拠律である。哲学者ハイデガーが言えるのはここまでだ。

第三七節　根拠律の製造と「準拠」――「ここに何故はある」

では、法学者ルジャンドルはこれに何と言うか。では、何としても根拠律を作り出さなくてはならない、と言うのだ。理性や理由など無くても良い、何故などという問いは厄介で面倒なだけであって、無根拠に振る舞えることこそが自由だ、などという近来の浮ついた考え方はありふれていて退屈極まりないだけでなく、犯罪的である。何故か。ここで、プリーモ・レヴィのあの証言を、再び繰り返す必要があるだろうか。彼がアウシュヴィッツの看守に告げられた「ここに何故はない（Hier ist kein Warum）」[90]を引用しなくてはならないだろうか。そう、アウシュヴィッツに何故はなかった。その非‐時空においては、ユダヤ人を虐殺するのに理由など必要なかった。他に、ルジャンドルはドキュメンタリー作家リシャール・ディンドの一九八七年のフィルム「ダニ、ミシ、リナート＋マックス」を引いている。これは、八〇年から八一年にチューリヒで実際に起きた若者の暴動を四人の犠牲者を通じて描き出そうとする作品だ。マフィア的な暴力の世界に生きざるを得ず、ドラッグの売買と使用に溺れ、政治権力と想像的で「双数的＝決闘的」な関係を持つことしか許されず、登場人物の一人の言によると「若くして破滅している」若者たちが陥っていく「出口なし」の自滅的な末路が描出されていくこのドキュメンタリー・フィルムに基づいて彼はこう語っている。

ディンドが直截に示してくれているように、このような「決闘の政治的かつ法的な制度」という状況のもとでは、すべての主体が自分の行動の尺度を失ってしまうことがわかるだろう。たとえばこうだ。病院のベッドで、友人がリナートをナイフで切りつけてしまう。それはリナートと自分自身を鎮めるためだった。その時に警察官たちは、リナートたちが本当は憎悪しあっているのではないということを知らないわけではなかった。それなのに、狡猾にも含みがあるいかさまに身を委ねてしまったのである。これは若者を殴りつけ地べたに叩きつけるようなものだ。裁判官は、彼ら自身が決闘に巻き込まれてしまったのだということ以外何もここではわからないわけで、そんな裁判官の決疑論など何もあてにならない。

　このように、このフィルムが警告となって思い出させてくれることは、存在してはならないという裁定を受けてしまった若者たちの、展望なき絶望である。しかし彼らは果てまで人間なのだ。それはリナートの墓碑銘が証言してくれる。その墓碑銘とはこうだ。「何故？」[91]
だから、何としても根拠律を作り出さなくてはならない。言わなくてはならない。ここに何故はある、ここには何故がある、と。何故と問えるように、何故に答えがあるように、答えがない何故を共に生きることができるように。しかし、どうやって。そう、われわれはこのことについて語ってきたのだ。

そう、根拠律と因果律には根拠はない。だからある意味で、合理的にそれを設置することはできない。それは反復によって、美的＝感性的な反復によって、つまり「ドグマティックに」設置されるしかない。こう言おう。根拠律は芸術であり、根拠は美的・感性的に示されるしかない。つまりわれわれの理路で言えば、シニフィアンでもイメージでもある何かによって。テクストでもイメージでもエンブレムでもある何かによって。

たとえば自らが自らである「根拠」を、つまり自らの存在の「証拠」を示すには、第三者に保証される限りでの自らの名とイメージを「エンブレマティックに」提示するしかない。なぜわれわれは、自らが自らであることを証し立てるために、あの小さな手鏡のようなＩＤカードを必要とするのだろう。わたしはわたしとしてここに存在しているというのに、検問所や役所や税関などでは、それよりもこの小さな手鏡が――そこには言葉とイメージが物質的に植えつけられている――自ら自体の存在よりも優先されるのだ。それに「準拠」することによってしか、われわれは自分が自分であることすらも証し立てることが出来ない。わたしがわたしであることを証し立てるために、その検問所に何十人友人を連れてきても無駄だ。ある人が「確かにこの人は何某です」と証し立ててくれたとしても、ではその「ある人」が本当に「その人」なのかどうかを証し立ててくれる人を改めて連れてこなくてはならなくなる。ではもう一人連れてきても、その人が本当にその人なのか――怪しいものだ。以下無限に続く。確かにこのような例は滑稽だ。

しかしそうするとわれわれは滑稽を生きているということになる。このような「立証」の、「準拠」の連鎖をどこかで止めるためには、ある「絶対的準拠」がなくてはならない。第三者としてその小さな手鏡を「真なるもの」として自らに引き受けるものを仮定してこそ、われわれはそれを――まさに証拠を、根拠を示すものとして――示して、日々学校や図書館、会社や工場の入り口を往来できるのだ。あのＩＤカードに張られた小さな自己イメージと短い文字列が、自らが自らであることの「真理」を証し立て、その「証拠」「根拠」を示す。この小さな手鏡、ＩＤカードが「エンブレム」でなくて何だろうか。だからルジャンドルはこう言いうるのだ、「エンブレムは、つまり準拠を具体化するのだ。エンブレムは、この前提された絶対的他者のメッセージの物質化された証拠なのだ」[92]。この「準拠の具体化」たる小さな手鏡たちは、最終的にある「法人」の水準に見合った大きさを持った何ものかに「絶対的」に準拠しなくては機能しない。だからこそ、その何ものか自体が〈鏡〉として上演されなくてはならない。この「第三者としての〈鏡〉」を精緻に設置することによってのみ、「〈根拠律〉の社会的上演」[93]はなされる。なぜなら、「鏡は人間にとって自己の原因（cause de soi）として存在する」[94]からであり、「イメージを生産することで、鏡は結果としての起源を見せる」[95]からだ。思い出そう、鏡像段階の最初から〈鏡〉は自我の、自己の起源であった。だからそこには「準拠」されるべき姿があった。「ほら、これがわたしだ」。それは全き隠喩の閃光であった。〈鏡〉は原因を、因果を、根拠を示すものであった。しかも社会の水準と主体の水準が区別されるその境界線上において。ルジャンドルはこの示す作用を正確に「示す権力」と呼ぶ。「この示す権力は、規範システムをさまざまな形式に、〈政治〉を〈美学〉に、文化がなす象徴的秩序をその究極の根拠に結びつけることに存立して」おり、「この点、社会と主体が分節される点においてこそ、示す権力は意味を持ち、西洋の歴史システムのなかで、〈絶対的鏡〉あるいは〈定礎するイメージ〉――すなわち〈神の似姿〉の言説として組織されるのだ。だからこそ、わたしの立論の展開は、演劇的原理と神話にそって姿をあらわすのである」[96]。

理由を、原因を、証拠を、根拠を、「何故」に応じて「示す」こと。問いを置くこと、問いかけることができる時空を開くこと。しかも、イメージとしても、テクストとしても。これが主体の死命を制するものであることは、既に明らかだ。社会としての〈鏡〉は、表象としての主体を生産する装置であった。そしてこの〈鏡〉が揮う権力こそが、示す権力であった。そしてこの〈鏡〉はイメージとしての第三者であった。つまり、ここでは「〈第三者〉は〈根拠律〉に実質を与えるものだということになる。つまり、すべての社会は論理に対して、つまり表象や因果性の言説に対して執拗に訴えかけるが、それは生が生き再生産できるようになるためなのだ」[97]。第三者は、根拠律に実質を与えるものであり、それは生に必要なのだ。そう、社会は根拠を示さなくてはならない。〈絶対的準拠〉を、〈聖なる鏡〉を上演しなくてはならない。一人一人の主体を生産するために。その人形《ひとがた》たちが危うく生きうるために。

第三八節　分割原理――「一と数えること」と「証拠となるテクスト」

以上の論旨の整合性を保つため、確認しておかなくてはならないことが二つある。ひとつは、「分割原理」であり、ひとつは「証拠となる文書」の特異なステイタスについてだ。まず分割原理から述べていこう。

一、分割原理。当然だが、因果律とは「原因」と「結果」の「関係」を設定する。根拠律も同じく「生起した事象」と「その理由」との「関係」を設定する。つまり「何故」と「何故」の問いに答えるべき「証拠」との「関係」を。しかし、これは自明のことではない。この原因と結果、事象と理由、何故と証拠との関係が結ばれるためには、それぞれがカテゴリーとして分割され、独立していなければならない。ゆえに、因果律と根拠律は、それぞれの項が分割され、カテゴリーとして独立していることを前提として成立する。もっと言えば、この「関係性」と「独立性」は一挙に、お互いがお互いを前提としたものとしてのみ提起される。もちろん「分割」によって。そして無論、この因果律と根拠律が自明のものとして存在しているわけではないことはすでに述べた。それは〈鏡〉として、ドグマティックな上演によって製造されるものだった。この二項が分割されなくてはならないことと、それが〈鏡〉として上演されなければならないということは、脈絡がついている。なぜなら、ルジャンドルが語っているとおり、「われわれは準拠する権力を一旦〈第三者〉のエンブレム化の現象として理解したが、これは分割原理を表象する権力としても深く掘り下げて研究することができる」[98]からだ。『テクストの子どもたち』のこの箇所で、彼がこの分割原理によって分割されるものとして挙げているものは三つある。カテゴリー、主体、そして時間である。まず〈鏡〉であるエンブレム化された第三者は、法の言葉として「カテゴリーを分割する、つまり分類する」[99]。そしてこのことと、「主体」と「時間」が分割されることは、別のことではない。つまり、「分割するとはまた、主体が因果性のうちに導入されるということを意味している。このように見ると、〈禁止〉との関係は因果性の論理との関係を意味し……〈根拠律〉との関係として表現される」[100]のだから。

率直に言って、ルジャンドルの論旨のなかでも極めて重要かつ困難なこの部分を、彼がうまく展開して言えているとは思われない。彼は当然のようにこのことを言う。いつも何故わかって貰えないかが全くわからないとでも言いたげな口調で。中世スコラ学のテクストや教皇の勅令の古文書ばかりと向き合ってきた男からすれば、当たり前のことなのかもしれない。が、われわれにとってはかなり理解しづらいところである。だからここでは多少敷衍して語って行こう。まず、〈鏡〉の装置の一部分であった「これはおまえではない」という分離・疎隔を生産する言明は、禁止であった。つまり法であった。それによって主体は、〈鏡〉から、つまり「神」「万能」から分離されることになる。この分離の作用こそが、「最初のシニフィアン」の導入である「トレ・ユネール」だったことを思い出そう。そしてそれが「分類」と関係付けられていたことに。われわれはすでに、この概念は弟子ルジャンドルからヒントを得たものではないかと述べておいた。[101]この「トレ・ユネール」の概念が、「ドグマティック」なものだとラカン自身言っていたこともあわせて思い出そう。そう、イメージとの禁止による疎隔、分離は、「一」を数えることを、「ひとつの項」を分離することを可能にする。ここではすでに、ラカンを引く必要はない。ルジャンドルの言葉を引こう。

同一化（identification）は、「言説による分割の手続き」として理解されなくてはならない。分割された人間は、イメージの分化とおのれ自身のイメージとの分化を通して、因果性の表象のなかに参入する。文化という規模において、〈禁止〉とは何か。それは、〈象徴的絶対他者〉の上演を通して、主体に因果性と分化を生じさせることである。これが西洋のばあい、〈聖なる鏡〉だ。[102]

計算する（数える compter）ためにはひとつの空虚な場所が必要である。全体的な地はこの場所を占め、その場所でこそ絶対的準拠あるいは神話的準拠と呼ぶ形式のもとで、正式のものとなる。数え計算すること、それはまずこの空虚な場所を考慮に入れること（compter avec）なのであり、それは人間世界のなかで政治技術が絶え間なく達成してきたものである。[103]

計算の言説は神話的段階を――つまり〈絶対的準拠〉の段階を――含み、その段階の機能は、法的に調整された社会空間（人間主体は社会空間として理解されねばならない）のあいだに境界線を画することなのであり、またそれらの空間を定礎する分割原理を課すことである。[104]

計算し数えること（comptage）は何の役に立つか。権力の役に立つ。権力を機能として上演し、権力をして主体のための分化の効果を生産させることに役立つ。[105]〈鏡〉に向き合って、主体は分割される。一つの「すべて」、一つの「全体像」として自らを「一」と「数える」ことができるようになる。われわれは自分を一人と数える。人間のなかの、一人である、と。しかしこれは全く自明のことではない。幼年時代、われわれはいつ自分を一人として数えることができるようになったろうか、あるいはそこにいる者たちを「自分を勘定に入れて」数えることができるように。どこからどこまでが自分で、どこからどこまでが自分ではないのか、イメージも言葉も知らず、〈鏡〉による分割を被っていない幼児は知らない筈である。自分を「一」と数えること、これは膨大な前提を必要とする能力なのだ。「どこからどこまでが自分なのか」「どこからどこまでが一人の自分なのか」。この問いは、臓器移植や脳死が問われるこの時代において、また新しい意味を持った言葉となっている。まさに問題になっているのは身体であるからだ。しかしこのことは措こう。

われわれが当然の能力とするこの数える能力、あるものを「一」として数える能力は、まず自分のことを「一」として数えられる能力を前提とする。繰り返す。これは自明ではなく、膨大な前提を必要とする能力である。ナルシスは、自分を一人と数えることができなかった者の名でもあるのではないだろうか、と、ここでは一言だけ言っておく。自分を「一」と数えるときに、そこには明らかに抽象作用が働いている。どころか、自分が「一」であると言えるということは、すでに同種の「二」が、そしてそれ以上の「数」があるということを知っているということだ。ゆえに、自分を「一」として名指すことができるということは、自分がある種に、「人間」という種に属していることをすでに知っているということになる。「人間」のなかの、「一」である、と。だから、〈鏡〉によって主体を成立させることは、それを分割して「一」と数えられるようにすることであり、ある分類上のカテゴリーのもとに「一挙に」主体を参入させることである[106]。だから分割原理はカテゴリー上の分割であると同時に、主体に禁止を宣明し限界を通告することである。ある人間という種のある団体に属するある系譜に属するある性別を持つ一人の人間でしかない、と。主体は分割原理によって、一つ一つ項が分割された分類の秩序のなかに参入する。だからそれは、因果律と根拠律への参入でもあるのだ。その参入によってこそ、自らが一つの「項」であることが可能となり、ゆえに他「項」

の独立性もまた同時に可能となる。自らがそれである「項」と、自らがそれでない「項」との分離がそこに発生するのだ。そしてこの分離なしにはその「項」同士の関係性も存在しない。つまり因果性も、根拠律も存在しない。因果性と根拠律は、理由あるいは証拠の主体に対する外在性を要請する。つまり、その証拠が「自ら」であってはならないのだ。そしてこのことは、自らがその一カテゴリーに属する分類を可能にする分離の宣明によってしかなされない。分類なくしては、証拠と理由の外在性は存在しない。繰り返しを恐れず言おう、「すべてのものに根拠＝理由＝原因がある」というそれ自体無根拠な言明は、その「すべて」が区切られ切り離され一つ一つの項が分類されていることを、またその根拠と理由と原因が「ひとつひとつのすべてのもの」に対して、またそれを認識する主体に対して外在性を持っているということを前提としている。つまり「分離されている」ことを前提としている。そしてまた、すでにルジャンドルの文言を引用したように、この分離はイメージによって、〈鏡〉によってしかなされ得ない。その作用によってこそ、主体は分類のなかに、カテゴリーの独立性のなかに、根拠律のなかに、因果律のなかに参入していくのだ。前に挙げた箇所で、ルジャンドルが分割原理の対象となるものとして「時間」を挙げていたのは、この〈鏡〉の上演が「歴史的時間」と「神話的時間」の政治的分割そのものでもあるということを指している。[107] そう、それは神話的な上演としてしか存在し得ない。「象徴秩序への参入」と構造主義以降軽々しく言われてきたことは、このような〈聖なる鏡〉の神話的な、つまり人工的な策略なくしては存在することすらできない。[108] イメージの上演なくして、法はない。法の禁止なくして、因果性と根拠律はない。そして、根拠律なくして、何故はない。そして、何故なくして、人の生はない。

二、証拠となるテクスト。「すべてのものには根拠がある」。根拠律の要請があるならば、そこで根拠を提示して立証されるものは「真理」だ。真理を証し立てること。このことは、単に知的な操作に留まることではない。「わたし」を証し立てることなくしては、人は生きていくことができないからだ。それだけではなく、その「証明」は、社会的な規模で疎隔として宣明されなくては意味がない。このことはすでに見た。個々の主体に、自己証明は存在しない。ひとは、自分が自分であるということすら、自分で証し立てることはできない。

では証し立てなくてはならない。証明をしなくてはならない。しかしどうやってそれをすればよいのか。

証拠を、事実としての証拠を持ってくる。それもよい。しかし、何が証拠なのか。何が証拠となりえるのかは、前もって制定されている。訴訟のときにそれは明らかだ。何が事実であり、証拠に耐えるものであるのか、それは法的に、社会的に、文化的に決定されている。たとえば、ある殺人事件が起こったとしよう。そして、ある人が、殺人現場から血塗られた刃物を手にして逃げ出す男を見た、と証言したとしよう。これは様々な屈曲はあれ、証言としてすなわち証拠として、とりあげられるだろう。しかし、ある人がその殺人犯を予知夢にみた、と言い、それを裁判で訴えたとしよう。おそらく彼は正気を疑われ、その証言は一笑に付されるだろう。こんなことは常識ではないか、と思われるかもしれない。しかし、それはわれわれの社会、ローマ法と教会法の結合の長き歴史のもとに徐々に形成されてきた法典の継承者としての近代法のもとにいるわれわれの社会の常識にすぎない。夢が、裁判の証言で認められるという社会、文化も当然歴史上存在する。占いと裁きが結びついた社会は無数にあるし、そのような文化ではつねにありうることだ。だから、何を証拠となし、何を証しとなし、つまり何を真理の根拠とするかは、つまり「何が信じうる証言であり根拠であり証拠であるのか」という問題は、切りなく何度でも問い直される価値がある問題なのだ。いわく、「真実のコミュニケーションのための全面戦争のこの時代に、『証拠とは何か』という基本的な問いには、法学者サークル以外ほとんど誰も動かされないというのは、奇妙なことではないか[10]」。

では、証言を「信じうる」ものとする証拠と事実は、何によって前もって決定されているのか。これこれのことを証拠となす、という法文書によって決定されている。明文化されたものであろうと暗黙のものであろうと。だから、証拠は、それが生々しい物体、血塗られた刃物であろうとも、実はテクストへの準拠なのだ。われわれは、ものを証明するときに、イメージ＝テクスト＝エンブレムに準拠する。「ほら、ここに書いてある」と。わたしを証すときに、ひとはＩＤカードだの社員証だの学生証だのを手にして、また言うだろう、「ここに書いてある」。知的な説明をするときもそうだ、辞書や権威ある書物を手にして、「ほら、ここに……」と、われわれも日々繰り返しているではないか。この準拠の挙措を。繰り返しになるが念のために言おう、これは鏡を前にして「これが私だ」と呟くことと他のことではなく、エンブレムを前にしてチームへの愛を燃え立たせることと別のことではない。「ほら、ここに書いてある」。準拠を、典拠の明示を事とする法学者、ピエール・ルジャンドルは次のように言う。

> もう少し踏み込んで言えば、真と同等なものとは、「ここに書いてある（c'est écrit）」である。それも書いてあれば何でもよいのではなく、まさしく「法はどこからくるのか？」[110]という絶対的な政治問題と関わる場所に由来しているのを、証明できる文書である。
>
> 法学の総体はまず書かれたものの集まりとして課され、法的思考はテクストの取り扱いとして課されている。こう言えば、さまざまな観察が集中するのはどんな中心的な点なのかを示したことになる。これしか問題になりえないこと、それは「書いてある（c'est écrit）」ということだ。[111]

書いてある、と口にしてテクストを示すこと、これが準拠の挙措だ。テクスト、織り上げられてイメージと混じり合ったこの奇妙な何かを。この準拠の所作によって、われわれは証明する生を生きているのである。「人間の生とは証明することから成り立っている」[112]。しかし何を証し立てるのか。織り上げられた真理を。

真理とは一つの場所であり、仮定の上では空っぽなその場所には、何一つない、ただしテクストを除いて。われわれはこの点に何度でも出くわすことになるだろう、ドグマ的な何かが内実を持つとすれば、それは真理との関係においてであり、その真理とはまさに、テクストの中に住まうのである。準拠とは、テクストへの準拠だ。言い換えれば、われわれが相手にしているのは語るテクストであり、諸制度が出会うのはテクストの真理である[113]。

だから、「すべての社会は語る、〈テクスト〉の横糸に書き込まれて[114]」と言い得るのだ。テクストは社会的な産物であり、そのテクストへの準拠において、その「名において」真理との関係が成立する。まさにこの「名において」こそ、絶対的準拠への準拠の挙措であり、その宣明である[115]。準拠の連鎖、テクストからテクストへの連鎖のなかで、ついに〈絶対的準拠〉たる「ドグマ」にいたるまで、社会とはテクストであり、テクストの営みなのだ。つまり「織り上げられたもの」の。われわれはこれをすでに難なく理解しうるところまで来ている。子どもを産むことすら、テクストを産むことであり、テクストから産むことなのだから。いわく、『テクストの子どもたち[116]』と。そう、いままでわれわれは〈鏡〉の理路を巡ってきた。すでに、以上の理路に「飲み込み難さ」だけではなく「難解さ」をも感じている読者も多かろう。しかし、これよりももっと飲み込み難く、もっと主体の死命を制する理路の方へ、われわれは向かわなくてはならない。「系譜原理」の方へ。それが同時に、ラカンの第二の解《ほつ》れの箇所を取り扱うことにもなるだろう。そうしなければ、われわれはなぜルジャンドルがこのような困難な議論をしているかすらわからなくなる。さらにまた、この根拠律と因果性と〈鏡〉をめぐる「難解さ」――「困難さ」「飲み込み難さ」ではなく――が、ある具体性をもって迫ってくるのはまさにこの「系譜原理」の問題においてであり、そこにおいてこそその「難解さ」は解きほぐされることにもなるだろう。そう、なぜ〈鏡〉が必要なのか。なぜそれが因果性と根拠律と関係があるのか。それは、子どもとして生まれ、子どもを生まなくてはならないからである。

第四章　系譜原理と〈父〉——誰かの子であること、誰かの親であること

第三九節　誰かの子であること、誰かの親であること——系譜の「胡乱さ」

しかし、このことほど語るに困難をきわめることはないだろう。性的享楽、象徴的なファルスの享楽についてなら、人はたやすく語りうるし、現に人々は嬉々として語っている。多少の無恥すら携えていれば、そこに困難は何もない。しかし、誰かの子であり、誰かの親であり、誰かの夫であり、妻であり、ある性別を持ち、そして生殖する者であり、そしてそれについての定めなき約束、あてどなく明日もないとわかっていても取り結ばざるを得ない約束をかわす者である、というこれらのことほど生々しく滴る体液や血の匂いがたちこめ、むず痒い葛藤の味がするものはなく、できれば口をぬぐい去って私的な領域とやらに押し込めておきたいという衝動を催させるものはない。子を産むこと、誰かの子であること。この生殖の——性の享楽の、ではない——営みは、確かに平々凡々たるものではある。毎分毎秒、子どもは生まれているのだから。しかし、どう

だろう。自らの親の相貌を思い浮かべるときに、何か即断し難い染み渡るような愛情と憎しみと諦めが、そして何かを愧じるような赤面が沸き上がって来ない者がいるだろうか。自らが父となり、そして母となったときの、奇妙な居心地の悪さに、思い至らない両親がいるだろうか。誰もが誰かから生まれる。親は選べない。精子や卵子の売買、代理母の問題が喧しい現在にあっても、この事実から逃れている者はいない。親は選べなくても、子を選ぼうとして——精子を選び、卵子を選び、代理母の子宮を選んでも、そこから「出来た」子どもが、「そのように」生まれたということは選べる訳ではないのだから。こうした精子売買や代理母の問題を越えて、遺伝子操作による人間の改造を嬉々として勧める者すら科学者や哲学者を問わず存在するが、浅薄な新味を得るために彼らが何を犠牲にしなくてはならないか、われわれはよく観察するとしよう[117]。

　問題はそれだけではない。この「生殖」の問いが考え難いのは、われわれが生きている「超近代的」「産業的」世界の検閲がそこに作用しているからだ。ルジャンドルがいつも口にし、どの著作にもどのインタヴューにも何度も出てくることだからいちいち典拠を明示するまでもないことだが、どうにも産業社会に住まうわれわれは系譜を、「誰かの子であること（filiation）」を考えたがらない。セックスや子育て、親子の葛藤の話題など、雑誌をめくるなりテレヴィジョンのスイッチをつけるなりすれば幾らでも目にすることができる。それは確かだ。しかし、それがまさに「系譜原理」「母権」「父権」「再生産＝繁殖」の、いかなる社会にあっても枢要をなす問いであることに関しては、ひとは目を逸らし続けている。だから、親子関係、父、などと言っただけで、それは社会学でも哲学でも宗教学でもなく、「心理学」の問題なのではないか、などという反応を受けることになる。それは個人的な、心の問題である、と。しかし子をなさず親がいない社会はない、生殖がない社会もない、法がない社会など存在しないのと同じように。だが、こうした思考の検閲も仕方のないことなのかもしれない。子をなし、子を躾け、つまり子を「調教」し、共に法の下に額づくこと——これはどんな意味でも「胡乱な」話なのだから。

逆に言えば、あの激しい批判にもかかわらず、精神分析しか取り扱えない部分があるとルジャンドルが言い続けるのも、この胡乱さゆえなのだ。精神分析は、系譜の知として、つまり「子」を産み出すという唯一の目的を持つ膨大な制度的な知の歴史的な一部として、逆に法の古層とでもいいうるものへの視野を開く。精神分析の胡乱さということがよく喋々されるのは、その誕生からいまに至るまで変わらない。しかし精神分析の胡乱さは系譜の胡乱さである。つまりそれは、子を生み養い育て一人前にすること自体の胡乱さなのだ。分娩し制定し分離し、生を生かしめ死を死なしめる、この一瞬の永劫の営み。その胡乱さ。[118] それはひとの生死を裁く法学者と医者の胡乱さであり、[119] そして人が交り産褥を耐え自らの生を生きはじめ自らの死が自らの消失となり果てる場所、なおかつ不眠と夢の苦悩がつねにかつゆくりなく交差する場所たる「床」の知の、床を設える知の胡乱さなのだといっていい。だからそれは本質的な胡乱さ、必要不可欠な胡乱さなのだ。実際、子の再生産のための、つまり繁殖のための制度を幾許かでも持たない社会は存在しない。あったとすれば、それは端的な根絶、どんな比喩でもない絶滅に向かうことだけを唯一の存在理由にする社会だということになる。国家は法人である。だから人格である。ゆえにそれは自殺しうるのであり、自らの絶滅に向かった唯一の国家として、ナチス第三帝国をルジャンドルが挙げているのは偶然ではない[120]。そのような社会は、あってはならない。

だから、問題は「家庭の問題」ではない。パパとママとボクの問題では金輪際ない。無論、育児に携わる母親たちが参照するさまざまな著作に盛り込まれた知見や、子を育てようとする母親たちの知的ですらある努力を無下にしようというのではない。逆だ。彼女たちの知は、人が考えているよりももっと長大な射程を持つものなのだ。「家庭」あるいは「核家族」とは歴史上のある一つの制度における戦略的な布置に過ぎない。「家庭の崩壊」などと気安く人は言うが、歴史上、崩壊しかかった形でしか家庭など存在しえたためしがない。だから「家庭」ではなく、「系譜」と口にしなくてはならない。たとえばルジャンドルは、「パパ」「ママ」のカップルだけで社会的な「絆」の問題系を規定できるかのように振る舞う心理学を批判し、躊躇いを乗り越えて「祖先」という言葉を口にしよう、と言う[121]。そして大文字の〈父〉の原理や、「父の役目」を強調する。こういう彼の思考がわれわれには非常に飲み込み難い。それはあまりにも反動的ではないのか、と、一見しただけではそんな意見に傾いで行くのも無理はないところだ。しかし、それは理論的に飲み込めないのではなく、無意識の、あるいは時代の検閲によって飲み込めないのではないのか。われわれは自分にそう問うてみる必要がある。しかも、ルジャンドルは系譜の問題を危急のものとして提起している。この思考の検閲によって、またその検閲に対する思考の無自覚によって、そして国家が系譜原理を担えなくなりつつあるという事実によって、われわれは一種の系譜上の危機の時代にいるというのが彼の診断だ。だから、ここに来ると彼の文体は政治的色彩を増し、またも「困難」の度を増す。しかしわれわれはドグマを飲み込んだ以上、これも飲み下さなくてはならない。腹を壊すかもしれない。われわれの身体はテクストなのだから、テクストによって痛むことは多いにあり得るのだ。しかし、それでも、ゆっくりとこれを嚥下していこう。

第四〇節　「超越する神話的対象」としてのファルス

われわれはラカン理論の解《ほつ》れの二つめとして、〈象徴的かつ想像的なファルス〉を挙げておいた。象徴的なファルス、それはすでに去勢され、器官としてくり抜かれ、「性的関係」を「ない」ものにするものだった。その享楽はあくまで平穏な日々の営みであり、何も危険なものはなかった。それは調整器にかかって器官にまで切り詰められたファルスの享楽であり、その安穏たる悦びだった。そして、人々は「肉慾の小ささ」に思い至りつつも、それでも際限なく淫蕩な脈動を打つ所作が繰り広げられる床の薄明を誘蛾灯のようにして性の享楽に浸り、時にはその営みから子どもを産み出すことになる。象徴的ファルスは、要するにこのようなものであり、このようなものにすぎず、そしてそうであることによってこそ自らの任務を全うする。享楽の、肉慾の誘蛾灯、ファルス。しかし象徴界は想像界に滲み出すものでもある。ゆえにその象徴的なファルスが想像的なファルスと重ね書きされる瞬間があった。それは、ある全体を持った形への、「立ち姿」への愛として、その享楽として出現する。ある人の姿への愛、その美しい輪郭への欲望である。そしてまた、その「全体像」から漏れ出るような、部分への愛である。脚、眼差し、頰の線、乳房、ある肩や腰の輪郭の丸みへの欲望である。だから性の営みそれ自体は、この「全体的な姿」という想像的なファルスに対する愛を象徴的なファルスの媒介によって行うということでもあり、またそこから漏れた部分的な対象aたちへの剰余享楽に溺れるということでもある。これらのことをもまるでルアーのようにして、人は性的な享楽に身を委ね、そして時として子どもを産み出す。以上のことは第一部の復習にすぎない。問題は次だ。

象徴的＝想像的ファルス。それは「権力の王杖」として、権力を「持つ」ことが権力で「ある」ことに滲み出る瞬間でもあった。建立され屹立する直立像に対する想像的な同一化を吸引力として、ある象徴的な位置を占めることを目指す権力の享楽。これがファルス的享楽の「すべて」だった。そのことも既に見た。ルジャンドルも、その初期の著作において「直立した姿勢」は「意味を定礎するシニフィアン」であり、「直立した人間を取り扱い、それを歩ませることとは、〈普遍的な性〉の神話的言説のなかに入っていくことを意味する」と語っている。[122] 権力の建立された表象である宮殿、尖塔、立像。これら直立した像、それへの同一化こそが権力への同一化であり、その関係は「性的」なもの、享楽にかかわるものであらざるを得ない。だから精神分析はそれを「ファルス」と呼ぶことに拘泥するのだ。もっと言おう。〈国家〉という語の語源のひとつに、ラテン語の「スタトゥス（Status）」がある。フランス語では「エタ（Etat）」英語では「ステイト（state）」に受け継がれているこの言葉は、まずもってラテン語動詞 stare「立つ」の完了分詞から来る。つまり国家とはそもそも「立たされていること」「立っていること」である。国家、この権力の屹立する姿のシニフィアン、ファルスである国家。無限に想像的な同一化を誘うことによって、象徴的な位置決定に導く「建立されたもの」。ひとはその全体像に同一化しようとして、ある権力「である」ことはできず、いつのまにかある「象徴的な位置」を占めることによって権力を「持つ」ことになるのだ。しかし、これはわれわれが既に見てきた理路の繰り返しにすぎない。また、ここで話を投げてしまえば、国家の男根主義を肯定することにもなりかねない。問題は他にある。つまり、なぜこのような「象徴的かつ想像的なファルス」が、「子どもを産むこと」に、すなわち「系譜原理」にかかわるものであるのか。それを見ていこう。ルジャンドルにとってファルスとは何で、それはどのようなドグマティックな役割を持つのか。極めつけの明快な部分を引用しよう。

超越する神話的対象、それは値の付けられない想像的な価値を持ち、その無意識のステイタスを保つ。この対象を、アカデミックになってしまった名で呼んでみよう、ファルス、あるいは絶対的セックスと。[123]

だから、象徴的かつ想像的なファルスとは、「絶対的なセックス」である。つまり、「完全な」「万能の」「絶対的な」セックス、つまり「性別を超えた」性である。[124]つまり、「ありえない」「存在しえない」セックスである。この絶対的なセックスでは「ない」ことによって、いやそれを「持つ」ことすら許されないことによって、われわれは象徴的な、あの刺激的ではあるが惨めな器官にすぎない具体的なファルスを持ったり持たなかったりすることになる。まさにこのような「象徴的－想像的」なファルス、すなわち「超越する神話的対象」が「権力のシニフィアン」でもあるとすれば、これは「純粋状態の権力」[125]、万能の権力である。しかし、この「ファルス」であることができる者は誰もおらず、その純粋権力を揮える者はいない。ルジャンドルは言っている、ファルスという純粋権力においては「『権力はすべてが可能だ』。しかしこのすべてとは何か？　答えよう、無だ」と。[126]

この万能であるがゆえに無である「絶対的なセックス」から分離され分割され、つまり精神分析の胡乱な語彙を使えば「去勢」されることによって、われわれは「性別」を持つようになる。そうでなくてはならない、このファルスとの同一化は「殺人的な同一化」であり、「死にたくなければこのファルスとの関係を代謝しなければならない」[127]のだから。こうしてわれわれは女性になり、あるいは男性になる。女、男、というのは文化によって系列化された法的カテゴリーであり、文化によってその意味内容も、数すらも違うのは当然である。しかし形式上、それはいくつかに分割されなくてはならない。系譜をつくるため、子をなすために。女、男、という法的カテゴリーは法的なものである以上、人為的なもので、自然的なものではない。たしかに「女らしい女」「男らしい男」はもちろん口にするのも馬鹿らしいほど幻想だ、存分に批判すべきだろう。だが、「性別」すなわち「性の分割」は制度的かつ法的な必要性から生じたものであり、子をなし社会の再生産＝繁殖の輪を回すために不可欠な「制度上の策略」である。つまり、それは民法の「脊柱をなす」「身分法」すなわち「家族法」における「親子関係のモンタージュ」[128]の一部なのだ。これは女性差別であろうか、「男女の区別」という名において「差別」を許すものであるだろうか。否。男女は平等である。男性割礼の例をあげながら、ルジャンドルが言うのは「去勢を前にしての二性の構造的平等性」[129]だ。重要なことだから何度でも繰り返すが、どんな人間もファルスという〈絶対的セックス〉「ではない」し、それを「持ってもいない」という点において、分割され分化した性は「絶対的に」平等なのだ。どんな人間でも〈絶対的セックス〉たるファルスではなく、純粋な権力、全能の性的権力ではない。それを持つことすらありえない。誰も。それは自明のことしてそうであるのではなく、それは「許されていない」のだ。思い出そう、想像的なファルス、それは鏡像的な直立像と同じものだった。そこから「疎隔」を設ける〈鏡〉の禁止の言葉こそが、それを象徴化するのだった。そもそも、母を二列目におき父を優先する言い方だという理由で、「父と母」という言い方を好まないとはっきりと言い、教会法学者イシドルスの言い方を借りて「出産する二人」[130]と言いかえる彼を、女性差別者であると言うことは難しいだろう。

しかし、それにしても。なぜそれをいまだに「ファルス」と呼ばなくてはならないのか、この男性器官を表す語で呼ばなければならないのか。確かに理論の筋は通ってはいる。だが、この疑念は晴れない。ルジャンドルの言い分を聞こう。

> 〈ファルス〉は〈絶対的準拠〉の、つまり〈根拠律〉あるいは分化原理〈カテゴリー原理、二性に対して通告される〈父〉の原理〉の隠喩的表象でしかなかったのである。「〈ファルス〉との関係」という精神分析の概念は、ここでは〈絶対的セックス〉として象徴化されている〈第三者〉——わたしの著作が〈準拠〉という言葉で示している〈制定された第三者〉——の問題を前にしての二性の平等性を意味する。[131]

つまりこういうことだ。個々人がいくつかのカテゴリーのなかに、たとえば女というカテゴリーや男というカテゴリーのなかに参入するためには、そのカテゴリーを「超えた」ものを〈鏡〉として上演し、そこから分離し疎隔を設ける「策略」によってそこから切り離されることが必要である。二性が分割されるためには、その分割する第三の作用自体が存在しなくてはならない。ファルスとは、その作用を演じる〈絶対的準拠〉、〈根拠律〉、〈鏡〉の隠喩的表象にすぎない。隠喩的表象であるということは、当然ながらあの「詩の閃光」を、意味を「作り出す」という人為性を前提とする。だからそれは「モンタージュの効果」と呼ばれるのだ。だからこういうことになる。その第三者たる「超越する神話的対象」が〈父〉の原理であり、〈ファルス〉であるのは、ヨーロッパのヴァージョンにすぎない。確かに、西洋では絶対的な権力、絶対的な性は大文字の〈父〉として表象されている。キリスト教の神が、「男」であるということは誰でも知っている。もっとも論理的に洗練された一神教として知られるイスラームの神が性別を持たないことも。だから「ここにおいて、〈父〉の西洋的概念はひとを幻惑するものであってはならない。それはローマ‐キリスト教に由来する分化原理の一つのヴァージョンにすぎず、その分化原理は、わたしが何度も異邦の言葉を使ってトーテム原理とも呼んでいるものだ」[132]ということになる。

　ファルス、それは「超越する神話的対象」である。ルジャンドルが非常に的確に指摘するように、それは本来二性の分割の外に措定された「性」である。無性であり、両性であるような、万能の性、ありえない絶対的な享楽の性のことである。絶対的享楽の表象でもあるが、絶対的享楽への遮蔽幕でもある何かだ。しかし、ヨーロッパ文化ではそれは父権の領域に重ね書きされていて、そのことによって規範的機能を担う。だから精神分析はそれをファルスと呼ぶことに固執する。なぜなら、精神分析がそこから出現した土壌においてはそれが規範的に正当とされるからである。が、また、単にそれだけのことにもすぎない。ルジャンドルがバッハオーフェンに依拠して母権をそれに対置するのは、それに対する批判的視座を確保するばかりか、常に父権においては母権が、母権においては父権が、「超越する神話的対象」の複雑に絡み合いところどころほつれて掠れる裏地として存在することを指摘しておくために他ならない。[133] 実際、ルジャンドルが引くバッハオーフェンには、いかにもバッハオーフェンらしい「失われた母権への郷愁」「女性崇拝」のようなロマン主義的な何かが、つまり女性の「逆差別」に繫がるような何かが、まるで削ぎ落としたかのように完全に欠落している。ルジャンドルにおいては、母権は無限の過去にあって失われた憧憬の対象ではない。母性を機能させない父権は存在しないのであり、父性を機能させない母権もまた存在しないのだ。ここでわざわざたとえばユダヤ教の母権について、あるいはマリア信仰について、神の声を聞き危うく狂気に陥りそうになったムハンマドを庇護し続けた「姉さん女房」ハディージャの偉大な足跡について、あるいは女教皇ヨハンナの奇妙な伝説について、語る必要もありはしないだろう。あるいは「母なる祖国」のために戦場に赴き、死の間際に母の名を呼ぶ兵士たちについて。分割原理そのものである超越する神話的対象が父によって担い難くなればそれを母に、母によって担い難くなれば父に手渡す、そういう往復運動によって本来は無性であり無限定の性であるこの何物かは機能するのだ。

第四一節　父とは何か――法人としての父、流謫の父

ヨーロッパのヴァージョンにおいては、本来「万能の性」であるがゆえに男性でも女性でもない「超越する神話的対象」は、「ファルス」である。だからヨーロッパ文化においては神は〈絶対的父〉である。「それではない」ことを通達されることにおいて、つまりそれとの分離、疎隔において個々の父親は父親である。それは、教皇でも例外ではない。もちろん教皇（pape）は「父」を語源としている。というよりも、文字面を一見してわかる通りこれは「パパ」なのだ。まさに「神の代理人」であり、中世においてはこの世界に現出した「ファルス」そのものですらあったこの「教皇＝パパ」について、しかしルジャンドルは的確に言う。

> 教皇に立ち戻ることにしよう。それが含む弁証法に、そしてそれが解決するアンチノミーに。実際、彼は全能とラディカルな性的剝奪を表象している。「彼は父であるが、しかし去勢されている」。かくして、教皇の表象は絶対的なアンビヴァレンスのなかにある秩序の徴候なのであり、だから教皇はファルスの担い手としてと同時に、性的能力を剝奪された者として述べ立てられるのだ。[134]

教皇は無謬であり、神の代理人であり、ほとんどファルスである。しかし彼はまずもって「僧侶」なのであって、少なくとも公的には性的な能力を「剥奪」されている。彼は、性的な享楽に与かることができないばかりか、子どもを産むことすらできない。極めて巧妙な、ラテン・キリスト教の策略である。全能のファルスにもっとも近い者が、もっとも去勢されているのだ。このようなアンビヴァレンスの論理――想像的な同一化によって誘惑し、それと同時に象徴的な切断によって分離する――は、まさにルジャンドルの理論に一貫しているものであることは、すでに論じてきた通りだ。[135] ドグマ人類学において、父親とはこうしたものである。

そう、多少遠回りをすることになるが、避けられない迂回をひとつ置こう。重複を恐れず、このことについて問いを立ててみなくてはならない。ルジャンドルの書物を繙いた者が、まず最初に飲み込み切れず嘔吐してしまうのは彼の「父」の概念である。彼らが脅え切った口調でルジャンドルは反動ではないかと口にしてしまうのは、この「父」という概念が彼の著作には極めて重要なものとして頻出するからだ。が、そう口にする人々も木の股から生れてきたわけではあるまい。その人にも父がいないわけではないだろう。その人も誰かの父である場合もあるだろうに。何度でも言う。自分が生きている当のものを、それ自体として直視できない思考は、時代の検閲に嬉々として従っているだけだ。私は読者が、そのような怯懦に屈する者ではないことを信じている。系譜原理を担うものとしてのファルスについて論じてきた以上、われわれは父について論じなくてはならない。父とは何か。この問いはわれわれが辿ってきた理路によると二つに分割される。一、「超越する神話的対象＝ファルス」の演出のヨーロッパ的ヴァージョンである「絶対的父」とは何か。二、そしてそのもとにある具体的な父親とは何か。

一、〈絶対的父〉とは何か。まずラテン・キリスト教ヨーロッパの制度的策略たる〈絶対的父〉から行こう。ルジャンドルはこう言う。

> 絶対において父と発語するのは誰か？　絶対において近親姦の規制を操作するための父とは？　どんな父親もこんなステイタスは持っていない。袋小路におちいることなしには。そう、袋小路、行き詰まり、これが答えだ。しかしわれわれはこの行き詰まりが、論理的な意味を持っていることを知っているし、この行き詰まりを誰がつくるのかも知っている。それは絶対的にひとつのシニフィアンを答える者、すべてのシステムにおいて論理的に第一公準として提起された者だ。共和国、神、人民など……である。そしていろいろな名前のなかに、〈絶対的父〉がある。[136]

欠かすことのできない第一歩は、言葉《パロール》と言語《ランガージュ》の制度的次元を承認することだ。〈神話的父〉という……この表象の段階を、神話の問題がまず立てられるところに位置づける必要がある。神話の問題、つまり言葉《パロール》の〈社会的第三者〉を当該社会のレベルとそのおのおのの主体に対して制定する言説の問題ということだ。それはわれわれを、わたしが〈モニュメンタルな主体〉と呼ぶ構築物に差し向ける。それは〈法〉の保証人たる虚構の〈主体〉だ、というのはそれが親子関係の秩序、つまり分化に必要な象徴的手続きの総体を保証するからだ。ところでこのような虚構の構築物は、この〈主体〉が、主体であることという課題を持つ（それが虚構の主体にすぎないとしても）ことを想定させる。とくに、また当然ながら、この主体はまさに神話の言説によって禁止の賭金を賭けるのだから。この言説に、ドグマ的メカニズムによって、父性との関係を演出する個々の言説が準拠している。[137]

ひとつの社会は語るべく定礎されねばならない。語るべく、というのは、個人の言説ではなく、社会自体のものである言説を保持するべく、ということである。このフィクションの主体を建立すること、これこそ制度的モンタージュの最初の目標だ。この論理的な手続きが置かれれば、法権利はその効果として、〈モニュメンタルな主体〉と関係する言説として派生してくる。[138]

モニュメンタルな主体とは何か。「誰もいない」だ。[139]

こういうことだ。〈絶対的父〉とは、元来は性別を超えたものである筈の「超越する神話的対象」の名の、ヨーロッパのヴァリアントであり、誰もそれであることはできない「モニュメンタルな主体」のひとつのヴァージョンである。もっと端的に言えば、それは〈法人〉である。会社や公共団体や協同組合や国家や国連がそうであるような〈法人〉である。象徴的かつ想像的な「超越する神話的対象」の名目上の——「名において」における——主体、このひとつの「異本」が〈絶対的父〉なのだ。そこへの同一化と分離によって個々の主体が産出されていくような、モニュメンタルな主体。その主体は象徴的な父である以上、誰も彼であることはできないし、ゆえにそれは「死んだ父」であり、「誰もいない」である。そうして、なぜそれが「主体」であり、法人として「人格」を持っていなければならないかは、すでに明らかだ。法人は、人格を持ち人間の形をしていないと、もっと言えば「人間の顔」をしていないと、エンブレマティックな〈鏡〉として作用しないからだ。ゆえに同一化の機制が発動しないからだ。だからこそ、どの文化においても人格神の観念は絶えることがないのである。次だ。

二、具体的な父親とは何か。ルジャンドルは、当然ながら具体的な「父親たちの権力は至高ではない」と言い、次のように言葉を次ぐ。

逆にいえば、社会のなかに至高権力があるからこそ、法的な父親の性質は意味を持つ。それが意味を持つのは、至高者＝主権者の代理だからではなくて、法権利の政治的現存から、この社会的な機能をふくんだ論理的中継点だからなのであり、それはわれわれそれぞれと絶対的準拠のあいだに防波堤を築くのだ。付け加えれば、法学はわれわれと神話的場所とのあいだの防波堤であり、その神話的場所はすべての社会で錯乱的にコントロールされた言説が処理するものだ。法権利の政治的現存は理性を製造するスクリーンとして機能し、社会的神話を濾過し、それを操作的翻訳によって生きうるものにするのだ。[140]

個々の父親は、「至高者＝主権者」の、つまり〈絶対的父〉の、代理ですらない。それは、「論理的中継点」であり、〈絶対的準拠〉たる〈神〉に自らの子が同一化しないようにするための「防波堤」にすぎない。[141] 論理的中継点である以上、父親は子に「論理的に語る者」でなくてはならない。そして、その語りにおいて子に「おまえは全能ではない、わたしも全能ではないのだから」と——危うくも——語りかける者であるということになる。「父性の復興」を喋々する人々を落胆させることかもしれないが、ルジャンドルの議論からは、どんな意味でも体罰を行う父を、つまり幼児虐待する父を正当化する言説を引き出してくることはできないし、彼らの言うような焦慮に濡れた「父の権威」などといったものを下支えすることができる石などその論理のどこを探しても一個たりとも転がっていない。ピエール。「石」を意味する名前を持つこの男は、そのようなものの主石《おもいし》になろうとしたことは金輪際ない。

逆に、この岩石のような論旨が幾度でも語るのは、父親の地位の脆さであり、「壊れ易さ」[142]だ。フロイトも引用しているあの高名なローマ法の定型表現、「母親はこの上なく確かだが、父親はいつも不確かだ（Mater certissima, pater semper incertus）」を彼も繰り返し好んで引く[143]。そう、「本当に」その子が自分の子なのか、父親にはわかりはしない。父親というステイタスは、すでに母親となることを決断した女性から告げられた「あなたの子よ」という言葉への信においてしかありえないのだ[144]。だから、法学用語で「父性の推定」と呼ばれるものにおいてしか、父親であることはできない。彼が「父親の推定」の例として引いている『学説彙纂』の重要な文言、近代民法すべてに継承されている条文は次のように語っている。「母親はつねに明らかであるから、たとえ彼女が行きずりに孕んだとしても、父親は、婚姻が指定している父親である」[145]。

父親は、不確かである。この「不確かさ」は、「子の認知」にかかわる以上のようなもののみに留まるものではない。ルジャンドルは、この「確か」「不確か」という語源にまで遡って、この意味を画定しようとする[146]。ラテン語の「確か（certus）」という形容詞は cerno という動詞から来ていて、この動詞自体はギリシア語の krino に発する。この動詞の意味はどういうものか。「分離する」「選り分ける」「選ぶ」「断つ、決着する」「決断する」「裁く」という意味だ。そしてルジャンドルは言う。「すでに選び決着した者が『確か』なのだ」「逆に、『不確か』[147]なのは分離の此岸に留まっている者のことである。彼は決着をつけていないのだ」と。母親は「出産」という出来事において、確かである。彼女は産むことを決断し、父親を選び指定し、分娩という分離を行うのだから。

しかし父親は不確かである。彼は何かしら分離できない、決着をつけられない。[148] それはその子が「本当に自分の子」かわからないからでもある。しかしそれだけではない。「父親が、機能としてそして原理として、何なのかということは、父親をそれ自体息子だと考えてみるとよく理解できる。彼は主観的に、自分自身の息子のために父親たる条件を獲得しようと努めている息子なのである。だがこの仕事はうまく行くとは限らない[149]」のだから。多くの場合、女性は娘から母親になれる。それだけの「体験」が身体的なものとしてそこにあるのだから。しかし、こうしたものを通過せず病院の廊下をうろうろするばかりのこの「息子」は、自分が「父親」になったということがうまく飲み込めない。彼は、息子としての安穏たる地位から、自らを分離することが俄には出来ない。いわく、「息子しか生まれない、父親とは父の役目を果たす息子である」[150]。だから「父親はいつも不確か」なのだ。まだ息子であり続けたい、子どもであり続けたい、――このような欲望がいかに根深いものであるか、われわれ一人一人の内と外に尋ねてみるだけでわかろうと言うものだ。だから、「息子が父になる」という一見ありふれた出来事は、峻厳ですらある「象徴的位置決定」を再度更新する「象徴的位置交代[151]」である。つまりこれは、すべての法がその膨大な前提を置くドグマティックな操作をもって「製造」した「象徴的位置決定」を、もう一度掘り崩して書き直し、更新しなくてはならないという要請なのだ。困難な要請だ。この困難さは、われわれの時代においてより強まってさえいる。つまり、ルジャンドルの言葉によれば「ポスト・ヒトラー社会」の「親子関係の肉処理的概念化」の支配下にある時代においては。つまり、「科学主義」という「切り札」を持っているナチズム以降の社会においては、親子関係は「生物学的」なものに還元され、根拠律の象徴的構築とそれによる決定から切り離されてしまった[152]。親子関係の真理がただの肉処理的な、「フィジック」な概念のみによって自動的に扱われるとなると、そこに言葉はなく、そこに約束はなく、そこに信はなく、ゆえに何故はない。親子関係における「何故の無さ」がどのような帰結を招くか、すでに見通せよう。そのような「肉処理的な」管理経営的時代にあって、子どもを産んだ者——すでに引いたイシドルスの美しい表現を用いれば「出産する二人」、の片割れ——であるこの男が、なんとしても子どもの地位を、息子である地位に固執し、ゆえにそこから「分離」できず、「不確か」なままに留まりつづけるとすれば、どういうことになるだろうか。生れてきた子どもは、「子」という自らが象徴的に占めるべきその系譜的な場所に生物学的な種畜が居すわっている事態を目にすることになる。彼は根拠律のなかに、因果律のなかに、系譜的な場所のなかに入っていくことができなくなる。このような「子どもを産んだ息子たち」、つまり「癒着し」「分離していない[153]」種畜たちの歪んだ視界においては、自分の子どもは自らの子どもとしてのステイタスを奪いに来る者のように映る。だから、彼は「子どもたちの上に衝動をぶちまけ」「暴行を働く[154]」。こうして、「専制君主の後継者たるわれわれの社会の日々の暮らしのなかで、私的な専制は、家庭の地獄のなかに引き継がれた[155]」のだ。

だからこそ父の観念は「大々的な法的調整の究極の対象」[156]にならなくてはならない。管理経営や科学主義や生物学主義は、親子関係の「すべて」を統括することは全くできない。象徴的なものや「法」を批判することが「新しい」などとは考えないことだ。そうした自分を「新しい」と誤解している浅薄な管理経営的かつ社会工学的駄弁は絶えることがないが、自らの言い口が何か思いもかけないものに似て来てはいないか、丹念に検証してみることだ[157]。繰り返す。父親は、〈絶対的父〉の代理物ですらなく、「論理的中継点」でしかない。彼は言葉に信を置くことしかできず、言葉を発して説くことしかできない。彼こそが、まさに教皇すらそうであるように、分離されていなくてはならないのだ。彼は神であることも、子どもであることも諦めなくてはならない。一人の父親であることを、惨めですらある父親であることを受け入れなくてはならない。ルジャンドルが「父から生れる（ex patre natus）」という文言、すなわち「二番目の母」として父親を定義するローマ法の見事な文言を挙げて強調するのは、「一人の父親が一人の母親である『かのように』」「男性主体は子どもを産むのだ」ということである。このような「フィクション」においてしか父親は父親たり得ない[158]。何という脆さ。しかし、その脆さにおいてこそ、父親は十全に父親たる。ルジャンドルが、画家メイヨーのタブローを註釈しつつ述べている文言を引こう。

生を約束され、おのれのイメージの虜になって、心許ない若者は進んでいく。彼は父に問いかけるが、父は沈黙を守っている。そして、対決が起こる。その唯一の目的はお互い双方から離れうることなのだ。この試練から、二人は真理を受け取る。ひとりの父親が教えるのは、流謫なのだ、と。これだけが、父親が与えることができる唯一の教えなのであり、また同時に父親自身もこのことを学ぶのだ。そして、息子は、自分の父親のなかに息子としての実質を見いだして、父親と母親から訣別し、眼差しを地平線へと向ける。そのとき父親は、この一種の死を受け入れ、自分の息子が出立するにまかせる。息子はもう知っているのだから。[159]

この註釈は、次のように続く。

父親の役目が擁護されるのは、両親に否定性を引き受けることを、つまり喪失を習得させる役目であるときだけだ。〈禁止〉の規範的モンタージュがそのまわりをめぐる問題がある。こうだ。場所と機能の制度によって、両親が自分が子どもであるという状態を象徴的に断念する可能性をひらき、そうすることでこの主体の喪失に合法性のステイタスを与えること。この断念は、こういう子どもであるという全く仮初めの状態を自分自身の子どもに譲り渡すためなのである。〈母権〉と〈父権〉という用語に要約されるような表象の政治－社会的構築物は、場所の位置転換を有効にするために働くのだ。つまり、子どもを産む人々の表象のなかで生と死が相次

いで起こるということ（世代の秩序）を有効にするために。(160)

だから、父親は流謫にある。そしてこの流謫をしか、子に教えることができない。彼は自らの場所を子どもに譲り渡さなくてはならない。彼がこの流謫のなかで思い知るのは、訣別と喪失と断念、それだけだ。平凡な営み、あの情けなく脆く惨めな父親の姿。しかし、それで良い。それだからこそ良い。このような平凡な営み、浪花節とでも誇る者もあろう営みがどのような膨大な前提を必要としたものであるかを語るためには、この迂回を抜け出さなくてはならない。

父親は流謫する。父親は、自らの子が「本当に」自らの子であるかもわからなければ、自分の父親が「本当に」自分の父親であるかすらもわかりはしない。それだけではない。彼はファルスでもなく、絶対的父でもなく、その代理物でもない。その論理的中継点として、その「超越する神話的対象」では「ない」しそれを「持つ」こともできないことを、息子にその身をもって示す者である。彼は中継点にすぎず、この「ファルス」からの分離を自らの喪失と無力を曝け出すことによって手助けすることしかできない。そしてそれで良い。さあ、この「超越する神話的対象」からの分離が、子どもに与える作用とはどういうものだったか。そこにわれわれは戻らなくてはならない。

第四二節　「似た者」の製造と因果律の上演——テクスト・イメージ・エンブレム

　われわれは、「超越する神話的対象」では「ない」ことによって、性別を持つことになる。生れてきた主体は、その文化のカテゴリーに沿っていくつかに分類された——ヨーロッパの法を継受した民法の家族法のなかにいるわれわれにとっては、二つだ——性別に分割される。教皇や王ですらファルス「である」ことはできないということについては既に述べた。繰り返すまい。逆に言えば、トランスセクシュアリティの魅惑は、まさにこの「超越する神話的対象」としての「絶対的ファルス」が去勢されて一個の器官である「象徴的なファルス」にすぎないものになった、その「余り」をめぐる剰余享楽であるからだろう。しかし、このような得々とした説明は贅語でしかあるまい。問題は、ある性別という分割を被り、自らを女である、あるいは男であると同一化《アイデンティファイ》することが、いままで述べてきた根拠律としての〈鏡〉の作用と別のものではないということだ。ルジャンドルは、ペニヤフォルの聖ライムンドゥスの『教会法大全』の一節、「第一に、自然法とは、似た者が似た者を生み出すというすべての事物が本来持っている力である」[161]という文言を典拠にし、子を産むということは「似た者 (semblable) が似た者を産む」ということである、と言う。長くなるが、重要な部分なので、厚く引用しよう。

　すべての規範的体制のもとで、わたしがまた〈定礎的準拠〉とも呼ぶ〈絶対的準拠〉の名において、子からの子の再生産、古代の言い方によれば一方および他方の性の子の再生産が――つまり似た者から似た者を再生産することが――組織されるということにおいて、普遍的構造は見いだされるのだ。[162]

子の再生産が規範性の坩堝であるなら、個を設定し一社会を統治するための規範という観念自体が人間における分割の問題と切り離せなくなる。つまり、「――の子」であるという観念の表象を通じてカテゴリーの原理へ最初に接近する方法と切り離せなくなる。このような表象のなかに入っていくこと、それはイメージを手段として因果性の世界へ入っていくことであり、不在の象徴化によって刻印を打たれた「似た者」のイメージによる絆へと到達することによって、無差異からみずからを分離することなのだ。そしてわれわれがそこに見いだすのは、すでに述べた、この不在の象徴化に関わるもの、つまり〈禁止〉の根拠自体なのである。[163]

人間の法が言語の法であり、〈法権利〉がその真髄を社会的に翻訳しているのだとすれば、それは人間の再生産の法が分割し、分類し、分化することであるということになる。構造について考えてみれば、このことは〈法権利〉というものが、すべての主体を「――の息子」「――の娘」として規定することで、ある論理的な機能を引き受けているのだということを意味する。この論理的な機能というのは、分割の法に社会的な形式を与えることであり、そうすることで人間に種の条件にしたがって生きる可能性を開くことだ。種の条件——すなわち語るという条件のことであり、この条件にしたがって生きる可能性の実質は、一人一人の主体が「主体として分化され、世界を言葉で分化する」ことにある。[164]

イメージの問題の観点から、この子というジャンルを示す語についてよくよく考えてみよう。この「——の子」という観念によって、「似た者」のイメージとの因果関係としての「似た者」との関係が導入される。人間の再生産（繁殖）は、オリジナルとの関係を背景にしてなされるが、しかしそのオリジナルは再生産されたオリジナルであり、それ自体がイメージのイメージであり、イメージのイメージのイメージ……と以下同様に続くものであり、この回帰がプロトタイプの、つまりすべてのイメージのモデルとなるイメージの、種としての人間という概念自体の設置を押し流してしまう。そして、イメージの因果的連鎖からして、個人を種のイメージであると同時に種の原因のイメージとして考えざるを得なくなるというところまで考えは行き着く。近代法学の基礎をはっきりと定義せねばならなかった中世の推論家たちはこのことを表現するために、人間は〈神〉と世界の似姿＝イメージ（imago Dei et mundi）であると語ったのだ。[165]

このように考えれば、〈神〉の似姿＝イメージたる人間という言い方は、単に、人間がみずからに似た者を再生産するためには因果性の言説が必要なのだということを意味している。この因果性の言説には（その知の内容はどうあれ）原因についての知が含まれているだけではなく、この言説がこのような知の原理を祝賀するということも含まれている。これは、すべての主体が合法的にこの言説から生じ、まさに〈理性〉のこの祝賀という間接的手段を通して定礎的原理とのイメージの絆のなかに入るためなのである。だから、結局、以上のことは、〈神〉の似姿＝イメージたる人間という表現は根本的に〈西洋〉文化のなかの〈根拠律〉の上演であり、そこからカテゴリーの規範的言説の基礎が築かれるということだ。[166]

だからこういうことになる。子どもは、まず誰かの娘であり、息子であることを「発見」する。その誰かに〈鏡〉映った姿のように「似ている」者であることを発見する。これは親が子に似ているということ以上の、つまり「人間」という同じカテゴリーの内部において「似ている」者であるということを意味している。つまり人間のなかの「一」であり、「あの者」の「子」であると、自らをすでに分類されたひとつの「項」として発見するのだ。これが因果律の、根拠律の第一歩である。なぜなら、自分の原因は親であるからだ。わたしはその誰かに「似た者」となる。すなわちその誰かと「同じ者」ではなく、分割され分離されている独立した項であるが、しかし同じ分類のカテゴリーに属する者となるのだ。すでに引用したとおり、「〈鏡〉は自己の原因を与える」ものであった。それと同じ通り、親の姿は自らに「似た者」として自らの原因であり、根拠である。そのことを認めた瞬間、言葉なき子ども（enfant）は子（fils）になる。人間というカテゴリーの下にある誰かの子であり、誰かの娘であり、つまり親と同種の「一」でありかつ性別というカテゴリーを、分類を被った者となる。問題は、子のイメージに似たイメージである親も、かつては子であり、そのイメージの因果関係は無限に遡行できるということだ。親の親の親の親の親……。その遡行を切断する一点こそが、因果律であり根拠律である〈鏡〉、すなわち「神の似姿＝イメージとしての人間」という神話である。それ自体には根拠はなく、「狂って」いるドグマだということは、すでに語った。しかしこれがあってこそ、安んじてイメージのイメージのイメージ……として、子は神の「複製」としての生を生き始め、ある分類の秩序のなかに、つまり根拠律＝因果律のなかに参入しうることになる。事象と事象のあいだに根拠や因果性を見出すには、〈鏡〉のイメージにもよる作用によって、まず自らが根拠付けられ因果づけられていなくてはならない。自らがカテゴリーの内部にあるものだからこそ、他のカテゴリーを操作することが可能になる。ルジャンドルはダーウィンの言葉を引きながら言う、「すべての分類は系譜的である」[167]と。しかし、なぜルジャンドルがここでこのことを「論理的な機能」を担うものとして語っているのか。簡単だ。たとえば、近藤玲子と滝川敏夫と吉岡清美がいる部屋に筆者が入って行き、「近藤さん、滝川くん、吉岡さん、僕、『人間くん』がいるから、全部で五人いる」などと真顔で言いだしたら、私は残念ながら発狂しているということになろう。ましてや、自分のことを「僕は『人間くん』である」などと言い出したら、多少有無を言わさぬ処置が施されることになるかもしれない。要するに、この〈鏡〉の根拠律によって子どもに施される分類の論理的な機能、性別と誰かの子であるということを端緒とする論理的な機能とは、「論理的な分類上のカテゴリーの階梯の乗り越え」を禁止し、そのことによって論理を可能にするということ以外のことではない。そして、まさにルジャンドルが言ったとおり、こうした論理的な階梯を可能にする分類は、単なる知的な操作に留まるものではない。それは「系譜的」であり、ゆえに生を生かしめることを可能にする。だからルジャンドルは「系譜システムは専制的なものなどではない。というのは、系譜システムはただ社会的な歴史性が要請するものに応ずるものであるばかりではなく、論理の機能のあり方が必要とするものにも応ずるものであるからだ[168]」と言い得たのだ。そう、あの流謫にある父親も「論理的な機能」を担うものだったではないか。

　繰り返し確認する。根拠律＝因果律は〈鏡〉としてのみ可能である。その理由は二つあった。一つ目は、まずそれ自体が完全に無根拠なゆえに、「ドグマティック」に、つまり見させる美的な決定としてしか「製造」されることができないからだ。つまりイメージ的かつ言語的に「準拠」される「テクスト＝イメージ＝エンブレム」として、さまざまな歴史上の法的・美的・身体的・詩的な創意によって「上演」され「演出」されてしか存在しないからだ。二つ目。その「イメージ＝テクスト」に「準拠する＝指示する」ことによってのみ、「原因」「根拠」「証拠」が神話的に与えられ、そのことによってのみ言葉なき「子ども」を、分類秩序のひとつの場所に割り当てることができるからである。〈鏡〉を前にして、子どもはこう語るのだ――わたしはこれだ、なぜってこれがわたしの姿なのだから。わたしは人間だ、なぜってこのわたしは、人間に似ているのだから。「似た者が似た者を産み出す」。〈鏡〉に映えた「何かに似た」わたしのこの姿は、奇妙な死の影を纏いながら根拠律へ、分類の秩序のほうへと無限に差し招くのだ。この「似ている」ことを可能にするイメージの力によって、人はこの「死の姿」であると同時に「象徴的な位置」でもある何かに同一化する。そして「子」となったその者は口にするだろう。「何故」と。あるいは「地獄の問い」である「何故法なのか」と。何故法なのか。何故わたしは人間であり、女あるいは男であり、あの男を父親としてあの女を母親として、このような境涯に身を委ねなくてはならないのか。〈鏡〉の二つの言明、「これがおまえだ」「しかしこれはおまえではない」という禁止の、法の言葉によって、子どもは自らの姿を受け取る。そしてこの「法の姿」を見てこう反問するのだ。何故、これがわたしなのか。何故、そう「決まっている」のか――「何故、法なのか」。〈鏡〉としての根拠律＝因果律は「『何故法なのか』にはじまる因果性の制定された表象の源」[169]である。これに準拠することにおいてしか、「正統性」は可能ではない。つまり「何故」に対する答えは。いわく「正統性（legitimité）とは、ある社会において『何故法なのか』に答える言説、この答えを制定する言説であり、そうすることで、正統性はわれわれが法と呼ぶ一連の効果を『権威づける＝可能にする autorise』――まさに適切な言葉です――ということができます。その下には人間が因果性、つまり理由＝根拠（raison）の絆を思い浮かべるためのあらゆる問いが存在するのだ、と気づかれることでしょう」[170]。

だから、ドグマは系譜の原理なのである。誰かの子となり、誰かと子を産むための原理なのだ。この系譜原理としての根拠律は、〈鏡〉は、何としても存在しなければならない。何のためにか。イメージを愛し、法を身にうけるため、言葉を知り、証明するため、分類し分割し、論理を支えるため、根拠があることを愛するため、カテゴリーを維持するため、統御できる身体を持つため、子どもとして生れ、自らを生きている人間だと知り、誰かの子となり、性別を持ち、愛を知り欲望を知り、約束を交わし、婚姻し、子をなし親となり、死ぬために。つまり「生きるため」に。三世紀の法学者マルシアヌスを引いて、ルジャンドルがくり返し口にする「生を制定する」[171]ということは、要するにこのことなのだ。だが。

第四三節　賭博者としての裁き手――近親姦・殺人・原理主義

危うい。そう、あまりにも危うい作業である。この作業が失敗することなどいくらでもある。このように根拠律＝因果律が制定され、正統性が準備され、「何故」とその答えを設定したからといって、そこから主体の生産が常に成功するものだなどと能天気なことをルジャンドルは一言も言いはしない。言うわけがない。彼は幾度となくこの主体の生産の装置を「血塗られた側面を持つ」「無意識の賭場（tripot）」と呼ぶ。そこで行われるのはメッセージの伝達をめぐる「根源的な賭け」であり、「残酷な愛」と体液の匂いと錯乱と苦痛と歓喜が交錯する「博打」なのだ。[172] 系譜原理は一個の賭博者であり、何としても子を産み出すためにさまざまな策略を巡らせて賭けに打って出なくてはならない。子を産み育てることは、無意識の博打を打つことである――そう表現してみれば、思い当たらない親はいないだろう。逆に、それは負けを、失敗を運命づけられており、法学者や精神分析家はまさにその「法の失敗」の場面にこそ医《いや》し手として呼び出されるものなのだから。だから、ルジャンドルは「多少なりとも」という言い方を幾度も繰り返すのだ。いわく、「そして声に出して奨めなくてはならないことは、子が多少なりとも制定されること、つまり多かれ少なかれひとが生まれることができるようにすることなのだ」と。[173] 勝てなくても、少なくとも完膚無きまでに負けはしないように。それは死を、絶滅を意味するのだから。

　法の賭場の危うさ。〈鏡〉の、根拠律の、分類秩序の負け、失敗。それは、メッセージの伝達の一か八かの賭けに負けた者であったナルシスのように、疎隔の消失として現れる。そこに絶対的享楽があるはずだった、近親姦と殺人。これについて語らなくてはならないだろう。出し抜けにひとつの判例を引用しよう。

　ある女性が息子と同居したくて、泥酔した息子にその身を晒した。彼女はその成果を身籠もり、娘を生んだ。彼女は息子に真実を告げず、その娘を家族の一員ではないことにして、年頃になると息子と結婚させた。息子は近親姦による自分の娘だと知らなかったのである。さて、この娘との結婚が成し遂げられて娘が母親となった後、この母は悔い改め、自らの息子に妻の出生の秘密を知らせ、自らがなしたことをすべて告白した。どう解決すべきか。[174]

　どう解決すべきか。この判例が切り開く空間には、「何故」を叫ぶ複数の声が鳴り響いている。息子の「何故」、実はその娘であった妻の「何故」、そしてその二人が産んだ子どもの「何故」が。「同居したかったから」。それでは意味がない。この鳴り響く複数の「何故」に答えるべく、根拠律は改めてこの問いに答えなくてはならない。「どう解決すべきか」。これに答えられなくては根拠律たりえない。法の解釈者であり、個々の判例を法に準拠して解決する決疑論者である裁判官は、この根拠律を代理して「答え」を与えなくてはならない。この母の、この息子の、この娘の、この子どもの生死が掛かったこの「何故」を引き受け、解決を与えなくてはならない。その根拠を示さなくてはならない。「法を定礎する言説の名において決疑論に根拠を与えること」[175]によって、まさに「何故がない」近親姦にすら答えなくてはならないのだ。この母の狂気を作り出してしまったことにおいて、この社会は知らぬうちに博打に負けてしまっていた。しかし、この博打、「どう解決すべきか」という博打には、何としても勝たなくてはならないのだ。少なくとも負けては。近親姦の絶対的享楽だのを云々して喜んでいるような人々の水準を、われわれはもはや遥かに越えている。そんなことは既に一切問題ではない。

どの時代のどの文化の判例集をめくってみても、このような判例は存在するだろう。実際、現在こういう判例があってもまったく不思議はない。実は、この判例は、一五世紀末を生き一六世紀初頭に没したモロッコ出身のイスラーム法学者アル゠ワンシャリーシが著述した、アンダルシアとマグレブの法律相談集に掲載されているものである。と、ここでは一言だけ指摘しておくに留めよう。問題は次だ。

近親姦とは何か。まず確認しておく。「血の近親姦は存在せず、近親姦は本質的に生物学的なものではない」「近親姦とは別の水準、すなわち制度の水準の管轄下にある問題なのだ」[176]。このことについては、レヴィ゠ストロースが既に述べていることだ。彼は『親族の基本構造』において、近親姦の禁止は何故あるのかをめぐる既製の論旨を次々と論破していく。それは生物学的な理由からではない。つまり遺伝的な失敗が起こるからではない。家族のあいだには「慣れ」が存在するから性的な欲望が起こらないのだなどという心理学的な理由からでもない。また歴史的な特異な状況に還元できることですらない。こうして彼はモルガンやメイン、ウェスターマークやハヴロック・エリス、デユルケムやスペンサーなどを次々に撫斬りにしていく。[177]しかしわれわれはここで彼の論旨にこれ以上立ち入ることはすまい。近親姦には生物学的事実にも心理学的事実にも歴史的事情にも還元できない「何か」があるということだけ確認できればよい。ルジャンドルは、それを「制度の水準」にあると言っていたのだった。これはどういうことか。「近親姦の禁止は生物学的な、『自然な』、所与ではない。それは本質的に言語の現象である」[178]と前置きしたあと、彼は次のように述べる。

近親姦の禁止は根本的な空虚な形式である。それは禁止が歴史的かつ社会的に多様な内容を持ちうるけれども、それにもかかわらずその本性的論理は手をつけられ傷つけられることがないからだ。その内実は、つねに自己と他者にかかわる論理的な区別を通達することであり、つまり「いかに自己と他者の境界線を表象させるか」という問題なのだ。[179]

近親姦の禁止によってなされるのは「疎隔の設定」[180]である。だから近親姦を犯すこと、それは疎隔を解消することであり、「自己と他者の境界線」を抹消することである。そこには自己と他者の区別がなく、ゆえに自己と世界の区別がなく、ゆえに限界がなく――と繰り返す必要が、果たしてあるだろうか。ナルシス的狂気に取りつかれた近親姦は、「全能を要求する」[181]。これを禁止することは、限界を、疎隔を、境界線を通達することだ。つまり、カテゴリーの下に従属することを強いることとだ。それは論理的かつカテゴリー上の問題であり、近親姦の禁止なくしてはカテゴリーはない。ゆえに因果性はなく、根拠はない。

なぜなら、近親姦の禁止は既に述べたような論理的階梯の禁止と同じものだからだ。アル＝ワンシャリーシの判例に戻ろう。ある母が泥酔した息子と交わり、娘をなした。この第一の段階で、すでに錯綜は明らかだ。その娘は、「わたしは父の娘であり母の娘であり、なおかつ父の妹であり母の孫娘である。祖母の娘であり、また祖母の孫娘である。わたしの父の兄つまりオジの妹であり姪であり……」という、錯乱したステイタスを自らの同一性の言明としなくてはならなくなるのだから。これは「動物」というカテゴリーを個物と同じ水準で「一匹」と数えると同じくらい、われわれの文化で比喩ぬきに真顔で「わたしは胡椒であると同時に開襟シャツでありジェイムズ・ブラウンであり電気である」と言うことと同じくらい「狂っている」。つまり「論理に反している」。カテゴリーが崩壊している。「自己と他者にかかわる論理的な区別」つまり「自己と他者の境界線」が壊れている。

だから、こういうことになる。近親姦の禁止に理由などない。それ自体には根拠はない。逆だ。その禁止によってのみカテゴリーが、理由が、理性が、つまり「根拠律＝因果律」が可能になるのである。近親姦の禁止はその文化の分類組織に、論理形式に、〈理性＝根拠〉に、根拠律の構築に、直接に接続する。だから、「近親姦の課題は家族の専売特許ではない」のだし、「近親姦の課題はどこでも、だから家族の外においても行われうる。それは政治的で、柔軟であり、多彩な形式なのだ[182]」とルジャンドルは言うのだ。逆に言えば、近親姦が「全能を要求する」というこの文言の意味も明らかになる。つまりこれは、近親姦を犯す者が「自らが根拠律である」ということを要求しているということである。根拠律自体に、何故はない。だからそれは万能であり、無法である。〈鏡〉であり、〈法〉であり、〈神〉そのものであろうとすることと、これは同断である。そこには、自らと〈鏡〉とのあいだの疎隔が消失している。だから「自己と他者の境界線」も消失している。自分の息子の妻と自分の娘と自分の孫娘と自分の区別がつかなくなる。だからこそ、それは全能を要求するものであると、ルジャンドルは語り得たのだ。

疎隔の消失。それは「ほんの一押し」で出現する。引用しよう。

> 疎隔のふたつの側面――〈モニュメンタルな主体〉と法の個人・主体――のあいだの疎隔を破壊する、ほんのちょっとした位置転換、一押しで十分なのだ。狂気が実現するには。錯乱への扉は開かれ、合一への全体主義的情熱はその尋問官を、そして〈神〉に、ナチに、毛沢東等々に、狂った者たちを産み出すだろう[183]。

そうだ。ふと、わからなくなる瞬間が訪れる。「全能」の「表象」たる〈モニュメンタルな主体〉が自分とは別の立像なのだということが、そしてそれがあくまで表象であるということが。つまり「現実と虚構」の区別がつかなくなる瞬間が。〈鏡〉に向き合って、これはわたしだ、しかし「本当には」私ではなく、私のイメージにすぎない——こんな凡庸ですらあることが、全くわからなくなっていく。「これがわたしか」「こんなのはわたしではない」「わたしをこんなにしたのはおまえか」「おまえを殺してやる」——しかし、すでに述べたように、この「おまえ」は「わたし」なのだ。すべてが「わたし」であり、だから「わたし」はもはやない。〈鏡〉の向こうに行こうとしてか、しかし自らがこの〈鏡〉に溶けだしてしまう。そこでは自分が〈鏡〉なのだから、自分が根拠律それ自体であるかのように彼は振る舞えるだろう。ドグマティックな操作によって綿密に設定されてきた疎隔が、個々の「主体」とフィクションであるはずの〈モニュメンタルな主体〉の間にあるはずの無限の疎隔が、一瞬にして蒸発する。自分と小他者と大他者の区別は、もうそこにはない。だから、自分と法との区別はない。自分が根拠律なのだから、根拠律はない。何故はない。何故など必要ない。この俺は万能なのだから。そして人は、エメのように刃を突き立て、収容所の米兵のように爆笑しながらイラクの人々を死に至るまで拷問虐待し、政治的イマームのように自在にファトワーを下しては頸を掻き切らせ、憎悪に塗れてユダヤ人を蹴りつけては貨物列車に詰め込み、そして自らの息子を数時間にわたって折檻して打ち殺し、娘を強姦した末に飢えさせたままにするのだ。専制とは、無意識の疎隔の蒸発である。だからそれに公私の区別など存在しない。もう、ウルピアヌスを引用するまでもない。事ここに至っては。

〈鏡〉は砕け散る。禁止の言葉は枯渇し、すでに届かない。賭けは敗れたのだ。疎隔が消失するということは、〈鏡〉の像が表象であるということがわからなくなるということである。〈鏡〉は、自己と他者の区別を分割するものであるばかりか、その〈鏡〉に映えた自己のイメージが「表象」であることを通達するものであったことを思い出そう。ゆえに、自己と他者の区別がないばかりか、「現実」と「表象」の、つまり「現実」と「フィクション」の区別が瓦解する。彼は殺すだろう。「象徴的に殺す」つまり「表象にする」「言葉にする」ことと、本当に殺してしまうということの区別がつかないのだから。「殺すぞ」と口に出すこと、映画や演劇のなかで「殺す」ことと、現実に「殺す」ことが別の事柄なのだということが、もはや彼にはわからない。鏡とおのれが禁止の関係にあるということが。象徴的位置交代はもはやない。象徴的になすべき位置交代が、現実の位置交代となろう。だから、彼は父を殺す。あるいは、自分を父にする自分の子どもを。自分が映る鏡を、愛の対象、「鏡像的な小他者」を破壊する。こうして〈鏡〉は砕ける、そこから発される禁止も。だから「殺人を禁止の殺害」[184]として考えなくてはならないのだ。彼はもう「全能」なのだから、「すべて」なのだから、殺すことと自分を殺すことの区別がつかない。つまり、他者と自己の区別がないのだから、他殺と自殺の区別もない。「親子関係の肉処理的概念」がそれを加速する。

　だからなんとしても取り戻さなくてはならない。何をか。疎隔を。われわれと全能の間の疎隔、すなわち根拠律を、法を、テクストを。〈鏡〉を。しかし厄介なのは、それだけでは駄目だということだ。それだけでは賭けには勝てない。ルジャンドルは冷徹に言う、「こう書いてある」は、「原理主義的論証」[185]でもある、と。法への硬直した直接準拠は、自己準拠と何ら変わることはない。ゆえに殺人的な準拠と。「こう書いてある、だから殺せ」。原理主義は、すべてテクストの原理主義である。原理主義は、テクストへ服従するものではなく、テクストを自在に無視すらしうるものである。疎隔がそこにない以上、原理主義者はテクストと自分の区別がついていないのだから。テクストと、イメージと、エンブレムと自分の、たとえば国旗と自分の区別がついていない人々。それらが「モンタージュ」による効果にすぎないということが、脳裏から蒸発してしまっている人々。彼らこそ、正確に「原理主義者」と呼ぶことができるだろう。

原理主義的な世界。われわれの生きている〈マネージメント〉が支配する世界すらをも、ルジャンドルは「原理主義」と呼ぶ。いわく、「〈マネージメント〉とは行動主義的ドグマを政治的かつ社会的に作動させることであり、極端に走らぬための歯止めとなるものを持たない。それは原理主義の言説なのであり、暴力的な帰結をもたらすのであって、〈軍事国家〉に支えられなくては拡大していくことはできないのだ。こうした〈禁止〉の構造に対する盲目という状況下で、われわれが住まう〈西洋〉はこの根本的な問題から身をかわしているのである」[186]。

そこに欠けているものがある。解釈であり、解釈者だ。「解釈者の位置は疎隔にある」[187]そして「解釈者とは……彼自身と権力の〈絶対的欲求〉とのあいだにひとつの疎隔を支持しうるものとしておのれを示すもののことだ」[188]。われわれは既に見た、五〇〇年前のイスラーム法学者が提示したあのあえかな絶句を。「どう解決すべきか」を。この根拠律を代理するという困難な務めを果たそうとする者、それがここで「解釈者」と呼ばれている者に他ならない。個々の事例を丁寧に見て行き、法に照らし合わせては判例を積み重ねる者。これ以上なく禁欲的な博打打ちという、この異様な姿。決疑論とは個々の事例の学であり、そこで決して法を直接的に適用してはならないのだ。だから根拠律があるだけでは十分ではない。それは外在しなくてはならない。あらゆる社会野において、根拠の外在性のみならず根拠律の外在性が打ち立てられなくてはならない。つまり根拠律との疎隔が[189]。だからそれはイメージの危うい演出として構築されなくてはならないのだ。そのことはすでに述べた[190]。

　絶対的テクストへの直接準拠、媒介と疎隔抜きの、解釈ぬきの準拠。それは〈絶対的準拠〉が、〈根拠律〉が自分であると混同することにほかならない。これが原理主義そのものであるということは、すでに述べた。そして原理主義が「殺人的」であることも、すでに明らかだ。だから社会は解釈者を製造し、解釈者のための場所を制定しなくてはならない。さもなくば専制が現れる。「専制とは、その領野から解釈者の位置を消去されてしまい、解釈者のモンタージュを破壊されてしまった社会のことである」[191]。解釈とその諸規則は、「こう書いてある」を抑圧し、直接準拠することを検閲し、その準拠の自由を禁止する。しかし、それは「こう書いてある。こうしか読めない、だから殺せ」

を禁止することでもあるのだ。古き聖典に、「殺せ」と書いてあったとしても、だからといってヴェールを脱いでビーチで海水浴を楽しむムスリム女性たちを射殺していいことにはならないし、尊師の命令に従って「ポア」してもいいということにはならない。そう、解釈者は直接準拠を検閲する。しかしそれはそのまま「解釈の自由」を保持することでもあるのだ。フェティ・ベンスラマは、世俗的な知識人や女性を次々に弾圧し虐殺し続けるイマームたちを非難し、「偽りの屈辱」による「自尊心の想像界」について述べていたのだった[192]。彼ら政治的イマームたちは、自分と「大文字のテクスト」であるクルアーンとの区別がついていない。彼らは解釈者ではない。そうである資格に欠く。解釈は、疎隔を維持するためにある。法の言葉の禁止を、実際に声として響かせるためにあるのだ。しかも現実に即したものとして。そう、道徳、倫理、常識と呼ばれるものたちの場所はここにある。ルジャンドルは素晴らしく明晰に言う、「〈法〉と〈道徳〉との関係をどのように理解すればよいのか。こう言おう、解釈の根拠に関する、〈民法〉への従属という関係として、だ」。つまり「解釈の根拠は〈法〉のなかにはなく、他の場所にある。つまり〈道徳〉――われわれの時代で再考されている〈倫理〉――がみずからその源泉を言語の主体の表象のなかに、つまりすべての解釈の定礎的表象――主体の分割――のなかに見いだすような場所にだ」[193]。法を硬直的に、直接に適用することが危険ならば、その法の「外」にある「準拠」の「場所」が必要になる。つまり、いうなれば「大岡裁き」を可能にするような「別の準拠」の場所が必要になる[194]。それを梃にして「解釈の余地」を生ぜしめ、判決において根拠を誰にでも納得できるような形で差し出すことができるような何かが。それが「準－準拠」としての道徳であり、常識であり、倫理である。これは、博打打ちの切り札なのだ。逆に言えば、法なき倫理など話にならない。引用しよう。

〈倫理〉――七〇年代の流れの中で突然また浮上してきた観念だが――のいまの即興演奏に与することは論外であるにしても、このようなしっかり根拠付けられていない言説に心酔することに対しては用心深くあるほかない。〈プロパガンダ〉は思考ではない。〈道徳〉の学問の蓋然論的な夢を思い出さなくてはならないのだろうか、こんなものはデマゴギーになり果てたというのに。一六世紀から一八世紀のあいだの、形式主義者が自分の考えを実践に移すときにつきものだった陋劣さがどのようなものだったか知られているし、〈近代ヨーロッパ〉で解釈者の知的な位置が下落するにあたって蓋然論の理論家たちが果たした役割も知られている。すくなくとも学識ある何らかのサークルのなかではそうだ。こう言うのはそれは無知のヴェールがいまの共通の条件だと認められているらしいからである。このため場違いだと断ずるほかない問いかけの庇護のもとで、〈倫理〉は自分の繭をしつらえているわけだ。要するに歴史の外にある繭を。しかし、こんな隠れるための塹壕は崩し開いてしまわなくてはならないだろう、それはいくつかのペテンを繰り返しているばかりなのだから。このような問題は、この『講義』が取り扱うものではないのだが、これまでにあった道徳に関すると主張されている学説の非道徳主義を括弧に入れ、率直に〈倫理〉の新たになった問いかけ方にとって根本的ないくつかの要素をはっきりさせようとするものだ。〈倫理〉でもかまわない。いま気取った礼儀作法になっているこの言葉でも。しかし、問題はこうだ。現在の〈西洋〉において〈倫理〉の場所はあるのか。それが政治的かつ社会的な喜劇でないとすれば。[195]

だから、逆を言えばこうなる。倫理の場所とは、準拠としての法に対して「準-準拠をなす」場所である。倫理は、法の傍らに、法の斜め横に居なくてはならない。このようにして、道徳や倫理の審級を「斜めに」置き、それを切り札にすることによって「疎隔」のなかに身を保持し、そして裁くこと。あらゆる偉大な宗教の解釈者たちも、現在にあって日々自らの職務を全うしようとする法曹家たちも、この点については全く変わらない。だから、こう言おう——解釈がない法は無法であり、解釈がない宗教は原理主義的カルトであり、解釈がない法治国家は全体主義であり、解釈がないマネージメントは専制である、と。

ここまで論じてきて、ある違和感を感じている読者もいるだろう。その違和感はおそらく正当なものである。〈鏡〉の上演による主体の創出ということはわかったし、それが危うい企てではあっても、その賭けの危うさ脆さにおいてこそ機能するのだということもわかった。そして、それがまさに今の現代世界のアクチュアリティに直接突き刺さる政治的な事柄に関係するということもわかった。だが、ここでは何かが奇妙だ。何というか――たとえば国家と宗教が、近代的なわれわれの法律と前近代的で非ヨーロッパ的で土俗的な掟が、ここでは同じものであるかのように論じられているではないか。われわれのこのグローバルな社会の「ルール」と、それ以前の社会の「禁止」が、同じものであるとでも。しかも、ドグマや〈鏡〉と言うが、結局このルジャンドルという男は近代国家の擁護者であり、要するに国家主義者なのではないのか。当然の疑念、ありうべき違和感だ。これを晴らすべく、われわれは次章において、世俗化を相対化しなくてはならない。

第五章　世俗化を相対化する――〈中世解釈者革命〉と「国家の期限」

第四四節　儀礼・調教・テクスト
――「ダンスを根本的な政治的操作の外にあるものとみなすのをやめなくてはならない」

さあ、われわれは以上のような疑念を晴らすべく、ルジャンドルの理路のいやまして困難な場所に、相も変わらず一直線に向かうことにしよう。前章の最後に浮かんできた違和感を拭いさるためには、国家、世俗化、宗教、法を考えるための展望を一変させなくてはならない。そのための前置きとなる問題はこうだ。ドグマ人類学にとって、儀礼とは何か。

しかし、実はもうこの問題は完全に説明されている。ここまで遠く論旨を追ってきたわれわれにとっては、この問いの答えはほとんど自明である。儀礼とは、絶対的エンブレムとの、つまり〈鏡〉＝根拠律との関係、イメージと言葉と身体を介した多種多様な関係の挙行そのものであり、そのドグマティックな――美的で装飾的で決定的な――反復そのものである。それによる主体の制定であり、主体の再設定そのものである。だからわれわれは儀礼についてばかり語ってきたといってもよい。〈鏡〉と主体との関係とは、儀礼である。

ラカン理論から導出されてきた象徴的かつ想像的な〈鏡〉において、必然的に「第三者がイメージでもあることになってしまう」と言った瞬間から、その〈鏡〉が社会そのものであると言った瞬間から、この帰結はすでに明らかだったのだ。「〈第三者〉は儀礼的な本質を持つ社会の創造によって現前する」[196]。「政治的劇場で儀礼的に上演される〈第三者〉なくしては、文化が製造する〈鏡〉なくしては、規範性は主体に働きかけることが一切できない」[197]とルジャンドルは言う。しかし、この文言を筆者がここで一つ一つ説明するとしたら、それはわれわれが辿ってきた理路を丸ごと繰り返すことになる。彼は言う、「儀礼性が〈準拠〉を、なんらかの〈モニュメンタルな主体〉を上演する。つまりフィクションの主体を」[198]。何故準拠が儀礼において主体として上演されなくてはならないのか。それは「エンブレムの儀礼的機能とは、準拠を語らせること」[199]だからである。フィクションの主体が語るためには、儀礼がなくてはならない。つまり〈鏡〉というイメージと言語と身体のモンタージュの挙行がなくてはならない。かくして、準拠は語る。「これはおまえだ」―「おまえではない」と。すでに見たように、禁止を、原因を、そして何よりも根拠を語る。ゆえに、「儀礼は〈根拠律〉を産み出す」[200]のであり、産み出された「〈根拠律〉の社会的構築」は、反復される「儀礼の峻厳さによって伝えられなくては維持されない」[201]。根拠律の代理人たる裁判官は、あるゲームにおいて博打を打つ者であった。それは根拠律にかかわるものである以上、そのゲームは儀礼的なものであらざるをえない。ゆえに「司法手続きとは、儀礼的なゲームである」[202]。根拠律の外在性は、たとえば「〈理性〉の社会的な練り上げのなかにある儀礼的プロセスの価値を持つ経験」としての「象徴的外在性」として再把握されることになるだろう[203]。〈鏡〉への愛、〈絶対的エンブレム〉への愛。すなわち〈根拠律〉への信。その「儀礼的な現れは多種多様（旗、音楽、紋章、彫像など）であり、無限に反復され継続する」[204]。そしてルジャンドルはまたも冷徹に言う、その〈鏡〉への愛、権力の姿への愛、証拠と根拠への信は、「純然たる調教（dressage）という手妻」[205]を前提するばかりか、それ自体が儀礼の反復として「調教の歴史的様式」「人間身体を統括するある種の政治」[206]なのだ。そう、われわれは表象であり、テクストであり、それは「整形外科」的な操作で縫い合わされたものだった。だから儀礼とは、まさに身体を直接対象にした「縫い合わせ」「縫い直し」以外の何かではない。人がある姿を愛し、そこに同一化するときに、つねにすでに調教は行われている。ある証拠を信じ、ある言葉を信じ、誓いを立てるときに、つねにすでに身体的な調教が行われ、主体が設定されている。しかも、その儀礼的なプロセス自体が、調教の反復それ自体でもあるのだ。ルジャンドルが、幼児の言語習得に関する研究の例をあげて、「言語への信は『反復の儀礼』によって達成される……このような開始の水準では、語ることは『演劇的になす』ということを意味している」[207]と語るときに、この反復の儀礼が調教そのものであるということは明らかである。そればかりではない。何度でも確認しておかなくてはならないことは、ドグマティックな水準ではイメージと言語の既定の区別は容認されないということである。だから、学者や法曹家をも含む人々がテクストを前にして読み註釈をすることも、儀礼以外のものではなくなる。引用しよう。

解釈者が専門的な作業をするとき、つまり学問上の註釈をしたり司法上の判断をくだすときに、（中世であれ近代であれ）註釈者や裁判官はひとりひとりおのれの職務にしたがって、個々のテクストの文面＝文字（lettre）に直面する。わたしが〈テクスト〉と呼ぶ総体のなかに位置づけられる個々のテクストの文面にだ。負債を返しまた返すということによって規則づけられているこのような反復のなかには、ある崇拝＝祭礼（culte）が含まれている。この場合、解釈システムがどのようなものであろうと、それは「文字の崇拝（culte de la lettre）」だ。言いかえれば、負債を返済するということは儀礼的に設定されているのだ。つまり、〈テクスト〉は、その神話という本性からして、儀礼的にしか機能しないのである。[208]

テクストに準拠し、それを典拠とし、引用すること。それはそのテクストの文字そのものに「負債」を返すということである。そして、その反復自体が儀礼であり、崇拝そのものなのだ。テクストを読み註釈し準拠し引用することは、儀礼である。ブランショは言っていたのだった、「読むこととは、墓石との愉しい、熱狂的なダンスである」と。まさにこのダンスはひとつの儀礼であり、ゆえにルジャンドルは「政治に関わる学問の学徒たるもの、ブランショを読まなくてはならぬ」[209]と断言していたのだった。テクスト、崇拝、儀礼、ダンス。この連関を口にした以上、二つのことを述べておかなくてはならないだろう。一、文化は崇拝である。文化（culture）という言葉が、「カルト」の語源たるラテン語の「崇拝（cultus）」と同じ語源を持つこと、すなわちラテン語の「耕す、崇拝する、配慮する（colere）」という動詞を共通の語源として持つことは誰でも知っている。文化は崇拝でもある。問題は次だ。ルジャンドルは、悠然たる挑発といった風情で「尻込みさせるにはうってつけのこの文化＝崇拝という語」と切り出しながら、この文化＝崇拝という概念の根本的な定義を、教会法の集大成たる『グラーティアヌス教令集』の偶像崇拝に関するテクスト（C. 26, q. 2, c. 9）を引いて定義する。いわく「講義の中で私は、文化（culture）という語を、ヨーロッパの法学者たちに用いられていたような、文字どおりの意味において用いる。『グラーティアヌス教令集』――われわれの法的な近代性がヨーロッパ中世において告げられている集成――に見出せる、この根本的なテクストを、思い起こしておかなければならない」。つまりそこには「『cultura は野蛮と訳されるべきだ』とある。文化とは、他者たち、非キリスト教徒たちの野蛮のことなのである。このような今日では抑圧された意味、つまり恥ずかしさと結びついた意味を復権させることで、ここでの私の作業上の提案が目指そうとしているのは、困難を極める諸問題についての研究に害を与える、ある種の人種差別的な様式を持つ思い込みを、われわれから取り払うことである」[210]。文化＝崇拝とは、非キリスト教徒たちの野蛮な営みであり、崇拝であり、キリスト教が自らはそれではない、と主張し続けてきたような何かである。しかし、神話を通じて「文化は主体に向けて鏡を表象する」[211]と言い、「文化の鏡の言説としての神話」は今でも神話でありつづける[212]と言う彼が、こう言い放つのは当然である。

　産業とは文化＝崇拝そのものであり、無意識にたいする支配のシステムであり、政治的愛における絶対主義的な野蛮さである。産業はわれわれを魅惑する[213]。

　産業システムは文化＝崇拝を動員し構築するからだ。それは語のもっとも強い意味で文化＝崇拝そのものだ。……宗教的な野蛮な意味で[214]。

　このことから来る帰結は、もう少し経ってからゆっくりと見ることにしよう。次だ。二、テクストは文書であることを必要としない。「テクストは書かれたもの《エクリ》であることを必要としない」と克明に述べつつ、彼はさまざまな文化の口承、ダンスやその振付をあげている。[215]だから彼は「黒人の偉大なるダンス」はそのままテクストの操作であり、ゆえに彼らのダンスはそのまま法的・哲学的・規範的に思考することそのものなのである、と事も無げに述べることができたのだ。[216]いわく、「ダンスはまた、それによって主体の身体が〈法〉を反響するものであって、このテクスチュアリティの外には書き込まれることはありえない」[217]。そう、われわれはすでに見てきた、われわれの身体自身がイメージであり、テクストであり、エンブレムなのだと。ならば、ダンスはそれを習得し、鍛練し、練習し、揺り動かし、舞い、跳躍させ、回転させ、軋ませ——つまり「思考する」ことそのもの以外の何かではない。だから、その振付を案出し「新しいダンス」を編み出すことも含めて、ダンスは哲学的あるいは法的なテクストを読み、註釈し、書き換え、新しい概念を産み出すこととなんら変わるところがない。だから、「ダンスを根本的な政治的操作の外にあるものとみなすのをやめなくてはならない」[218]。ダンスは「肉体的」で「感覚的」で「美的」なだけのものではない。ダンスを論ずるとなると、どういうわけか美術史家も人類学者も「宇宙との鼓動に一体となる」「原始的な身体感覚」などということを喋々しがちだ。だが、ルジャンドルのダンス論にあっては、イメージも言語も「越えた」原初的《プリミティヴ》な身体感覚などというものを拠り所にするような思路は、全く問題になっていない。彼は言う、「ダンスの身体が美しいのは、それが製造されたものだからである」[219]と。だからこそ、それはひとつの社会の、ひとつの文化=崇拝のテクスト性のなかで法的で政治的な力を持つことになる。いわく、「諸身体はシステムのエンブレムになる、そしてそこで信仰が組み立てられるのだ。ダンスは政治的である。なぜならダンスは通常の振る舞いの取り扱いを提起するからであり、主体を閃光のもとにはっきりと見せる（eclater）からだ」[220]。かくして、「〈法〉と一緒に、ひとはダンスしにやって来るのだ」[221]。〈法〉との、〈テクスト〉との熱狂的なダンス。テクストとは、そしてテクストの営みとは、すべてこれ以外の何ものでもない。逆に言えば、われわれの読みまた書くこともまた「熱狂的なダンス」なのだと、いまさら繰り返す必要があるだろうか。歌、音楽、詩、絵画、つまり芸術。これらはすべて以上のような意味でテクストであり、政治的ダンスである。われわれは既に十分語った。旗なしに、ダンスなしに、歌なしに、エンブレムなしに、音楽なしに、イメージの上演なしに、社会が統治されることなどないと。次の重要な論点に移る前に、念を押しておく。ルジャンドルはここでも極めて冷徹である。「ダンスと軍楽隊による大衆の祝祭、これはまたファシストのものでもあるのだ」[222]と指摘し、「共産主義の儀礼性の研究の欠落」[223]を難じる彼は、このような非文書的なテクスト性による儀礼的な統治について、楽観的なことを一言も口にしていない。これは要するに、独裁者の儀礼の「マス・ゲーム」でもあるのだから。ダンス、音楽、詩と言っただけで、何か肯定的なものが語られていると思うのはお門違いである。彼は、まさにダンスを挙措の調教の水準に位置づけ、「古代のダンスの道徳の上に、ダンサーではない人々においても、産業への服従の一部分は構築されている。つまり、工場奴隷は姿勢と所作の合法性から利益を得ているということだ」[224]とまで言ってのけるのだから。つまり、「工場奴隷」は、規則正しく時間割どおりに上司の言うとおりに「踊る」ことを「調教」され「強制」され、その服従の代金として僅かな賃金を得ているのだ。言ってみれば、絵画、ダンス、音楽、歌、エンブレム、バッジの美しい演出が、すなわち身体的な調教としての政治的な操作が存在することは厭でも否み難く避けられない事態なのであり、むしろそこから始まるのだ。何が。「博打」が。

しかし、それにしても。あまりにも強ちな《あながちな》。そんな嘆息が聞こえてきそうだ。ダンスが、テクストを書くことが、歌が、政治的であると。それはあまりにも「美学的」な考え、美を強調しすぎる考えなのではないか。断じて否。逆だ。ルジャンドルがはっきりと一九七〇年代から繰り返し述べていることがある。中世以来、ヨーロッパの規範は、身体を直接操作する儀礼（たとえばヨーロッパ各地に見られた憑依のダンスや、特に特権的な例とされるユダヤ教の男子割礼など）を異端視し排除してきた。そのことによって西欧は書かれたものとしてのテクストの読解を、つまり言語的なもののみを法の受肉化として考えてきたのであって、それはヨーロッパだけにしかない偏向である、と。[225] この例としてルジャンドルが挙げるのはキリスト教のユダヤ教への蔑視の長い歴史だ。ユダヤ教の割礼の儀式は有名だが、これはまさにわれわれの理路からすれば、「身体に直接テクストを書き込む」儀礼であり、テクストの営みを設定する作業である。テクストの営みとしては、そこに違いなどあろう筈もない。しかし、キリスト教は新約聖書の「ローマ人への手紙」（二・二八・二九あるいは三・三〇・四－九－一二）のなかの「割礼は肉のなかにあらわれない」を楯にして、古代からこのような「身体的解釈」を「狂った解釈」として批判し、野蛮だとして蔑視し、われわれはもっと「霊的」な解釈をしていると言ってきた[226]。これは近代まで続く。ルジャンドルは、一九世紀ユダヤ教のあるゲットーで行われていた或る官能的ですらある儀礼の例をあげている。いわく、「書字板に浮彫で書かれたユダヤのアルファベット文字に、ラビが蜂蜜を塗り、目隠しをした子供は、目で見て分かる前に、それを舐めるという権利を持っていた」。だがこれはキリスト教あるいは近代の「諸々の非身体的な教義にとっては、これは極めて野蛮な教育手段ということになろう」[227]とルジャンドルは皮肉げに揶揄している。しかし、このようなさまざまなテクスト－イメージ－身体の儀礼的かつ政治的な「ヴァージョン」を、野蛮だと指弾しうる立場もまた「ヨーロッパのヴァージョン」に過ぎないのだ。書かれたものだけがテクストであり、書かれた法文書だけが政治的であるというのは、歴史的地理的に限定された観念でしかない。それを前提として考えることしかできないのは、単に思考の狭窄でしかない。

そして、このことと密接な関連があるものとして再び繰り返そう。そう、われわれは〈鏡〉のもとにあり、根拠律のもとにあり、因果律のもとにあり、つまり「儀礼」のもとにあった。系譜原理を担うために、子として生れ、子を産むために。現在に至るまで。しかし、そうするとわれわれはいまだ「宗教」のもとにあり、「世俗化」など存在しないということにならないか。長くわれわれは「神の死」について語り、宗教の衰退について語り、形而上学や神学や否定神学を罵倒語として用いてきたというのに、子として生を享け子を生すかぎり、われわれはいまだ「信者」であるほかないということになってしまいはしないか。それはあまりのことではないか。

だが、われわれが長く辿ってきた理路からすれば、これはすでに必然である。何も驚くべきことはなく、声高に騒ぐべきことは何一つない。そう、われわれは「産業宗教」[228]のもとにある。そうルジャンドルは言う。しかしこれを、たとえばディズニーランドに行くことは巡礼であるとか、宗教なしに生きて行けるほど人間は強くなく「宗教の智恵」は癒しをもたらすとか、国家はいうなれば一種の宗教であるとか、そうした最後まで自らが放った文言の帰結の責任を取ることなど端から考えてもいない浮言と混同してはならない。それらは宗教と世俗の二分法、つまりルジャンドルが言うところの「産業のドグマ的言説の、もっとも触れてはならない真理のカテゴリー」[229]を前提とした、軟弱な思考が作ってみせる様悪《さも》しい媚態でしかない。さまざまな言説、文化、政治、社会における事象を指して、実はこれは宗教的なものなのだとだけ言って快とするような論旨は巷に溢れ返っている。しかし、このような態度からは遠ざかることにしよう。このようなことは既に問題ではない。われわれは、自ら自身の問題に立ち戻らなくてはならない。

第四五節　〈中世解釈者革命〉とは何か——テクストの「情報革命」と「国家」

われわれは今、二つの本質的な問題に同時に突き当たっている。われわれがテクストを書かれたものとしてしか、つまり情報が盛られた端的な器、「資料」としてしか考えられず、その儀礼性を理解できないのは何故なのか。その儀礼性を理解できないからこそ、すでに引用した箇所でピエール・ルジャンドルが「宗教がなくなる？　そんなことはありえない、近代化は万能ではない」と至極当然のように言い放つ理由が理解できず飲み込めず、これを何か恐ろしい言葉のように受け取ってしまう。宗教と国家の「滅亡」を願い、大声でそれを喚く言説の歴史はいやまして長くなるばかりであり、その音量も増えていっている。政治的な左右を問わず。そのわりには、その滅亡とやらはちっとも起こる素振りも見せない。テクストとは書かれたものであり、情報であり、宗教はいつか滅びる——こうした考えは、「ヨーロッパのヴァージョン」にすぎないと、われわれは繰り返し語ってきた。そう、これについて語る時が来たのだ。このような考えは、ルジャンドルの言う「中世解釈者革命」の効果にすぎない。われわれはまだ、教皇グレゴリウス七世の手のなかにいる。

中世解釈者革命とは何か。[230] まずその前史から見ていこう。六世紀、東ローマ帝国ユスティニアヌス大帝の命令の下、法学者トリボニアヌスによって編纂された『ローマ法大全』は、一一世紀末に「再発見」されるまで全く「理解不能」なものとされていた。これが「再発見」され熱心な研究の対象となっていた時期と、グレゴリウス七世の改革運動の時期はぴたりと一致する。グレゴリウス七世と言えば、聖職者叙任権闘争における ハインリヒ四世との政治的な確執と紛争、とくにその劇的な「カノッサの屈辱」が有名だ。が、ルジャンドルが強調するのは彼が起こした「教皇革命」は単なる「エピソード」に留まるものではないということだ。[231] これはヨーロッパの最初の政治的な「革命」であり、グレゴリウス七世自身の言葉を借りれば「世界全体に形を与えなおすこと(reformatio totius orbis)」[232] だった。これはその後のすべての革命の「スローガン」となり、「モデル」となったものである。そこでなされたのは、「ある真理の帝国の歴史的な組み立て」であり、それは「グレゴリウス七世の改革にはじまり」、「『グラーティアヌス教令集』という「ローマ法の決定的勝利に終わった」」[233]。

つまり、教会法とローマ法が相互浸透し、双頭のひとつの法の体系が出現することになったのである。この「ヨーロッパの法律主義の本質的な集成」[234] である『グラーティアヌス教令集』における達成は、まさに革命と言ってよいものだった。ルジャンドルは、「読者は驚くかもしれないが」と前置きして言う、「一三世紀スコラ学の飛躍以前に、制度的なことに関しては賽は投げられていた」のであって、「啓蒙以前に、すでにわれわれはその博打に参加する者であったのだ」[235]。ルジャンドルはこうまで言う、この革命において、「敢えていえば、地球は変わったのだ」[236] と。

何が起きたのか。それ自体は些細なことだ。法学者たちや註釈者は新たに発見されたローマ法の研究に熱中する。文法に照らし合わせてそれを丁寧に読解し、それを写し取り、写本を作り、教会法にすり合わせて註釈を行いまたそれを修正し、教会法自体もその解釈をも少しずつ更新していき、その判例をまた書き修正し、ばらばらだった判例や法文や法格言の断片をひとまとめに製本し編纂し、インデックスをつけ検索可能にする――こうした、まさに「文書化」の「情報化」の作業が延々と繰り返されていった。「権力の姿をデッサンし直すためのドグマ学的な組み立て作業の職人たち」[237]の黙々とした作業が。「目録」を作り、註釈と本文の「並列表記」を案出し、それを足場として「文法的な小さな操作」[238]を加えていく。そう、それはローマ法の条文や断片のちょっとした抹消であったり、消去であり、書き換えだった。地道にすぎる法典編纂の作業のなかに、静かに浸透していく「書き換え」の、地味だがあからさまな作為の作業。「複写、裁断、文法的操作の、極めて精緻化された政治的な手続き」[239]。偽作の作業。「たとえば、ある断片の著者を変えるとか、ある接続詞を削ったり加えたりするとか、テクストを短縮してしまうとか等々……」[240]。だから、その影響下に未だにあり続ける「近代ヨーロッパはこう考えるのだ、ひとつの文章は、無限に書き直せると」[241]。このようなことすら、ヨーロッパのヴァージョンにすぎないのだ。

こうして、このような繊細で気の遠くなるような作業が二〇〇〇年以上続く。ここにおいて、テクストはわれわれが知っているような「テクスト」になる。つまり、文書に。情報の器に。「編纂」され「整理」され「データ化」されたものに。ここで押し進められたのは他に類を見ないほどの「テクストの客観主義的な表象[242]」であり、「文書の合理的客観化[243]」だ。「テクストの観念は改修される。書かれたものの合理的な客観化という方向において[244]」。これは、ローマ法が既に述べていた「〈書かれた理性＝根拠〉（Ratio scripta）[245]」の際限のない徹底化であり、この法テクストの文書化・合理化・客観化そして階層化は、後戻りできない「制度的なアウトライン」を作り出したのである。ローマ法と神学によって練成されたその制度的な原理は、「合理主義的なと形容して何を誇張したことにもならない」ものになった[246]。制度的なテクストが情報の器としてのみ考えられるようになったのだ。われわれの、言ってみれば無味乾燥な近代官僚制の世界、「文書」の、「書類」の、「資料」の、「データ」の、「情報」の世界が、ここに歴史上はじめて到来したのである。まさにこれがなくては現在の「情報理論[247]」すら可能ではない。テクストは書かれたものとなり、文書となり、その文章は単なる「資料」「ドキュメント」として「情報」の担い手となっていく。一言で言えば、政治的・法的テクストを客観的文書化・情報化することによって、ヨーロッパの規範は「効率化」したのだ。そう、既に述べたように、ここから近代産業も近代官僚制も可能になり、情報理論も可能になっていく。「あまりに管理経営的理念に従順なために」わからなくなっているだけで、実は「産業主義社会は、中世における表象の選択に属するものなのだ[248]」。こうして、ルジャンドルは次々と言う。「新たな世界が作動しだした」。「解釈者の世界は別様に歩みだしたのであり、産業システムの法学者が出現したのである」。「あなたがたは法的文書の一般理論の馴染み深い世界に漬かっていくことになる」[249]。われわれの世界、われわれの効率の世界、われわれの管理経営的世界、われわれの「整理術」の、「検索」の、「情報」の、「データベース」の世界。その起源はここにある。

このように書かれたもののシステムがまとめられたということは重要である。それは言説を正当かどうか認証する装置を置いたということであり、つまりは「解釈の真理の独占」を発明したということだからだ。これは多くの制度的効果を産みだすことになったが、その制度的効果のなかでもとりわけ重要なのは裁判官と決疑論の階級を管理する〈産業国家〉の効率である。しかしそこで見なくてはならないのは、このようにまとめられた一つのシステムが、国家による文化というものを、さまざまな〈準拠〉の他の構成の仕方から根本的に切り離したということである。たとえそれらもまた〈書かれたもの〉による象徴化のもとに定礎されていたとしてもだ。ここでわたしが言いたいのは、ローマ‐教会法の伝統とは原理的に敵対的な関係にある二つの〈書物〉のシステムである。つまり〈トーラー〉と〈クルアーン〉のさまざまな解釈だ[250]。

西洋は——つまり、ラテン・キリスト教規範空間は——他の文化から自らを切り離す。他の「書物の宗教」からも自らを切り離す。その「テクストの情報化」によって。しかし、われわれが長く見てきたように、実はここで起こったのは「〈テクスト〉の観念自体の不毛化」であり、そこでわれわれは「テクストのエンブレマティックな地位を忘却」するようになる。[251] 絵を描くことはテクストではなくなる。踊ることはテクストではなくなる。服を着ることはテクストではなくなる。歌い奏でることはテクストではなくなる。つまり政治的なことではなくなる。幾度でも繰り返そう、それはヨーロッパの、ラテン・キリスト教のヴァージョンに過ぎないと。

しかし、勿論これだけでは〈根拠律〉を支えることはできない。それは長らくわれわれが見てきたとおりだ。彼ら中世の革命家たち、解釈者たちはその要請に答えるために、テクストの文書化・効率化に見合った〈鏡〉のフィクションを練り上げていくことになる。それは、「〈生ける文書〉(Écrit vivant)[252]」としての教皇であり、教皇庁だ。ローマ法においてはローマ皇帝のものであった「彼は自らの胸の古文書にすべての法権利を持っている(Omnia iura habet in scrinio pectoris sui)[253]」という隠喩が、教皇に適用される。ここで再び教皇は皇帝と「二重化」され、ルジャンドルの師ル・ブラが言う意味での「教皇君主制」が成立していく。いわゆるルジャンドルの言うところの「表象の技術移転」、法制史家が「帝国の模倣(imitatio imperii)[254]」と呼ぶテーマである。しかしそれよりも重要なのは、まさにこれがエンブレマティックな姿として提起されているということだ。文書の〈鏡〉、生きている文書。教皇は、「〈全知の解釈者〉」という「〈権力のイメージ〉[255]」として上演され、「生けるエンブレム」という「イメージのモンタージュ」として演出されることになる。[256] ルジャンドルは克明に言う、このような「モンタージュ」は「ある種の根拠律のヴァージョン」[257] であると。注意しよう、この教皇は「生ける文書」であり「息する法（Lex animata）」[258] だが、まず「最高位の解釈者」「全知の解釈者」であって、専制君主ではない。いわく、「教皇庁は専制の位置にあったのではなく、提起された問題に答える裁判官の位置にあったのであり、あるいはもっと下位の裁判官たちの論争を一刀両断しにくる位置にいたのである」[259]。

そして、この〈生ける文書〉こそが後に〈国家〉となる。これが「法治国家」——ルジャンドルはこれを「法学者の国家」と呼ぶ——の起源なのだ。最初はキリストを指す隠喩だった〈生ける文書〉——まさに「御言葉（Verbe）」だ——がローマ法によって組み換えられ、強化され、かくして「この新しいモンタージュから、『至高の解釈者』『キリストの代理人』としての『教皇＝皇帝』が出現し、これがわれわれの『国家』を産み出す表象システムのなかの政治宗教的な祖先となったのである」[260]。「超近代文化のなかで、われわれが最終的に〈国家〉として認識しているものとは、この〈生ける文書〉を抽象的に移し変えたものに他ならないのだ」[261]。重ねて彼は言う。

〈生ける文書〉——その抽象的な後継者が〈国家〉だ——を使ってある勝負が行われるのだということなのだ。実際、象徴化するために主体は、その存在を、そしておのれの生の原理を、つまり自分が同一化しアイデンティティを可能にするさまざまなイメージとみずからの〈根拠＝理性〉とを、賭けなくてはならないのである。[262]

よく目を凝らしてみよう。この中世解釈者革命は「法学者の国家」を産み出した。そのなかに、われわれもいまだ存在しているような〈国家〉を。確かにこの新たなるモンタージュ、〈生ける文書〉とその後継者〈法学者の国家〉は、「文書」にかかわる〈準拠〉としてはじめから設定されている。しかし、この全面的な「テクストの文書化」「情報化」と、〈準拠〉の受肉したイメージとして演出された〈生ける文書〉のエンブレマティックな作用とは、何か齟齬を来すものではないだろうか。その齟齬をそのままに、ここで起こった「法学と神学の分離」[263]は、つまり無味乾燥な文書の運用と「教皇というイメージの上演の言説」の分離は、そのまま「国家と法（droit、「法権利」）」という「奇妙なカップル」に受け継がれることになる。

〈ローマ法大全〉の写本の増加によって広まった〈ローマ法〉が大挙して到達したのは、西洋規範システムの歴史の新たなる時代だったのだ。〈法権利〉は〈準拠〉の言説に対して自立するようになり、厳密な意味での定礎的言説の政治的な秩序と解釈の実践の秩序との間にひとつの断絶が打ち立てられつつあったのである。これはヨーロッパ文化の重大な出来事であり——この出来事から、規範を純粋にテクノクラートによるものとして理解することが徐々に可能になっていったのであって、これはすべての根拠の理論から解放された法的な調整という考えそのものだ――〈国家〉と〈法権利〉という奇妙なカップルはこの出来事の残響なのだ。〈国家〉と〈法権利〉という言い方が何を規定しているのか気づきもしないで、われわれはこの言い方を口にしている。〈法権利〉なき〈国家〉は存在しうるだろうか、あるいは〈国家〉なき〈法権利〉は。どのような力関係からこの接続詞「と」はでてきたのか[264]。

国家と法。あるいは主権と法。われわれが当然の前提としているこの言い方は、まさに「奇妙なカップル」であり、この接続詞「と」は歴史的な効果でしかない。それは〈生ける文書〉と『グラーティアヌス教令集』のあいだをつなぐ「と」を後継する代替物でしかないのだ。そしてわれわれは見てきた、この息する法たる教皇も「イメージのモンタージュ」であり、このローマ法と教会法の結合による一大法典も「職人たち」の手作業で組み上げられた「モンタージュ」でしかないと。そしてそこに齟齬がありはしないかと。すると、どういうことになるのか。国家とは何で、国家とはどのような運命を背負っていることになるのか。この帰結を追う前に、もはや迂回や注記などとは呼びえない極めて重要な考察を置かなくてはならない。それは避けられない。

第四六節　世俗化、ヨーロッパの「戦略兵器」

そう、教皇と教令集、国家と法権利という二組の「奇妙な」カップルのあいだに走る断絶線について語らなくてはならない。人はそれを世俗化と呼ぶ。それは、この解釈者革命、「一二世紀革命」の当然の帰結なのだ。

〈西洋〉に世俗化が生じたのは、まず文法学によってなのだ。このことが十分に着目されたためしはない。〈法権利〉の宗教的装飾は、望まれて出てきた現象ではなかったのである。すでに注意するように言っておいた事実だが、ラテン・キリスト教自体のなかに、その非宗教化を産み出すような原因があったのである。わたしはここで新たな要素を話題にしたい。「解釈する権力がひとつのテクストの宗教から解放されたということ」だ。銘記しておきたまえ、私はいま「ひとつの」テクストの宗教と言ったのである。宗教からの解放。これが文字どおりそのまま、いつの日にか何かのおまけででもあるかのようにして起こったのだ。この変動の口火は、一二世紀の〈革命〉が切った。注釈者、ローマ法学者、教会法学者たち、そして「文字の説明（explicatio litterae）」を実地に行う人々、つまり他でもない文法学者の著作を通じてだ。[265]

そう、齟齬は明らかだ。彼ら一二世紀の註釈者たち、文法学者たち、法学者たちの密やかな偽作の作業、その「情報技術革命」が、ひそやかに「生ける文書」を侵食していく。なぜすべては情報によって、データベースによって解決できるのに、あのような「野蛮」な上演された姿などが必要だというのだろうか。テクストは文書であり、情報なのに、あのようなイメージや歌や儀礼など、必要ないではないか。そのような疑念が、徐々に醸成されていく。現在に至るまで。世俗化は、キリスト教自体から、まさにその脊椎たる教会法自体から出現したのだ。

重複を恐れず、丁寧に見ていこう。以上のように述べてきた通りに、世俗化以前の中世ヨーロッパにおいて、〈近代国家〉にあたる政治組織を見出そうと思えば、それは「生ける文書」たる「教皇」を「父」とする教会以外にない。教会といっても、われわれが街で目にするあの教会を思い浮かべてはならない。中世ヨーロッパの教会は、近代におけるような私的な自発的結社、信仰の内面の自由を前提とし、社会のなかで限定された形で存在するような集団ではない。教会とは「キリスト教共同体（corpus Christianum）」そのものであり、ヨーロッパ大に広がる「キリストの身体（corpus christi）」そのものであった。そして一人一人のキリスト教共同体の「メンバー」がその唯一の身体の「肢」とされていた（「メンバー」の語源は「肢」である）。パウロの「コリント人への手紙」にいわく、「身体はひとつにして多くの肢あり、ひとつの身体のすべての肢は多けれどもひとつの身体なり」と。ホッブズの「リヴァイアサン」にかぎらず、このひとつの有機的身体としての政治的社会という制度的な比喩は近代にそのまま持ち越されることになる。それは、〈生ける文書〉から〈法学者の国家〉への推移を見てきたわれわれの理路からは見やすい道理だが、その経緯は措く。

つまり、教会とはわれわれが考えるような「宗教的な共同体」「信徒の集団」「カルト」では全くない。それは正しく、「精神的かつ政治的な共同体（corpus morale et politicum）」であって、まさにわれわれが見てきたような「解釈者革命」によって「合理主義的」なものとなった諸制度を持っている政治社会そのものである。つまり、裁判権、教皇の匿名選挙、人材運用システムとしての聖職者の位階制、秘蹟と呼ばれる数々の儀礼、破門や聖職停止などの制裁措置のような、さまざまな「合理的」な権力技術を装備した巨大な政治的社会である。それは秘蹟として幼児の誕生時に行われる洗礼や婚姻を挙行し死の床での塗油を行い、特に近世においてはその個々人の履歴を小教区ごと「教会簿」に書き込んで膨大に集積することによって、個々人の生の管理すらをも行っていた。つまり、社会のなかに宗教があるのではなく、宗教が政治であり、宗教が社会であり、宗教が世界そのものであった。

世俗化の過程はいわゆる「政教分離」の過程である。それは、この政治的社会そのものだった教会＝教皇庁が、いま一般に言われるような意味での「宗教団体」にまで、「信仰の自発的結社」にまで格下げされていく過程である。それと入れ代わるようにして抽出されていくのが近代国家の諸制度であり、それは宗教を脱したより客観的な制度性として、万人に妥当する普遍性を持つとされることになる。さて、ここまでは復習だ。われわれは見てきた、この〈生ける文書〉を中心とするキリストの身体、すなわち「教会」と、近代国家はまったく同じ根拠律のエンブレム的原理に属し、まったく同じように「生ける文書と教会法」「国家と法」というカップリングのもとに機能するものであることを。ほとんどそれは同じものである。しかしそのあいだに走る断絶線があるとすれば、それが「世俗化」と呼びうるもの、すなわち「宗教の衰退」と呼びうるものであるとすれば、それは何によって起こったのか。簡単だ。中世解釈者革命はすでに「情報技術革命」であった。法と法学は、「神学」という「根拠律」をめぐる学問から切り離され、儀礼と関係がないものとして取り扱われることになった。つまり神と。いわく、「ここで重要なのは、ヨーロッパの規範体系は、逆説的にもスコラ学が開花しはじめた時代にはすでに、神なしで済ますことができるようになっていた、ということを理解することです。神学と法の区別は、一二世紀の潮流において実現しました[266]」。テクストは文書になり、資料となり、書類となった。根拠律を上演するイメージの問いは「余りもの」のように取り扱われることになった。そこにおいて〈準拠〉は「無限に書き直せる」ものとなった。これを指してルジャンドルは「準拠の抽象化」と呼ぶ。そこで可能になったのは「準拠の可塑性[267]」であり、「〈準拠〉を表象する言説の断片化[268]」である。情報化された、法文書のデータベース、「法典」。この効果とその侵食によって、まず〈生ける文書〉はより抽象的な、可塑的な、中立的な、透明なものにならなくてはならなかった。かくして宗教は衰退し、そこに〈国家〉は誕生する。しかし、事態は何も変わってはいない。逆に言えば、世俗化とは根拠を担う〈生ける文書〉を〈国家〉の名のもとに、より取り扱いやすい「可塑的」な形で丸ごと保存しつづけるひとつの術策でしかないということになる。だから「世俗化の観念は、典型的にヨーロッパ的であるかのようだ。それは原理的にキリスト教の変化したものと結びついている。だから世俗化という観念は構造的な価値を持たないのであって、構造の歴史のエピソードとしての価値を持つ」[269]と言いうるし、また「この世俗化という観念」自体が、「宗教自体の本性にかかわる広大な演劇的総体の一部である」[270]と言いうるのだ。引用を重ねよう。

　世俗化という概念はどの程度信用できるのか。こう答えることができる。必要な程度だけ、と。つまり、できるだけ最小限度で、と。確かに、世俗化という概念は、産業の歴史というコンテクストの中で力をつけて論争を引き起こすようなものとなり、そのおかげで、社会学によって切り開かれた展望に従って、社会と権力秩序との諸関係を暴くのに大いに役立ちはした。しかし、私の拠って立つ観点からすれば、つまりあらゆる規範体系に特有の論理に関して言えば、世俗化は抵当に入っている。すなわち、世俗化は逆説的にもまだなお宗教的な概念なのであり、西洋人の〈絶対的準拠〉内で組織化を操るのに役立っているのだ。[271]

人類は様々な様相の〈準拠〉を発明してきたのだが、世俗化とは、その中の西洋版〈準拠〉のうちの一様相以外の何ものでもない。そのことだけからでも、以下のことを十分に納得できるだろう。すなわち、この西洋版〈準拠〉は、権力の掟の西洋固有の表象の仕方と固く結びついているわけで、西洋版以外の〈準拠〉について語っている多くの人々にとっては理解し難いものである、ということだ。我々自身の方は、この西洋版〈準拠〉を理解していると、本当に思っているのだろうか。[272]

厄介なことだ。近代国家には、教会法とローマ法の結合によって生み出された法的擬制がまるごと保存されている。それはローマ法の地道な再研究の土壌から形成されてきたドイツ法を継受した日本の法体系も例外ではない。〈生ける文書〉と『グラーティアヌス教令集』から、〈国家〉と〈法権利〉へ。どちらにしろ「奇妙なカップル」である。世俗化とは、単にこの一方から一方にずらす作用にすぎなかったのだ。一言で言って、近代国家はルジャンドルの言う「キリスト教規範空間」の内部にいまだにありつづけている。ということは、世俗化という概念は、このキリスト教規範空間の更新と延命と拡大のための「アリバイ」として機能したということになる。まさに「不在証明」であって、世俗化によって近代政治制度のなかにキリスト教は不在であるということになった。世俗化において、ヨーロッパで生まれた制度は「脱宗教化」され、「客観化」され、「中性化」したとみなされた。だからそれは普遍的であり、ゆえに世界大にまで拡大することが可能であり、さまざまな社会の制度に輸入され、世界のさまざまな国家の制度はすべて「近代化」することになった。グローバルな世界がここに誕生した。しかしルジャンドルはこの過程を、正確に「改宗の事業」と呼ぶ。世界の近代化は、キリスト教への改宗に他ならない。もっと正確に言えば「征服」に。われわれが辿ってきた解釈者革命以後の趨勢によって、「〈国家〉と規範システム間の改宗可能性＝交換可能性（convertibilité）という西洋の理念」が製造されることになったのだ。〈国家〉は〈世俗化〉によって脱宗教化し、客観的で中立的な規範システムになったのだから、〈宗教〉である他の規範システムも世俗化して近代国家とならなくてはならない――しかし、これは実は〈世俗化〉というトリックを使用した改宗であり、征服なのだ。そして、ルジャンドルは的確にこの法的布置を「戦略兵器」と呼ぶ[273]。彼は言うのだ、「中世の実験室で作り出された〈法学者の国家〉は〈征服国家〉である[274]」と。それは中立的、客観的、脱宗教的なものなのだから、万人に妥当する。だからわれわれの「国家」は輸出可能であり、世界はわれわれの手によって近代化――征服――されるべきだ、というわけである。すると、世俗化という現象自体が、この「改宗という世界征服」を成立させるための、いわば戦略的条件だったのである。世俗化は、キリスト教から胚胎した征服国家の戦略的布置であり、その必要不可欠な一部だったのだ。いわく、「世俗化、この世界を西洋化するための決定的な道具[275]」。事ここに至っては、「内面の信仰の自由」は問題にならない。ルジャンドルは言う。

その「信仰の自由」というのがまたとない西洋の武器なのですよ。「信仰の自由」ということで西洋人は何を言おうとしているのか？　それは信仰が個人の自由意志の管轄に属するということで、それ自体がきわめて西洋的な概念に基づいているのです。私の知っているアフリカでは、誰も個人の意志で神を選んでいるわけではないし、それはいかなる意味でも私的な信仰ではありません。だから「信仰の自由」というのは、一見公平な開かれた条件のように見えますが、それ自体すでにきわめて西洋的な枠組であって、それを輸出すれば西洋は自らの概念装置を輸出したことになります。だから公平な条件のように見えても、実はすでに世界を西洋化することになっている。要するにそれは、西洋にとっては問題でないかのように問題を抹消することなのです。西洋にとって問題ではないというのは、その輸出されたものの背後に西洋が宗教と呼ぶものの構築がすでに含まれているからです。言い換えれば理性＝根拠の問題というものであって、それが根本的なのです。[276]

私はそれをアフリカで理解したのですが、西洋人は宗教に関して、自分たちが宗教と呼ぶものについて、「信仰」という語を用いるということです。きみはこれを信じているかとか、あれを信じているかとか、アフリカにいるとき、問いはそういうふうには立てられませんでした。それは西洋的な問いなのです。[277]

だから、われわれはもう諦めよう。こんなアリバイに縋るのは。世俗化という概念はもはや、他の規範システムを征服し支配し屈従に導くための「〈西洋〉の拡大の武器として使われてきたが、もはや操作できるものではなくなっている」[278]のだから。それは根本的にキリスト教的なものであり、「輸出可能な隠喩」[279]ではない。逆に言えば、現存する宗教とは世俗化という武器を突きつけられた「解釈者たちの世界征服現象」の効果でしかないということになるのだから。[280]

必然的に、問題はこうなる。ある規範システムが宗教か宗教でないかは問題ではない。「宗教」とは「思考の遮蔽幕となる概念」[281]でしかない。問題は根拠律の問題であり、儀礼の問題であり、ゆえに〈鏡〉の問題である。ゆえに危うく博打を切り抜けて疎隔を維持しうる規範システムだけが「正当」な規範システムなのだ。逆に言えば、世俗化が以上のような西洋人の戦略兵器だったことが暴露された以上、根拠律と〈鏡〉によって儀礼的に挙行される系譜原理が、何かしら「宗教的」なものであることを止めることはないと考えざるを得なくなる。「宗教と世俗化」という二分法自体が、西洋人が製造した「罠となる概念」にすぎない。われわれは鏡像段階の提起から遠く、遂にこの罠から脱するところまで来た。しかし。

ここで筆者の立場をはっきりさせておくのも無駄ではないだろう。すべてではないが、新旧を問わず多くの宗教が原理主義的になってしまうのは避けられないと私は考える。

なぜなら彼らは、西洋の武器を丸のまま飲み込んでしまい、自分が「内面の信仰」に携わるものであると思い込んでしまっているばかりか、自ら〈鏡〉と根拠律と系譜原理を担うべきものであるということを忘れてしまっているのだから。それは「宗教」「信仰」「世俗化」という、それ自体ヨーロッパ的な概念の万力に締め上げられて喘いでいる何かにすぎない。以上のようなことを考え抜きもせずに、曖昧かつ微温的に「宗教の智恵」「宗教による癒し」「宗教による平和」などを唱える人々も、少しはそういった「想像的な」解決に頼るのは止めにしたらどうかと勧告しておく。そのような「想像的解決」は「一押し」で「最終的解決」になり果てるということは、もう何度も述べてきたことなのだから。

第四七節　〈国家〉の期限、系譜権力の行方

さあ、ここまで来れば、われわれが既に挙げた問いに戻ることができるだろう。「知られざる泰斗」ルジャンドルの導きによって、〈中世解釈者革命〉を再訪したわれわれの問いはこうだった。では、国家とは何で、国家とはどのような運命を背負っていることになるのか。国家は暴力だ暴力なんだと呟いてそこから一歩も動けなくなってしまうような人々はどうでも宜しい。[282] 少しは他の規範システムに対する「戦略兵器」としての世俗国家ということについて、具体的に考えてみるといい。

国家とは、〈生ける文書〉としての教皇の後継者として、〈鏡〉としての根拠律そのものでなくてはならない。国家は〈絶対的準拠〉であり、何よりも子を産むための「系譜原理」を担うものでなくてはならない。まさに「国家の親族機能」[283]を。それは何としても存在しなくてはならない。だが、ルジャンドルはここでも飽くまで冷徹を貫く。それは、イメージを操り、〈父〉の上演によって系譜原理を担うものである以上、いまだに「宗教的本質」[284]を持つものでしかない。ならば、どうしてもこうなる。「〈国家〉は〈トーテム〉と同じくらい野蛮で原始的だ」[285]。逆に言えばその「野蛮さ」にこそ、「系譜原理」にこそ、「〈国家〉の原動力」[286]があるのだ。そして、こういうことになる。トーテムがひとつの系譜原理の歴史的地理的に限定されたひとつのヴァージョンにすぎなかったように、「〈国家〉——われわれが西洋で〈国家〉と呼ぶもの——は」、〈準拠〉を担う「複数の可能性のうちのひとつのヴァージョンである」[287]。ゆえに、以上のような歴史的過程をつぶさに検討してきた彼にとっては、国家などはたかだか「〈絶対的準拠〉の束の間の一形式」[288]でしかない。「種の法に接近するための他の儀礼と同様に、〈国家〉も明日を保証されていないということは事実なのだ」[289]。実際、「〈国家〉の系譜権力」は「崩壊しつつあり」[290]、「西洋の意味の〈国家〉が現実に存在するのは、系譜権力を行使するかぎりにおいてなのだ。逆に、人間の世界でこの権力を行使することには、国家という形式は必要ではない。今もそうだし、未来においても、決して」。「おそらく、〈国家〉はみずからの歴史の果てにあって死にかけているのだ」。「われわれが〈国家〉と呼ぶものの永続はまったく保証されていない」[291]。そして、このように言うことで満足してはならない。そんなことは論外なのだ。

〈国家〉などもう終わりだ。このような密やかな呟きは、すでに大音量となって響きわたっている。それはほとんど常套句となり、誰にでも快く口にできる紋切り型でしかない。グローバリゼーションの波に曝されて、あるいは「世界資本主義」のなかで、〈国家〉はその務めを終えたのだ、と誰もが言う。あるいはもう少し鋭敏な人ならば、しかしそのグローバルな世界の帝国のなかで、〈国民国家〉は一定の役割を担っていて、だからなかなか〈国家〉は消滅しないのだ、程度のことは口にできるだろう。しかし、以上のごとき右顧左眄の文言は、単に〈解釈者革命〉による「情報革命」の効果でしかない。彼らは超近代人を気取っているつもりなのかもしれないが、いまだグレゴリウス七世の手のなかにある。解釈者革命は、〈生ける文書〉を、そして〈国家〉を組み上げた。しかしその一方で、そこに時限爆弾を仕掛けておくことも忘れなかった。つまり、解釈者革命によるテクストの文書化・データ化・情報化・効率化・官僚化は、究極の一点では〈国家〉を必要とせず、それを無きものとする作用を孕んでいる。それはイメージの上演、ダンスの政治性、儀礼と根拠律の問いなどを必要とせず、認めないのだから。ルジャンドルの言葉を引こう。

［一二世紀解釈者革命の結果］テクストの客観化という現象が起こり……〈テクス

ト〉を純粋な資料としてのみ表象するようになってきている。それは神話的精神は汚点でしかないとみなし、社会の形式主義《フォルマリスム》を継続的に削除することによってだ（たとえば、社会科学は立法者のエンブレム化の問題を亡きものとしている）。こうしたことはみな、規範システムの漸進的な脱身体化＝脱団体化（decorporalisation）との歴史的関係のなかにある。つまり、……〈生ける文書〉に依拠する身体性＝団体性（corporalité）が移り変わっていった果てに、〈国家〉という概念を掃討するまでになったのである。それは（たとえば一八世紀の実証的な〈理性〉や現在の〈マネージメント〉のごとき）機能主義者の抽象という道具のおかげであった。こうしてわれわれは客観主義的言説というシナリオを見物しているわけだ。[292]

　解釈者革命によるテクストの客観化＝情報化は、最終的に〈国家〉を掃討する。それははじめからそういうものだったのだ。われわれの〈国家〉を打倒せんとする言説は、〈生ける文書〉と『教令集』の情報革命のあいだにすでに存在した齟齬の、歴史的な余波であり効果にすぎなかったのだ。かくして、〈国家〉は消滅へと向かう。法典編纂の事業から創始され、そこから加速していった「テクストの客観主義的な情報化」は、逆説的にも濁流となって〈法権利〉自体をも押し流そうとしていく。〈国家〉と〈法権利〉の「奇妙な」カップリングは、自らを作り出したモンタージュ自体の効果によって危ぶめられていくのだ。そこで現れるのが、グローバリゼーション下の「管理経営」であり、

「マネージメント」である。原則として彼らは国家を必要としない。それは、法なき、根拠律なき、儀礼なき統治を可能にしようとする。おそらく、突如勃興した「倫理」や「リベラリズム」の言説、この新たなる偽規範性に裨益しようとする言説は、懐かしい言い方を敢えて使えば「イデオロギー」にすぎない。だから、たかが「束の間の一形式」でしかない〈国家〉を批判したくらいのことで、「正義」とやらの側に立っているなどと思わないことだ。我の立場は本領安堵などと思わないことだ。それはまさに、いまの偽規範性に対する浅ましい順応主義でしかない。国家を批判する自らの言葉が、管理経営やマネージメントの暴力を礼賛するパレードの合唱と唱和するものになっていないかどうか、よくよく確かめてみることだ。彼らは国家の奇妙な滅び難さの理由を――まさに「理由」だ――を見損なっている。〈国家〉の存立を正当化しうる唯一の理由は、それが〈根拠律の構築〉であり系譜原理の担い手であるということだけだ。彼らは〈国家〉が担ってきた、そして今でも危うく担っている「系譜原理」を〈国家〉に丸投げにしたまま、彼らが金科玉条とする文言を振り回してばかりいる。そのような挙措は「抵抗」どころか、君臨するマネージメント的思考と寄り添いさえするものであるというのに。私はもう、それで良いなどとは言わない。それだから良いなどとは言わない。言える訳がない。広告とマーケティングという武器を携えた〈マネージメント〉の失敗こそを、われわれは目前にしているのだから。

こういう領域では、ヨーロッパの〈国家〉の長きにわたる征服の試みが、考えるための豊かな題材を与えている。今日のさまざまな社会が他性原理に対する無関心の限界点に達せんとしているように見えるために余計にそうなのだ――この無関心によって〈マネージメント〉は、すべてを同化しすべての文化に開かれているなどと自称している。こんなものは自由競争の兵器として作られたものなのに。しかし、管理経営の言説は不発に終わった。戦う〈イスラーム〉や、ヨーロッパにおけるナショナリズムの覚醒と言うべきものが次々に出現したためだ。だから問題を根本から捉えなおすべきなのである。[293]

管理経営的な平和とは、一つの戦争、それも宗教的征服というこの語の本来の意味での戦争である。こう指摘すると、いわゆるコミュニケーション科学が、管理経営によって動員されるときには、一つの大義によって動員されているということも、よく理解できるだろう。そして世界的交流にあっては、ある大義と別の大義の値打ちは同じであり、全ての組織システムが生存を賭けて闘争しているのだが、しかし生き延びるための武装はどれもが同じように行っているわけではない。産業諸国は、経済学者が国際競争と呼ぶものだけではなく、とりわけイスラームのような産業的ではない諸宗教にも遭遇するのだ。これは重要な考察の――当惑させる、と言おう――テーマである。[294]

そう、イスラームだ。われわれは国家の命運とマネージメントの失敗について、つまり子を産み育てるエンブレマティックな根拠律の未来について語っているところだが、ここでこのことについてまた一つの迂回を置かなければならないだろう。なぜなら、テクストの情報化によってこそ「マネージメント」による「グローバリゼーション」が可能になった以上、そのグローバルなマネージメントへの闘争はテクストの、テクストをめぐる闘争としてしか出現しない。このことを検討してこそ、われわれの国家と根拠律の未来の問いは真に腑に落ちるものとなるだろうからだ。ルジャンドルの影響のもとにあって新たな地歩を踏み出しつつあるムスリムの精神分析家、フェティ・ベンスラマを再び引くことにしよう。その鋭利極まる著作、『物騒なフィクション――起源の分有をめぐって』における分析を。彼のこの一〇〇頁足らずの小さな――しかし豊饒と言いうるまでに凝縮された――著作は、ルジャンドル自身にも賛辞を贈られている。

第四八節　イスラーム、表象の戦争――フェティ・ベンスラマの方途

事は一九八八年、サルマン・ラシュディ長編小説『悪魔の詩』の出版に発する。この小説はクルアーンやムハンマドを冒瀆するものだとされ、イスラム各地で抗議のデモを起こし、インドやパキスタンでは死者まで出すに至った。イスラーム諸地域で発禁処分

を受け、シーア派の最高指導者ホメイニからラシュディに対する「ファトワー（死刑宣告）」が下されたことは周知の通りだ。ラシュディはイギリス政府による警護下にあって今もなお潜伏生活を強いられており、日本語への翻訳者五十嵐一氏が筑波大学構内で何者かに殺害されたのも記憶に新しい。なぜこのようなことになってしまったのか。それはこの小説の内容から窺い知ることができる。この小説では、ムスリム共同体の、そしてクルアーン自体の正統性にかかわる伝統的な主題が取り扱われている。聖典クルアーンは、ムハンマドが天使ジブリールが通訳するアッラーの言葉を聞き取ったものとされる。しかし、その天使は本物なのか。それが、天使に変装した悪魔であり、クルアーンにその言葉が紛れ込んでいたら。この「起源のテクスト」、〈絶対的準拠〉でありまさにイスラーム共同体の「根拠律」そのものにかかわる痛点に、この小説はペンの切っ先を突き立てたのだ。しかしそれだけではない。この小説は、ムハンマドをあまりに「オリエンタリズム」に即して描き出している。すなわちムハンマドを「ハーレムを抱えたペテン師」として取り扱うという、十字軍以来長きにわたってヨーロッパ人が持ちつづけている典型的な偏見に基づいて描出している。ムスリムたちが憤激するのもゆえのないことではなかったのだ。気をつけよう、少なくともこの八八年のこの時点では、これは、、、、、、、、イスラーム内部の問題である。たとえばピエール・クロソウスキーの『バフォメット』も、このようなムハンマドを嘲弄するような部分を含む。しかし彼は異教徒であって、イスラームの掟に従う者ではないのだから関係がない。彼らムスリムたちが憤激したのは、同胞であるはずのラシュディが、自らたちを嘲弄してきたヨーロッパ人と同じ語彙、同じ文句を使って自らの社会の枢要をなすフィクションを破壊しようとしたからなのだ。

これに対して、西欧ジャーナリズムおよび知識人からの反応は、「表現の自由」という理念に準拠するものであった。「表現」は自由でなくてはならず、信仰も自由でなくてはならない。よりにもよってフィクションである小説をその内容によって政治的に、法で裁くなどというのは「法外」なことである。「だって、たかがフィクションではないか」。これが西欧の、そしてわれわれ自身の素朴な観念である。こんなこともわからないイスラームは、だから野蛮なのだ、といわんばかりの論調。それが次々に述べられていくことになる。引用しよう。彼はウンベルト・エーコとミラン・クンデラを批判してこう言う。

たとえばウンベルト・エーコは『悪魔の詩』に対する群衆の抗議を説明するためにこんなことを書いている。「マス・メディアの効果のひとつは、いままで小説など一冊も読んだことがない人びとにフィクションを提供したということだ。かれらは《フィクション契約》すなわち疑り深さを一時中断するという契約に、一度も加わったことがなかった」。だからこの連中は、物語を語るということが何を意味するか知らず、幻想物語や昔話を聞いたことがないというのだろうか。したがってそれは、想像力のない、〈他の場面〉の経験のない、幻想と現実を区別することのできない人間たちで、見せかけることも、演技することも、ふりをすることもできない、ということになる。彼らはいったい人類に属しているのかどうかさえあやしくなる。人類とは、家であるいはメトロで静かに小説（フィクション契約は表紙に記されている）を読むことができ、最新のサロンで落ち着いてそれについて論議し、あるいは作者が自分の頭だけで想像したものについてテレビで説明するのを聞いたりすることができる人類、ということだろう。その規準は、信じ易さをほどよく中断することによって、自分の想像力を回転させる、もはや本当らしさのもたらす不安に耐える必要もない人類、ということだろうか。

　この説明では、フィクションには真理や内実はほとんどないことになり、フィクションの作用は空想の住まう部屋のなかにだけ限定されて、小説の「ほとんどなにも」を理解できない連中の手の届かないところに置かれるべきだ、ということになる。フィクションの観念のなんという堕落、そして小説のラベルを知らない人びとに対するなんという傲慢！[295]

　ミラン・クンデラは、小説ジャンルは総じて一般相対性の芸術に属し、そのためあらゆるモラルを免れ、そこでは「いっさいの道徳的判断が中断される」、という考えを主張した。それに加えて、彼の言うところによれば、神権政治のイランでは小説のなんたるかが理解されていない、と！[296]

われわれの理路からしても、この批判が至極正当なものであることは明らかだ。ウンベルト・エーコが言っていることは、結局「ムスリムたちは〈鏡〉に映った自らの姿を見て、本当に自分がそこにいると思うような連中だ」と言っているのと変わらないのだから。解釈者革命によるテクストの「切り詰め」「縮減」について論じてきたわれわれにとっては、非常に見易いことだ。そう、なぜ小説が、「フィクション」が「自由」なのか。それが道徳や法や政治と関係がなく、その内容が政治的に問われないのか。このことは自明のことではない。フィクションこそが、そのイメージとダンスと言葉と歌とを総動員して練り上げられる「モンタージュ」こそが、政治的なもの、社会的なもの、なによりも宗教的なもの、そして主体の形成の「装置」そのものだった。世俗化という「策略」、神の死という「フィクション」を戦略的な条件として捏造することによって、ヨーロッパは自らの国家を「戦略兵器」に変え、グローバリゼーションすなわち世界の西洋化、もっと言えば「キリスト教化」を行ってきたということはすでに見た。そこでテクストは刈り込まれ、塞き止められ、去勢された。そこでヨーロッパは、法学と神学の分離に始まる近代的な理念の設立にあたって、〈政治的もの〉と〈美的なもの〉を切り離したのだ。実は国旗や国歌、宣伝やプロパガンダなどという形でそれを「後ろ手で」操っているにもかかわらず、自分はそのようなイメージの権力の野蛮さとは縁がないと思い込んできたのだ。そのこともすでに見た。かくして、芸術・演劇・小説・詩などといったフィクションのテクストは、まさに「フィクション」であり本来の意味で「テクスト」であるにもかかわらず、つまり主体の死命を制するものであるにもかかわらず、その政治的機能を失う。法的・政治的テクストとは、官僚や〈マネージャー〉が扱うような「書類」であり、そうでなくてはならない。こうして、法だの主体だの政治だの宗教だのには「われ関せず」という自律的芸術概念がここに形成される。美は、無関心性である、とカントを引くまでもないだろう。それはわれわれ自身の常識にすらなっていることなのだから。だからこそ、芸術には「自由」が、「表現の自由」が保証されるのだ。逆に言えば、小説における表現の自由は、ある意味では小説が去勢されているということに他ならない。小説・詩・絵画・演劇は現実に影響力を持ち得ないということと引き替えに、卑小な自由を手に入れてそこに自足しているということにもなる。ヨーロッパの作家たちがラシュディを擁護して「文学的自由」を叫ぶとき、その所作は逆説的にも、自分たちがものする小説が、「罪を犯すこと」すらできず現実世界にあって本気で相手にもされないものだということを擁護していることになってしまう。

それはもちろん近代的な〈準拠〉である。何度も繰り返してきた通りに、それは政治的テクストの客観的・合理主義的な還元というヨーロッパのヴァージョンの管轄下にあるものにすぎない。イスラームには関係がない。だからこの『悪魔の詩』事件はたんに「芸術の問題」なのではない。狂気が「家庭の問題」ではありえないように。それはある「表象の選択」[297]を行った社会の根拠律の表象の問題であり、ゆえにこれが引き起こした騒乱は西洋とイスラームの全面的な闘争となる。ルジャンドルが繰り返し口にする「表象の戦争」[298]とはこれだ。すなわち、クルアーンというテクストのフィクション、その「合法性」に基づいて自己を創設するイスラームと、世俗化や神の死というフィクション、〈国家〉を枢軸とする政治的フィクション、そして「純粋理性」・「美」・「芸術」などの近代的理念というフィクション、その「合法性」に基づいて自己を創設する西欧近代との、際限のない闘争だ。

　西洋は、このみずからの「表現の」「文学的」自由のフィクション、文字どおり「ドグマ」を無前提に「普遍的」なものと見なしている。だがそれがどのような歴史的な趨勢によって「普遍的」となったのかにはまるで無自覚だ。だからこそ、「基本的人権」たる「表現の自由」を認めない、フィクションがフィクションだということすらわからないイスラームの連中は「野蛮」で「言語道断」だという侮蔑的な言葉がメディアに跋扈することになる。しかし、それならムスリムたちもこのように言う権利を持っているはずだ。「アッラーの真理」たる「クルアーンの正当性」を認めないヨーロッパは「卑俗」で「無法」だと。これはいうまでもなく原理主義的な思考だ。しかしそれはヨーロッパも同じだということになりはしないか。違うテクストを手にして、「ほら、ここに書いてある、だから、」と呟く者たち同士の、果てがない戦いだ。われわれは語ったのだった、「ここに書いてある」は「原理主義的論証」だと。ゆえに、ベンスラマはこの著作でまずヨーロッパの原理主義を撃ったのだ。

そして、ベンスラマは二〇〇六年の既に引いた講演「冒瀆する羊——『イスラームの名における検閲』での発言」[299]で、逆にイスラームの「政治的イマーム」たちの「殺す検閲」の原理主義を撃つことになる。周知の通り、デンマークで最多の発行部数を誇る高級紙ユランズ・ポステンは、二〇〇五年九月三〇日の紙面に、ムハンマドをイスラーム急進派に擬する風刺画を掲載し、デンマーク内外を問わずムスリムたちの激しい非難を招いた。このことを引き受けて、ベンスラマは逆にイスラーム急進派の原理主義を批判する。ラシュディ事件がある種の「判例」となり、政治的イマームは誰でも誰にでもファトワーを下せるようになってしまった現状を踏まえて、彼は「私は思い出します」と繰り返し、イスラーム急進派による女性差別や世俗的イスラームの作家たちの虐殺、弾圧を次々に列挙していく。一九八五年、カイロの風紀審問所は『千夜一夜物語』の編集者と印刷者に有罪宣告を行って彼らを投獄し、「そして彼らはシェエラザードのことばを公の場で焼くように命じた」。ファトワーを回避するための神学上の解決法を見つけようとしていたブリュッセルのモスク管区長とその補佐役が、一九八九年三月にイランのシークレット・サーヴィスに襲撃された。ヨーロッパの中心で本が幾度も焼かれた。作家を守るための会合が開かれた家で、トルコの知識人たちが生きながら焼かれた。一九九二年六月八日、四七歳の作家ファラグ・フォーダが弾丸を浴びせかけられ、同じく彼の息子、四歳のアフマド君も、彼の友達のワヒード・ラファアート・ザキ君も被害に遭った。一九九二年九月三日、サウジアラビアのカティフにある大広場で、瀆神と棄教の罪に問われ詩人サディーク・メラッラーフは斬首された。一九九三年からアルジェリアで知識人と芸術家の大虐殺が行われた。社会学者ジラリ・リアベスも、作家タハール・ジャウートも、精神科医モハメド・ブーセブシも、社会学者ムハメド・ブーホブザも、ジャーナリストにして作家のメルザーグ・バグターシュも、ジャーナリストのサアド・バフターウィも、作家でありジャーナリストでもあったアブデッラフマーン・シェルグーも、詩人にして作家のユーセフ・セブティも、脚本家で演出家のアブデルカデル・アッルーラも、作家のバフティ・ベンアウダも、フェルハト・シェルキトも、ユーセフ・ファトファッラーフも、ラミン・ラグウイも、ジャーン・ファッラーフも殺された。西洋でも知られる詩人タスリマ・ナスリンに対してもファトワーは下され、ノーベル文学賞作家ナギーブ・マフフーズすら伝統主義者の若者にカイロで喉を切られた――危うく一命は取り留めたけれども。そして、ベンスラマは次のように語る。

多くの民主主義者やヨーロッパの左翼は、人種差別主義と戦うにあたって、こういう検閲が現に人を殺しているんだということを忘れてしまっています。そして彼らは一致協力してこういう罠に手を貸している。みなさんには、この罠にこそ抵抗してほしいのです。新たなる機械仕掛けはずいぶん前から発明されているのですから。それは「屈辱を受けているムスリム」という仕掛けです。これは地獄の機械仕掛けであり、そこかしこで軽蔑され、権利が愚弄されているという確実な現実性から勢いを得て、アイデンティティにかかわる神話を正当化し、それを武装させようとしています。この神話によって、聖なるものの名において行われようとしているのは、信者たちの共同体から距離をとらせまいとしてその距離を根こそぎ取り除くことであり、自由のための革命の末裔たちによって話し書き描くことが妨げられているのを正当化することなのです。

権利と平等のための反人種差別主義者たちの戦いは、屈辱という間違った進路決定によって道を逸らされてしまい、もっとも恐ろしいアイデンティティにかかわる神話の防衛や、犯罪的なパラノイアたちの宗教性への支持に向かっています。こういう戦いは、これらの説教師たちを、われわれの考え話し書く自由の犠牲者に仕立て上げることによって、その悪事を潔白にするものなのです。ヨーロッパ人がキリスト教やユダヤ教を批判することには正当性はあるけれども、ムスリム文化の男性や女性がイスラームを批判することはそれよりも正当性がない、などというような、こうした隔離状況にまでわれわれは来てしまっている。イスラームを批判するムスリムたちは「イスラーム嫌い」ではないか、人種差別主義的な右翼と明らかに結託しているのではないかと疑われ非難されるのです、宗教を批判するヨーロッパ人たちは明白な権利を行使しているだけだとされるというのにね。啓蒙の末裔たちの幾分かは、他者たちの啓蒙には盲目になっているのです。

ベンスラマは、ヨーロッパの「表現の自由」の原理主義を撃つ一方で、イスラームの「表現の検閲」の原理主義を撃つ。これが矛盾していると感じられるような思考の狭窄を、われわれはすでに完全に抜け出している。念を押しておく。ベンスラマは、近代イスラームの思想的枠組みをなしてきた「近代主義」と「イスラーム主義」のどちらにも与すまいとする。彼ははっきりと、ルジャンドルと共に唱和する。宗教がなくなることはありえない、と。「宗教は回帰してきたのではない。それは一度も遠ざかったことなどないのだから」[300]。しかし彼がイスラーム急進主義の「殺す検閲」を指弾するこの文言からもわかる通りに、世俗性に立脚した自由への希求が彼の言葉に横溢していることは明白だ。これが矛盾だろうか。全く違う。われわれが辿ってきた理路からすれば、宗教と世俗的自由は矛盾しない。思い出そう、「世俗化」による「脱宗教化」は、〈中世解釈者革命〉の効果であり、ヨーロッパの、「キリスト教規範空間」の「世界征服」「改宗」のための「戦略兵器」だったと、われわれは論証してきたのだった。ルジャンドルは力説していたではないか、「それは輸出不能である」と。

しかし、それは現実に輸出された。とすれば、それは暴力によるものでしかない。植民地化という暴力によるものでしか。ならば、ベンスラマが考案しルジャンドルが称賛した言い方を借りれば、そこに生み出されるのは大量の「準拠の投降兵」[301]たちである。

みずからの起源を失い、みずからの法的準拠と根本的規範の正当性を失った人々、法の難民であり、具体的なヨーロッパやアメリカ各国に離散していく移民たちの姿である。彼らは次のように語りかけられることになる。神などいないのだから、近代法に従え――しかし、そう言われても、そもそもイスラームには神の死や宗教の死を可能にするメカニズムが存在しない。西洋は、テクストの概念を客観化し、世俗化という戦略兵器を作り出し、「神の死」というフィクションを作り上げることによってその「絶対的なテクスト」たる「聖書」あるいは〈生ける文書〉たる教皇との関係を可塑化・抽象化・〈偽〉中立化・断片化して、〈国家〉を産み出した。そしてそれを越えてマネージメントや管理経営の段階に達していこうとする。それは彼ら自身のヴァージョンの、歴史的帰結ではある。そしてイスラームも、その植民地化とそれに抵抗する闘争の過程において、その〈絶対的準拠〉との関係を変更することを、あるいはそれを解消しそこから離脱することを、つまり「改宗」をすることを求められた。しかしあまりに当然のことだが、彼らにそのような歴史的必然性などない。まさにヨーロッパの、おのれを世界大にまで拡大する植民地化という事件によってのみ、その正当性を損壊されたままに、否応なく神から流謫することを、「改宗」を強いられたのだ。だからこそ彼らは「絶対的な、唯一のテクスト」との、クルアーンとの関係を絶つことができない。

　世俗化と。神の死と。近代と。しかし、最も洗練された一神教として知られるイスラームの神は、事のはじめから定義上「死ぬもの」ではない。だから生殖する必要はない。だからイスラームの神は男ではなく、神の子もその十字架上の死もない。しかもムハンマドは最後の預言者なのだから、少なくともスンナ派にあってはメシアニズムもありえない。しかし注意しなくてはならないのは、だからといってイスラームに「世俗の世界」がなかったわけではないということである。わざわざ歴史家でもない筆者が拙い筆で歴史的事実を述べ立てるまでもなく、シェエラザードのことばが焼かれなかった時代も当然存在していたのだから。どのような宗教も世俗性の伝統を持つのであって、これを二つ対立するものとしてとらえ、宗教があるところ自由と世俗性はなく、世俗性と自由があるところ宗教はないと考えてしまうことは、単に思考の惨めな自閉であり、その窒息でしかない。根拠律と疎隔の要請を担う〈宗教〉と、疎隔の解消を事とする原理主義を、われわれは精緻に区別しておいたではないか。だから、イスラームには世俗化が存在しない、と言うときの「世俗化」とは、解釈者革命によって精緻に編まれた『グラーティアヌス教令集』から発する歴史的過程から産み出されてきた「キリスト教的世俗化」のことなのだ。「イスラームにはキリスト教的な世俗化が存在しない」。こう言ってみればあまりに当然なことすら、われわれの時代では見えにくくなっている。

そこまではいい。しかしそれだけではない。ベンスラマは、もちろん〈生ける文書〉の後継者としての〈国家〉の客観性を、そしてそれを脱するものとしての〈マネージメント〉の普遍性を認めない。イスラームの諸制度を廃して近代化を、と叫ぶ近代主義者の一員ではない。しかし、宗教の衰退や「世俗化」がキリスト教規範の「アリバイ」「戦略兵器」だったとしても、そのトリックのために多くのムスリムが苦難の道を歩まなければならなかったにしても、だからといって西欧文明に対する「屈辱」を捏造し敵意を煽り立てて女性の権利や「自由」を撲滅しようとする人々を肯定できるわけがない。そこには、疎隔が欠けている。まさにこの疎隔を破壊する機械を、彼は正確に「屈辱という機械」と呼んでいたのだった。「自尊心の想像界」を噴出させるこの原理主義機械が、疎隔を「多少なりとも」「博打のようにして」産出する〈鏡〉という精妙な装置を粉砕する。しかし――それでは「マネージメント原理主義」[302]と何が違うのか。

彼は、第三の道を行こうとする。イスラームの、イスラーム自身による「啓蒙」であり、イスラーム自身から「別の世俗性」と「自由」を編み出すことである。言うまでもなく、ここで言う「自由」や「啓蒙」はアメリカやヨーロッパの専売品ではない。新しいものとの新しい関係ではなく、古いものとの古い関係でもなく、「古いものとの新しい関係」のなかから、自由を紡ぎ出さなくてはならない――そう彼は口にする。「ヨーロッパの〈神の死〉によって解放されることもなく、イスラームやその他の伝統に生きる神に圧倒されることもなく」[303]。これがベンスラマが狙う第三の道だ。言うなれば、イスラームは自らのテクストの「未来」を、別の「疎隔」の形式を、新しい「根拠律」への「準拠の形式」を作り出さなければならないという、絶対的な要請のもとにいる。ベンスラマは、サルマン・ラシュディの『悪魔の詩』を、この文脈のなかに位置づける。

いわく、ラシュディの企ては、「イスラームにおける〈父〉の神話を語るテクストの粉砕の文学的告知たらんとする」[304]ことだったのだと。つまり、ベンスラマはこう言っているのだ。ラシュディは誤ったのではない。彼は精確に狙いを定めて撃ったのだ。近代の暴力を見舞われて右往左往し、殺人的な想像界に殺到するしかないイスラームの政治的フィクションを更新するには、フィクションの荒療治をもってするしかないのだから。われわれの語彙で言えば、こうなる――ラシュディは賭に打って出たのだ。「小説」という武器を「切り札」にして。イスラームの未来の、その政治的な更新の第一歩たるべく。

　こうして見れば、「信教の自由」や文化の多元主義を口実に、イスラーム主義者たちの「人を殺す検閲」を「文化の違いだから」という一言で微温的に肯定しようとする人々の在り方に、ベンスラマが警鐘を鳴らすのは見やすい道理となる。ありもしない「屈辱」を煽り立て、ありえない「回帰」を標榜する人々は、自由の敵であるばかりか、実は宗教の敵でもあるのだ。自由とは疎隔であり、疎隔とは自由の別の名である。それを疎外などという名で呼ぶから、とはもう繰り返すまい。疎隔の自由。これはもう、ヨーロッパの歴史的産物などではない。そう、われわれは、後戻りすることはできない。われわれは、みずから自身の手で、新しい自由を作り出さなくてはならない。「ユーモア」――身の危険を冒して発言する自分たちを「冒瀆する羊」になぞらえるという、真の意味でのユーモア――すら感じられる口調でそう呟きつづける彼のことばが、われわれ日本語圏に住まう人々にとっても人ごとではないと付け加えれば、それは全くの蛇足となろう。

第四九節　マネージメント原理主義と国家の終焉――「何も終わらない」

そう、われわれの理路に戻ろう。ルジャンドルが一体何を言っているのかが、ベンスラマの助けを借りた今、われわれにとっても生々しく迫ってくる。われわれは何を問うていたのだったか。国家の命運とマネージメントの失敗について、つまり子を産み育てるエンブレマティックな根拠律の未来についてだった。

広告とマーケティングという武器を携えた管理経営、マネージメントは、根本的に〈解釈者革命〉の後継者でありつづける。いうなればその鬼子でありつづける。彼らは〈解釈者革命〉が起動したテクストの情報化の忠実な狂信者として、〈国家〉も〈法〉すらも押し流そうとする。それらは、自らが法学者であることを認めない法学者であり、[305]ゆえに法無くして「統治術」[306]の再編のみで事を済ませられると思い込んでいる。すでに語ったように、それは系譜原理を「国家」に丸投げし、後ろ手でイメージや詩的な「隠喩」を操作するのだ。自分がドグマに携わる者であることを認めたくないだけがために。「損失補填」なしに博打を打つことを恐れているがゆえに。われわれは法学者ではない、われわれは偏狭なナショナリストではない、われわれは宗教など関知しないし、「子育て」は大事な問題だけれども、それは心理学の問題でしかない。それにしても「家庭の崩壊」や「少年犯罪」、それに「移民の犯罪」には困ったものだ、「自由」との両立は難しいのだろうが、もうちょっと「セキュリティ」を重視してもらわなくては困る――などと彼らは嘯く。だがその声は怯え切って震え、喘いでいる。そう、その由来からして、彼らは根本的に宗教的なのだ。そう言おう、彼らはそう言われることを何よりも恐れているのだから。そう、まずイメージに関する技術である以上、「広告マーケティングは、そのリーダーの知と美を褒め称えるナショナリストや革命家たちの宣言のように、原理的に宗教的なのだ」[307]。そして、「産業は、宗教とまったく同じ大いなる手段を使っている。つまり典礼という手段、テクストのコラージュという実践を」[308]。そう、彼らは古き宗教が、〈生ける文書〉が、〈法学者の国家〉のモンタージュがそうであったように、彼らも美的なものを、ドグマティックなものを、詩を必要とする。時代の検閲のもと、それから目を逸らし続けているだけだ。なぜなら、客観化・資料化・情報化されていようと、テクストはテクストであり続ける。つまり、テクスト＝イメージ＝エンブレムであり続ける。イメージかつシニフィアンであり続ける。つまり、「西洋の〈合理主義〉の儀礼的側面」[309]はどうしようもなくそこにあり続けるのだ。われわれの書類、われわれのデータ、われわれのテキストファイルは、それでも「狂気の対象としての文書」[310]であることを免れることはない。いくら「脱儀礼化していると公然と言い放」[311]っても無駄だ、「テクストは、その神話という本性からして、儀礼的にしか機能しない」[312]のだから。これはすでに引用した箇所なのだ。われわれが書くときに、書類を書式に従って書くときに、端末に向かって文字列を打ち込んで検索するときに、フォントを選ぶときに、そこで機能しているのは儀礼であり、儀礼以外の何かではない。だから「われわれは認めなくてはならない、われわれ自身が野蛮であるということを」[313]。われわれのテクストをめぐる挙措は、解釈者革命から来るひとつの野蛮さのヴァージョンでしかない。それを見ないことによって何が起こっているのかを考えてみよう。芸術は政治から切り離されることによって窒息している。しかし、われわれが長く見てきたように、それでも〈イメージ=テクスト〉は、隠喩は、「詩の閃光」はどうしても必要なのだ。すると、どういうことになるか。

いわく、「マネージメントは詩を拒否すると同時に必要としている」。なぜなら、「隠喩」と「イメージ」を操らない規範システムなど存在しない以上、彼らも「文化=崇拝を動員し構築するからだ。それは文化=崇拝そのものだ。……宗教的な野蛮な意味で」[314]そう、マネージメントも実は詩を、文学を、フィクションを、イメージを操っている。後ろ手で。われわれの日々も、あらゆるエンブレム、イメージ、映像、バッジ、ロゴ、フォント、ポスターに囲繞されているではないか。まるで液状化した〈鏡〉が、霧のように散布されているかのように。その「野蛮な」愛憎の作用を、否定できるだろうか。そう、それ以外に方策はなく、そうでないことはできない、権力は語の真の意味で「ドグマティック」にしか作用しないのだから。しかしその「管理経営文学」[315]はどういうものだったか。ルジャンドルがあげているのは「〈マネージメント〉に適用された〈十戒〉の紛い物」としての「F・ブウィギュの『一二の掟』」であり、「企業に適用された〈倫理〉」としての「一九九一年にアメリカ合衆国で三〇〇〇人のプロフェッショナルたちを調査した『ビジネス・エシックス』」だ。[316] そしてルジャンドルは言う、「マネージメント文学は偉大なる美の断片を提供してくれる。ただし贋作の」。[317] そう、われわれの目の前に繰り広げられているビジネス書・自己啓発書・成功哲学・手帳術が、われわれの時代の神話であり、定礎する詩の閃光であり、主体を構築するダンスであり、政治的劇場を司る詩であり、聖典である「テクスト」なのだ。福音書や雅歌、クルアーンや大蔵経や論語の代わりにスティーブン・R・コヴィーの『7つの習慣』があり、『マクベス』や『ドン・キホーテ』や『ファウスト』や『悪霊』や『八月の光』の代わりにナポレオン・ヒルの『思考は現実化する』があり、ヘルダーリンやブレイクやリルケやランボーやツェランの詩の代わりにデール・カーネギーの『人を動かす』があり、ホッブズやロックやモンテスキューやカントやヘーゲルの代わりにドラッカーやバーナードがいるという訳である。素晴らしい。われわれは野蛮を抜け出したのだ。ポスト・モダンだ。そしてこうした現状を指して——アイロニカルにせよそうではないにせよ同じことだ——肯定してみせる識者の言葉も絶えることがない。一言だけ言っておく。こんなことは悲劇でも喜劇でもない。単に笑止なのだ。

　こうして、彼らは「他の帰結にもまして法システムが根拠について考えることなしに済ますことができるという幻想、つまりはそれが単なるテクノロジーになるか、あるいは現在の管理経営的言語で言えば、調整のテクニックになるという幻想[318]」に浸りきっている。そして彼らは言う、宗教や国家など終わりで、裁判だって戦争だって民営化できると。「民営化」という言葉は正確ではない。ルジャンドルに従ってわれわれはそれを「再封建化」と呼ぼう。そう、それが「主人」と「従者」の「契約」に基づく私的な関係とどう違うと言うのか。「経営者」と「上司」と「部下」の契約に基づく私的な関係である以上。いわく、「われわれは新たなる原理主義の結果である合法性のヨーロッパ的システムの再封建化に立ち会っているのではないのか、つまり〈マネージメント〉がもたらした産業的システムの再封建化に[319]」。別に封建制でも構わない。上下関係と契約があるかぎり、それはそう無くなるものでもない。だが、自らが封建制と同じことをしていることを快く忘れている彼らがなしていることが、〈国家〉よりも惨事を招かない保証などどこにもない。封建制に雪崩込んでいく自らの姿を指して自由の使者だなどと、夢にも考えないことだ。国家の歴史的限界を完膚なきまでに指摘し尽くしてみせた上で、ルジャンドルはこう言う。

　われわれは普遍的な〈マネージメント〉のほうへ向かわざるを得ないのだろうか、こんなものは〈禁止〉と子の再生産を保証するものとしての〈国家〉をも破壊しようとするものだというのに。考えてみよう。要領がよくてひどくメディア受けがするような理論が言うように、こういう観点から見れば〈国家〉はもう系譜権力に無関心な空虚な抜け殻としてしか存在できない。つまり地球規模の産業による仲介を行う専門機関として、さらに多かれ少なかれマフィア的な協同組合としてしか。こういうことが良しとされるようになったわけだ。ところでマフィアそれ自体をこう分析することができる。それは封建的な組織形態なのであり、だからそれは結果として規範秩序の民営化をもたらすのだと。西洋の諸社会は〈国家原理〉に抗する再封建化への趨勢に引き寄せられているのだろうか。[320]

マフィア的なマネージメント原理主義者は、法を蔑する。彼らが頼ろうとするのは「社会の調整のテクニック」であり「管理経営」であり「倫理」であり「ロビー活動」である。しかし、法がない統治は可能だろうか。そもそも官僚的な「統治性」とは何だったろうか。つづけて彼の言葉を引こう。

注意しておこう。〈マネージメント〉のイデオローグである専門家たちは、学のある批評家というよりも概念を食い物にしている生きものなのであり、このような人々が言うような管理経営による解放がいくら主体に対する支配権を寄越せという要求でみなを恍惚たらしめたとしても、われわれから見れば、こういう過激主義が狙うのは「管理＝行政（administration）」を強調するということなのである。〈マネージメント〉は〈王たる主体〉を管理する（gere）。しかし法-神学の古き用語で「管理し統治する（administrer）」と言われたものの重要性をわかっていない。この語が名誉回復したのは、一八世紀の国家財政学によってであった。［原註「管理し統治する」ことは、定礎する権力の場所——〈準拠〉の場所——として承認されることを前提とする。したがって〈管理＝行政〉はそれ自体、この場所とは区別された、この場所に依拠した審級として承認されなくてはならないということである。弁慶の泣き所というべきものがあるのはここだ。なぜなら、管理経営者たちはすべての場所を「合法的に占める者」だと自称しているからだ。実際、彼らはイメージを操作し、同じく規範原理を操作している。このような実践はいまの文化における象徴秩序の重大な倒錯であると言おう。こんな「偽規範性」に従う者には破壊的な結果がもたらされるに決まっているのだから。」[321]

簡単なことだ。管理経営、行政は、合法的な秩序のなかでしか生きられない。それはわれわれが見てきた「倫理」「道徳」「常識」と同じく、法への直接準拠を阻む「準-準拠」としてだけ意味を持つ。だからそれは法の傍らに、しかし法とは「別の場所」を持たねばならない。だからこそ行政組織たる官僚制の場所は、法との関連のもとでのみ必然性を持つものとなり、差し向けられるあのような憎悪にもかかわらず存在し続けるのだ。ルジャンドルがその膨大な近代官僚制研究のなかで取り出して見せたのは、まさに官僚制の起源は「教皇庁」「司教座」にあるということであった。〈生ける文書〉と『教令集』のカップルから〈国家〉と〈法〉のカップルへの推移のなかで、聖職者位階制＝官僚制が際限もなく途切れることもない憎悪に曝されてきたのは、彼らが「想像的なもの」を操るからに他ならない。[322] それは憎悪される定めなのだ、道徳と同じように。[323] しかし、マネージメント原理主義者たちは憎悪される定めをも逃れようとし、自らが「絶対主義的な」野蛮さを纏っておりいまだ宗教的なものであることを忘却し、法と国家を侮蔑しようとする。つまり、「問いかけの制度」を破滅させようとする。

実際、われわれが目にしているのは、〈第三者〉の原理を除去しようとするのではなく――そんなことは不可能だ――問いかけそのものを厄介払いしようという、つまりは主体に関する決疑論の絶え間ない活性化を取り消してしまおうという繰り返されてきた試みなのである。これについての科学的な解決の探究や、法の空虚を終わらせようとする布教活動は必要とあればロビー活動の方法論を〈倫理〉に適用して使用してみせるが、こんなことの裏側には、マネージメント原理主義がはっきりとその姿をあらわしているのだ。大衆を操作するのがその本性であるようなこの原理主義は、いまだわれわれの社会でその政治的限界に突き当たっていない。今日発展を遂げているが、つまるところその名に値する批判的研究がされていない〈西洋マネージメント〉は、われわれを乗せてある統治の様式に連れて行くが、その統治様式は古典的なタイプの決疑論にいかなる余地も残しはしない。もっとはっきり言えば、いまという歴史的文脈において、〈マネージメント〉が告げているのは、問いかけの制度の廃止なのだ。そうなったら、主体の働きに、生に、子の再生産に必要不可欠な社会レヴェルの系譜の操作は、どうなってしまうのだろうか。[324]

〈国家〉に期限が来たというのは本当なのだろう。それはわれわれも繰り返してきたことだ。〈国家〉は滅びるべきだ。それはその通りなのだろう。われわれも時に唱和するに吝かではない。だが、マネージメント原理主義者たちはその「理由」を見損なっている。〈国家〉は滅びてもいい。しかし〈根拠律〉が、〈鏡〉が、〈疎隔〉が――「何故」と「愛」と「自由」が、なくなっていいはずがないのだ。問いかけ、愛し、権威を笑いのめす、この人形の営みが、何故無くなっていいなどと考えることができるのか。時代の検閲のもと、われわれは盲目に慣れ、自らの盲目にすら気づかなくなっている。目を開こう。勇気を出して目を開かなくてはならない。そこには勇気しか必要ではないのだから。「人間は管理経営のなかでは生きられないが、危機のただなかで、試練に曝されても生きることはできる」[325]のだから。繰り返そう、〈国家〉の本質とは何だったか。

〈西洋〉の制度的世界の中のいたるところで、〈国民国家〉があるところの伝統（コモン・ローか成文法の伝統か）がどうであれ、〈国家〉はそれぞれある鍵となる場所を占めている。その場所は種の再生産の構造に差し錠をかけて閉じる「絶対的な場所」であり、古典的に法学者たちが「主権の場所」として示す場所なのである。が、その〈国家〉がどういう資格でその場所を占めているかというと、それは「子の再生産の保証」（ある性と異性の子、とまた言っておく必要があるだろうか）という資格、この資格しかないのである。[326]

〈国家〉の歴史的限界を指摘し、その衰亡を予言するルジャンドルの姿に、読者は安堵したことだろう。しかも彼は、あの「イスラームの回帰」を六〇年代に予言したその当人なのだから。しかし、間断なく彼は言う、「『〈国家〉という観念はいまだ受け入れられるものなのか』。経済的に、金融的に、あるいは軍事的には、つまり世界規模のテクノ産業的な帝国の見方から考えた権力と社会組織の関係からすれば、おそらくは諾である。だが、人間の再生産に必要不可欠な制度的モンタージュの論理から見れば、問題は一変する。こうだ。『〈国家〉は寿命がきたのだろうか』。具体的に言えばこうなる。子――一人とその異性の子――の再生産を定礎する権力は国家のさまざまな管轄の枢要をなすものから逃れていくのだろうか。そして、別のドグマ的な水準で立て直されるとすれば、それはどのようにしてか」[327]。

何度でも言う。「〈国家〉はみずからの歴史の果てにあって死にかけている」[328]。この文言を再びここに置こう。――ここで快哉を叫び、自由だポスト・モダンだなどと躁ぐ者は、何も考えていない。何も。脳髄まで「テクノ産業的な帝国」のプロパガンダに侵され切っているだけだ。逆なのだ。この文言は、われわれを途方もない困難の中に突き落とす。ベンスラマが指し示す苦難の路、第三の道の只中に、われわれも何の当てもなく茫然として立ち尽くしているのだと、この文言は言っているのだ。〈国家〉は滅びてもよい。しかし、だからといって「子の繁殖」を定礎する〈鏡〉と〈根拠律〉が無くなっていい筈がない。だからわれわれは、その新たなるヴァージョンを作り出さなくてはならない。しかも、われわれは世俗化が、宗教が、国家が、歴史的な産物でしかなく、「戦略兵器」であることすら露わにしてきたのだから、われわれからは一切の「終わり」が奪われる。どのような慰藉もなく、どのような安堵もない。何も片がついたものはない。何も終わらない。何も。「われわれは、歴史の終わりだとか、コミュニケーションの時代等々のなんらかの変転を生きているわけではない」[329]。

　ピエール・ルジャンドルは言う、何も終わらないと言う。片がついたものなどありはしないと言う。いま何かが終わりつつあるのだとすれば、それはたぶん中世です。近代が終わったのではなく、中世が――などとひどく狷介な口調で言いもするのだ[330]。半世紀にわたってこのような文言を呟き続けてきたこの男は、それがゆえか反動と呼ばれることもある。無理もないことだ、彼はその一言ひとことが一々人の神経を逆撫でするようにそれを語ってきたのだから。いわく、官僚制は終わらない。いわく、封建制は終わらない。いわく、法は終わらない。いわく、儀礼は終わらない。いわく、われわれが野蛮から脱することなどない。そして彼は言う、「宗教が終わる？　宗教が無くなることなどない。近代化は万能ではない」[331]。

しかし、それでも。躊躇する向きも多かろう。当然のことだ。われわれは野蛮から、宗教から、法から、儀礼から逃れることなど未来永劫なく、どんな終焉もなく解放もない灰色の空間に、誰かの子であり子を生《な》して流謫を生きる無意識の錯乱の賭場の空間に、どんな休息も許されぬ闘争の場所に、永久に投げ出されることになるのだから。その躊躇は、長く筆者のものでもあったことを言っておきたい。しかしその躊躇を踏み越えることによって、ある貴重と言って差し支えない認識が得られることは確実なのだ。進むことにしよう、三つのことを指摘することによって。一、第三者のステイタスについて。二、アントロポスとフマニタスについて。三、革命について。

第五〇節　歴史の賭場——「トリボニアヌスの場所」と第三者の「突如」

一、第三者のステイタスについて。第三項＝第三者（Tiers）は評判が悪い。第三者は存在する、いや存在しない。第三項はフィクションとして必要であり存在する、いやそのようなフィクションすら必要なく、存在しない。と、さまざまな人がさまざまなことを言っている。だが、このような常套句は脇に置いておこう。前置きとしてこう言っておく。第三項とは、歴史的な賭場の結果である[332]。それは「突如」そこに出現し、人を軛の下に置くのだ。われわれは、ユスティニアヌスとトリボニアヌスに戻ってこれを考えてみなくてはならない。無論、ルジャンドルの導きによって。

まず問題になるのは、「狂気」である。テクストは狂気である。ユスティニアヌスに戻って考えてみよう、と言いつつ、ルジャンドルは念を押す。

> 合理主義的習性を、合理的な読み方という習性をかなぐり捨て、「狂人」のようにテクストを読むことを学んで頂かなくてはならない。極めて困難なことがここにある。つまり、テクストは狂っており、読む者を「狂人」にするのだということだ。テクストは情報の担い手である資料だなどと考える立場の入り込む余地はここにはない。なぜなら問題となるのは絡み合い＝抱擁（enlacement）であり、つまりエロティックな情事（affaire）だからだ。やくざ言葉を頼りに繰り返せば、テクストというのは博打場（tripot）なのである。[333]

われわれはこの文言を楽に嚥下できる場所にすでにいる。テクストが客観的な情報であるなどということは歴史的な効果にすぎないと、われわれは延々語ってきたのだから。テクストは、ダンスであり、詩であり、歌であり、劇であり、おそらくは性交と分娩ですらあると、われわれはすでに理解したのだから。そして客観的で情報化されたテクストも儀礼的な側面を逃れることはないと、われわれは言ってきたのだから。その祖先となるテクストの作業、ローマ法を打ち立てた狂気の作業を、われわれは見ていこう。よく喋々される俗っぽい「定礎する立法者の狂気、暴力」とは全く別の狂気がここにある。第三者、第三項とは、これである。

　時は六世紀。ユスティニアヌス大帝の命令によって、一〇名の法学者が『ローマ法大全』の編纂に取りかかる。その筆頭であり責任者である法学者の名をトリボニアヌスと言う。この男の経歴は殆ど不明である。小アジアのパンフィリアに生れた異教徒であったこと、法典編纂中に反乱が起こり、疑心暗鬼となった大帝の不興を買って一時投獄されたこと、そして五四七年頃に死んだことくらいしかわかっていない。その投獄の理由は、賄賂を受け取って法典編纂を捩じ曲げようとしたからだという説もあるが、このような説自体の信憑性もまた古代から疑わしいものとされている。彼はそのような男ではなかった、と。要するに、どんな男だったのかは全くわからない。彼は五二八年、大帝の命令によって法典の編纂の事業に取りかかった。おそらくその時、彼はまだ三〇歳になっていなかったと思われる。そして彼は後に法制史の用語で「トリボニアヌスの修正」と呼ばれる作業に取りかかる。彼が行ったのは「かつての法権利の全体を素材として(ex omni vetere iure)、再度の使用に適うよう、焼きなおされ、種を抜かれた法権利(iuris enucleati)を産み出すような操作である」[334]。つまり、散乱した法典をひとつに纏め、現実に適うように書き直し、削除し、抹消し、修正し、矛盾がないように一貫したものにする作業だ。法を書き直すこと。そしてその冠として「皇帝陛下。武器で飾られるだけではなく、法でも武装されなければならない(Imperatoriam maiestatem non solum armis decoratam, sed etiam legibus oportet esse armatam.)」や、皇帝は「法の神なる著者と絶対的に絡み抱き合っている」――ルジャンドルは iuris religiosissimus という法制史上重要とされる表現をこう訳す――などの「狂った」隠喩で飾る。これが彼がなしたことである。引用しよう。

編纂されたこの五〇冊の書物を、ひとまとまりの著作として見れば、著者の名ごとにまとめられた無数の断片が、表題ごとにまとめなおされていることに気づくだろう。例えば売買を扱うことを示す表題や、奴隷の解放、あるいは花嫁の持参金、もしくは遺産相続などである。表題ごとに分けられたこの五〇冊の書物は、ローマ法の歴史を知る上での貴重な源泉であり、引用された著者たちは、古典期の様々な年代に渡っている。ユスティニアヌスの企てがなければ、これらの著者たちの大部分は、名前すら残さずに消えてしまっていたはずだ。しかしこの企ては歴史を再構築しようとしたものではなく、法権利を焼きなおし、消費に適う新たな法権利を製造することが目的だった。ユスティニアヌスによってこの仕事の任を受けた編纂委員長のトリボニアヌスなる人物は、敬うべき古い法権利の脚色を命じられていた。そこで彼は、好ましくない節を削除し、語彙を変え自己流の表現を付け加えて意味合いを歪曲することにより、テクストに細工を施した。この細工によってできた未知の産物、つまり加筆のことを、専門語では「トリボニアヌスの修正」と呼ぶ。[335]

異様な作業である。静穏に、しかし静穏なまま完全に狂っているとすら言える作業である。ルジャンドルがこの節を「狂気」を前置きにして語りだしていたのは、ゆえのないことではない。法を焼き直し、それを製造し直すこと。法文から「種を抜く」こと、それを脚色すること、好ましくない節を削除すること、ある著者の名を残し、ある著者の名を削ること。その語彙を変えること、自己流の表現を付け加えて歪曲すること。つまり「テクストに細工を施す」こと。彼はこのようなことをなした。私はトリボニアヌスに問いたい。何を根拠に、と。彼が書いているものは、まさに根拠律を可能にする〈準拠〉なのだから。これ自体は、一体何に根拠を置いた作業なのだろうか。彼の手がある条文を抹消するときに、彼の尖筆がある隠喩を書き加えるときに、そこには――言ってみれば、女性の享楽が、大他者の享楽があるのではないだろうか。テクストを書き換える、あの静かに発狂した、含羞の企てが。その一行を消したことによって、何十人か何百人か、あるいはもっと無数の人々が死ぬかもしれないというのに。そこに書きつけられた隠喩への、「ここに書いてある」の原理主義的な準拠によって、幾万の帝国の臣民の生死が左右されるかもしれないというのに。[336] 彼はどのように、そのテクストとの疎隔を維持できたのだろう。この来歴も姿も定め難い、謎めいたこの男は。そうだ、いまそこに書きつけつつあるその条文を、彼は信じていたのだろうか。それが真であることを信じていたのだろうか。そうではない。そうではありえない。書くことは、それを別様に書くことも、抹消することもできるということである。だから彼はその隠喩を、表現を、文言を、「信じて」はいなかったはずなのだ。しかし、信じていなくては――それが正しく運用される、新たなる疎隔を設ける法律として通用しうるものだと信じていなければ、それを敢えて「歪曲」することなどできない。信じていなければ書き換えることはできないが、書き換えることができるということは信じていないということなのだ。彼のいる場所は、信仰と無信仰のあいだにある、永久の空間だ。あの灰色の空間、それはあまりに似ている。神秘家の空間に、作品の空間に。

無論、これは言い過ぎというものだろう。根拠はあったのだろう。判例もあるし、他の法学者に相談することもできる。道徳も、常識も、官僚も、つまり「準‐準拠」という切り札もあったろうし、彼には依拠しうる学殖にも欠けてはいなかったろう。しかし、ブランショも言っていたように、書くことは密やかな流謫に導く。書くこと、抹消すること、書きかえること。何を根拠に。そう、私はここに一つのモデルを見出したい。「テクストを‐書く‐者」の、「神話を‐書く‐者」、「法を‐書く‐者」の、静穏な錯乱の軋みの場所を示す、一つのモデルを。解釈者トリボニアヌス、疎隔の人トリボニアヌス。「トリボニアヌスの場所」。定礎すること、それはよく言われるような通俗的で暴力的な狂気の業ではない。何か、別の享楽が、別の狂気がここにはある。あらゆる文化のテクスト――語の真の意味での「テクスト」――を書く者、紡ぎ出す者の、全く不穏な静けさに満ちた何かがここにある。さまざまな区分けによって断片化されたものとはいえ、現在のテクストを紡ぎだすものたちも、一瞬は触れる何かがここにある。そして、それが純然たる賭博であることを、誰が疑い得るだろうか——と、ここでは一言だけ触れておくことにしよう。

　こうして産まれた五〇冊の書物、『ローマ法大全』の全体は、奇妙な地位を身に纏うことになる。

　古代の法学者たちのテクストを、諸々の見解を単に説明したものとしてではなく、法的に正しいテクストとして収集するという操作とは、どういうものなのだろうか。言い換えれば、これらのテクストは、まったく同一でありながら変化している。トリボニアヌスが書き換えているテクストだろうと、そうでないテクストだろうと、テクストは本来の著者の名を冠したままでありながら、まったく別のものになっている。この収集の操作に数え上げられれば、テクストは突如として (tout à coup) 地位を変化させる。それではこの「突如として」にはどんな性質があるのだろうか。[337]

　テクストは「突如として」別のものになる。この「突如として」を説明するために、ルジャンドルは二世紀の哲学者かつ法学者ゲリウスの「死とは何か」をめぐる議論に依拠し、そこに引用されているプラトンの文言に対する註釈を引く。突如とは何か。それは、「成長するものが内に備えている絶対的瞬間に似た何かだ。何らかの成長するものは、『突如』のおかげで特徴を変える。あるものが正反対のものに変わる、中間の一瞬のことである。『突如』とは、中間（entre-deux）を示す刻印であり、時間の連続性の切断なのだ」[338]。突如。この中間にあるもの、絶対的瞬間。こうして、『ローマ法大全』において、「古代の法学者たちのテクストは、状態を変化させ、『突如』を刻印されるのだ。この『突如』によってこれらのテクストに授けられる地位とは、廃止ではなく（著者たちは著者であることをやめたわけではない）、別のもっと複雑な地位（すべてを無に帰するような地位とは対照的な）であり、中間の印、刻印の押される瞬間を含んでいる」[339]。そしてルジャンドルは、プラトンの文言にまで遡り、この「突如」を動詞として示す「変化する」という意味を持つギリシャ語から「代謝する（métaboliser）」という用語を取り出して見せる。ここで法は、代謝されたのだ。ルジャンドルは、このテクストたちが「突如として」「代謝され」、〈法の著者〉、すなわち「立法者」としてのユスティニアヌスという「フィクション」を成立させると言う。というよりも、この「突如性」[340]こそがフィクションの作用なのであり、すなわち「形づくること、作ること（fingere）」なのである。ある作業、あるテクストに対する操作の作業が、「突如として」別のものになる、その瞬間。それが作ること、形作ることである。そしてその「別のもの」が、「第三項」「第三者」である。

さまざまな意味をここに塗り重ねることができるだろう。数年の歳月を経てすべての細胞が代謝し入れ変わっても、ある人物が法的には——第三者としての「民法」に保証されるかたちで――同じ人格であることも、無論これと関係があるだろう。ある画家が、一生のなかでさまざまな痕跡を残す。子どものころの落書き、カフェのナプキンにふと描きつけたデッサン、そして自らのある季節の総決算として精魂を込めた大作、すべてそれは「突如」として、その画家の名を冠された「作品」となる。しかし、その著者が、そのひとつひとつの痕跡を残したこの画家が、同じ一人の「作者」であると呼びうるのは、何故だろうか。どこからどこまでがある画家の「作品」なのだろうか。この画家の遺品のなかから見つかった、皺が幾重にも刻まれたレシートに書きつけられた何か人間の顔に見えなくもない二重丸は、これは作品なのだろうか。その画家の親友が描いた最高傑作との呼び声高いあるタブローが、実はその画家が描いて彼に譲ったものだとわかったときには、その二人の画家の地位は「突如として」変化しはしないか。もっと誰にでも思い当たる例をあげてもいい。ある人があるものを書く。その闇雲で結論も見通せない作業、あの薄明の作業、信仰と無信仰のあいだにあるあの灰色の空間の作業のなかで、彼女は何とか切り抜けてその書いたものを上梓する。信じてもいなければ、信じていないのでもない、この自らが書いたものが、そこで「突如として」自分が信じていることになる。それを読んだ他人も当然、彼女がそれを信じていると思うことだろう。だって「ここに書いてある」のだから。そしてゆくりなく、突如として彼女は思い当たることになる。自分も、それを信じてしまっていることを。自分も、自分が書いたことを疑い得ない信念として引き受けてしまっていることを。こういう言い方をしてみよう

——テクストを書くとは、テクストである自らの身体にそれを刺青することである。当て処なく寄る辺もなく終わりもない作業の産物は「突如として」主体を「決定」し作品として「決定」される。テクストを産み出すこととは、この「突如として」書き込まれ決定されるということであり、作られたもの＝フィクションとは、この「突如」として第三項を産み出す作業とその産物以外のものではない。ここまで例をあげれば、すでにこの文言が飲み込めるだろう——第三項とは、博打の結果である。闇雲の作業の結果であり、それは突如として峻厳に準拠される証拠というフィクションを、主体というテクストと主体が分娩したテクストを「決定された」「法」として成立させる。だから法はモンタージュであり、第三者、第三項はモンタージュの操作の効果なのだ。第三者はあるのだと言い募るだけの人々が、そして第三者など、第三項というフィクションなどないと批判する人々が、どんなにものを考えないで済ませているかわかろうと言うものだ。それがモンタージュの効果であり、フィクションの効果であるということを否定するということは、それを創意のもとに改変し案出し焼き直す手段を自ら嬉々として手放すということでしかない。しかし、後に述べるように、彼らはものを書いている以上「後ろ手で」それを実際には行っているのだ。[341] それはすでに茶番でしかない。そう、彼らはあの「書く－者」の灰色の空間、「歴史の賭場」を直視したことがない。テクストとして、テクストを産むこととは、「突如として」法を出現させる。準拠されるテクストを出現させる。そしてそれは歴史の賭場である以上、歴史の闇のなかに溶け去ることもある

――ユスティニアヌス＝トリボニアヌスの手になるこの偉大な法典すら、数世紀にわたって完全に忘れさられ理解不能とされていたことを思い出そう。それは消えていた。完全な忘却に曝されていた。そして、その賭を引き受けた人々がいたことを、われわれは知っている。われわれの目前にその証拠はあるのだから。第三者は、歴史の賭場において作られる。このことを理解せずに、第三項をあたかも自明に、自然に、論理的にそこにあるものだと考えたり[342]、賭けに打って出ることもなくマネージメント原理主義の召使としてそんなものはフィクションとしても必要ないと喋々する人々は[343]、――もういい。すでに論外としよう。ただひとつだけ付け加えておこう。ルジャンドルはこう言っている。「象徴的位置転換のなかの第三者としての子どもの機能を思い出したまえ。いいかえれば、ひとりの子どもが生まれるということは、ラディカルに父と母の様態を分割させるのだ」[344]。まさに「突如として」である。闇雲の作業においてテクストを産み出し、その産み出すことが「突如として」別のものを出現させる、つまり第三者の機能を。そのテクストが子どもであったとしても、このことは変わらないのだから。この「テクストとしての子ども」「象徴的位置交代」については、父親とは何かについてわれわれが問い尋ねたときに長く述べた。繰り返すまい。

　つまり、ルジャンドルが揶揄するように、「心理＝社会学は、広告がそうするのとまったく同じように、法を制定する」「管理経営的な心理＝社会学は、『突如として』法を制定する」[345]のだ。この「突如」は避けられない。どうしようもなく、避け難く、厭でもわれわれは「突如として」第三者を作り出してしまうのだ。同じ文言を繰り返すことにしよう。むしろそこから始まるのだ。何が。「博打」が、と。ただし新たな水準の「歴史的な博打」が。博打の果てに決定があり、そしてまたその決定をめぐる博打が巻き起こるのだ。そしてそれは終わらない。終われない。そして同じ箇所で彼は言う、「したがって産業システムが残りの人類から切り離されたシステムだとは考えないようにしよう」[346]。そう、われわれはこれについて考えなくてはならない。第三者を「突如として」作り出してしまう者である以上、われわれは、超‐人間でもなければ、下手をすると人間でもないのかもしれないという、このことを。

第五一節　アントロポスの〈永劫〉――アントロポスとフマニタスについて

二、アントロポスとフマニタスについて。これは、西谷修氏が自らの世界史をめぐる思索とドグマ人類学をもとに作り出し、ルジャンドルとアラン・シュピオが称賛と共に自らのうちに取り込んだ概念である。[347] ヨーロッパの語彙には、「人間」を指す語彙が二つある。ひとつは、「人間《ヒューマン》（humain）」「ヒューマニズム（humanisme）」「人道的な（humanitaire）」の語源となった「フマニタス（Humanitas）」であり、これはラテン語を起源とする。もうひとつは「人類学（anthropologie）」、「類人猿（anthropoïde）」、「擬人化（anthropomorphisme）」「人体測定法、犯罪者識別法（anthropométrie）」、「人肉食（anthropophagie）」の語源となった「アントロポス（Anthropos）」であって、これはギリシャ語起源である。一見して用法の違いは明らかだ。フマニタスは近代の端緒たるルネサンス期から知識人によって使用された語（人文主義）であり、要するに西洋人の「自称」である。対するに、アントロポスは中世後期においては神学で人間に関する知の一部分において使用されてきたが、一九世紀始めから「近代の世俗的な知のシステムのなかでは全く別の地位」を持つようになる。つまり、「文明的な人間」を指すときの「人間」は必ず「フマニタス」であり、絶対に「アントロポス」が使用されることはなかった。「人間の危機」が叫ばれるときの「人間」も必ず「フマニタス」である。要するに、「フマニタス」とはすべての知の「主体」であり、「アントロポス」とはその知の「客体」であり、「人類学」の「観察対象」にまで「格下げ」された者のことである。

　そして周知の通り、「人類学」はその名が示す通り人類の、つまり人間の全体を観察対象にするわけではない。それは一六世紀に自ら「発見」した、「原始的な」「土着の」「未開の」人々のことを「アントロポス」として「研究」する。要するに、これはわれわれが見てきた「世俗化という戦略的条件」のもと「世界征服」を行った西洋人たちの「研究対象」である。だから、人類学は原則として自らの社会を研究対象にしない。フマニタスは研究の「主体」であり、対象は常に「アントロポス」である。研究することがあったにしても、それは「前近代」のヨーロッパを「対象」にする。それは近代的西洋人の他者を、つまり「非－西洋人」と「前－西洋人」を研究する学問なのだ。そして、この「前‐西洋人」には近代以前のヨーロッパ人と、「子ども」が重ね合わされていき、「未開人」と同じ眼差しを注がれることになる。そこに勃興したダーウィンの進化論を重ね合わせれば、われわれが社会人類学、宗教学、民俗学の歴史として知っている過程をすべて総覧するある一定の態度が見て取れるだろう。

しかし問題はそれだけではない、と西谷氏は言う。人類学にはもう一つある。それは「自然人類学」あるいは「形質人類学」と呼ばれるもので、骨相学や人相学の関連から出来し、人間の肉体的・解剖学的側面を研究するものである。これは人間の「動物相」「植物相」を、つまりその「生息圏」を研究するものであって、後に生物学に、考古学に裨益するものとなっていく。また犯罪者を特定するための指紋や人体の特徴を鑑定する「人体測定法」という犯罪学の手段として、そしていわゆる「生政治」的な管理の一部として吸収されていく。

ここで西谷氏の論旨から一旦離れて、ひとつ念を押しておく。こうした指紋や瞳孔の測定などの身体的な「同一性」すなわち「アイデンティティ」の決定のテクノロジーの出現をもって、象徴界や法や言葉やフィクションの地位を脅かすものだと言う人々がいるが、残念ながら事の本質を見損なっているとしか言いえない。たとえば指紋ひとつ取っても、その指紋による認証は簡単に「裏をかく」ことができる。人類学者渡辺公三氏が情報工学研究者松本勉氏の研究を引いて述べるように、精緻極まりなく作られた指紋認証システムにかけても、「たやすくしかも安価に手に入るゼラチンでつくられた人工指がリジェクトされない」[348]。一キロ千円足らずで買うことができるゼラチンやパテが、ハイテクノロジーを何事もなく出し抜く。バイオ認証だろうと遺伝子検査だろうと、他人の血液でも買ってきて提出すれば同じだ。それは偽造可能なのだ。そして、偽造と偽作が可能なものは、すべて「作られ形づくられたもの」つまり、フィクションであることを、ここまで来たわれわれがわざわざ力み切って述べ立てる必要があるだろうか。われわれはこのようなことに様もなく右往左往するべきではない。動物は擬態は行う、しかし嘘をつかない。偽造しない。そして隠喩を言わない。逆に言えば、アントロポスは嘘をつき、偽造し、隠喩を言う者のことである。だからそれは動物ではない。もう一度逆を言おう。人間が「動物である」とは、このような偽造と隠喩を産出する「習性」も含めて、つまり「詩を書き」「フィクションを練り上げ」「根拠律を上演する」という「生態」も含めて「動物」なのだ。ギンヤンマが晩夏の夕陽に照らされた微風のなかを美しく滑空するように、その黄緑色の残像を田園の緑と蒼穹のあいだに素晴らしく見事な曲線として描き出すように、われわれはダンスし、詩を書く。人間を「生政治」の対象たる「動物」、「端的な生存」のみに還元しようとするマネージメント原理主義者たちは、何を恐れてかこのことから目を逸らし続けている。彼らが言う象徴界から、いや言葉そのものから切り離された動物としての人間とは、羽根を毟られたモンシロチョウであり、甲羅を叩き割られたウミガメであり、鼻を踏み潰されたジャッカルなのだ。疎隔を知らぬマネージメント原理主義者たちの人間理解は、根本的に虐待的である。「語る動物」と人間を定義するルジャンドルが、このような理解を「肉処理的」という言い方で強く論難するのは、筋が通ったことなのだ。

西谷氏の論旨に戻ろう。文化あるいは社会人類学と自然人類学。確かにこの二つの人類学の対象は文脈が違う。しかし、西谷氏は言う。「この二つは全く交差する。つまり、〈西洋人〉は〈アントロポス〉を前にして、博物学者が自然を前にしてそうするように振る舞うのである」。個体としてであろうと集団としてであろうと、認識対象としての人間が「アントロポス」なのだ。

では、誰がこの「アントロポス」を認識するのか。その対象を認識する主体とは誰か。それは常に「西洋人」「西洋的人間」、すなわち「フマニタス」だった。ルネサンス期にこの語が使用されたときに、それは「ディヴィニタス」つまり「神」との対義語として、宗教的なものから自律した知的な主体として提起された。宗教の軛から解放された、自由な認識主体としての西洋人。彼らはフマニタスとしてまずフマニタスを研究しようとする。ここから由来するのがカントからヘーゲルを経てフォイエルバッハが「哲学的人間学（anthropologie philosophique）」と呼んだ、「人間学＝人類学（anthropologie）」だった。しかしこれは根本的に自己言及的で自己実現的な、みずからを超越論的かつ経験論的な二重体として「自己を知る主体」として実現し定礎するものである。フマニタスは、みずからをフマニタスとして定礎するために、みずからを知ることを必要とする。自らを普遍化し、自らを普遍的な知の主体として位置づけるための、自らを知る努力。しかし、そこに以上に述べたような意味での「アントロポス」は存在しない。奇妙なことだ。文化あるいは社会人類学は、他者の社会を知ろうとするときに、まずその儀礼を調べる。信仰を調べる。親族関係を調べる。父方のオジとハハとチチがどういう関係にあり、それがどのような系譜的機能を担っているか、ひとつひとつ調べていく。そして彼らの紋章を、崇拝を、祭礼を。そう、文化人類学は、いつもその社会の系譜原理を、「親族の基本構造」を知ろうとしてきたのだ。しかし、哲学的人間学は、自らの儀礼を調べず、自らのエンブレムへの崇拝を調べず、自らの親族関係を調べず、自らの社会ではオジやオバが父方母方の違いによってどのような系譜的機能をもっているかを調べない。ましてや、哲学的人間学は、自然人類学のように自らの指紋をとってそこに「同一性」の根拠を見出したりはしない。ヘーゲルが激しく骨相学を非難していたことを、思い出す必要があるだろうか。

　以上、西谷氏の論旨を筆者の理路に引きつけて敷衍してきた。これをルジャンドルの次のような文言と重ね合わせてみよう。

> また、〈国家〉と〈法権利〉の問題系は高度に人類学的だ。それはまったく系譜原理に帰する。[349]

> 私は〈根拠＝理性〉を〈鏡の対象〉の上演そのものだと呼ぶ。それは人類学的な

仕方で表象を生きさせる役目をする構造的な機能としての理性である。つまり、種の法にしたがって、語る動物を生きさせ、再生産させる機能だ。だから、〈根拠＝理性〉とは表象の〈根拠＝理性〉であり、記号そしてカテゴリーの根拠＝理性であり、主体の根拠＝理性だと言うことができる。[350]

鏡とはモンタージュの帰結であり、われわれはそこで神話の機能の人類学的起源に向き合うことになる。[351]

〈国家〉の親族機能が存在する。つまり〈国家〉を、野蛮あるいは伝統的な制度と同じように人類学的な価値と意義を持つものとして取り扱うことができる。とすれば、まさにそこにこそ〈国家〉の原動力があるのだとわかる。〈第三者〉を〈定礎するテクスト〉の整備という事を通じて研究するならば、親子関係の建築物が何に頼っているかが見えてくるようになる。[352]

種の再生産にとっては、正統性の要請は、〈根拠＝理性〉を求める要請と同義であって、ゆえに系譜原理は、主体の実存的な問いの核心にもあるが、合理性を獲得する手続きの核心にもあるのだ。……同じくこの観点に照らすと、一個の学問領域、あるいは既存の学問領域の束としての人類学は、それ自身の上に立ち戻り、管理経営的な西洋を振り返ってみなくてはならなくなる。[353]

つまり、ルジャンドルが言っていることはこうなる。多少乱暴に言えば、フマニタスなど存在しない。フマニタスでありアントロポスであることはできる。アントロポスでだけあることはできる。しかしフマニタスでだけあることはできない。もっと正確に言おう、フマニタスとは、アントロポスの特殊な一ヴァージョンにすぎない。アントロポスのロゴス（まさに「アントロポロジー」だ）の機能こそが、系譜原理であり、根拠律であり〈鏡〉の上演なのだ。子として生れ、子を生す者であるかぎり、ひとはアントロポスであることを避けることはできない。系譜原理を担い根拠律そのものである〈鏡〉の絶対的な必要性は、必ずそこにありつづけるし、そうでなくてはならない。〈国家〉をトーテム原理だと言う以上、「わたしは日本人だ」と言うことは、熊をトーテムにする部族の男が「わたしは熊だ」と言うことと何ら変わることがない。こういう言い方を敢えてしてみよう。「われ思うゆえにわれあり」ではない。それは嘘だ。誰かが「われ」を産んだから「われ」がいるのだ。哲学的人間学の主体は、自らを「出産した二人」の姿を快く忘れている。われわれは、アントロポスである。生れ産み語り書き踊る者である。フマニタスでも、超近代人でも、ポストモダニストでも、動物でも、剝き出しの生でもない。何も終わらない。「全く新しい時代」など来ていない。

――こうしてわれわれは、体液に濡れた際限のない灰色の空間に投げだされることになる。愛と憎悪に挟撃されて切歯扼腕し、肉慾の卑小さを底の底まで知りながら寄る辺もない愛撫を繰り返しては打ち震えて甘やかな消耗に細く長く吐息をつき、夜の闇を切り裂く街燈の青い光のもとで人の目を盗むようにして軽犯罪の薄い享楽にたまさかのあいだその身を解《ほど》き、ある姿に身を焦がして憧れてはその姿の卑小さに気づいて鉄錆を口に含むような苦きにすぎる絶望を味わい、子どもが出来たと告げられて内心の動揺を喜びの表情のなかに押し殺し、慣れぬ手つきで泣きわめく子どもをあやし躾け言葉を教えては怒々と言い聞かせ、そうしているうちに誰とも知れぬ子どもの泣き声が響くたびに身を乗り出す癖がふと身から離れなくなり、長じた子との遣る瀬もない詰りあいを演じては自らの若き日を回顧し、自らの卑小さを見抜く子の冷酷な眼差しに打たれてその身の処し方に誤りがなかったかと狼狽し、そしてゆくりなくおのれの居住まい身じろぎが老いの震えを身に纏っていることに気づき、古い友人が死んだとの一報を何か緩く解けた脱力のなかで聞いて駆けつけた葬礼で挙措を失い、あの懐かしい床、生を享け愛と憎悪を交わし病に伏したいつも体液が零れ染みついたその床で、自らの死が成就することなくその消滅と成り果てるまでに。そのあいだ、その短い永遠のあいだに、夏の正午の光の眩さと潮の香りに打たれ、踏んでいく秋の枯葉の微かに甘い匂いのなかを通りすぎて行き、冬の凍りついた大気に白く色づいた息を吐き出し、春のゆるやかな大気の潤びを感じては上着を脱いで外に出てみる。その瞬間瞬間を、その軋みを、ひとつひとつ折り合わせるようにして、生を過ぎ行かせていくのだ。その過ぎ行きのなかで、言葉を覚え文字を覚え書くことを覚え、神話を聞き物語を聞き本を読んで学んでは語り合い、歌い踊り祈り朗唱し誓いを立て、ペンを走らせて図案を描き絵筆を横啞えにしてタブローを睨み、一つの和音を置くときの一瞬のためらいに戦慄しては楽器と楽譜を前にして立ち尽くし、さまざまな細工を細やかに施した工芸品を作る職人の誇りを自らの謙譲の徳と重ねあわせ、一つの振付をうまく舞うことができず人知れず痛む足を押して練習を重ね、さまざまな本を卓上に積み重ねては辞書を引き註を丁寧に調べ、自らの小さな手に集まったイメージと言葉とそこに染み通っていく享楽を僅かにすぎるよすがにして、自らの身体を振り絞って何かを産み出そうとするのだ。賭に打って出ようとするのだ。何故はある。ここに何故はある。ここに何故があるように。――これがわれわれの、アントロポスの世界だ。中空に開いた永劫の世界、永遠の営みの世界。

しかし、それで良いのだろうか。それで。そう、われわれは冷徹を貫かなくてはならない。マネージメント原理主義の猖獗は、イスラームのそれを嚆矢とするさまざまな抵抗に出会って失敗を露わにしている。が、どちらを向いても疎隔を欠落させる人々ばかりが、その欠落を仕方のない必然と力説する論旨ばかりが繁茂しているのだから。このような平々凡々たる生の営みを「製造する」ために、異様なまでの膨大な前提が必要なのだということを、われわれはすでに長く見てきたというのに。ならば、われわれは更新しなくてはならない。代謝しなくてはならない。「突如」を起こさなくてはならない。しかし、どのようにして。ピエール・ルジャンドルの理路のなかに、「女性＝大他者の享楽」はあるのか。あるとすれば、どこに。

第五二節　神話の厨房の匂い

三、革命について。前置きとして言っておく。ルジャンドルは神秘家に否定的である。来日時に筆者が神秘主義について問いかけたところ、彼はこう言った。われわれが見てきたような神秘主義から「キリスト教的性格を差し引き、非宗教化し、世俗化してしまうと、個人が自分自身と合体するといった事態になるわけで、そこから大衆的ナルシシズムといったことが想起されます。それはもはや、解釈者もない、鏡もない、隔たりもない、さらには制度すらない宗教のようなものです」[354]と。割り当てられた時間が十分ではなく、セルトーの理路を援用することができなかったことも残念だが、何よりも筆者自身の未熟として悔やまれるのは傍証としてアンゲルス・シレジウスを――ラカンが「ファルス的」と揶揄した神秘家を――挙げてしまったことである。だが、それを差し引いても、ルジャンドルが神秘家一般に否定的であることは否めない。神秘家は一六―一七世紀の歴史的現象であり、遡っても一三世紀を嚆矢とすると指摘しておいた。つまり、神秘家の運動の開始の時期は、中世解釈者革命の完成の時期と完全に一致する。中世解釈者革命、おそらくは教会の司牧権力と世俗国家の規律権力を同時に準備したと言いうるであろうこの革命の完成に対するささやかな抵抗は、そうであるかぎりでその内部にあるものでしかない。おそらく、ルジャンドルはそう言っているのだ。すでに触れたように、彼の冷徹な見方からすれば、神と恋をして新たなテクストを産み出すことを「女性の享楽」と呼ばなくてはならないのは、神が男であるキリスト教世界のヴァージョンに過ぎないということになるだろうから。そう、こうして見れば、ラカンがそれを女性の享楽と呼んだ瞬間から、精神分析の歴史的限界が露呈していったのは必然でありまた当然のことだったのだ。また、セルトーや鶴岡氏が批判するような「神秘主義」概念の理解、すなわち神秘家の概念が拡大拡張されて他のさまざまな宗教の類似現象も「神秘主義」の名で呼ばれていったということ自体も、彼にとっては「輸出不能なものの暴力的な輸出」であるということになるだろうから。しかし、逆を言えばこうなる。彼の理路からも「ヨーロッパのテクスト」が「法の継受」という形で「輸出」されてしまったことは事実であり、「ヨーロッパのヴァージョン」にすぎないものが、世界大に拡大するばかりか「グローバルな世界」そのものを現出させたことは事実だ。ゆえに、そうであるかぎり、やはりこの現在にあっても、テクストの闘争の享楽は必然的に「すべてではない女性」のものになるしかない、と。

しかし、それだけではない。国家は滅びるという呟きが広まっていくと同時に、また革命は不可能になったという言葉も薄く広まって、われわれの常識になりつつある。立場の左右、事の諾否はともあれ、特に二〇世紀における〈革命〉という経験は、あまりに血塗られたものであったのだから。それはボルシェヴィキ革命でも第三帝国の革命でも同じだった。そこで流された幾千万の人々の血の記憶と、疎隔を消失させる独裁者の専制の姿は、われわれの脳裏において何がしか思考と行動を躊躇わせる突き刺さって抜けない鏃のように作用し続けている。しかし、とルジャンドルは言う。一七世紀のイギリス革命も、一八世紀のフランス革命も、二〇世紀のボルシェヴィキ革命も、その他のさまざまな革命も、法的には事態を殆ど変えはしなかったのだ。それは「テクストの客観主義的表象」による「準拠の可塑化」をなしうると信じさせることに成功した「中世解釈者革命」の効果にすぎず、諸々の〈政治的革命〉と〈解釈者革命〉は同じ水準にはない、と。[355] それらの革命は、流血を招いた割には〈中世解釈者革命〉が築き上げた法の伽藍――「公法」と「私法」、「民法」と「刑法」の根本的な分割などを枢軸とするローマ法＝教会法的な体系――を大きく揺るがすことはなく、単にその歴史的な「効果」の枠内にあるだけであって、ただその運用において疎隔を消失させ、多くは大量の殺人を招くだけだったと。「鋼のように鍛え上げられたペシミズム」、と再度繰り返すべきだろうか。否。彼は言う、「制度的には、一個の成功した〈革命〉は特殊なドグマ的システム以上でも以下でもない」[356]。成功した革命は、ドグマ的なシステムである――もちろんこれは批判的に言っているのだろう。しかし、そうすると奇妙なことになる。ルジャンドルは基本的に法学者として「準拠の破壊」である暴力革命には批判的だ。そうである筈なのに、何かここで彼は――「革命は可能である」と言ってしまっていることになりはしないだろうか。しかも、諸々の流血を招いた「政治的革命」の遥か上をいく〈革命〉が、諸々の〈政治的革命〉どころか「コペルニクス革命も、アインシュタイン革命も、〈実証主義〉の到来にいたるまで[357]」可能にした〈革命〉があり得たことを、彼は論証してきたのだから。そればかりか、その巨大な業績と巨大な罪悪を——その功罪の規模すらも、諸々の〈政治的革命〉の比ではなかった——数え上げて来たのだから。法と、ドグマと、儀礼の峻厳さを訴える、保守的とも反動的とも言われる彼が見せてくれる蒼古とした掟の世界が、そのままに何か——私には、女性の享楽が、大他者の享楽の「謎めいた狂気」が、無限に泡立っている世界のように見えるのだ。「われわれが『女性の享楽』と呼ぶもの」が、無限に。そして、それは間違ってはいない。それを私は、われわれは、今や確信できる。

〈国家〉は系譜原理を担えなくなりつつあり、その明日は何ものによっても保証されていない[358]。マネージメント原理主義や宗教的原理主義は、子を生す〈鏡〉と根拠律の要請を〈国家〉という沈没船に丸投げにしたままだ。繰り返す。だからそれは根本的に虐待的なのだ。知識人たちも、次々と目新しい概念を繰り出していくばかりで、それがマネージメント原理主義の要請に添うものにしかなっていないことに無自覚であり続けている。このような酸鼻と悲惨と無恥と無知のなかで、未来を誰が言うことができよう。世俗化という「ガイドライン」すら、ただの「戦略兵器」であることが暴露されたというのに。

困難があることは確かだ。それが担い難く膨大な困難であることも。しかし困難があるということすら見えなかったその時よりも、われわれは一歩前に――ルジャンドルの好む言い方を借りれば「一歩横に」――踏み出している。そう、われわれには〈革命〉が可能である。テクストの革命が、イメージの革命が。ゆえに純然たる法の、政治の。ルジャンドルは言う、「いま、思考というよりも管理経営として現れている〈科学〉」、この「〈全体的科学〉の幻想に抗して、われわれは〈芸術〉の向かい火を絶やすことはない」[359]と。未来を誰が言うことができるだろう、と自問しながら、彼は繰り返すのだ、「ひとつ確かなことがある。〈国家〉は放棄されることになり、もはや象徴秩序そのものを保証することができないだろう、それでもなお〈禁止〉の要請は変わることなくありつづけるだろう。つまり、解釈者の思考の必要性に従うものでありつづけるだろう」[360]。そして、彼はこう口にすることになる。

> ならば、古典的な概念に戻ろうではないか。そこから、目下の大混乱について、そしてまたそれが生み出す幻想についての豊かな考察が始まるような概念に。〈国家原理〉のなかで普遍的構造にあたるものは何か。なぜ〈国家〉それ自体の実質は系譜的な観念と結びついているのか。このような問いが妥当なものだとすれば、〈禁止〉の保証において国家が消失すれば、当然膨大な犠牲を強いて、〈禁止〉の保証はモンタージュの組織の別の形式へと転移するしかなくなるということになる。だが、このような不測の転移は前もって計画されなくては生じないのであって、

それは長い時にわたる変転の方向づけの如何にかかっている。ここで思い出すべきなのは、系譜権力としての社会権力は膨大なフィクションの備給を、つまりわたしが〈準拠〉と呼ぶ隠喩化の作業を前提とするのだということである。[361]

長い、長い作業が始まる。労苦に満ちた作業が。痛苦に満ちた企図が。それはなされうる。二百数十年に及ぶ中世解釈者革命に匹敵すべき年月を賭けて、法と〈鏡〉と根拠律の「モンタージュの別の形式」を作り出すこと。これはつねに可能なのだ。「膨大なフィクション」を積み重ね、激しくすらある「詩人の閃光」たる隠喩を分娩し続けることは。そう、長い作業と言った。しかし、その分娩のひとつひとつそれ自体が純然たる抵抗であり、夜戦のなかで微かにしかし純然たる革命の閃光を放つ断片そのものなのだ。未来の革命のためにいまは忍従をなどと口にして服従を押しつける、そのような狭隘な革命像に縋る必要などもうない。中世解釈者革命の効果が途絶えつつある以上、それは客観主義的で情報的なテクストである必要すらもない。だからこそ、事はもっと困難になっていく。そうしたテクストの理解に縋り付く人々が嫌がる言い方を敢えてしてみよう。すべては情報だなどと、なんと古くさい考え方だ。根拠＝理性の問題の核心にあるものは、「宗教と芸術」[362]なのではないかと反問するルジャンドルに倣って、ラカンの理路から発して遠くイメージ＝テクスト＝エンブレムを論じてきたわれわれにとっては、これは当然の帰結である。われわれは、テクストを、テクストのあり方自体を更新しなくてはならない。そこには終わりもなければ新しい時代もない。何も終わらない。何も。あるのは「別の形式への要請」に答える必要性だけだ。「古い」と言われることを、何を恐れる必要があるだろう。われわれは案出しなくてはならない。別の、〈準拠〉との関係を。どう書けばいいだろうか。どう踊ればいいだろうか。どう歌えばいいだろうか。どう描けばいいだろうか。どう産めばいいだろうか。どう話せばいいだろうか。どう食べればいいだろうか――ありとあらゆる案出が、この革命の長い道程のために、それ自体が革命である道程のために必要なのだ。われわれはもしかして、何かを忘れていはしないだろうか。中世解釈者革命を起こした人々が、直前までユスティニアヌスとトリボニアヌスの恐るべき五〇冊の書物を忘却に曝していたように、われわれも何かを忘れているのかもしれない。しかし、何を忘れているのだろうか――わからない。何も予測できず、何も頼りにならない。あらゆるものがすでに壊れたように見え、原理主義者の怒号だけが響きわたるこの世界においては。われわれにも希みの朝があり、あるいは諦念の夜がある。だがそれは何のためにあるのか。何もあてにならず、捗もなく、保証もない――しかし、そんなことは当然のことなのだ。何度でも繰り返してきたではないか、われわれは詩人たる賭博師なのだと。われわれの仕事場にはある匂いがする。ルジャンドルが師と仰ぐカントロヴィッチに捧げた美しくも不穏な表現で言えば、「神話の厨房の匂いがする」[363]。そこで、その匂いのなかで、われわれは自らの体を震わせて産み出したものを惜しげもなく曝し賭け続けるだろう。歴史の賭場において、根拠律を新たに作り出すべく。――無論、冷徹と疎隔の人ルジャンドルは、安易で惰弱な革命の夢想を歌いあげる人ではない。しかし、彼の示す「法との熱狂的なダンス」の世界は、ラカンが「女性の享楽」と呼んだものによっていまも静かに、静謐なままに無限に不穏に鳴動している。低く聞き取りにくいが、しかし確固とした響きで。

そう、「私たちがドグマ研究ということで行っているのは」、と言ってしばし絶句の沈黙を置いたあと、ルジャンドルは静かに言い放つ。「いわば『平和』のために働いているのです」[364]と。

*

ここで終わりではない。まだ終わらない。終われる訳がない。われわれはこのドグマティシアンの作業場にある男を招いて、彼の激しい批判にわが身を曝そうと思う。その批判の膂力を疑いうるものなど誰一人として居はしない彼こそを、今やここに迎える時が来たのだ。彼の力強い批判を受け、われわれの論旨の切っ先をさらに磨き抜くために。遂に、彼と手を取り合えるあの瞬間に至るまで。そう、われわれは、ミシェル・フーコーを迎えることにしよう。そして、すぐ痙攣的な反批判をするなどというはしたない真似をせず、彼の論旨を果ての果てまで追ってみることにしよう。

註

第一部　ジャック・ラカン、大他者の享楽の非神学

1――Michel Foucault, «*Pouvoirs* et stratégies», *Dits et écrits II. 1976-1988*, Paris, Gallimard, 2001, p. 1034.「主体性と真理」『思考集成Ⅷ』石田英敬訳、筑摩書房、二〇〇〇年、四四六頁。以下フーコーの *Dits et écrits* についてはこのガリマール社の新版二巻本を用いる。

2――Jacques Lacan, S. III, *Les psychoses*, Paris, Seuil, 1981, p. 184.『精神病』下巻、小出浩之ほか訳、岩波書店、一九八七年、九頁。

3――Cf. Stéphane Mallarmé, «Le Mystère dans les lettres», *Œuvres complètes*, tome. 2, Paris, Gallimard, 2003, p. 230. あるいは同書の«Quant au livre»をも参照せよ。シュレーゲルの「難解さ」への態度については、『アテーネウム』最終巻末に置かれた以下の小論を参照。Friedrich Schlegel, «Über die Unverständlichkeit», *Kritische Ausgabe* (ed. E. Behler) Bd. II., München, Paderborn, Verlag Ferdinand Schöningh, 1967. フリードリヒ・シュレーゲル「難解ということについて」『ロマン派文学論』山本定祐訳、冨山房百科文庫、一九九九年。この二人とラカンのあいだには、まさに「難解さ」の「誤解の幅」において解釈や意味の厚みが出現し、それが人間の言語や生について欠くべからざる要素となるという「難解の擁護」とい

う思考、無論本文でもそう形容したようにアイロニカルと呼びうる思考が共通して見られる。

4——Michel Foucault, «Michel Foucault, Les réponses du philosophe», *Dits et écrits I. 1954-1975*, Paris, Gallimard, 2001, p. 1683.「ミシェル・フーコー——哲学者の回答」『思考集成V』中澤信一訳、筑摩書房、二〇〇〇年、四六一頁。

5——ラカンを論ずる方針を、もう少し言っておく。筆者は、われわれは、ラカンへ直線的に進むことにする。それを「横切る」ことにする。註釈することはしない。つまり、ラカンが取り結んだ、フロイトやヘーゲルやハイデガーやレヴィナスやバタイユやコジェーヴやシュールレアリズムやその他の人々との類似あるいは影響関係を殆ど——「すべて」ではない——割愛して進むということである。多くの箇所で、読者はハイデガーの呼び声やバタイユの叫び、レヴィナスの穏やかな口調《トーン》等々を論の運びから感じることになるだろう。それらを読むことによって、筆者はラカンに導かれたのだから。しかし、ヘーゲルや、ましてフロイトまで割愛するとは。それは許されることなのか。このような反問は当然ありうる。だが、次のように抗弁することが許されよう。多くのラカン論は——無論筆者もそのいくつかを参照し大いに参考にしたが——そのような影響関係や類似を指摘することに足を取られ過ぎ、只でさえ蛇行に蛇行を重ねるラカンの論旨にまた捩れや迂回を導入し、その果てない迂回のなかで自失しているようなものも散見される。特に大部のものはそういう傾向が見られる。それはそれで大きな仕事ではあるが、しかしそれはわれわれが以下に指摘するような概念の不均質性の溶けだした闇のなかに埋没することにしかならないと私は思う。あるいは、さまざまなグラフやマテームを列挙してそれをひとつひとつ切り離して順に解説したり、ラカンの隠語を次々に目次に列挙してはそれを個別に解説してみせるといった、一種「単語帳」のような構成をもっているものも内外に渡って見られる。それも一つの仕事、ひとつの「割愛」の仕方ではあるだろうし、何物かではある。否定はしないし、否定しようにも否定しようがない。しかし、われわれはこのような途を採らない。直線的に、そしてトピックのあいだの論理の糸を途切れさせることなく。それが可能かとの問いには、もちろんこう答えよう。「やってみなければわかりはしない」。

6——Pierre Legendre, *Leçons IV. L'inestimable objet de la transmission. Étude sur le principe généalogique en Occident*, Paris, Fayard, 1985, p. 17. 以後この著作を*IOT*と略する。

7——Lacan, S. X, *L'angoisse*, 1962/11/21.

8——多くの場合において、ラカンのさまざまな図式（シェーマ）や学素（マテーム）は事を複雑にすることにしか役に立っていない。そのような蒙昧主義は避けるべきだろう。ゆえに、可能な限り大がかりなシェーマや数式めいたマテームは掲載しないように努めた。本稿で提起されるのはごく単純で、しかもラカンの概念の操作の道のりを鮮明たらしめてくれるものに限る。このボロメオを示したのは、むろんそれが例外的に簡潔で明快だということはあるが、単にわれわれの長い理路がどこに向かいそしてどこまで到達しているのか、その指標として、つまり「図になった目次」として役に立つからにすぎない。

9——Lacan, S. XXVI, *La topologie et le temps*, 1979/1/9.

10——Lacan, S. XXVI, *La topologie et le temps*, 1979/1/16.

11——Lacan, S. XXVI, *La topologie et le temps*, 1979/2/20.

12——Lacan, S. XXVI, *La topologie et le temps*, 1979/3/13.

13——Jacques Lacan, *Écrits*, Paris, Seuil, 1966, p. 94. 以下この著作 *E* と略記し、たとえば当該部分を Lacan, *E*, 96. と表記する。邦訳にも原典頁数が付してあるため、邦訳頁数を表記する必要はないと判断する。

14——Lacan, *E*, 96.

15――Lacan, *E*, 111.

16――Lacan, *E*, 96.

17――Lacan, *E*, 97.

18――Lacan, *E*, 104.

19――Jacques Lacan, «Les complexes familiaux dans la formation de l'individu», *Autre Écrits*, Paris, Seuil, 2001, p. 42.『家族複合』宮本忠雄・関忠盛訳、哲学書房、一九八六年、六〇頁。この人間世界の「アルカイックな」幻想の由来は、まさに「子ども＝言葉なきものインファンス」の非－世界であることは、文脈からも彼のこの時代の理論的結構からも明らかである。また、この論文を以後CFと略す。

20――Lacan, CF, pp. 32-33. 二九―三〇頁。強調筆者。

21――Lacan, *E*. 96.

22――Cf. Serge Leclaire, *On tue un enfant. un essai sur le narcissisme primaire et la pulsion de mort*, Paris, Seuil, 1975. Ch. 1 passim.

23――Georges Bataille, «Théorie de la Religion», *Œuvre complètes, tome VII*, Paris, Gallimard, 1976. の冒頭に繰り返し現れる表現。なお、当時のバタイユの「聖社会学的」著作とラカンの論旨の並々ならぬ類似性は明らかであり、二人の個人的な交流も伝記的事実として広く知られている。

24――Lacan, S. II, *Le moi dans la théorie de Freud et dans la technique de la psychanalyse*, Paris, Seuil, 1978, p. 198.『フロイト理論と精神分析技法における自我』上巻、小出浩之ほか訳、岩波書店、一九九八年、二七六頁。

25――Lacan, *E*, 96. 強調は筆者による。

26――Lacan, *E*, 96.

27――Lacan, *E*, 93-94.

28——Lacan, *E*, 94.

29——Lacan, *E*, 88.

30——Lacan, S. II, *Le moi dans la théorie de Freud et dans la technique de la psychanalyse*, Paris, Seuil, 1978, p. 67. 上巻八二頁。

31——Lacan, *E*, 95.

32——Lacan, *E*, 93-94.

33——Lacan, *E*, 251. この語には「冷たい人、動かない人」の比喩的な意味もある。

34——「この主人のイメージ、それは人間が鏡像的なイメージという形で見るものですが、このイメージは人間においては死のイメージと混じり合います。人間は絶対的主人と向かい合うことすらできるのです」。Lacan, S. I, *Les écrits techniques de Freud*, Paris, Seuil, 1975, p. 172.『フロイトの技法論』上巻、小出浩之ほか訳、岩波書店、一九九一年、二四二頁。ここにヘーゲルの「主人と奴隷の弁証法」における「死」への言及があることは自明である。

35——Lacan, *E*, 345-346.

36——Lacan, *E*, 172.

37——Lacan, S. II, *Le moi dans la théorie de Freud et dans la technique de la psychanalyse*, Paris, Seuil, 1978, p. 60. 上巻七二頁。

38——Lacan, S. III, *Les psychoses*, Paris, Seuil, 1981, p. 110. 上巻一五七頁。

39——Lacan, S. II, *Le moi dans la théorie de Freud et dans la technique de la psychanalyse*, Paris, Seuil, 1978, p. 198. 上巻二七六頁。

40——「イマーゴが人間存在にあらわれる最初の効果は主体の疎外である」。Lacan, *E*, 181.

41——Lacan, *E*, 114-115, CF, 39.『家族複合』宮本忠雄・関忠盛訳、哲学書房、一九八六年、五二—五三頁など。

42——Lacan, *E*, 110.

43——Lacan, *E*, 98.

44——Jacques Lacan, S. IV, *La relation d'objet*, Paris, Seuil, 1994, p. 17.

45——Lacan, *E*, 114-115, CF, 37. 四八頁。

46——Lacan, S. III, *Les psychoses*, Paris, Seuil, 1981, p. 101. 上巻一四三頁。

47——Lacan, *E*, 181.

48——Cf. Jacques Lacan, *De la psychose paranoïaque dans ses rapports avec la personnalité*, Paris, Le François, 1932.『人格との関係からみたパラノイア性精神病』宮本忠雄・関忠盛訳、朝日出版社、一九八七年。

49——ラカンは「おまえは tu es」と「殺す tuer」の語呂合わせ（どちらもカタカナで表記するならば「チュエ」となる）を通じて、この想像的な「おまえを－殺す」について論じている。Lacan, SIII, *Les psychoses*, Paris, Seuil, 1981, p. 341. 下巻二五五頁。

50——Lacan, S. I, *Les écrits techniques de Freud*, Paris, Seuil, 1975, p. 248 下巻一〇〇頁。

51——Lacan, S. II, *Le moi dans la théorie de Freud et dans la technique de la psychanalyse*, Paris, Seuil, 1978, p. 92. 上巻一二〇頁。

52——Lacan, *E*, 677.

53——Lacan, *E*, 600. ユダヤ人の殲滅を押し進めたナチス、その総統ヒトラーの最後の命令が、ドイツ人民の「生存の条件」を破壊せよというものだったということはよく言及される。それをわれわれのこの時点の理路と併せて、もう一度思い出しておくことは何ものかでありうる。「われわれが愛するわれわれをこんなにしたおまえたちを殺してやる、でもそのおまえたちはわれわれなんだ！」。

54——Fethi Benslama, *Le mouton qui blasphème. Intervention à la réunion publique sur «La censure au nom de l'islam», organisée par l'Association du Manifeste des Libertés.* 原文は未公刊だが以下のサイトで入手できる（http://www. manifeste. org/）。フェティ・ベンスラマ「冒瀆する羊――『イスラームの名における検閲』での発言」『現代思想』二〇〇六年五月号、拙訳。ベンスラマはラカン派の一員であり、アラブ移民の臨床に携わる傍ら、ラカンの弟子ピエール・ルジャンドルの影響下にあってラカン派の常套に留まることのない射程の長い思考を展開して注目を集めている。これは第二部である程度厚く祖述する。

55——Lacan, *E*, 249. 当該箇所で、「労働」という言葉がはっきりと使用されていることに注意。

56——Lacan, *E*, 249.

57——ここで詐取と訳したのは frustration である。通常心理学では欲求不満と訳され、ラカン自身は特に「母－子－ファルス」の「前オイディプス的関係」をめぐる思考において、これを「破約、違約（dédit）」と翻訳することを提案しているが、ここではヘーゲルの弁証法における「労働」の搾取との関連から「詐取」の訳語を採用した。これはもともと、横領や借金の踏み倒し、期待を裏切ることを意味しており、つまり「話が違うじゃないか！」ということである。ゆえに、この三つの訳語はそれなりにそれぞれの妥当性を持つと思われる。

58——Lacan, *E*, 250.

59——Lacan, *E*, 250.

60——Lacan, *E*, 250.

61——ラカンがあくまでも精神分析的・精神医学的な分類概念（「象徴界」）しか用いないのに対して、ヘーゲルの「承認をめぐる死を賭けた闘争」の弁証法が辿りつくのは、具体的な社会的・歴史的国家である。自らが構想したこの闘争の最終的な調停形式を、彼は「ゲルマン的国家」と呼んだのだった。G.

W. Hegel, *Grundlinien der Philosophe des Rechts*, Hanburg, Felix meiner Verlag, 1955, S. 296-297.「法の哲学」『世界の名著 ヘーゲル』藤野渉・赤澤正敏訳、中央公論社、一九六七年、六〇二―六〇四頁。

62——Jacques Lacan, *De la psychose paranoïaque dans ses rapports avec la personnalité*, Paris, Le François, 1932, p. 253. 二七一―二七二頁。

63——Lacan, S. XXII, *R. S. I.*, 1975/12/16.

64——Jacques Lacan, *De la psychose paranoïaque dans ses rapports avec la personnalité*, Paris, Le François, 1932, p. 212. 二二六頁。

65——Pierre Legendre, *Leçons VIII. Le crime du caporal Lortie. traité sur le Père*, Paris, Fayard, 1989, p. 160ff, 以下この書物を*CL*と略する。

66——確認する。ルジャンドルが言っているのは、精神鑑定に左右されない司法自体の臨床性であり、たとえばフーコーが批判するような「精神鑑定」において精神医学と「野合」した司法の臨床性がここで指摘されているわけではない。このことの意味は、第三部で明らかになるだろう。

67——Lacan, S. I, *Les écrits techniques de Freud*, Paris, Seuil, 1975, p. 9. 上巻七頁。強調原文。

68——Lacan, *E*, 298, 351., S. III, *Les pslychoses*, Paris, Seuil, 1981, p. 47-48. 上巻五八頁、五九―六〇頁。あるいはLacan, S. V, *Les formations de l'inconscient*, Paris, Seuil, 1998, p. 133.

69——Lacan, S.III, *Les psychoses*, Paris, Seuil, 1981, p. 315ff, 下巻二〇一頁以下。

70——Lacan, S. III, *Les psychoses*, Paris, Seuil, 1981, p. 48. 上巻六〇頁。強調筆者。

71——Lacan, S. I, *Les écrits techniques de Freud*, Paris, Seuil, 1975, p. 125-126. 上巻一七四頁。強調筆者。

72——オースティンの「言語行為論」との類似性はすでに明らかである。しかし、多くの論者が述べているように、ラカンがオースティンを読んでいたあるいは講義に出ていたという証拠は何もなく、その逆の証拠もない。オースティンの *How to do with words* がハーヴァード大学で講義されたのは一九五五年、初版が出版されたのは一九六二年であり、ラカンが「充実した言葉」をすでに定義済みのものとして口にしているセミネール第一巻は一九五四―五五年度のセミネールから書き起こされたものである。ゆえに、これは思想史上の同時多発的な現象だと考えるべきだろう。儀礼などの具体的な文脈をも視野に入れたその描出の精緻さ、議論の運びの手堅さにおいてオースティンの議論が勝るが、その射程の広さとそれを乗り越えていくダイナミズムにおいてラカンの議論は優れる、といったところだろうか。

73——Lacan, S. I, *Les écrits techniques de Freud*, Paris, Seuil, 1975, p. 178. 上巻二五三頁。強調筆者。

74——Lacan, S. I, *Les écrits techniques de Freud*, Paris, Seuil, 1975, p. 120. 上巻一七四頁。

75——Lacan, S. I, *Les écrits techniques de Freud*, Paris, Seuil, 1975, p. 161. 上巻二二五―二二六頁。

76——Lacan, *E*, 272, 430, etc.

77——Lacan, *E*, 353.

78——Lacan, *E*, 272,

79——Lacan, *E*, 272,

80——Lacan, S. I, *Les écrits techniques de Freud*, Paris, Seuil, 1975, p. 218. 下巻五六頁。

81——Lacan, S. III, *Les psychoses*, Paris, Seuil, 1981, p. 48 上巻五九―六〇頁。

82——Lacan, S. XIV, *La logique du fantasme*, 1967/2/1. ここで、大他者はたしかに「宗教の神、信仰の神」と対比されるかぎりでの「哲学者の神」と呼ばれている。しかし、実は大他者は「哲学者の神」ではない。パスカルに端を発する哲学者の神と信仰の神の区別自体にさまざまな批判があることはよく知られているが、それよりもラカン自身の理路を丁寧に辿れば、まさにここで「哲学者の神」と呼ばれる「大他者」が、実は「信仰の神」であるばかりか、ほとんど「淫蕩なる神」ですらあることがわかる。そのことは、本稿の理路においてもおのずと明らかとなるだろう。哲学者の神と信仰の神の区別についての一般的な概説としては、以下の論文に明快な解説がある。杉村靖彦「哲学者の神」『岩波講座宗教』第四巻、岩波書店、二〇〇四年。

83——Lacan, *E*, 807.

84——Lacan, S. III, *Les psychoses*, Paris, Seuil, 1981, p. 50. 上巻六三頁。

85——Lacan, S. II, *Le moi dans la théorie de Freud et dans la technique de la psychanalyse*, Paris, Seuil, 1978, p. 201. 上巻二八〇頁。

86——Lacan, S. II, *Le moi dans la théorie de Freud et dans la technique de la psychanalyse*, Paris, Seuil, 1978, p. 201. 上巻二八〇頁。

87——Lacan, S. V, *Les formations de l'inconscient*, Paris, Seuil, 1998, p. 25.『無意識の形成物』上巻、佐々木孝次ほか訳、岩波書店、二〇〇五年、二七頁。

88——Lacan, S. I, *Les écrits techniques de Freud*, Paris, Seuil, 1975, p. 178. 上巻二五三頁。

89——Lacan, S. I, *Les écrits techniques de Freud*, Paris, Seuil, 1975, p. 218. 下巻五六頁。

90——Lacan, S. I, *Les écrits techniques de Freud*, Paris, Seuil, 1975, p. 289. 下巻一六七頁。

91——Lacan, S. I, *Les écrits techniques de Freud*, Paris, Seuil, 1975, p. 254. 下巻一〇九頁。

92——Lacan, S. III, *Les psychoses*, Paris, Seuil, 1981, p. 48. 上巻五九頁。

93——Lacan, *E*, 17.

94——Lacan, *E*, 742.

95——Lacan, *E*, 808.

96——Lacan, *E*, 808.

97——Lacan, S. III, *Les psychoses*, Paris, Seuil, 1981, p. 86. 上巻一二一頁。

98——Lacan, S. IV, *La relation d'objet*, Paris, Seuil, 1994, p. 12.

99——Philippe Lacoue-Labarthe, Jean-Luc Nancy, *Le titre de la lettre. une lecture de Lacan*, Paris, Éditions Galilée, 1990, p. 48. 多少の留保と言ったのは、ここで彼らがこの契約理論、ルソー主義を「動物性から人間性に向かう協定による移行の理論」と言ってしまっているからである。ラカンが想像的な増殖する攻撃性を動物の攻撃性とは区別していたことはすでに見た。

100——Lacan, *E*, 229.

101——Lacan, S. I, *Les écrits techniques de Freud*, Paris, Seuil, 1975, p. 275. 下巻一四二頁。

102——Lacan, S. I, *Les écrits techniques de Freud*, Paris, Seuil, 1975, p. 61. 上巻八四頁。

103——Lacan, S. II, *Le moi dans la théorie de Freud et dans la technique de la psychanalyse*, Paris, Seuil, 1978, p. 327. 下巻一八四—一八五頁。ちなみに、意味上のニュアンスの差異を一旦棚上げにすれば、パロール（parole）とランガージュ（langage）の違いは、英語のスピーチ（speech）とランゲージ（langage）の違いに相当するととりあえずは考えて下さってよい。ただし英語でも言語学ではパロールというフランス語がそのまま使用されることもあることに留意。

104——Lacan, S. II, *Le moi dans la théorie de Freud et dans la technique de la psychanalyse*, Paris, Seuil, 1978, p. 336. 下巻二〇〇頁。

105——Lacan, S. II, *Le moi dans la théorie de Freud et dans la technique de la psychanalyse*, Paris, Seuil, 1978, p. 336. 下巻二〇〇—二〇一頁。

106——Lacan, S. II, *Le moi dans la théorie de Freud et dans la technique de la psychanalyse*, Paris, Seuil, 1978, p. 337. 下巻二

〇二頁。セミネールではフランス語式表記なのか、dabar と表記され、邦訳も「ダーバール」とされているが、ヘブライ語として正しくは davar であり、言語学的にも特に母音を長音表記する必要が認められないので「ダヴァル」と訳し直した。

107——Lacan, S. II, *Le moi dans la théorie de Freud et dans la technique de la psychanalyse*, Paris, Seuil, 1978, p. 350. 下巻二一九頁。

108——ラカンは、情報理論、サイバネティクスへの歩み寄り、第二の象徴界の練り上げの後にも「現代の情報理論の俗悪さ」を語っている。たとえば、Lacan, *E*, 807.

109——Lacan, S. II, *Le moi dans la théorie de Freud et dans la technique de la psychanalyse*, Paris, Seuil, 1978, p. 355. 下巻二二八—二二九頁。

110——Lacan, S. II, *Le moi dans la théorie de Freud et dans la technique de la psychanalyse*, Paris, Seuil, 1978, p. 357. 下巻二三一頁。

111——「ダヴァル」の語義をもふくめて、以上の語源学的註記については、イスラエル在住のユダヤ法学研究者熊野佳代氏から丁寧な教示を得た。記して感謝する。

112——Lacan, S. II, *Le moi dans la théorie de Freud et dans la technique de la psychanalyse*, Paris, Seuil, 1978, p. 359. 下巻二三四—二三五頁。

113——Lacan, S. II, *Le moi dans la théorie de Freud et dans la technique de la psychanalyse*, Paris, Seuil, 1978, p. 359. 下巻二三四頁。

114——Lacan, *E*, 808.

115——Lacan, S. II, *Le moi dans la théorie de Freud et dans la technique de la psychanalyse*, Paris, Seuil, 1978, p. 359. 下巻二三六頁。

116——Lacan, S. II, *Le moi dans la théorie de Freud et dans la technique de la psychanalyse*, Paris, Seuil, 1978, p. 359. 下巻二三六頁。

117——Lacan, S. II, *Le moi dans la théorie de Freud et dans la technique de la psychanalyse*, Paris, Seuil, 1978, p. 63. 上巻七六—七七頁。

118——Lacan, S. II, *Le moi dans la théorie de Freud et dans la technique de la psychanalyse*, Paris, Seuil, 1978, p. 364. 下巻二四五頁。

119——Lacan, S. II, *Le moi dans la théorie de Freud et dans la technique de la psychanalyse*, Paris, Seuil, 1978, p. 365. 下巻二四六頁。

120——念を押しておく。第一の象徴界（五五年六月までの象徴界）と第二の象徴界（それ以後の象徴界）は同じ「象徴界」である。だからこそこれを「重ね合わされた」ものと筆者は形容している。逐語的には、前者および前者の時代においては「象徴的な」という形容詞が多く使われ、後者においてははっきりと「象徴界（le symbolique）」と表現されることが多くなったということはありはするけれども。ラカン自身、転回があらわになったこの時点の以前にも第二の象徴界を予感している発言をしているし、第二の象徴界が成立したあとも第一の象徴界の理路を使用している。筆者も、第一の象徴界の輪郭を鮮明たらしめるために転回以後の文言を幾度も引用してきたし、第二の象徴界についても同じ操作を行う。

121——Lacan, S. II, *Le moi dans la théorie de Freud et dans la technique de la psychanalyse*, Paris, Seuil, 1978, p. 362. 下巻二四一頁。

122——Lacan, S. II, *Le moi dans la théorie de Freud et dans la technique de la psychanalyse*, Paris, Seuil, 1978, p. 359. 下巻二五〇頁。

123——この「充実したパロール、協定と約束の象徴界」から「機械のランガージュ、シニフィアンの象徴界へ」の密やかな転回に最初に気づかせてくれたのは、フィリップ・ジュリアンの明快な著作である。実はその箇所の叙述自体は一頁に満たないごくあっさりしたものではある。が、本書が「入門書」としてのみ取り扱われているとすれば、それはあまりに惜しい。Phillipe Julien, *Le Retour à Freud de Jacques Lacan*, Paris, Erès, 1986, p. 83. フィリップ・ジュリアン『ラカン、フロイトへの回帰』向井雅明訳、誠信書房、二〇〇二年。

124——Lacan, S. XXII, *R. S. I.*, 75/4/15.

125——Lacan, S. II, *Le moi dans la théorie de Freud et dans la technique de la psychanalyse*, Paris, Seuil, 1978, p. 226-228. 下巻三〇—三三頁。

126——Lacan, *E*, 44-54.

127——ラカンは、われわれがすでに引いた「精神分析とサイバネティクスあるいはランガージュの本性について」のなかで、「機械の象徴界」と文脈上同じものと見做し得る「システム」について、「確率の概念に基礎を置くのでなければ、どのように構成できるというのでしょうか」と言っている。Lacan, S. II, *Le moi dans la théorie de Freud et dans la technique de la psychanalyse*, Paris, Seuil, 1978, p. 352. 下巻二二二頁。

128——Lacan, *E*, 47.

129——Lacan, *E*, 49. 以下の説明をめぐるラカン自身の文言はすべて *E*, 48-51. のあいだにあらわれる。多少は面白くもあり、なおかつ有益なこの「算数ゲーム」であるが、これの結果を全部網羅した一覧表を、ラカンは奇妙にも理解を妨げることにしかなっていない数式で表したりボロメオにも似た図式で表したりしている（おまけに原典には一部誤植すら見られる）。この部分の筆者の説明は簡略なものだが、理系から英文学に転じたという東大の学部生宮内裕一氏の有り難いご指摘を受けてここで以下のよう

〈図2〉

α、$\delta \downarrow \alpha$

α、$\delta \downarrow \beta$

β、$\gamma \downarrow \gamma$

β、$\gamma \downarrow \delta$

（その前の項）↓（ある項）

これは第四項が決定されたときの第三項の可能性と考えることができる。つまり第四項がαまたはβのとき、第三項の可能性はαまたはδであり、第四項がγまたはδのとき、第三項の可能性はβまたはγである。どの文字が第四項でも、第三項に入る可能性のある文字は二つであることがわかる。

しかし、これだけでは「どの文字が第四項でも、第三項に入る可能性がある文字が二つ排除されている」を示せたとは言えない。なぜなら、第三項は、第二項からの規制も受けるからだ。そのことによって、「三項目に入る可能性がある文字が三つ（あるいは四つ）排除されている」可能性がありはすまいか。以下、これを検討する。

〈図1〉を再度提示する。見てみよう。

〈図1〉

$\alpha \downarrow \alpha$、β

$\delta \downarrow \alpha$、β

$\beta \downarrow \gamma$、δ

$\gamma \downarrow \gamma$、δ

（ある項）↓（次の項）

今の場合、（ある項）は第二項、（次の項）は第三項となる。第二項が「αまたはβ」のとき、第三項に入る可能性のある文字は四文字全てだということが理解できる。第二項が「γまたはδ」のときも、同様に第三項に入る可能性のある文字は四文字全てであることが理解できる。ということは、第三項に入る文字は、実質第二項には規制されず、第四項のみに規制されることがわかる。第四項による規制は〈図2〉で示した通りである。よって「どの文字が第四項でも、第三項に入る可能性がある文字が二つ排除されている」（命題B後半）が示された。と同時に、「第三項には可能性のある二文字どちらとも入ることができる」ことが理解できる。

次いで命題A「中間の二項から可能性の排除されている文字が必ずひとつある」を論証する。

（1）第二項の可能性が「αまたはβ」の場合。

第三項に入る文字は、第二項によっては規制されないのであるから、第三項の可能性は図2から、
(i)「αまたはδ」、あるいは(ii)「βまたはγ」となる。

(i)の場合、中間の二項から文字γの可能性が排除されている。
(ii)の場合、中間の二項から文字δの可能性が排除されている。

(2)第二項の可能性が「γまたはδ」の場合。

同じく図2から第三項の可能性は、(iii)「αまたはδ」、あるいは(iv)「βまたはγ」となる。

(iii)の場合、中間の二項から文字βの可能性が排除されている。
(iv)の場合、中間の二項から文字αの可能性が排除されている。

以上、命題A「中間の二項から可能性の排除されている文字が必ずひとつある」は論証された。

ゆえに、ラカンの命題「一連の項のなかで、第一項と第四項を決定すれば、中間の二項から可能性の排除されている文字が必ずひとつある。また同じ中間の二項のなかで、最初の中間項に入る可能性が排除されている文字が二つあり、次の中間項に入る可能性が排除されている文字も二つある」(Lacan, *E*, 49.)は証明された。

130——Lacan, *E*, 46.

131——Lacan, *E*, 46.

132——Lacan, *E*, 47.

133——Lacan, *E*, 47.

134——Lacan, S. II, *Le moi dans le théorie de Freud et dans la technique de la psychanalyse*, Paris, Seuil, 1978, p. 227. 下巻三二頁。

135——このことに気づかせてくれたのは、以下の参照すべき論考のなかに置かれた一つの長い註である。原和之「ラカン的概念としての『シニフィアン連鎖』(2)——延命する最後の『ソシュール現象』からの離脱の試み」『電気通信大学紀要』第一三巻二号、二〇〇一年、註一五。

136——Lacan, *E*, 502. この「侵食の秩序」は同頁で「文法」と同じものとされている。

137——Lacan, S. I, *Les écrits techniques de Freud*, Paris, Seuil, 1975, p. 201. 下巻三一頁。

138——Lacan, S. I, *Les écrits techniques de Freud*, Paris, Seuil, 1975, p. 244. 下巻九二頁。

139——Lacan, *E*, 319.

140——イェーナ期のヘーゲルからはじまるこの「ヘーゲル的な命名の論理」すなわち「言語を裏打ちするものとしての『もの』の死」の論理はハイデガー、ブランショ、コジェーヴ、ラカンへと脈々と受け継がれている。われわれはこれを詳しく追う余裕がないが、このような「死と言語」の関わりについてヘーゲルとハイデガーを中心にコンパクトにまとめた書物に、Giorgio Agamben, *Le langage et la mort. un séminaire sur le lieu de la négativité*, traduit de l'italien par Marilène Raiola, Paris. Christian Bourgois Editeur. 1991. がある。ただし、この著者特有の冗漫な叙述——ただの知識のひけらかしにしかなっていない文脈を逸れた長々とした引用等々——はこの書にも見られる。

141——Lacan, *E*, 319-321. 彼らしい晦渋な言い方ではあるが、はっきりとここで「音素の二分法」から「Fort-

Da」へ、そして「象徴的殺害としての言語」へと論旨は連続して続いている。

142——Lacan, *E*, 50.

143——Lacan, *E*, 49.

144——Lacan, *E*, 50.

145——Lacan, *E*, 52,

146——Jacques Lacan, S. XII, *Problèmes cruciaux pour la psychanalyse*, 1965 /6/16.

147——Lacan, *E*, 51.

148——Lacan, *E*, 52. 強調筆者。

149——Lacan, *E*, 52.

150——Lacan, S. I, *Les écrits techniques de Freud*, Paris, Seuil, 1975, p. 272. 下巻一三六頁。注意しなくてはならないのは、この時代（五〇年代全般）のラカンの「シニフィカシオン」概念は明らかに用法上の曖昧さが存在することである。ある時は、この箇所のように後のシニフィアンにつながる意味合いをはっきりと持たされる。だがある時には「シニフィエ」が「もの」ではなくソシュールのいう「概念内容」であることに注意を喚起するために、シニフィエを「シニフィカシオンである」と呼んだり、またある箇所では明らかにシニフィエの誤植ではないかと多少目を疑う部分にシニフィカシオンの語彙を使用したりしている。

151——実際、ラカンは別の箇所で、Fort-Daと反復強迫、本源的象徴化との関連を「シニフィアン連鎖」の用語で語っている。Lacan, *E*, 575.

152——Lacan, *E*, 52.

153——ラカンは、フロイト以後無意識はシニフィアン連鎖そのものになったとまで言っている。Lacan, *E*, 799.

154——Lacan, *E*, 819.

155——Lacan, *E*, 49.

156——Lacan, *E*, 46.

157——Lacan, S. XIV, *La logique du fantasme*, 1966/11/16.

158——Lacan, *E*, 50.

159——Lacan, S. XX, *Encore*, Paris, Seuil, 1975, p. 20. この言い方はこのセミネールで何度か繰り返されている。

160——もうひとつ前置きを、やはりしておかなくてはならないだろうか。ラカンの「言語学もどき」については、ソシュール、バンヴェニスト、ヤコブソンはもとより、イェルムスレウ、チョムスキー、ムーナン……どころか下手をするとゲーテやベーメ、聖アウグスティヌスや聖トマス、その他のスコラ学やストア派、グノーシス派の言語論までを織りまぜて多種多様に論ずることが可能であり、筆者もそれらの論旨のいくつかを閲して大いに得るところがあった。しかし、知っていることをすべて書くことが論文を書くことではない。そもそも筆者が古代・中世・近代・現代の「言語論」の膨大な学殖に精通しているわけもない。ここでその言語論の沃野に踏み込めば迂回の迂回にまた迂回を重ねるということになろう。ここではそのほぼ全てを割愛し、ラカンの論旨に集中することにする。

161——Ferdinand de Saussure, *Cours de linguistique générale*, t. 1, ed. Rudolf Engler, Wiesbaden, Harrassowitz, 1989. p. 150, 258.

162——Lacan, *E*, 497-499.

163——Lacan, *E*, 497.

164——Philippe Lacoue-Labarthe, Jean-Luc Nancy, *Le titre de la lettre. une lecture de Lacan*, Paris, Éditions Galilée, 1990, p. 55.

165——Lacan, *E*, 801.

166——Lacan, S. V, *Les formations de l'inconscient*, Paris, Seuil, 1998, p. 14. 上巻一一頁。

167——Jacques Lacan, «Radiophonie», *Autre Écrits*, Paris, Seuil, 2001. p. 416.

168——Lacan, *E*, 29.

169——Lacan, S. XII, *Problèmes cruciaux pour la psychanalyse*, 1964/12/2.

170——Lacan, S. XX, *Encore*, Paris, Seuil, 1975. p. 22.

171——Lacan, S. XX, *Encore*, Paris, Seuil, 1975. p. 34.

172——Lacan, *E*, 505.

173——Lacan, *E*, 518. 強調原文。

174——Lacan, S. III, *Les psychoses*, Paris, Seuil, 1981, p. 260. 下巻一一三頁。

175——Lacan, *E*, 515.

176——Lacan, *E*, 507.

177——Lacan, *E*, 511.

178——Lacan, *E*, 506.

179——Lacan, *E*, 508.

180——Lacan, *E*, 507.

181——Lacan, *E*, 508.

182——Lacan, *E*, 516.

183——Lacan, *E*, 508.

184——Lacan, S. XII, *Problèmes cruciaux pour la psychanalyse*, 1964/12/2.

185——Lacan, S. V, *Les formations de l'inconscient*, Paris, Seuil, 1998, p. 75. 上巻一〇六頁。

186——Lacan, S. III, *Les psychoses*, Paris, Seuil, 1981, p. 261. 下巻一二四頁。

187——もちろん、あの「父性隠喩」を忘れているわけではない。しかし、それを論じるのもあとに譲ろう。

188——Lacan, S. III, *Les psychoses*, Paris, Seuil, 1981, p. 304. 下巻一九一頁。

189——Lacan, S. V, *Les formations de l'inconscient*, Paris, Seuil, 1998, p. 196. 上巻二八七—二八八頁。

190——Lacan, E, 205.

191——Jean-Francois Lyotard, *Discours, figure*, Paris, Klincksieck, 1971, p. 257. 念のため付記しておく。後に述べるように、シニフィアンの連鎖のなかで「消失」していくという特性をも、ラカン的主体とシニフィエは共有しており、この類似性はそう簡単に切り捨ててよいものではないと思われる。ゆえに、ここでシニフィエが主体であるという理解が全否定されているわけではない。

192——Lacan, S. X, *Angoisse*, 1963/6/12. 強調筆者。

193——第一〇節参照。

194——Lacan, S. XI, *Les quatre concepts fondamentaux de la psychanalyse*, Paris, Seuil, 1973, p. 201.『精神分析の四基本概念』小出浩之ほか訳、岩波書店、二〇〇〇年、二九七頁。

195——現に、ラクー゠ラバルトとナンシーは、この一文に「注意深く織り上げられた曖昧さ」を見出している。筆者は益なしとして飛ばしたが、彼らが語るところによると、実は「象徴化（symbolise）」の目的語にとることができるかもしれない語はもうひとつあって、それは isoloir「区切り」なのだが、この前に avec「共に」という前置詞が置かれていて、そのことによって文意は思わぬ難解さと多義性を持つようになっている、と。Cf. Philippe Lacoue-Labarthe, Jean-Luc Nancy, *Le titre de la lettre. une lecture de Lacan*, Paris, Éditions Galilée, 1990, p. 64.

196——Lacan, S. III, *Les psychoses*, Paris, Seuil, 1981, p. 223-224. 下巻六九頁。

197——Lacan, S. III, *Les psychoses*, Paris, Seuil, 1981, p. 282-283. 下巻一五五頁。

198——Lacan, S. III, *Les psychoses*, Paris, Seuil, 1981, p. 210. 下巻四七―四八頁。

199——これは筆者の独断ではない。ラカンは、以下の箇所で近親姦の禁止を宣明し命名を行う「父」を「在りて在る者」のことであり、「ひとつの穴」だと言っている。Lacan, S. XXII, *R. S. I.*, 1974/4/15.

200——念のため確認を。「わたしは『在りて在る者』だ」が無意味で空疎だなどとは歴史的には言えない筈であって、ヘブライ語で "ehyeh 'asher 'ehyeh"、ラテン語なら "ego sum qui sum"、英語でなら "I am who am" となるだろうこの文言を「わたしは存在である」と読んだところからあの所謂「存在－神－論（onto-theo-logy）」の膨大なる歴史が始まることは言うまでもない。ただ、筆者はこの文言を「わたしは『存在』である」と意味内容があるものとして理解するのではなく、「わたしは在りて在るものだ」というそれ自体は空疎で無内容極まりない言明を敢えて「言う」という純粋な言語の行為として理解するところに、ラカンがここで「真のシニフィアン」（われわれの言い方で言えば、「完全に内容が空疎な『逆立ちした充溢した言葉』」）と呼ぶに値するものがあると言いたいのである。以上の論旨については、鶴岡賀雄「唯一神と人格神」『一神教とは何か――公共哲学からの問い』大貫隆ほか編、東京大学出版、二〇〇六年に明快で懇切な説明があり、筆者もこれに依拠した。

201——Lacan, *E*, 431.

202——Lacan, S. III, *Les psychoses*, Paris, Seuil, 1981, p. 50. 上巻六三頁。

203——Lacan, *E*, 818.

204——Lacan, *E*, 454.

205——désir を「欲望」と訳すことに異議を唱える意見については、筆者は否定しない。たとえば一八世紀のキリスト教神秘家サン・マルタンは自らを「désir のひと」と自称し、それを伝記のタイトルにしている。それ以外にも、キリスト教聖職者がこのような用法でこの語彙を使用した例は多くある。つまりこれは神を「望む」の意であり、欲望というある種のバイアスがかかった語彙を使用するのは相応しくない、という意見も一応は通る。しかし、筆者は欲望という語彙を選択する。それはこれが既に定着した訳語であり、それを動かして妄りに事を混乱させるべきではないという判断もありはする。が、理由は他にもある。それは、この第一部の最後におのずと明らかとなろう。サン・マルタンの前述の著作は以下の通り。Louis-Claude de Saint-Martin, *L'homme de désir*, reproduction photomécanique de la nouvelle édition revue et corrigée par l'auteur, Œuvres majeures Louis-Claude de Saint-Martin, éditées par Robert Amadou, t. 3, NewYork, Hildesheim, 1980.

206——Lacan, *E*, 852.

207——Lacan, *E*, 343.

208——Lacan, S. X, *L'angoisse*, 1962/11/21.

209——Lacan, S. XXI. *Les non-dupes errent*, 1974/4/9.

210——想像界の疎外ではない、大他者、シニフィアンによる主体の疎外については、*E*, 840, 849, etc.

211——Lacan, S. VI, *Le désir et son interprétation*, 1958/11/12.

212——Lacan, S. VI, *Le désir et son interprétation*, 1958/12/17.

213——Lacan, S. VI, *Le désir et son interprétation*, 1959/4/8.

214——Lacan, S. VI, *Le désir et son interprétation*, 1959/4/8.

215——第二部で論ずるピエール・ルジャンドルが、主著『鏡を持つ神』の一章を割いてオウィディウスの筆になるナルシスの神話を直接註釈し、そのことによってラカンの鏡像段階論をさらに豊かなものにしていることに注目したい。このパラグラフはそれをパラフレーズして述べたものと受け取って下されればよい。

216——cf. Lacan, S. XVIII, *D'un discours qui ne serait pas du semblant*, 1971/1/13. ラカンはここで、「大他者には大他者が存在しない」「メタ言語は存在しない」「真なるものについての真なるものは存在しない」を重ね合わせつつ次々と断言している。

217——Lacan, *E*, 818.

218——Lacan, S. IV, *La relation d'objet*, Paris, Seuil, 1994, p. 431.

219——Lacan, S. IX, *L'identification*, 1961/11/29.

220——Lacan, S. IX, *L'identification*, 1961/12/13.

221——Lacan, S. IX, *L'identification*, 1961/12/20.

222——Lacan, S. IX, *L'identification*, 1962/1/10.

223——Lacan, S. XII. *Problèmes cruciaux pour la psychanalyse*, 1965/2/3.

224——Lacan, S. X, *L'angoisse*, 1962/11/21.

225——Lacan, S. X, *L'angoisse*, 1962/11/21.

226——Lacan, S. X, *L'angoisse*, 1962/11/21.

227——Lacan, S. IX, *L'identification*, 1962/12/28.

228——Lacan, S. IX, *L'identification*, 1962/2/28.

229——Lacan, S. IX, *L'identification*, 1962/3/7.

230——Lacan, S. IX, *L'identification*, 1962/3/7.

231——Lacan, S. IX, *L'identification*, 1962/3/14.

232——Lacan, S. IX, *L'identification*, 1962/3/7.

233——Lacan, S. IX, *L'identification*, 1962/6/27. 私がこれに気づくことができたのは、他でもないピエール・ルジャンドルが——トレ・ユネールという語は一切用いずに——このことについて論じているからであり、当該箇所だけではこうした理解はできなかったろう。しかし当該箇所でラカンは「分類機能のドグマティックな分節」という言葉を用いており、ここでのラカンの文言自体が、批判的な弟子の一人であり「ドグマティシアン」であるルジャンドルから何らかの示唆を受けての発言かもしれないとは、付言しておいたほうがいいだろう。

234——Lacan, S. X, *L'angoisse*, 1962/11/21.

235——Lacan, S. X, *L'angoisse*, 1962/11/21.

236——Lacan, S. IX, *L'identification*, 1961/12/6.

237——Lacan, *E*, 24.

238——Lacan, *E*, 495.

239——Lacan, *E*, 24.

240——Philippe Lacoue-Labarthe, Jean-Luc Nancy, *Le titre de la lettre. une lecture de Lacan*, Paris, Éditions Galilée, 1990, p. 46.

241——Philippe Lacoue-Labarthe, Jean-Luc Nancy, *Le titre de la lettre. une lecture de Lacan*, Paris, Éditions Galilée, 1990, p. 62.

242——Jacques Derrida, *La carte postale. de Socrate à Freud et au-delà*, Paris, Flammarion, 1980, p. 492.

243——Jacques Lacan, «Réponses à des étudiants en philosophie», *Autres écrits*, Paris, Seuil, 2001, p. 209.

244——Lacan, S. XX, *Encore*, Paris, Seuil, 1975, p. 22.

245——Alain Juranville, *Lacan et la philosophie*, Paris, PUF, 1984, p. 41-53. アラン・ジュランヴィル『ラカンと哲学』高橋哲哉ほか訳、産業図書、一九九一年、三五—四七頁。

246——逆に言えば、ラカンは「ことば」「言語」を「シニフィアン」に置き換えることによって、主体とその表象、そして欲望にかかわるものであるかぎり、言語は言語であることに自足し内閉したものであることはできないと言ったのだ、ということでもある。

247——実はラカンもこう言っている。鏡像段階において「イメージとシニフィアンという二つの段階（temps）があるとは言っていない」と。Lacan, S. X, *L'angoisse*, 1962/11/28.

248——Lacan, S. VII, *L'éthique de la psychanalyse*, Paris, Seuil, 1986, p. 75.『精神分析の倫理（上）』小出浩之ほか訳、岩波書店、二〇〇二年、九〇頁。

249——われわれがここで糺した鏡とイメージの問題系の誤りを、記号学者ウンベルト・エーコはすべて犯している。Umberto Eco, *Semiotics and the philosophy of language*, The Macmillan Press Ltd., London, 1984, p. 216.『記号論と言語哲学』谷口勇訳、国文社、一九九六年、三九七頁。なお、英語版では最終章として本書に収められたこの鏡についての小論は、イタリア語版としては独立した小著として出版されている。Umberto Eco, *Sugli specchi e altri saggi*, Milano, *Bompiani*, 1985.

250——Gilles Deleuze, *Logique du sens*, Paris, Minuit, 1969, p. 55. ジル・ドゥルーズ『意味の論理学』宇波彰・岡田弘訳、法政大学出版局、一九八七年、五五頁。

251——Gilles Deleuze, Felix Guattari, *L'Anti-Œdipe*, Paris, Minuit, 1973, p. 490, 98. 前者の文言は巻末の内容目次にある。ドゥルーズ＝ガタリ『アンチ・オイディプス』市倉宏祐訳、河出書房新社、一九八六年、一〇五—一〇六頁。

252——Pierre Legendre, *Leçons III. Dieu au miroir. Étude sur l'institution des images*, Paris, Fayard, 1994, p. 67. 以下同書を

*DM*と略す。ナルシスの水面が〈鏡〉ではないのは、ナルシスが「これはわたしだ」という同一化の言明も、「これはわたしではない」という鏡像を虚像とする言明も真には聞き取ることができなかった者だからである。

253——Legendre, *DM*, 148.

254——Lacan, S. XXII, *R. S. I.*, 1975/3/18.

255——Lacan, S. XXII, *R. S. I.*, 1975/3/11.

256——Lacan, S. XXII, *R. S. I.*, 1975/3/11.

257——Lacan, S. XXIV, *L'insu que sait de l'une-bévue s'aile à mourre*, 1977/3/15.

258——Lacan, S. III, *Les psychoses*, Paris, Seuil, 1981, p. 261. 下巻一二四頁。

259——Lacan, S. V, *Les formations de l'inconscient*, Paris, Seuil, 1998, p. 13. 上巻九頁。

260——Lacan, S. III, *Les psychoses*, Paris, Seuil, 1981, p. 248. 下巻一〇五頁。

261——Lacan, *E*. 187.

262——これは、『エクリ』の補遺として収められた発言の記録のタイトルである。Lacan, *E*, 889.

263——Lacan, *E*, 892.

264——Legendre, *DM*, 54.

265——正確に言えば、故障した〈鏡〉は、ナルシスに囁くエコーなのである、ということになろう。二人を襲った悲劇を鑑みれば、そういうことになる。

266——筆者の記憶によれば複数回引用したり言及しているはずだが、以下の箇所しか見つからなかった。識者の教示を待ちたい。Lacan, S. XI, *Les quatre concepts fondamentaux de la psychanalyse*, Paris, Seuil, 1973, p. 71. 九八頁。

267——Lacan, S. XXIII, *Le sinthome*, 1976/4/13.

268——Lacan, «La troisième», 7ème Congrès de l'École freudienne de Paris à Rome. Conférence parue dans les *Lettres de l'École freudienne*, 1975, n°16, pp. 177-203.

269——Lacan, S. XXII, *R. S. I.*, 1974/12/10.

270——Lacan, S. XXI, *Les non-dupes errent*, 1973/11/20.

271——Lacan, S. XIII, *L'objet de la psychanalyse*, 1966/1/5.

272——Lacan, S. XXII, *R. S. I.*, 1975/1/21.

273——Lacan, S. VII, *L'éthique de la psychanalyse*, Paris, Seuil, 1986, p. 29. 上巻二七頁。

274——Lacan, S. XII, *Problèmes cruciaux pour la psychanalyse*, 1965/6/16.

275——Lacan, S. XI, *Les quatre concepts fondamentaux de la psychanalyse*, Paris, Seuil, 1973, p. 54. 七三頁。

276——Lacan, S. XI, *Les quatre concepts fondamentaux de la psychanalyse*, Paris, Seuil, 1973, p. 55. 七三頁。

277——この留保の理由は、直後の註で述べる。

278——中井久夫『徴候・記憶・外傷』みすず書房、二〇〇四年。無論本書の全体を繙くべきだが、特に「発達的記憶論」五三頁を参照。また、氏の訳業が示しかつ本書で自らも説いているように、「トラウマ」という観念自体が歴史的な産物に過ぎないという考え方は当然ありうる。それはおそらく、「世界戦争」と「鉄道事故」と「総動員」と「保険」の時代の社会的な捏造物にすぎない。だから、ラカンとラカン派が現実界の特権的な遭遇を外傷とするとすれば、そのこと自体がある疑念のもとに曝されずにはいない。それは「純粋な偶然性」ではなくなるからだ。ゆえに、筆者はこのことについて留保を置くと言った。現実界との接触は、その他のあり方もありうるし、それをむしろ中心にして論ずることにする。また、中井氏が、だからといって現に外傷を受け苦しんでいる患者が存在するのは事実なのであって、それを手厚く「治癒する」ことも忘れるべきではないと言い、観念の批判と臨床の実践のバランスこそが肝要であると述べていることはもっと強調されてよいし筆者も共感するところである。この「バランス」は、トラウマという観念を歴史的な批判に晒す書物と、トラウマに苦しむ患者に対して臨床家はどうあたるべきかを真摯に論じた書物とを彼が同時に翻訳していることに端的にあらわれている。以下を参照。アラン・ヤング『ＰＴＳＤの医療人類学』中井久夫ほか訳、みすず書房、二〇〇一年。ジュディス・L・ハーマン『心的外傷と回復』中井久夫訳、みすず書房、一九九六年。

279——Lacan, S. VII, *L'éthique de la psychanalyse*, Paris, Seuil, p. 146. 上巻一八三頁。

280——Lacan, S. VII, *L'éthique de la psychanalyse*, Paris, Seuil, p. 142. 上巻一七七頁。

281——ラカンは、次の箇所で現実界とトレ・ユネールの関係に簡略にだが言及している。Lacan, S. IX, *L'Identification*. 1962/11/21. また、これと関連して、「問題は、シニフィアンが現実界に参入するということと、どのようにそれから主体が誕生するかを見ることです」と語っている次の箇所も参照。Lacan, S. X, *L'angoisse*, 1963/1/9.

282——Lacan, S. VII, *L'éthique de la psychanalyse*, Paris, Seuil, p. 29. 上巻二七頁。

283——Jacques Lacan, «Préface à L'éveil du printemps», *Autres écrits*, Paris, Seuil, 2001, p. 562. 強調筆者。

284——Lacan, S. XI, *Les quatre concepts fondamentaux de la psychanalyse*, Paris, Seuil, 1973, p. 59. 八〇頁。強調筆者。

285——Lacan, S. XIX, *...Ou pire*, 1971/11/4.

286——Lacan, S. V, *Les formations de l'inconscient*, Paris, Seuil, 1998. p. 313.

287——Lacan, *E*, 853.

288——たとえば、適度な食事の快楽は身体の健康に「役に立つ」が、憑かれたような過食の享楽は「役に立つ」ものではないし、断食の享楽は「ダイエットとして役に立つ」以上の、何か過剰なものを含むと言えば理解しやすいだろうか。「享楽すること（frui）」と「利用すること（uti）」との区別は、アウグスティヌス以来の伝統がある区別であり、碩学として名高い宗教史家ジャック・ル・ブランもこのことについてラカン論を末尾に置く著書をものしている。以下を参照。Jacques Le Brun, *Le pur amour de Platon à Lacan*, Paris, Seuil, 2002. とくにpp. 65-87. およびpp. 305-340. に注目せよ。

289——Lacan, S. VII, *L'éthique de la psychanalyse*, Paris, Seuil, p. 221 下巻三四頁。

290——Lacan, S. VII, *L'éthique de la psychanalyse*, Paris, Seuil, p. 222. 下巻三六—三七頁。

291——Lacan, S. VII, *L'éthique de la psychanalyse*, Paris, Seuil, p. 221. 下巻三四頁。

292——Lacan, S. XIX, … *Ou pire*, 1972/1/19.

293——Lacan, *E*, 821.

294——Lacan, S. XVIII, *D'un discours qui ne serait pas du semblant*, 1971/2/17.

295——Lacan, S. XVIII, *D'un discours qui ne serait pas du semblant*, 1971/2/17. この「すべてではない」女性、女性の「すべてのなさ」については、後に第四章で詳しく論ずる。

296——Lacan, S. VII, *L'éthique de la psychanalyse*, Paris, Seuil, p. 207. 下巻一七頁。

297——「享楽は以前と同様に、われわれが神が信じていることを知る前と同様に、禁止されているということです」。Lacan, S. VII, *L'éthique de la psychanalyse*, Paris, Seuil, p. 217. 下巻二九頁。

298——cf. 中井久夫「踏み越えについて」『徴候・記憶・外傷』みすず書房、二〇〇四年。

299——Lacan, *E*, 821.

300——ラカン理論では、この二つは根本的には区別できない。そこは、法学者たるルジャンドルに拠るしかない。第二部以下の「疎隔」にかかわる論旨を参照せよ。「掟に対する疎隔」という面で、この二つは完全に区別できる。殺す者には疎隔がなく、敢えて死に赴く者には疎隔がある。また、このような性と殺人の享楽の権利請求者としてのサドを強調する仕方については、フーコーの端的な批判がある。以下を参照。Foucault, «Sade, sergent du sexe», *Dits et Écrits I, 1954-1975*, Paris, Gallimard, 2001.「サド、性の法務官」『思考集成V』中澤信一訳、筑摩書房、二〇〇〇年。このインタヴューについては第三部（下巻）の註でも触れる。私はフーコーの批判は充分妥当なものであると考える。ばかりか、ラカンはともかくとして、ラカン派やその他の人々がこの論旨を飽かず繰り返してばかりいることについては、ラカンの真の可能性を見逃しているという点で端的に誤りであるばかりか、実に退屈ですらあると思う。殺す享楽や犯す享楽などというものは、単にありふれている。嘘だと思うのなら、明日の朝に新聞でも見てみるといい。

301——Lacan, S. XX, *Encore*, Paris, Seuil, 1975, p. 10. また、享楽が「何の役にも立たない」ことについては、すでに挙げた宗教史家ル・ブランの著作の明快な説明を参照。Jacques Le Brun, *Le pur amour de Platon à Lacan*, Paris, Seuil, 2002.

302——一言だけ言っておく。戦争は、一応は、殺す享楽を「合法化」するものである。しかし、それが外傷を作り出すこともあるということは、すでに述べた。

303——Lacan, S. V, *Les formations de l'inconscient*, Paris, Seuil, 1998. p. 191-194.

304——Lacan, S. IV, *La relation d'objet*, Paris, Seuil, 1994, p. 81.

305——Lacan, S. IV, *La relation d'objet*, Paris, Seuil, 1994, p. 426.

306——Lacan, S. V, *Les formations de l'inconscient*, Paris, Seuil, 1998. p. 192. 強調筆者。

307——Lacan, S. V, *Les formations de l'inconscient*, Paris, Seuil, 1998. p. 186.

308——Jacques Lacan, S. IV, *La relation d'objet*, Paris, Seuil, 1994, p. 61. あるいは同書の p. 38.

309——Lacan, S. V, *Les formations de l'inconscient*, Paris, Seuil, 1998. p. 192.

310——Lacan, S. V, *Les formations de l'inconscient*, Paris, Seuil, 1998. p. 194.
311——Lacan, *E*, 642.
312——Lacan, *E*, 557.
313——Lacan, *E*, 690.
314——Lacan, S. IV, *La relation d'objet*, Paris, Seuil, 1994, p. 152.
315——Lacan, S. IV, *La relation d'objet*, Paris, Seuil, 1994, p. 153.
316——Lacan, S. V, *Les formations de l'inconscient*, Paris, Seuil, 1998. p. 199.
317——Lacan, S. V, *Les formations de l'inconscient*, Paris, Seuil, 1998. p. 193. 強調原文。
318——Lacan, *E*, p. 557.
319——Lacan, S. V, *Les formations de l'inconscient*, Paris, Seuil, 1998. p. 174-175.
320——Lacan, *E*, 690.
321——Lacan, S. V, *Les formations de l'inconscient*, Paris, Seuil, 1998. p. 194.
322——Lacan, S. XXII, *R. S. I.*, 1974/12/17.
323——Lacan, S. VI, *Le désir et son interprétation*, 1959/4/22.
324——Lacan, S. XX, *Encore*, Paris, Seuil, 1975, p. 13.
325——Lacan, S. XX, *Encore*, Paris, Seuil, 1975, p. 67.
326——Lacan, S. XIV, *La logique du fantasme*, 1967/4/12.
327——Lacan, S. X, *L'angoisse*, 1963/3/6.
328——Lacan, S. XX, *Encore*, Paris, Seuil, 1975, p. 75.
329——Lacan, S. XX, *Encore*, Paris, Seuil, 1975, p. 73.

330——Lacan, S. XVI, *D'un Autre à l'autre*, 1969/6/4.

331——Lacan, *E*, 693.

332——Lacan, «L'Étourdit», *Autre Écrits*, Paris, Seuil, 2001, p. 456.

333——Lacan, S. XIX, *... Ou pire*, 1972/1/12.

334——Lacan, S. XX, *Encore*, Paris, Seuil, 1975, p. 67.

335——Lacan, *E*, 642.

336——Lacan, S. V, *Les formations de l'inconscient*, Paris, Seuil, 1998, p. 274.

337——Lacan, S. V, *Les formations de l'inconscient*, Paris, Seuil, 1998, p. 483.

338——Lacan, S. IV, *La relation d'objet*, Paris, Seuil, 1994, p. 51.

339——Lacan, S. IV, *La relation d'objet*, Paris, Seuil, 1994, p. 191.

340——Lacan, *E*, 690. 強調筆者。

341——Lacan, S. XVIII, *D'un discours qui ne serait pas du semblant*, 1971/5/19.

342——Lacan, S. X, *L'angoisse*, 1963/1/16.

343——Lacan, S. X, *L'angoisse*, 1963/1/16.

344——Lacan, S. XI, *Les quatre concepts fondamentaux de la psychanalyse*, Paris, Seuil, 1973, p. 180. 二六三—二六四頁。

345——Lacan, S. XIV, *La logique du fantasme*, 1967/6/14.

346——Lacan, S. X, *L'angoisse*, 1962/11/21.

347——Lacan, S. X, *L'angoisse*, 1962/11/21.

348——Lacan, S. XI, *Les quatre concepts fondamentaux de la psychanalyse*, Paris, Seuil, 1973, p. 243. 三六四頁。

349——Lacan, S. XII, *Problèmes cruciaux pour la psychanalyse*, 1965/1/27.

350——Lacan, S. X, *L'angoisse*, 1963/3/20.
351——Lacan, S. X, *L'angoisse*, 1963/6/12.
352——Lacan, *E*, 682.
353——Lacan, S. XIV, *La logique du fantasme*, 1966/11/16.
354——Lacan, S. XX, *Encore*, Paris, Seuil, 1975, p. 114.
355——Lacan, S. XII, Problèmes cruciaux pour la psychanalyse, 1965/6/16.
356——Lacan, S. XI, *Les quatre concepts fondamentaux de la psychanalyse*, Paris, Seuil, 1973, p. 219. 三二七頁。
357——Lacan, S. XIV, *La logique du fantasme*, 1966/11/16.
358——Lacan, «Allocution sur les psychoses de l'enfant», *Autres écrits*, Paris, Seuil, 2001, p. 368.
359——Lacan, S. XIII, *L'objet de la psychanalyse*, 1996/1/5.
360——Lacan, S. XI, *Les quatre concepts fondamentaux de la psychanalyse*, Paris, Seuil, 1973, p. 241. 三六二頁。
361——Lacan, S. XXIII, *Le sinthome*, 1976/2/10.
362——Lacan, «Note sur L'enfant», *Autres écrits*, Paris, Seuil, 2001, p. 373.
363——Lacan, S. X, *L'angoisse*, 1963/1/30.
364——Lacan, S. XII, *Problèmes cruciaux pour la psychanalyse*, 1965/2/3.
365——Lacan, S. XII, *Problèmes cruciaux pour la psychanalyse*, 1965/2/3.
366——Lacan, *E*, 825.
367——第一六節および第二〇節を参照。
368——Lacan, S. XIV, *La logique du fantasme*, 1967/6/14.
369——Lacan, S. XVI, *D'un Autre à l'autre*, 1968/11/13.

370——Lacan, S. XVI, *D'un Autre à l'autre*, 1968/11/13.

371——Lacan, S. XVI, *D'un Autre à l'autre*, 1986/11/20.

372——Lacan, S. XIV, *La logique du fantasme*, 1967/6/14.

373——Claude Lévi-Strauss, *La pensée sauvage*, Paris, Pilon, 1962, p. 316-321. クロード・レヴィ＝ストロース『野生の思考』大橋保夫訳、みすず書房、一九七六年、二八六—二九一頁。

374——Lacan, S. IV, *La relation d'objet*, Paris, Seuil, 1994, p. 166.

375——このことについては、第五二節で再度触れる。

376——Lacan, S. XX, *Encore*, Paris, Seuil, 1975, p. 26. 強調筆者。ここでは端的に「大他者の享楽（La jouissance de l'Autre)」と訳したが、周知の通りこの de は主格も所有格も同時に意味しうる。つまり、これは「大他者が享楽する享楽」でもあり、また「大他者が与える享楽」でもある。以下、「女性の享楽」においても同様である。

377——Lacan, S. XX, *Encore*, Paris, Seuil, 1975, p. 59. 強調筆者。

378——Lacan, S. XX, *Encore*, Paris, Seuil, 1975, p. 68.

379——Lacan, S. XX, *Encore*, Paris, Seuil, 1975, p. 68.

380——原父とドン・ファンについては、Lacan, S. XVIII, *D'un discours qui ne serait pas du semblant*, 1971/2/17. ドン・ファンと la femme についてはLacan, S. XX, *Encore*, Paris, Seuil, 1975, p. 15.

381——Lacan, S. XX, *Encore*, Paris, Seuil, 1975, p. 69. 強調筆者。

382——Lacan, S. XX, *Encore*, Paris, Seuil, 1975, p. 69.

383——Lacan, «L'Étourdit», *Autre Écrits*, Paris, Seuil, 2001, p. 466.

384——Lacan, S. XX, *Encore*, Paris, Seuil, 1975, p. 75.

385——Lacan, S. XX, *Encore*, Paris, Seuil, 1975, p. 75

386——Lacan, S. XX, *Encore*, Paris, Seuil, 1975, p. 78.

387——Lacan, S. XX, *Encore*, Paris, Seuil, 1975, p. 78.

388——またその直後、同じ頁で、彼は短いがはっきりと「ララング」について語りだす。このことについては後でみる。

389——Lacan, S. XX, *Encore*, Paris, Seuil, 1975, p. 183. 強調筆者。

390——Lacan, S. XX, *Encore*, Paris, Seuil, 1975, p. 66.

391——Lacan, S. XX, *Encore*, Paris, Seuil, 1975, p. 71.

392——Lacan, S. XX, *Encore*, Paris, Seuil, 1975, p. 70.

393——Lacan, S. XX, *Encore*, Paris, Seuil, 1975, p. 70-71. 強調原文。

394——中井久夫「土居健郎撰集解説」『関与と観察』みすず書房、二〇〇五年、二三六頁。

395——Lacan, S. XX, *Encore*, Paris, Seuil, 1975, p. 79.

396——Lacan, S. XXIII, *Le sinthome*, 1976/4/13.

397——以下の神秘主義についての知見は、すべてミシェル・ド・セルトーおよび彼に私淑する神秘主義研究者鶴岡賀雄氏に依拠する。無論ここに宗教史的な誤りがあれば、その責めは筆者自身に帰されるべきである。もとより筆者自身は歴史家ではなく、神秘家の原典に触れたことは数度を数えるにすぎない。ゆえに、註釈は最小限にとどめ、一息で論ずる。典拠とされる文献をまとめて示す。まず、セルトーの著作としては、以下の二つを。Michel de Certeau, *La fable mystique. XVIe-XVIIe siècle*, Paris, Gallimard, 1982. とくに精神分析と神秘主義の連関について論じた序論に注目せよ。また Michel de Certeau, *Le lieu de l'autre. histoire religieuse et mystique*, Paris, Gallimard/Seuil, 2005. とくに明快極まりない最終章「神秘主義

(la mystique)」を参照せよ。鶴岡賀雄氏の著作は以下のものを中心に参照した。鶴岡賀雄『十字架のヨハネ研究』創文社、二〇〇〇年。「現前と不在——ミシェル・ド・セルトーの神秘主義研究」『宗教哲学研究』一九号、京都宗教哲学会編、北樹出版、二〇〇二年。「唯一神と人格神」『一神教とは何か——公共哲学からの問い』大貫隆他編、東京大学出版会、二〇〇六年。「言葉によって神に近づく——ルイス・デ・レオン『キリストの御名』への序章」東京大学宗教学年報XXII、東京大学宗教学研究室、二〇〇四年。鶴岡氏は、いまだその本格的な神秘主義論を執筆しておらず、彼の講義や私的な会話から直接教示を受けた文言も、以下の論旨には織り込まれていることを断っておく。

398——ゆえにセルトーはこの語を避け、西欧において神秘主義という形式が出現した時代に存在した「ミスティック(mystique)」(フランス語初出は一三九〇年)という語彙しか使用しない。が、ここでは他に致し方もないので、この「ミスティック」を神秘主義、神秘家と訳すことにする。

399——Michel de Certeau, *La fable mystique. XVIe-XVIIe siècle*, Paris, Gallimard, 1982, p. 25.

400——Georges Bataille, *«L'expérience intérieure»*, Œuvres complètes. tome V, Paris, Gallimard, 1973, p. 24, 28, 46, etc. ジョルジュ・バタイユ『内的体験』出口裕弘訳、現代思潮社、一九七〇年、三七、四五、八四頁等。

401——Michel de Certeau, *Le lieu de l'autre. histoire religieuse et mystique*, Paris, Gallimard/Seuil, 2005, p. 330-331.

402——Michel de Certeau, *Le lieu de l'autre. histoire religieuse et mystique*, Paris, Gallimard/Seuil, 2005, p. 334.

403——Michel de Certeau, *Le lieu de l'autre. histoire religieuse et mystique*, Paris, Gallimard/Seuil, 2005, p. 334.

404——Michel de Certeau, *La fable mystique. XVIe-XVIIe siècle*, Paris, Gallimard, 1982, p. 12.

405——Lacan, S. XX, *Encore*, Paris, Seuil, 1975, p. 70.

406——Lacan, S. XX, *Encore*, Paris, Seuil, 1975, p. 98.

407——ジル・ドゥルーズの一九八〇年一二月二五日のヴァンセンヌにおけるスピノザ講義より引用。ドゥルーズの講義等が掲載された公式サイト http://www. webdeleuze. com/ にて閲覧可能。ここで彼はスピノザも生きた一七世紀について語っていることに、勿論留意しておかねばならない。

408――Michel de Certeau, *La fable mystique. XVIe-XVIIe siècle*, Paris, Gallimard, 1982, p. 13.

409――鶴岡氏は、「言葉によって神に近づく――ルイス・デ・レオン『キリストの御名』への序章」東京大学宗教学年報XXII、東京大学宗教学研究室、二〇〇四年のなかで、スペイン神秘主義の代表的な一人ルイス・デ・レオンを論じて、文献学と美学、詩に通暁していた彼の「神名論」が、通常理解されるような「否定神学」とは違い、「垂直的に」言語の外を目指すものではなく、言語への厚い信頼をもとに複数の神名を「水平的に」取り集めるものであり、デ・レオンは「言語のなかにこそ、言語の外はある」という言い方をしていると論じている。これは注目すべき論点である。オルテガ・イ・ガセーのこの言葉も、鶴岡氏から教示を受けた。Ortega y Gasset, *¿Qué es filosofía?*, Lección V, Obras de Ortega y Gasset, t.5, Madrid, Alianza Editorial, 1995, p.88.

410――Michel de Certeau, *Le lieu de l'autre. histoire religieuse et mystique*, Paris, Gallimard/Seuil, 2005, p. 330.

411――Michel de Certeau, *Le lieu de l'autre. histoire religieuse et mystique*, Paris, Gallimard/Seuil, 2005, p. 336.

412――鶴岡賀雄「唯一神と人格神」『一神教とは何か――公共哲学からの問い』大貫隆ほか編、東京大学出版会、二〇〇六年、二六三頁。

413――これらはすべて、セルトーが一生をかけて研究したエクソシストにして神秘家ジャン＝ジョゼフ・スュランの言葉である。Michel de Certeau, *Le lieu de l'autre. histoire religieuse et mystique*, Paris, Gallimard/Seuil, 2005, p. 337. 他、上にあげた文献を参照。

414――Lacan, S. XXIII, *Le sinthome*, 1976/3/9.

415――「ララング」については、この概念の成立にも参与し、ミレールと共に晩年のラカンの弟子の中心人物の一人だったジャン＝クロード・ミルネールの以下の著作に明快な説明がある。Jean-Claude Milner, *L'amour de la langue*, Paris, Seuil, 1978.

416――中井久夫「創造と癒し序説――創作の生理学に向けて」『アリアドネからの糸』みすず書房、一九九七年、二九九頁。

417――Lacan, «Lituraterre», *Autre Écrits*, Paris, Seuil, 2001, p. 11.

418――Lacan, «Lituraterre», *Autre Écrits*, Paris, Seuil, 2001, p. 11.

419――Lacan, «Lituraterre», *Autre Écrits*, Paris, Seuil, 2001, p. 16.

420――ラカンが、日本語の「音読み」と「訓読み」があることを指摘して、日本人には無意識はないと言ったことも、われわれとしてはげんなりせざるを得ない。ただ、この「音読み」「訓読み」の区別がある、カリグラフィーが日本語では重要であるという指摘自体は、貴重なものとして取り扱うことができる。下らないのは、それが日本人は凄いという科白と日本人には無意識はないという科白の往復運動のなかで行われることだ。他のセミネールでは、何の映画だか知らないし知るつもりもないが、「日本映画のエロティシズム」にはしたなく昂った賛辞を述べるラカンの姿も見られる。筆者としては、一刻も早く読んでしまったことを忘れたい、目を伏せて通りすぎたくなる場面ではある。この映画がどの映画なのかわかる人には、また別の興味深い論旨も見出せるのかもしれない。勿論ノートなど取らなかったのでどのセミネールのどの箇所なのか示せないが、読者の教示を待ちたい。

421――ゆえに、おそらくは神秘家でなくても、ものを書かなくても、子を産む母親たちは微かにこの享楽に触れているということにもなるだろう。ひとつの人生を産むこと、それだけで偉大な出来事である。それればかりではなく、その子が、この世界を変える誰かになることはありえないと断言することは誰にもできない筈なのだから。もちろん、その女性の享楽が、子に想像的なファルスを託すような姑息な溺愛へ、虐待の享楽へ、逸れることが無いとは言い切れない。女性＝大他者の享楽は、常に他の享楽のレギュレータに吸い込まれ、回収されてしまう危険と隣り合わせなのだ。書くことが多くファルス的な享楽や剰余享楽に吸い込まれてしまうように。このことは直後に触れる。

422——たとえば以下を参照せよ。Gilles Deleuze, *Critique et clinique*, Paris, Minuit, 1993, pp. 11-13. Gilles Deleuze, *Pourparlers*, Paris, Minuit, 1990, pp. 14-15. Gilles Deleuze/Felix Guattari, *Qu'est-ce que la philosophie?*, Paris, Minuit, 1991, pp. 10-11.

423——Friedrich Nietzsche, *Also sprach Zarathustra*, Leipzig, C. G. Naumann, 1899, S. 474.

424——ルジャンドルの著作に一貫して出現する考え方であるが、ここでは、彼が自らの「ドグマ人類学」のアウトラインを簡潔に示す書物に『テクストとしての社会について』という題名を与えていることを示すだけで十分だろう。以下を参照。Pierre Legendre, *De la Société comme Texte. Linéaments d'une Anthropologie dogmatique*, Paris, Fayard, 2001.

425——Lacan, S. XX, *Encore*, Paris, Seuil, 1975, p. 132.

426——「統治性」の概念については、第三部第七章で詳しく述べる。

427——鶴岡賀雄「現前と不在——ミシェル・ド・セルトーの神秘主義研究」『宗教哲学研究』一九号、京都宗教哲学会編、北樹出版、二〇〇二年、一九頁。強調原文。

428——Michel de Certeau, *La fable mystique. XVIe-XVIIe siècle*, Paris, Gallimard, 1982. のイントロダクションを参照せよ。

429——Michel de Certeau, *La fable mystique. XVIe-XVIIe siècle*, Paris, Gallimard, 1982, p. 15.

430——Lacan, «Conférence de presse du docteur Jacques Lacan au Centre culturel français, Rome, le 29 octobre 1974», *les Lettres de l'École freudienne*, 1975, n°16, pp. 6-26.

431——江川紹子『「オウム真理教」追跡2200日』文藝春秋、一九九五年、三八一頁。これは「バルドーの導き」という出家を強制するためのヴィデオ作品で、次々と連続する死体の映像とともに麻原自身の声で繰り返される言葉である。死という「自明の理」を真理とする体制としてのオウム真理教については、丹生谷貴志「豚の戦争」『イマーゴ』一九九五年八月臨時増刊号、青土社、一九九五年が簡潔で精緻な素描である。

432——Lacan, S. VI, *Le désir et son interprétation*, 1959/1/7.

433——Martin Heidegger, *Sein und Zeit*, Gesamtausgabe, Bd. 2, Frankfurt am Main, Klostermann, 1977, S. 336. マルティン・ハイデッガー『存在と時間』下巻、細谷貞雄訳、ちくま学芸文庫、一九九四年、六五頁。以下同書を*SZ*と略す。

434——Heidegger, *SZ*, 336. 下巻六五頁。強調原文。

435——Heidegger, *SZ*, 343. 下巻七六頁。強調原文。

436——Heidegger, *SZ*, 349. 下巻八六頁。強調原文。

437——Heidegger, *SZ*, 349-350. 下巻八六—八七頁。強調原文。

438——注意していただきたい。「おまえは死ぬ」からはじまるここの描写がある意味でかなり「危うい」ものであることは、筆者は自覚している。正確には、ハイデガーおよびブランショの哲学的に精緻な、それゆえにある種モノローグであることを免れ得ない思考の構えにおいては、「おまえは死ぬ」という「内容」があるメッセージがこのように「演劇的に」他者に語りかけられるようにして伝わるわけではない。このある種の演劇性は、あらゆる社会野で直接的・間接的に繰り返されているものだけれども、やはりそこでも「危うさ」は拭えない。しかし、多少の飛躍があろうとも、この箇所での本稿の課題はブランショの「死」の概念を精神分析（ラカン）および政治的な闘争がなされる歴史的な場についての知（ギンズブルグ）のほうに接続することである。哲学的な「死の分析」から精神分析的・歴史的な「死の、あるいは死体の表象の分析」へ。無論ここには断絶がある。この描写は、この断絶をいささかでも乗り越えようとし、精神分析の、演劇的であることを免れ得ない（ゆえに「危うさ」をも免れ得ない）治療的ダイアローグや、死を——あるいは「運命」「真理」を——通達する社会野における歴史上の虚構の主体の設定の研究という方向に、ブランショの極めて重要だと思われる「死」の概念を繋げて考えてみるための処置であると理解していただきたい。

439——Maurice Blanchot, *L'espace littéraire*, Paris, Gallimard, 1955, p. 118. モーリス・ブランショ『文学空間』粟津則雄・出口裕弘訳、現代思潮社、一九七六年、一二七頁。強調原文。以下同書を*EL*と略す。

440——Blanchot, *EL*, 126. 一三五頁。

441——Blanchot, *EL*, 204. 二一五頁。

442——Blanchot, *EL*, 327. 三四二頁。

443——まさかと思うが念を押しておく。臨死体験は死ではない。臨死体験において自分の死体を見たというのは問題にならない。死は、そこから帰ってこない消失だからこそ、死なのである。自分の死体の上に浮かんで自分の死体を見たと得々として語る人は、たんに「生きていた」のである。

444——Blanchot, *EL*, 129-130. 一三八—一三九頁。

445——Blanchot, *EL*, 158. 一六五頁。強調筆者。

446——Blanchot, *EL*, 223-224. 二三六頁。強調原文。

447——Blanchot, *EL*, 241. 二五五頁。強調筆者。

448——Blanchot, *EL*, 215ff. 二二七頁以下。このことは、本稿の結論で再び浮上する。銘記してほしい。

449——Blanchot, *EL*, 263. 二七七頁。強調筆者。

450——Blanchot, *EL*, 294. 三〇八頁。

451——Blanchot, *EL*, 286. 三〇〇頁。

452——何度か『文学空間』のなかで「宗教的体系」の「死の儀礼」について一言しているが、それは明らかに「当を得ない」付随的なものという価値づけをなされている。たとえば、Blanchot, *EL*, 114, 328. 一二三、三四三頁。

453——ピエール・ルジャンドルがこう自問しているときに語っていることは、このことと別のことではない。「消え去ってしまうことなく死ぬにはどうすればよいのか、それにこうした手はずは社会統治にとってどんな意味を持つのか」。Pierre Legendre, *Leçons II, L'Empire de la vérité. introduction aux espaces dogmatiques industriels*, Paris, Fayard, 1983, p. 25-26. 以下この著作を*EV*と略す。筆者はこの旧版を使用した。新版の邦訳がすでにあるが、利用できなかった。ピエール・ルジャンドル『真理の帝国——産業ドグマ空間入門』西谷修・橋本一径訳、人文書院、二〇〇六年。

454——とはいっても、死が「私的」なものになりつつあるということ自体は、この論旨とは別の文脈で論じうる。区別しよう、ここで問われているのは葬礼自体の「不滅性」の如何であって、それが「公的」な領野から相対的には徐々に退出しつつあるという現象の如何が問われているのではない。おそらく、それには宗教の衰退や世俗化とはあまり関係がない原因がある。そのことについては、第三部第五章でフーコーに論じて貰おう。ただ、以上のような原因から、葬礼は無くなることができないとは言いうる。

455——Blanchot, *EL*, 348. 三六四頁。

456——Blanchot, *EL*, 348. 三六五頁。

457——Blanchot, *EL*, 350. 三六六頁。強調原文。

458——Blanchot, *EL*, 351. 三六七頁。

459——この死体を「処理する」ことが、いかに葬礼のなかで重要か、そしてそれがただの「肉処理的」な処理ではないかについては、発表から一〇〇年近くにもなろうというのに古びたところを感じさせないロベール・エルツの古典的論文を参照せよ。Robert Hertz, «Contribution à une étude sur la représentation collective de la mort», *Mélanges de sociologie religieuse et folklore*, Paris, F. Alcan, 1928. ロベール・エルツ「死の宗教社会学——死の集合表象研究への寄与」『右手の優越』内藤莞爾ほか訳、垣内出版、一九八〇年。

460——Carlo Ginzburg, *Occhiacci di legno. nove riflessioni sulla distanza*, Milano, Feltrinelli, 1998, p. 82-99. カルロ・ギンズブルグ『ピノッキオの眼』竹山博英訳、せりか書房、二〇〇一年、一二五—一三二頁。

第二部　ピエール・ルジャンドル、神話の厨房の匂い

1――読者の便宜のため、邦訳された順に挙げていく。ピエール・ルジャンドル第Ⅷ講『ロルティ伍長の犯罪――「父」を論じる』西谷修訳、人文書院、一九九八年。『ドグマ人類学総説――西洋のドグマ的諸問題』西谷修監訳、嘉戸一将ほか訳、平凡社、二〇〇三年。『西洋が西洋について見ないでいること――法・言語・イメージ』森元庸介訳、以文社、二〇〇四年。第Ⅱ講『真理の帝国――産業ドグマ学入門』西谷修・橋本一径訳、人文書院、二〇〇六年。

2――アラン・シュピオ「人権――信か、人類共有の資源か」『思想』九五一号、嘉戸一将訳・解説、岩波書店、二〇〇三年七月。この論文のフランス語版は発表されておらず、論旨は次の註で紹介する著作に引き継がれている。

3――Alain Supiot, *Homo Juridicus. Essai sur la fonction anthoropologique du Droit*, Paris, Seui, 2005.

4――Jean-Pierre Baud, *L'affaire de la main volée. Une histoire juridique du corps*, Paris, Seuil, 1993. ジャン＝ピエール・ボー『盗まれた手の事件――肉体の法制史』野上博義訳、法政大学出版局、二〇〇四年。ただし、その結論は全面的に賛意を呈しうるものではない。人間とは、「モノ」でありなおかつ「人格」であるという循環そのものであり、そしてその循環そのものを「作り出す」水準がある。そして、この水準こそを、ルジャンドルはドグマティックと呼んだのだった。ボーはこの循環の奇妙さを、あまりに性急に「モノ」の方にのみ解消しようとしているように思える。ただし本文に述べたように、彼が引く歴史的知見は極めて刺激的ではある。が、その歴史的知見そのものが彼の主張する結論を裏切ってしまっているように感じられることも確かなのだ。

5――これは、ルジャンドルの翻訳者であり美学者・美術史家である森元庸介氏の形容を借りた。

6——以下の叙述は、ルジャンドルが西谷修氏に直接送った「略歴ノート」を基にし、その他の文献等から得た情報を付け加えたものである。次の箇所にその「略歴ノート」は掲載されている。ピエール・ルジャンドル第Ⅷ講『ロルティ伍長の犯罪——「父」を論じる』西谷修訳、人文書院、一九九八年、二九一頁以下。

7——Pierre Legendre, *La pénétration du droit romain dans le droit canonique classique de Gratien à Innocent IV. 1140-1254*, Paris, Jouve, 1964.

8——Lacan, S. XXI, *Les non-dupes errent*, 1974/4/23.

9——数箇所にわたってこの挿話は語られているし、本人からの直言によってもこれを知った。とりあえずは Legendre, *EV*, 27.

10——この「継承戦争」について概略を知るためには、以下の著作の第一章が簡にして要を得ている。赤間啓之『ユートピアのラカン』青土社、一九九四年。

11——Pierre Legendre, «Administrer la psychanalyse. notes sur la dissolution de l'École freudienne de Paris», *Pouvoirs*, n°11, 1981, p. 205-218.

12——Pierre Legendre, *La passion d'être un autre, Étude pour la danse*, Paris, Seuil, 1978, p. 13. 以下この書物を *PA* と略す。

13——ピエール・ルジャンドル、西谷修「〈なぜ〉の開く深淵を生きる——宗教・法・主体」『宗教の解体学』岩波書店、二〇〇〇年、一三一頁。

14——Legendre, *Jouir du pouvoir. Traité de la bureaucratie patriote*, Paris, Minuit, 1976, p. 21. 以下この著作を *JP* と略す。

15——Legendre, *L'Amour du censeur. Essai sur l'ordre dogmatique*, Paris, Seuil, 1974, p. 13. 以下同書を *AC* と略す。

16——Legendre, *EV*, 65-66.

17——Legendre, *EV*, 111.

18——Legendre, *IOT*, 17.

19——Legendre, *IOT*, 200.

20——P. Legrendre, A. P-Legendre, *Leçons IV, suite 2. Filiation. Fondement généalogique de la psychanalyse*, Paris, Fayard, 1990, p. 188. 以下この書物を*F*と略す。この書物はルジャンドルの講義（ルソン）シリーズの一冊をなすものだが、内容はほぼラカンとフランソワーズ・ドルトに教育分析を受けたという精神分析家である彼の妻アレクサンドラ゠パパゲオルギウ・ルジャンドルの手になるものである。含蓄があり明晰な論述であるが、ここで引用した部分はピエール・ルジャンドルの手になる補遺からの引用である。

21——Pierre Legendre, *LeçonsVI. Les enfants du texte. Étude sur la fonction parentale des États*, Paris, Fayard, 1992, p. 439. 以下この著作を*ET*と略す。

22——Legendre, *ET*, 74.

23——Legendre, *AC*, 35.

24——Legendre, *JP*, 15.

25——Legendre, *ET*, 292.

26——第一七節を参照。

27——Legendre, *DM*, 140.

28——Legendre, *DM*, 100.

29——Legendre, *DM*, 60.

30——Legendre, *DM*, 52. ルジャンドルの特有の概念である「モンタージュ」については、後の註で述べる。

31——Legendre, *DM*, 54.

32——Legendre, *De la Société comme Texte. Linéaments d'une Anthropologie dogmatique*, Paris, Fayard, 2001, p. 20. 以下この書物を*ST*と略する。

33——Legendre *DM*, 67.

34——Legendre, *DM*, 83. 強調原文。

35——Legendre, *DM*, 17.

36——Legendre, *DM*, 56.

37——Legendre, *DM*, 250.

38——Legendre, *Leçons VII, Le Désir politique de Dieu. Étude sur les montages de l'État et du Droit*, Paris, Fayard, 1988, p. 237. など複数の箇所で。以下この書物を*DPD*と略す。

39——Legendre, *DM*, 55, 67. 引用は前者から。強調筆者。

40——Legendre, *DM*, 148.「根拠」「因果性」については、第二部第三章で詳しく論ずる。

41——Legendre, *IOT*, 63.

42——Legendre, *EV*, 31.

43——Legendre, *IOT*, 84. 強調筆者。

44——Legendre, *DM*, 41.

45——テクスト texte はラテン語の動詞 texere の受動相完了分詞 textus（織物あるいは絡み合い）を語源とする。この textus はローマ帝国の帝政期において「文面」や「物語」などを意味するものであり、また後には教会内で聖書解釈における「神の言葉」を指し、九世紀頃には「福音書」そのものを示す語となった。中世以来一八世紀初頭に至るまで、教会の内部において texte は「福音を含む書物」の意味で使われており、また一三世紀には注釈に対する「聖書の本文」を表す用法が生まれた。「主題・テーマ」という用法も同時期にあらわれたが、これは教会での説教の冒頭に聖書の引用が示され、それが説教の主題となることが多かったためである。時代が下って一七世紀に至ると、教会とは関連のない用法が多くなり、texte という語は「書物の引用部・原文」という一般的な意味を担って文学と関係を取り結ぶことになる。また、この用法の拡大は語義に「抜粋」や「断章」などの他、印刷業者の用語として「活字」を内包させることにもなった。さらに一九世紀になるとこの語は文学的な作品そのものを意味するようになってくる。復元の対象たる「原典」や、「著作」、あるいは「歌詞」とも同義とされるようになる。そして、二〇世紀になると用法はさらに拡大されるが、それでもこの語は基本的に著作や印刷物に関連づけられており、ドイツの言語学からの影響なども受け、記号論においては重要な概念となってきたのである。複数の辞書をあたったが、筆者が使用できる範囲では次のものがもっとも網羅的かつ詳細であったのでこれをもって代表とする。*Dictionnaire historique de la langue française*, Paris, Robert, 1992, t. 2, p. 2112.

46——Legendre, *DM*, 149.

47——Legendre, *DM*, 60. 強調原文。

48——Legendre, *IOT*, 55.

49——Legendre, *DM*, 149.

50——Legendre, *EV*, 31.

51——Legendre, *DM*, 11.

52——Legendre, *DM*, 151.

53——Legendre, *ET*, 214.

54——Legendre, *ET*, 215.

55——Legendre, *DM*, 131.

56——Legendre, *ET*, 215.

57——Legendre, *DM*, 156.

58——Legendre, *DM*, 157.

59——Legendre, *DM*, 130.

60——第一六節を参照。

61——因果性、根拠、神話については、すぐ後で再び論じる。

62——Legendre, *ST*, 7.

63——Legendre, *Sur la question dogmatique en Occident*, Paris, Fayard, 1999, p. 24-25.『ドグマ人類学総説——西洋のドグマ的諸問題』西谷修監訳、嘉戸一将ほか訳、平凡社、二〇〇三年、七三頁。以下同書を*QDO*と略す。あるいは*EV*, 29. など。

64——Legendre, *ST*, 7.

65——Legendre, *DM*, 77. 強調筆者。ルジャンドルの著作に頻出する「モンタージュ」という概念は、本人も述べる通りにアウグスティヌスの書簡五五（*Epistola*, 55, XXI, 39.）に出てくる structura caritatis を「愛のモンタージュ（montage d'amour）」（*EV*, 10, 84, 131.）あるいは「愛の組み上げ（échafaudage d'amour）（*EV*, 159）と「逐語的に」訳したものが源泉となっている。いわく、「このアウグスティヌスの定式は、社会的な生存におけるドグマ学者の作業の本性を通告するために、私がよく引くものである」と。（*EV*, 84）。愛のモンタージュという概念が意味するもの自体は、「〈鏡〉という装置」を概念化するわれわれの理路からもよく理解できる。以後この註記を越えて、ルジャンドルのほぼすべての著作にこの語彙は出現する。モンタージュ（montage）という語彙自体は、初出は一七世紀初頭であり、要するに「『あるメカニズム、ある装置（dispositif）、ある複合的な物』の諸部分を組み立て、それを用立て機能させる状態に置く操作」であり、「ある特定の効果を得るための『テクスト、音、イメージなど』のさまざまな要素の組み立て」（*Le nouveau petit Robert : dictionnaire alphabétique et analogique de la langue française*, Paris, Dictionnaires Le Robert, 2000 の montage の項をみよ）である。当該辞書の同義語指示にもあるとおり、ほぼこれはアレンジメント、装置と同じことを意味している。それは、言語、物質、イメージ、音声などの多種多様なものの多種多様な仕方での「組合せ」を意味する。

66——Legendre, *DM*, 276.

67——Legendre, *DM*, 28.

68——Legendre, *DPD*, 166.

69——Legendre, *IOT*, 202.

70——Legendre, *paroles poétiques échappées du texte. Leçon sur la communication industrielle*, Paris, Seuil, 1982, p. 202. 以下この著作を *PPT* と略す。

71——ルジャンドルは、中世神学から取り出した figulalia という概念を幾度か考察の対象としている。それは「形を与え、そして造形するもの」つまり「表象を加工するもの」であり、不死なるもののイメージを「制作」することである。無論、このことはイメージに留まることではなく、当該箇所でもテクストあるいはエクリチュールとのつながりが強調されている。Cf. *ET*, 60., *DM*, 99-100., *ST*, 151.

72——Legendre, *Leçons I. La 901e conclusion. Étude sur le théâtre de la Raison*, Paris, Fayard, 1998, p. 52. 以下同書を *901C* と略す。

73——Legendre, *DPD*, 113

74——Legendre, *PPT*, 150.

75——Legendre, *IOT*, 23.

76——Legendre, *ET*, 202-203.

77——Legendre, *DM*. 11, 16, 34, 151, 229, 243, 245, etc.

78——Legendre, *DM*, 157.

79——Legendre, *DM*, 148.

80——さまざまな箇所があるが、たとえば *ET*, 404.

81——すでに挙げたミシェル・ド・セルトーは、神秘家の神に向けての「貴方なしには私はない」という言い方を、このハイデガーの「なしにはない（Nicht ohne）」に結びつけて語っている。Michel de Certeau, *La fable mystique. XVIe-XVIIe siècle*, Paris, Gallimard, 1982, p. 9.

82——Martin Heidegger, *Der Satz vom Grund*, Gesamtausgabe, Bd. 10, Frankfurt am Main, Klostermann, 1997, S. 7. ハイデッガー『根拠律』辻村公一・ハルトムート・ブフナー訳、創文社、一九六二年、一二頁。以下同書を *SG* と略す。

83——Heidegger, *SG*, 10-11. 一六—一七頁。

84——Heidegger, *SG*, 17. 二三—二四頁。

85——Heidegger, *SG*, 77. 一〇五頁。

86——Heidegger, *SG*, 32. 四三頁。

87——Heidegger, *SG*, 33. 四四頁。

88——Heidegger, *SG*, 147. 一九六頁。

89——Heidegger, *SG*, 53. 七二頁。

90——Primo Levi, *Se questo è un uomo*, Torino, Einaudi, 1979, p. 32. プリーモ・レーヴィ『アウシュヴィッツは終

わらない——あるイタリア人生存者の考察』竹山博英訳、朝日新聞社、一九八〇年、二七頁。筆者の管見によるかぎり、ルジャンドルはこの「何故はない」について直接には引用してはいない。が、少なくともプリーモ・レヴィの同じ著作の別の箇所を一度引用しており、また他の著作を一度引用している。中世教会法文献のなかに反ユダヤ主義の起源を特定する努力を重ね、自らの父親がナチ統治下のフランスにおいてユダヤ人の強制移送や強制労働に最後まで反対し続けた男であったことを懐かしく回顧する彼が、この「何故の無さ」を念頭に置いていないとは考えにくい。また、フェティ・ベンスラマがその明晰極まりないアガンベン批判「表象と不可能なもの」のなかで、この著作のこの箇所を註をつけて引用している。いわく、「五〇年を経ても、『ここに何故はない Hier ist kein Warum』という言葉はいつも文明に対して暗い光を投げかけているし、その反復の恐怖を考えることすらできないものにしている。現代世界の虐殺についての歴史記述を見てみれば、われわれはショアーという出来事の轍をきりなく踏みつづけているのがわかるのだから、その歴史的特異性の彼方で、ジャン・アメリーが言うように『ヒトラーは死後勝利をおさめたのだと考えるべき』なのだ」。Fethi Benslama, «La représentation et l'impossible», *L'art et la mémoire des camps. représenter exterminer*, sous la direction de Jean-Luc Nancy, Paris, Seuil, 2001, p. 59.

91——Legendre, *ET*, 148-149. この箇所は、「残虐な少年犯罪の増加」「心の闇」を喧伝し政治権力と少年たちとの「想像的・決闘的関係」を煽り立てる立場への強い批判となっていることに留意したい。そのアクチュアリティは歴然である。

92——Legendre, *IOT*, 201-202

93——Legendre, *ET*, 131.

94——Legendre, *DM*, 80.

95——Legendre, *DM*, 51.

96——Legendre, *DM*, 28.

97——Legendre, *ET*, 187-188.

98——Legendre, *ET*, 118. 強調原文。

99——Legendre, *ET*, 119. 強調原文。

100——Legendre, *QDO*, 30. 三四頁。

101——第一四節を参照。

102——Legendre, *DM*, 245.

103——Legendre, *IOT*, 234-235.

104——Legendre, *IOT*, 236.

105——Legendre, *IOT*, 312.

106——まさかと思うが念のために言っておく。多重人格はこの立言の反証にはならない。ここで問われているのは「法的人格」であり、そもそも「人格（ペルソナ）」とははじめから法的な概念である。二重人格多重人格と言うが、そういう意味での——「心理学的な」意味での？——人格ならば、二つ三つしか持っていないほうが可笑しいだろう。三たび傍証に中井久夫を引けば、彼は苦笑交じりにといった風情で多重人格が問題になったのは「一世紀以上古い話」に過ぎないと語っている。また、要するに多重人格者とは（人格の）「分裂の数が少なくて、分裂の仕方がへた（過激）」な人であり、それゆえに苦悩する人間のことだと言っている。われわれのここでの「一」と数える作用は、その「上手に」大量の人格を操る者が法的・社会的には「一人」として数えられるという擬制の水準について語っているのである。以下を参照。中井久夫「精神健康の基準について」『個人とその家族』中井久夫著作集・精神医学の経験第六巻、岩崎学術出版社、一九九一年、一七七頁。「多重人格をめぐって」『家族の深淵』みすず書房、一九九五年、二二七頁。

107——Legendre, *ET*, 122. これは、後で触れる「賭場」の時間とその結果としての「第三者」の時間の分割といってもいい。第二部第五章で、その意味は明らかとなろう。

108——ルジャンドルが、レヴィ゠ストロースを厳しく批判しているのは、このことにかかわる。つまり、レヴィ゠ストロースは「象徴秩序」だけを取り扱い、そこから一人の主体を制定する「創設的イメージの出現の様態」、要するに〈鏡〉としての「系譜」の働きを完全に排除しており、そのことによって「皇帝のように傲然とした」西洋人として他者の神話を二項対立の単純な図式で分析することができるのだ、と。Cf. *QDO*, 77-78. 七三頁。*DM*, 174-177.

109——Legendre, *EV*, 178.

110——Legendre, *EV*, 52.

111——Legendre, *DPD*, 290.

112——Legendre, *EV*, 201.

113——Legendre, *EV*, 103.

114——Legendre, *901C*, 32.

115——いわく、「〈名において（au nom de）〉によって機能するのではない制度体系などありえないのだ。この〈名において〉を獲得するために、複合的なモンタージュが、様々な方法によって、敢えて言うと品性に欠ける神話的方法によって、表象を装飾し、表象を利用し、表象によって主体に関する諸効果や社会的な諸効果が生み出されるのを可能にするのである。私の用語で言えば、またその用語を用いて私が幾度も提示した研究によって言うと、こうした表象の働きは〈定礎的準拠〉あるいは〈絶対的準拠〉を演出しているのだ」。Legendre, *DPD*, 20.

116――これは、*ET* のタイトルである。

117――この遺伝子操作や精子・卵子売買における危険については、アレクサンドラ・パパゲオルギウ＝ルジャンドルの臨床を基に据えたいくつかの論考を参照せよ。A. Papageorgiou-Legendre, *F*, 157-162. その夫ピエール・ルジャンドルはこの知見を引き受けて、このような状況における父親と母親のステイタスについて警鐘を鳴らしている。「生殖していない父親の立場は長い目で見て首肯しうる立場とされるだろうか。母親はみずからの子に対する幻想の帝国を保つためにどんな強請でも主体的にやることができるということにならないか」。Legendre, *ET*, 362.

118――「分娩」のローマ法的な意味については、Legendre, *IOT*, 321. また「生を生かしめる（vivre la vie）」というルジャンドルに特徴的な含蓄の深い言い方は、生はそれ自体では「生きられ」るものではなく、ある策略を、ある人為を前提とするものであるという事柄を示している。もちろん、「根拠律」がなくては「生は生きない」ということについてはすでに語った。彼が「生を生かしめる」を「根拠律」との関連で語っている箇所を一つあげれば、Legendre, *ET*, 39-40.

119――ルジャンドルは、古来から「ドグマ学」と呼びうる学問として、法学とくに法解釈の技術と、医学を挙げている。*EV*, 30-31. 現在でも法学と医学は社会においても大学制度の内部においてもある種「特権的な」地位を占めており、がゆえに純粋科学からは「胡乱な」学問と見做されているのは、ゆえのないことではない。また、「宗教」が常に「医学」と「法学」、つまり「癒し」と「掟」の交錯する土壌にしか存在しないのも、このような理由があってのことである。一言で言えば、系譜原理を到来させない宗教は、宗教ではない。

120――Legendre, *DPD*, 379-380.

121——Legendre, *IOT*, 147.

122——Legendre, *PA*, 34-46.

123——Legendre, *IOT*, 188.

124——Legendre, *IOT*, 46.

125——Legendre, *IOT*, 46.

126——Legendre, *IOT*, 64.

127——Legendre, *EV*, 135-136.

128——Legendre, *ET*, 124.

129——Legendre, *IOT*, 318.

130——Legendre, *IOT*, 315

131——Legendre, *ET*, 330. 強調筆者。

132——Legendre, *ET*, 20. 強調筆者。

133——バッハオーフェンへの依拠については、たとえば*EV*. 158-159, *IOT*, 107. など多数。

134——Legendre, *AC*, 70. 強調原文。

135——要するに、カントロヴィッチが『王の二つの身体』のなかの「エピローグ」冒頭でフランシス・ベーコンを引いて言っている「王に向けられる戒律は、事実、次の二つを想起させることのなかに、そのすべてが抱合されている。すなわち『汝が人間であることを忘れるな』ということと、『汝が神、あるいは神の代理者であることを忘れるな』ということである」(Ernst H. Kantorowicz, *The king's two bodies. a study in mediaeval political theology*, Princeton, Princeton University Press, 1957. p. 496. エルンスト・カントロヴィッチ『王の二つの身体——中世政治神学研究』小林公訳、平凡社、一九九二年、四八六頁）とは、これと別のことではない。ここに、限界を解除し想像的な同一化を機能させる言表とともに、限界を通達する象徴的な同一化の言表が同時に提起されている。まさに個々の主体も、たとえば王の姿を媒介としてこうした作用のなかに身を浸すことになる。

136――Legendre, *IOT*, 172-173.

137――Legendre, *CL*, 132-133. 一八六頁。

138――Legendre, *DPD*, 141.

139――Legendre, *DPD*, 20.

140――Legendre, *IOT*, 181. 強調筆者。

141――絶対的準拠に同一化するということが、どのような帰結を招くかは、後で見る。端的にそれは、殺人と近親姦である。

142――Legendre, *CL*, 33. 五二頁。

143――枚挙に暇《いとま》がないが、取り敢えず *CL*, 36. 五五頁。

144――ここに二つ問題がある。DNA鑑定で「父親は確か」になりうるだろうか。残念ながらその「鑑定結果」もテクストであり、イメージであり、「状況証拠」でしかない。偽造可能性がそこにつねに存在することによって、嘘をもつける母となる女性の言葉と大差はない（偽造可能性の問題については、後でまた述べる）。また、DNA鑑定を要求した時点で、ある種彼自身が「父親の不確かさ」の証人になってしまっている。また、もっと重い問題がある。この「母のこれ以上ない確かさ」が、精子卵子の売買、人工授精、代理母のテクノロジーによって脅かされているという問題だ。これについては多くの議論があり、筆者も委曲を尽くして論ずる準備があるわけではない。ただ、言っておかなくてはならないのは、このようなテクノロジーが母の「自由」のみを作り出すと思うのは間違いであり、まさに特権的な「母の確かさ」を破壊するものでもあるということだ。

145——Legendre, *CL*, 36. 五五頁に引用されている『学説彙纂』Digesta, 2, 4, 5. の文言。これと同様の意味を持つ「父親の推定」の文言は、近代法の民法ならどの民法にも見られる。

146——この語の註釈は、*ET*, 300.

147——Legendre, *ET*, 300.

148——一言註釈を。これがある意味で「転倒」した議論であることに気づかれる人は多いだろう。ここでは、通俗的な精神分析が言うような「母子」の癒着関係を「分離」する父親という定式自体が、ある前提を置いたものであるということが指摘されているのだ。つまり、実は分離されておらず「不確か」なのは父親のほうであり、それを分離されたもの「にする」手妻が、実は「第三項として介入する父」という作用に先行しているという主張がここで述べられている訳である。逆に言えば、この「癒着を分離する父」が金輪際生物学的な種畜としての父親とは関係ないということが、逆照射されるように明らかになっていると言ってもいい。

149——Legendre, *CL*, 35-36. 五四頁。

150——Legendre, *CL*, 37. 五六頁。

151——Legendre, *CL*, 141. 二〇〇頁。

152——以上の論旨については、「ナチの効果。親子関係の肉処理的概念化の到来」「ナチの切り札、科学主義」と題された考察を参照せよ。*CL*, 19-23. 二八—三六頁。

153——Legendre, *CL*, 171. 二三四頁。

154——Legendre, *CL*, 171. 二三四頁。

155——Pierre Legendre, *La Fabrique de l'homme occidental*, Paris, Mille et Une Nuits, 1996, p. 21. ここで語られている

「専制君主」とはヒトラー、スターリン、毛沢東らのことである。以下この書物を *FHO* と略す。

156——Legendre, *CL*, 142. 一九九頁。

157——このことについては、第三部第五章、また第七章で触れる。

158——Legendre, *ET*, 206-207.

159——Legendre, *ET*, 176.

160——Legendre, *ET*, 177. 強調原文。

161——Legendre, *ET*, 79.

162——Legendre, *ET*, 19. 強調原文。この「子」の原語は fils である。通常これは「息子」と訳される語だが、ルジャンドルは、「女の fils」「男の fils」という表現が使用されるセヴィーリャのイシドルス以来の法学の伝統に従って、これを親子関係のカテゴリー内にある両性共通の「子」を示す概念として使う。ゆえに以下、娘 fille と対比的に使用される場合を除いては、これを一貫して子と訳す。

163——Legendre, *ET*, 80. 強調原文。

164——Legendre, *ET*, 80.

165——Legendre, *ET*, 80-81. 強調原文。

166——Legendre, *ET*, 81. 強調原文。

167——Legendre, *IOT*, 36-37.

168——Legendre, *IOT*, 245

169——Legendre, *QDO*, 84. 七七頁。

170——Legendre, *QDO*, 126. 一一一―一一二頁。

171——Legendre, *IOT*, 137.

172——たとえば、Legendre, *DPD*, 163, *EV*, 48, 64. 彼はこの〈鏡〉による主体の生産を「博打」と呼ぶことを止めたことはない。また、彼の「賭場（tripot）」の用法はもうひとつある。それは「歴史の賭場」という言い方である。これについては後で触れる。

173——Legendre, *ET*, 14. 強調原文。

174——Legendre, *ET*, 100. に引用されている判例。*Archives marocaines,* Publication de la Mission scientifique du Maroc, XII（1908）, pp. 304-305 に準拠。

175——Legendre, *ET*, 100.

176——Legendre, *IOT*, 70.

177——C. Lévi-Strauss, *Les structures élémenraires de la parenté*, Paris, Mouton&co., 1967, p. 14ff.

178——Legendre, *IOT*, 75.

179——Legendre, *IOT*, 294.

180——Legendre, *QDO*, 84. 七七頁。強調筆者。

181——Legendre, *IOT*, 77.

182——Legendre, *IOT*, 106.

183——Legendre, *FHO*, 21.

184——Legendre, *CL*, 115. 一六三頁。

185——Legendre, *DPD*, 290.

186——Legendre, *ET*, 421.

187——Legendre, *DPD*, 310.

188——Legendre, *DPD*, 172.

189——注意しよう。ある主体の言明が「無根拠な断言」にならないためには、その根拠がその主体とは「別に」なければならない。そういう意味で、根拠は外在性を要求する。これが「根拠の外在性」の水準である。それとは別に、根拠律の外在性の水準が存在する。根拠律とは「根拠が存在する筈だ」というそれ自体は無根拠な信の命題である。ゆえに、主体は根拠律と同一化してはならず、主体はこの根拠律の下に「服する」ものでなくてはならない。このことは主体が根拠律とは「別に」あることを前提とする。これが主体に対する「根拠律の外在性」の水準であり、「根拠の外在性」は「根拠律の外在性」なしにはない。無論、根拠を主体の外部に明晰判明に示す挙措自体が、根拠律が存在することを信じさせる「儀礼」となることは当然ありうるし、そういう「根拠の実践」においては、この二つはつねに重なりうると言える。

190——第三七節を参照。

191——Legendre, *DPD*, 310.

192——Fethi Benslama, *Le mouton qui blaspheme. Intervention a la reunion publique sur «La censure au nom de l'islam»,* organisé par l'Association du Manifeste des Libertes. フェティ・ベンスラマ「冒瀆する羊——『イスラームの名における検閲』での発言」『現代思想』二〇〇六年五月号、拙訳。この講演については、第六節で既に部分的に言及した。また第四八節で詳論する。

193——Legendre, *ET*, 163.

194——念を押しておく。この「大岡裁き」の比喩は日本法制史あるいは日本思想史の知見から言えば、相反するものではないにせよ完全には適切な比喩とは言えない可能性がある（大岡裁きは「公正」を求めて「判例」を逸脱するということに重点があるのであって、その考え方において原理主義批判、「法への硬直した直接準拠」批判に重点が置かれているわけではない）。あくまで「俗に言う大岡裁き」

という意味と受け取って頂きたい。「準－準拠」の必要性と不可避性については枚挙に暇なく例が挙げられようが、裁判官に法の専門家としての知識のみならず高い「常識」や「倫理」が求められている現状が厳として存在し、がゆえに裁判官の「常識」を疑う一部の意見から日本でも裁判員制度が導入されるようになったという近年の動向を一つ指摘するだけで足りるだろう。

195――Legendre, *ET*, 151.「蓋然論」とは、第二スコラ学（一六世紀サラマンカ学派）の神学者が再解釈した聴罪司祭の伝統に由来するもので、疑わしい決疑論において、「真理の確率」がどれくらいあるかを見積もろうとする議論である。要するに法に逆らって行動した人間を罰すべきか罰すべきでないかを決定するときに、その行為の長所と短所を天秤にかけ、犯した疑いのある人間を罰したらどれくらい損でどれくらい得があるか、それを「確率論的」に見積もろうとするものである。これはジャンセニスト、パスカルの激しい批判を経て、ヘーゲルが嘲笑した立場であり、要するにある意味で現在の「確率論的」に「リスク」を見積もろうとする「管理経営」の立場はこれを引き継いだものでしかない。法なき倫理、掟なき道徳は、こうした古くさい――まさに「古くさい」と言おう、彼らはそう言われることを恐れているのだから――蓋然論の鈍牛の如き反芻でしかない。これについてのルジャンドル自身の議論は、*ET*, 157-158, 160-161.

196――Legendre, *ET*, 118. 強調筆者。

197――Legendre, *DM*, 11.

198――Legendre, *ET*, 252.

199――Legendre, *IOT*, 201.

200――Legendre, *IOT*, 204.

201――Legendre, *DPD*, 256.

202——Legendre, *AC*, 115.

203——Legendre, *ST*, 160. 強調原文。

204——Legendre, *ET*, 202.

205——Legendre, *AC*, 5.

206——Legendre, *PA*, 65.

207——Legendre, *901C*, 26.

208——Legendre, *ET*, 221-222.

209——Legendre, *PPT*, 82.

210——Legendre, *EV*. 20. また *PA*, 74 も参照せよ。

211——Legendre, *DM*, 78.

212——Legendre, *DM*, 92.

213——Legendre, *PPT*, 58.

214——Legendre, *PPT*, 229.

215——Legendre, *IOT*, 91.

216——西谷修氏との対談「〝なぜ〟の開く深淵を生きる——宗教・法・主体」『宗教への問い1　宗教の解体学』岩波書店、二〇〇〇年を参照せよ。また、すでに引用したルジャンドルの元同僚たちの「黒人がダンスと手を切った時に、彼らは産業秩序に慣れるだろう」という「蒼白でどんよりとした」言葉は、実は逆照射するような形で産業秩序のテクストの操作とダンスが同等のものであるということを思わず吐露してしまっているということができるだろう。

217——Legendre, *PA*, 54.

218——Legendre, *PA*, 57. 強調筆者。

219——Legendre, *PA*, 154.

220——Legendre, *PA*, 64.

221——Legendre, *PA*, 71.

222——Legendre, *PA*, 14.

223——Legendre, *DPD*, 367-368

224——Legendre, *PA*, 72. 強調原文。

225——これは初期のテクストからもっとも最近のテクストまで驚くべき一貫性をもって主張されている。Legendre, *AC*, 119ff. および二七年後のテクストの以下の箇所。*ST*, 73-74. 無論この二七年間のあいだのテクストにも、主著と呼びうる著作にならすべての書物にこの指摘はあらわれる。

226——幾度も指摘されているが、ひとつだけ挙げれば *ST*, 72-73.

227——Legendre, *EV*, 65.

228——Legendre, *EV*, 9.

229——Legendre, *DPD*, 137.

230——繰り返しになるが、これを実証的に論証する技量は筆者にはない。残念ながら。ルジャンドルがこれをまとめて述べた『神の政治的欲望』（*DPD*）と『テクストの子どもたち』（*ET*）の一章にここでは全面的に依拠する。当然だが、この「革命」は、「教皇革命」「一二世紀ルネサンス」など論者によって様々な呼び名はあるものの、法制史上の研究対象として長い歴史があるもので、ルジャンドルだけの創意ではない。しかし、その理解の射程の長さにおいて、他の論者（バーマンやル・ブラなど）よりもルジャンドルの「革命論」は遥か上を行くと判断できる。

231——Legendre, *DPD*, 107.
232——Legendre, *DPD*, 108.
233——Legendre, *DPD*, 105. 強調原文。
234——Legendre, *DPD*, 106.
235——Legendre, *DPD*, 106.
236——Legendre, *DPD*, 108.
237——Legendre, *DPD*, 108.
238——Legendre, *DPD*, 109.
239——Legendre, *DPD*, 109.
240——Legendre, *DPD*, 109.
241——Legendre, *DPD*, 109.
242——Legendre, *ET*, 242.
243——Legendre, *DPD*, 113.
244——Legendre, *DPD*, 110.
245——Legendre, *DPD*, 107.
246——Legendre, *DPD*, 107.
247——Legendre, *DPD*, 113.
248——Legendre, *ET*, 266.
249——Legendre, *DPD*, 109.
250——Legendre, *ET*, 242. 強調筆者。

251——Legendre, *DPD*, 113.
252——Legendre, *ET*, 241-242.
253——Legendre, *DPD*, 111.
254——Legendre, *DPD*, 112.
255——Legendre, *DPD*, 111. 強調原文。
256——Legendre, *DPD*, 112.
257——Legendre, *DPD*, 111.
258——Legendre, *DPD*, 110.
259——Legendre, *DPD*, 111.
260——Legendre, *ST*. 74.
261——Legendre, *ET*, 241.
262——Legendre, *ET*, 242.
263——Legendre, *ET*, 266-267.
264——Legendre, *ET*, 258. 強調筆者。
265——Legendre, *ET*, 255-256.
266——Legendre, *QDO*, 134. 一一九頁。
267——Legendre, *DM*, 31.
268——Legendre, *DPD*, 129.
269——Legendre, *DPD*, 257.
270——Legendre, *DPD*, 76.

271――Legendre, *DPD*, 22. 強調筆者。

272――Legendre, *DPD*, 20.

273――Legendre, *ET*, 272.

274――Legendre, *ET*, 272.

275――Legendre, *ST*, 106.

276――ピエール・ルジャンドル、西谷修「〝なぜ〟の開く深淵を生きる――宗教・法・主体」『宗教の解体学』岩波書店、二〇〇〇年、一三三―一三四頁。

277――ピエール・ルジャンドル、西谷修「〝なぜ〟の開く深淵を生きる――宗教・法・主体」『宗教の解体学』岩波書店、二〇〇〇年、一四七頁。

278――Legendre, *DPD*, 391.

279――Legendre, *DPD*, 183.

280――Legendre, *DPD*. 393.

281――Legendre, *QDO*. 97. 八五頁。逆に言えば、こう考えることが、宗教と原理主義の概念区別を精緻に可能にするということである。

282――政治思想史に一定の知見がある人びとにとっては、退屈な復習となるかもしれないが、念のため。国家や法を端的なる暴力や「実力」、物理的な力の発現だとするものの見方、ひいては「正義とはたんに強者の利益である」とする見方は、プラトンの『国家』の高名な登場人物であるトラシュマコスから延々二四〇〇年間も存在してきた議論である。「政治的リアリズム」の、平凡だが大いなる流れ。しかしまさにその『国家』のなかでもトラシュマコスは、純粋な暴力のみで国家を運営することはできないことを認めざるを得なかったし、そもそもその血族の一人とみなされることも多い聡明なるマキャベリは、はじめから国家あるいは政治の全過程を暴力によるものとはしていない。政治的リアリズムは貫徹できない。彼らは常に、「強者」が「暴力」のみならず「熟練」「徳」「知」「政治家的力量（ヴィルトゥ）」をも得なくてはならないということをわずかに認めた瞬間、おのれのこれ見よがしで極端なリアリズムを自ら破綻させていくのだ。二千年飽きもせずに繰り返された茶番である。政治的リアリズムに対するに、おそらく「有機体説」と呼ぶにふさわしい立場がある。当然、これも『国家』におけるプラトンが、トラシュマコスの抗弁に応答して語ったことからくる。いわく、理想的な「善」を共有する国家の福祉のためには、物理的な暴力だけでは十分ではなく、人間を正しい行動に導くための動機を刺激するために、敵や市民を「騙す」ための「必要なる嘘」「高貴なる嘘」が必要である。政治的共同体の団結、その統一、その共同性、調和のとれた個々人の協力やそのあいだの平和を守るための「神話」が語られねばならない、と。そしてこの結果出現するのはひとつの「身体」としての、一つの「人格」としての国家という観念であって、個人一人一人がその巨大な有機身体の調和のとれた一部であるような国家のイメージである。ここから、中世のローマ法学者や教会法学者、スコラ学者たちは緻密に「団体」「団体的人格」すなわち「フィクション的な法人格 personae fictae」の理論を練り上げていったのであり、無論それはホッブズをはじめとして近代政治理論にも大幅に受けいれられている。まったくもって当然のことだが、この「有機体説」「国体説」は、懐かしい言い方をすれば「イデオロギー」である。「神話」である。それを疑う余地はない。そしてそのことを有機体説をとる者たちは最初から半ば認めている。「高貴なる嘘」と。それが我慢ならず、政治的リアリズムの言辞を吐くのもよい。よいが、実は「国家は暴力である」「法は暴力である」「制度は暴力のプロセス自体から発生する」という言葉こそが最悪のイデオロギーなのである。それは暴力を揮う者への服従を強制する自堕落な現状追認の言説に成り果てるか、たかだか「もっとこの暴力の行使を効率よくするにはどうすればいいか」という古き問いに帰着するだけだ。そして、「暴力の行使を効率よくするためには」という問いは、実は「暴力の行使だけでは効率が悪く、嘘をついたほうが効率がいい」とした有機体説の最初の問いでもある。つまりこれは同じ穴の狢の嚙み合いに過ぎない。念を押しておく。私は「有機体説」に与しない。この『夜戦と永遠』は「有機体の発生論」であり、それが崩壊し瓦解し消失してはまた組み上げられ織り上げられ紡がれていくその永遠のプロセスにこそ注目している。最終章で引用することになるドゥルーズの言葉を借りれば「そこに強制がないわけではない、暴力がないわけではない」。

283――これは *ET* の副題である。

284――Legendre, *DM*, 32.

285――Legendre, *DM*, 138.

286――Legendre, *ET*, 229. また、ルジャンドルは挑発的にこう言って見せる。「われわれのフランス国家は、いまだ君主政的であり、教皇的であり、封建的ですらある」(*JP*, 100.)「われわれの目前で、まったく政治・官僚・産業の族長支配のそれになったブルジョワが、〈権力〉を所有せんとする社会的な要求を維持し続けていることは、フランスでは極端な地点まであらわになっている。その〈権力〉の所有たるや、ある摂理によって正当化され護られて、血によって伝承されており、あるいは女性の交換によって伝承されているのだ。資本主義は、まったく官僚制と同じように、封建的形式を持ち続けてきたのである。何でも壊すと評判の社会学ですら、そう遠くまで冒険しようとはしないし、〈愛国的国民 Nation patriote〉が（その〈大学〉に至るまで）正式なる領主によって統治されているのだということを示そうとしない」(*AC*, 199.) これが日本でも行われていると言えば、それは全くの蛇足であるだろう。ブルジョワの二世三世議員と娘婿が支配するこの国では、いまさら。この野蛮さをまず直視すること——それからしか何事も始まりはしないだろう、とだけ言っておく。

287——Legendre, *ET*, 16.

288——Legendre, *DPD*, 152.

289——Legendre, *ET*, 63.

290——Legendre, *ET*, 133.

291——Legendre, *ET*, 279.

292——Legendre, *ET*, 243-244.

293——Legendre, *ET*, 273.

294——Legendre, *EV*, 42.

295——Fethi Benslama, *une fiction troublante. De l'origine en partage*, Paris, Édition de l'Aube, 1994. pp. 30-31. フェティ・ベンスラマ『物騒なフィクション——起源の分有をめぐって』西谷修訳・解説、筑摩書房、一九九四年、二五—二六頁。

296——Fethi Benslama, *une fiction troublante. De l'origine en partage*, Paris, Édition de l'Aube, 1994. pp. 33. 二八頁。

297——Legendre, *ET*, 90ff.

298——頻出する概念だが、たとえばすでに引いた*ET*, 131.

299——Fethi Benslama, *Le mouton qui blasphème. Intervention à la réunion publique sur "La censure au nom de l'islam"*, organisée par l'Association du Manifeste des Libertés. 原文は未公刊だが以下のサイトで入手できる（http://www.manifeste.org/）。フェティ・ベンスラマ「冒瀆する羊——『イスラームの名における検閲』での発言」『現代思想』二〇〇六年五月号、拙訳。

300——Fethi Benslama, *La psychanalyse à l'épreuve de l'Islam*, Paris, Aubier, 2002, p. 27.

301――註でベンスラマの言い方を借りたと断りつつルジャンドルは言う、「最近、二〇世紀の帝国から離反して出てきた古い民族性にどのような〈準拠〉の政治があるのか。〈準拠〉の投降兵たる、〈西洋〉へと移動していく無数の亡命者たちには、どのような親子関係の政治があるのか。ここで賭けられているのは、民主主義の誠実さと同時に、規範性についてのヨーロッパの思想の運命なのだ」。*ET*, 349.

302――Legendre, *ET*, 67. 強調原文。

303――Fethi Benslama, *une fiction troublante. De l'origine en partage, Paris, Édition de l'Aube*, 1994. pp. 90. 七八頁。

304――Fethi Benslama, *une fiction troublante. De l'origine en partage, Paris, Édition de l'Aube*, 1994. pp. 88. 七七頁。

305――「この法律主義に仕える新世代の法学者たちは、心理や社会、管理経営などという呼称のせいで、法学者であることが分からなくなっている」。*EV*, 149.

306――Legendre, *EV*, 149.

307――Legendre, *IOT*, 200.

308――Legendre, *PPT*, 32.

309――Legendre, *DPD*, 114.

310――Legendre, *PPT*. 72.

311――Legendre, *ET*, 257.

312――Legendre, *ET*, 221-222

313――Legendre, *PA*, 10-11. 強調筆者。

314――Legendre, *PPT*, 229

315――Legendre, *PPT*, 167.

316――Legendre, *ET*, 160.

317―Legendre, *PPT*, 65.

318―Legendre, *ET*, 92

319―Legendre, *ET*, 63.

320―Legendre, *ET*, 286-287.

321―Legendre, *ET*, 278.

322―官僚制の起源としての教皇庁については、*AC*, 243.「想像的な部分を、野蛮で原始的なスタイルで抱え込み作用させる」官僚制の「愛憎」を挑発する特質については *JP*, 174, 185, 239. 官僚とは、愛国的でしかありえないが、いわゆる「愛国者」からは憎悪されるという奇妙な立場そのものである。

323―「道徳」とは悔悛の法や道徳神学によって分担されてきたものである。それはキリスト教規範空間の「準‐準拠」としてたとえば「告解」の実践などとして力を揮ってきた。ゆえにそれは「憎悪」されることになったのである。*ET*, 151ff. 無論「倫理」という流行の概念は「〈道徳〉のあやふやな取り繕い」である。*ET*, 231. 逆に言えば、倫理学者は自らの倫理の法的実践についてのドグマティックな問いに乗り出して行くべきである。倫理学は法哲学であり、ゆえに憎悪の対象になるのは覚悟の上で、具体的な裁判の決疑論のなかで「準‐準拠」として、つまり「切り札」として役に立つ文言を生産しなくてはならない。この帰結は避け難いと筆者は考える。

324―Legendre, *ET*, 107-108.

325―Legendre, *ET*, 75.

326―Legendre, *ET*, 194. 強調筆者。

327―Legendre, *ET*, 422.

328―Legendre, *ET*, 279

329――Legendre, *ET*, 128. 強調筆者。

330――Legendre, *ET*, 423.

331――注意しよう。彼の思考の特徴のひとつを克明に見定めておかなくてはならない。彼のものする書き物に頻出する動詞のひとつに、「雷管を抜く（desamorcer）」がある。彼は、その雷管を抜くためには、それがいま現実に存在することを認めなくてはならないと言う。官僚制、封建制、宗教、儀礼、野蛮。それが今ここに「ない」ことにしてしまえば、それからおのれが完全に脱け出していると思い込んでしまえば、つまるところそれが意識の外で機能し、ゆくりなく暴発することを止める手だてはなくなる。それを単に唾棄し蔑するような所作を執るならば、あるいはただただ社会の周縁でわずかに延命を許された「観光客向けのフォークロア」扱いしてしまえば、それを繊細な手つきで操作する業を自ら嬉々として手放すことになる。これ以上の茶番があるだろうか。だから、それがどんなに「自分は超克している」という自意識にとって傷になろうとも、屈辱であろうとも、それがそこにありつづけることをまず何としても認めなくてはならない――これが、このルジャンドルという男が言い続けてきたことなのである。

332――第三者あるいは第三項という考え方は、近くにはカントの「真理の裁判モデル」に由来している。ある意見とある意見の「決闘」という想像的な関係を調停する裁判の、「結果」「判決」という真理。これが要するに「弁証法」と呼ばれるものである。敢えて簡略に言えば、ヘーゲルはこれを横倒しにしてみせたのである。ヘーゲルは歴史的過程の「全体」を「真理」と名指し、その全体性が（可能性としてでも）完結する時点を「絶対知」として提起した。つまり、さまざまな「表象の戦争」の最終的な勝者が「決まった」瞬間、ヘーゲルはやって来て言うのだ、彼こそ絶対知の出現だと。ヘーゲルは賭をしない。彼はいつもその傍らにいて、勝者が決まった瞬間にそれを絶対知と名指し、それが勝ちを収めた理由を延々と述べ立ててみせる。それが歴史の真理であり、全体としての真理である。ヘーゲルを明証としながら、バタイユがこのような態度に抵抗し、「賭け」「運」「偶然」に固執したのは、以上のような理由からである。ヘーゲルは博打に参加せず、博打に勝つ者の必然性だけを述べたてて見せる。だからそれは必ず「当たる」し、ゆえに歴史の終焉の哲学となるのである。しかし、そのような終焉などありえないとしたら、われわれは永遠の博打のなかに取り残されることになる。第三項とは、博打の結果である。何の博打か。それはルジャンドルが語ってくれるだろう。

333──Legendre, *EV*, 139.

334──Legendre, *EV*, 141.

335──Legendre, *EV*, 141. 強調筆者。

336──実際、「狂信的」とも形容される宗教政策を採ったことで知られるユスティニアヌス大帝は、この法典の解釈や註釈を一切禁じ直接準拠のみを許諾するという極めて「原理主義的」な命令を出したのだった。それによって、ローマ法大全は解釈の「疎隔」とそこから派生する「実用性」すらをも失って消えて行ったことが知られている。それゆえにこそこの偉大なる法典は、いうなれば忘却されるべくして長き忘却に曝されることになった。ローマ法の復活、つまりルジャンドルの語る「中世解釈者革命」とは、この原理主義的な大帝の命令こそを無視し、そしてそこに解釈および註釈を、つまり疎隔を付与することによって、法の身体に新たな息吹を吹き込むことだったのだ。解釈、疎隔の解消と原理主義の連関については、本稿第四三節を参照。以上の歴史的事実については、Pierre Maraval, *L'empereur Justinien*, (Que sais-je? ; 3515), Presses universitaires de France, Paris, 1999. ピエール・マラヴァル『皇帝ユスティニアヌス』大月康弘訳、文庫クセジュ、白水社、二〇〇五年の第三章およびオッコー・ベーレンツ『歴史の中の民法──ローマ法との対話』河上正二訳、日本評論社、二〇〇一年の第一部を参照。

ベーレンツの著作はスクリプトからの翻訳であり、原文は出版されていないようである。また、以上の重要な指摘は法制史家・法哲学者嘉戸一将氏の懇切な教示に拠る。一々そのたびにその名を挙げる煩雑は避けるけれども、氏には本稿の他の箇所についても適切なご忠告を頂き、その多くは幾つかの長い註釈に反映されている。記して感謝する。

337——Legendre, *EV*. 141-142. 強調原文。

338——Legendre, *EV*. 142.

339——Legendre, *EV*. 142.

340——もちろんこの fingere の名詞形が fictio であり、フィクション（fiction）の語源である。

341——Legendre, *EV*, 61.

342——まさにルジャンドルは、「ヘーゲルとその弟子たち」が「観念の現実化は人為性を前提とするものだ」ということをはっきりとは理解していなかったのであって、「それについては社会科学と似たり寄ったりだった」と批判している。私にはこの指摘は至極正当なものだと思える。彼は続ける、「中世神学の寄与を、つまり本質的には「神の似姿」Imago Dei を取り扱うことによってスコラ学が明らかにしたものを、危険を承知でないがしろにしたために、西洋の思想は〈国家〉の人為性について、つまりすべての規範的構築の根拠と〈国家〉との繋がりを理解することを放棄してしまったのである」。*ET*, 13-14.

343——内外を問わず、第三者は必要ない、フィクションとしても必要ないと憑かれたように口にする人々は、構造的に自分が第三者であると、つまり想像的に神であると言いたいだけなのだ。マネージメント原理主義に相応しいことだ。彼らの憎悪に満ちた罵倒の所作は、疎隔を欠いていることを何よりも証立てている。

344——Legendre, *IOT*, 323.

345——Legendre, *EV*. 150. 強調筆者。

346——Legendre, *EV*. 150. 強調筆者。

347——Osamu Nishitani, «Deux notions occidentales de l'homme : Anthropos et Humanitas», *Tissr le lien social*, dir. de Alain Supiot, Paris, Éditions de la Maison des sciences de l'homme, 2004. pp15-23. 西谷修「ヨーロッパ的〈人間〉と〈人類〉——アンスロポスとフマニタス」『20世紀の定義(4)——越境と難民の世紀』岩波書店、二〇〇一年、三五—四八頁）があるが、西谷氏によると、この仏語版が改訂を経た決定稿とのことであり、以下引用はこれに依拠する。

348——渡辺公三『司法的同一性の誕生——市民社会における個体識別と登録』言叢社、二〇〇三年、三九六頁。また、彼が法学者渡辺千原氏の論文を手がかりに薬害訴訟「ドーバート対メレル・ダウ裁判」の判決を引いて、「指紋が一〇〇パーセント反証不能ならそれは科学ではない」という理由で、「指紋の有効性への疑問が鑑識科学自体の科学性を揺るがすまでにいたった」と述べていることも興味深い。同書、終章註一一。

349——Legendre, *DPD*, 59.

350——Legendre, *DM*, 64.

351——Legendre, *DM*, 77.

352——Legendre, *ET*, 229.

353——Legendre, *QDO*, 76. 七一—七二頁。

354——ピエール・ルジャンドル「佐々木報告へのコメント——人類の様々な経験や宗教の構築は、理性を制定するための努力なのだ」『〈世界化〉を再考する——P・ルジャンドルを迎えて』西谷修編、東京外

国語大学大学院研究叢書、二〇〇四年、一一九頁。

355——Legendre, *ET*, 91, *DPD*, 361-369.

356——Legendre, *DPD*, 368.

357——Legendre, *DPD*, 108.

358——念のため、断片的に引用してきた重要な部分を、まとめて引用する。「解釈のシステムは生き、成長する。そしてそれを支える〈準拠〉は社会的表象に、そしてディスクールに形を変えるのである。〈国家〉が解体するということはありうる。だからといって〈準拠〉の論理を廃棄していいわけがない。世界の再封建化ということは考えられるが、モンタージュの消失など考えられないことだ。西洋の意味の〈国家〉が現実に存在するのは、系譜権力を行使するかぎりにおいてなのだ。逆に、人間の世界でこの権力を行使することには、国家という形式は必要ではない。今もそうだし、未来においても、決して。こうしてみれば、われわれは自分が行っている政治改革を相対化しなくてはならなくなる。おそらく、〈国家〉はみずからの歴史の果てにあって死にかけているのだ。明日にも〈国家〉は、財政技術上のあるいは経済上などなどの分野におけるたんなる専門的な機能になってしまうだろう。いまに至るまで一八世紀から受け継がれた権力の分離がなくては考えられないさまざまな機能の分化が、〈禁止〉の機能と結びついた系譜規範性を別のありかたで出現させるように作用しているとすれば、そういうことになる。われわれが〈国家〉と呼ぶものの永続はまったく保証されていない。この〈国家〉の観念の歴史的起源はすでに示したとおりだ。まさにこういう不確定性から見なくては管理行政システムがかかわる膨大な事柄をはっきり理解できるやり方で検討することなどできないのだ」。*ET*, 279.

359——Legendre, *ET*, 56-57.

360——Legendre, *ET*, 439.

361——Legendre, *ET*, 437-438. 強調筆者。

362——Legendre, *901C*, 44.

363——Legendre, *QDO*, 353. 三一九頁。

364——ピエール・ルジャンドル、西谷修「〝なぜ〟の開く深淵を生きる——宗教・法・主体」『宗教の解体学』岩波書店、二〇〇〇年、一四五頁。

引用文献一覧

一、ジャック・ラカン

(1) セミネール(未公刊のセミネールを含む)

S. I, *Les écrits techniques de Freud*, Paris, Seuil, 1975.

S. II, *Le moi dans la théorie de Freud et dans la technique de la psychanalyse*, Paris, Seuil, 1978.

S. III, *Les psychoses*, Paris, Seuil, 1981.

S. IV, *La relation d'objet*, Paris, Seuil, 1994.

S. V, *Les formations de l'inconscient*, Paris, Seuil, 1998.

S. VI, *Le désir et son interprétation*.

S. VII, *L'éthique de la psychanalyse*, Paris, Seuil, 1986.

S. IX, *L'identification*.

S. X, *L'angoisse*.

S. XI, *Les quatre concepts fondamentaux de la psychanalyse*, Paris, Seuil, 1973.

S. XII, *Problèmes cruciaux pour la psychanalyse*.

S. XIII, *L'objet de la psychanalyse.*

S. XIV, *La logique du fantasme.*

S. XVI, *D'un Autre à l'autre.*

S. XVIII, *D'un discours qui ne serait pas du semblant.*

S. XIX, *...Ou pire.*

S. XX, *Encore*, Paris, Seuil, 1975.

S. XXI. *Les non-dupes errent.*

S. XXII, *R. S. I.*

S. XXIII, *Le sinthome.*

S. XXIV, *L'insu que sait de l'une-bévue s'aile à mourre.*

S. XXVI, *La topologie et le temps.*

（2）その他の著作（言及順）

Écrits, Paris, Seuil, 1966.

«Les complexes familiaux dans la formation de l'individu», *Autre Écrits*, Paris, Seuil, 2001.

De la psychose paranoïaque dans ses rapports avec la personnalité, Paris, Le François, 1932.

«Radiophonie», *Autre Écrits*, Paris, Seuil, 2001.

«Réponses à des étudiens en philosophie», *Autres Écrits*, Paris, Seul, 2001.

«La troisième», 7ème Congrès de l'École freudienne de Paris à Rome. Conférence parue dans les *Lettres de l'École freudienne*, 1975, n° 16.

«Préface à L'éveil du printemps», *Autres Écrits*, Paris, Seul, 2001.
«L'Étourdit», *Autre Écrits*, Paris, Seuil, 2001.
«Allocution sur les psychoses de l'enfant», *Autres Écrits*, Paris, Seuil, 2001.
«Note sur L'enfant», *Autres Écrits*, Paris, Seuil, 2001.
«Lituraterre», *Autre Écrits*, Paris, Seuil, 2001.
«Conférence de presse du docteur Jacques Lacan au Centre culturel français, Rome, le 29 octobre 1974», *les Lettres de l'École freudienne*, 1975, n°16.

二、ピエール・ルジャンドルの著作

（1）『講義（ルソン）』シリーズ

Leçons I. *La 901e conclusion. Étude sur le théâtre de la Raison*, Paris, Fayard, 1998.
Leçons II. *L'Empire de la vérité. introduction aux espaces dogmatiques industriels*, Paris, Fayard, 1983.
Leçons III. *Dieu au miroir. Étude sur l'institution des images*, Paris, Fayard, 1994.
Leçons IV. *L'Inestimable objet de la transmission. Étude sur le principe généalogique en Occident*, Paris, Fayard, 1985.
Leçons IV, suite 2, *Filiation. Fondement généalogique de la psychanalyse*, (avec A. P-Legendre), Paris, Fayard, 1990.
Leçons VI. *Les enfants du texte. Étude sur la fonction parentale des États*, Paris, Fayard, 1992.
Leçons VII, *Le Désir politique de Dieu. Étude sur les montages de l'État et du Droit*, Paris, Fayard, 1988.
Leçons VIII. *Le crime du caporal Lortie. traité sur le Père*, Paris, Fayard, 1989.

（2）その他の著作（言及順）

De la Société comme Texte. Linéaments d'une Anthropologie dogmatique, Paris, Fayard, 2001.

La pénétration du droit romain dans le droit canonique classique de Gratien à Innocent IV. 1140-1254, Paris, Jouve, 1964.

«Administrer la psychanalyse. notes sur la dissolution de l'École freudienne de Paris», *Pouvoirs*, n° 11, 1981.

La passion d'être un autre, Étude pour la danse, Paris, Seuil, 1978.

「〈なぜ〉の開く深淵を生きる――宗教・法・主体」（西谷修との対話）、『宗教の解体学』岩波書店、二〇〇〇年。

Jouir du pouvoir. Traité de la bureaucratie patriote, Paris, Minuit, 1976.

L'Amour du censeur. Essai sur l'ordre dogmatique, Paris, Seuil, 1974.

Sur la question dogmatique en Occident, Paris, Fayard, 1999.

La Fabrique de l'homme occidental, Paris, Mille et Une Nuits, 1996.

「佐々木報告へのコメント――人類の様々な経験や宗教の構築は、理性を制定するための努力なのだ」『〈世界化〉を再考する――P・ルジャンドルを迎えて』西谷修編、東京外国語大学大学院研究叢書、二〇〇四年。

Trésor historique de l'état en France. l'administration classique, Paris, Fayard, 1992.

«Où sont nos droits poétiques ? (entretien avec Serge Daney et Jean Narboni)», *Cahiers du cinéma*, n° 297, février 1979.

三、ミシェル・フーコーの著作

（1）単行本（刊行年順）

L'archéologie du savoir, Paris, Gallimard, 1969.

L'ordre du discours. leçon inaugurale au Collège de France prononcée le 2 décembre 1970, Paris, Gallimard, 1971.

Surveiller et punir. Naissance de la prison, Paris, Gallimard, 1975.

La volonté du savoir, Paris, Gallimard, 1976.

L'usage des plaisirs, Paris, Gallimard, 1984.

Le souci de soi, Paris, Gallimard, 1984.

Les anormaux. Cours au Collège de France. 1974-1975, Paris, Gallimard/Seuil, 1999.

«Il faut défendre la société». *Cours au Collège de France. 1976*, Paris, Gallimard/Seuil, 1997.

L'Herméneutique du sujet. Cours au collège de France. 1981-1982, Paris, Gallimard/Seuil, 2001.

Le pouvoir psychiatrique. Cour au Collège de France 1973-1974, Paris, Gallimard/ Seuil, 2003.

Sécurité, Territoire, Population. Cours au Collège de France. 1977-1978, Paris, Gallimard/Seuil, 2004.

Naissance de la biopolitique, Cours au Collège de France. 1978-1979, Paris, Gallimard/Seuil, 2004.

Le governement de soi et des autres. Cours au Collège de France. 1982-1983, Paris, Gallimard/Seuil, 2008.

Le courage de la vérité.Le governement de soi et des autres II. Cours au Collège de France. 1984, Paris, Gallimard/Seuil, 2009.

（2）*Dits et écrits* に所収された論文・インタヴューなど（言及順）

«Pouvoirs et stratégies», *Dits et écrits II. 1976-1988*, Paris, Gallimard, 2001.

«Les réponses du philosophe», *Dits et écrits I. 1954-1975*, Paris, Gallimard, 2001.

«Sade, sergent du sexe», *Dits et écrits I, 1954-1975*, Paris, Gallimard, 2001.

«Le jeu de Michel Foucault», *Dits et écrits II 1976-1988*, Paris, Gallimard, 2001.

«Choix sexuel, acte sexuel», *Dits et écrits II 1976-1988*, Paris Gallimard, 2001.

«La folie et la société», *Dits et écrits II 1976-1988*, Paris, Gallimard, 2001.

«Les rappports de pouvoir passent à l'intérieur des corps», *Dits et écrits II 1976-1988*, Paris, Gallimard, 2001.

«Un problème m'intéresse depuis longtemps, c'est celui du système pénal», *Dits et écrits I. 1954-1975*, Paris, Gallimard, 2001.

«Les intellectuels et le pouvoir», *Dits et écrits I. 1954-1975*, Paris, Gallimard, 2001.

«Sur la justice polulaire. Débat avec les maos», *Dits et écrits I. 1954-1975*, Paris, Gallimard, 2001.

«À propoes de la prison d'Attica», *Dits et écrits I. 1954-1975*, Paris, Gallimard, 2001.

«La vérité et les formes juridiques», *Dits et écrits I. 1954-1975*, Paris, Gallimard, 2001.

«Sur la sellette», *Dits et écrits I. 1954-1975*, Paris, Gallimard, 2001.

«La prison vue par un philosophe français», *Dits et écrits I. 1954-1975*, Paris, Gallimard, 2001.

«Crise de la médicine ou crise de l'antimédicine ?», *Dits et écrits II, 1976-1988*, Paris, Gallimard, 2001.

«L'évolution de la notion d' «individu dangereux» dans la psychiatrie légale du XIXe siècle», *Dits et écrits II, 1976-1988*, Paris, Gallimard, 2001.

«La vie des hommes infâmes», *Dits et écrits II 1976-1988*, Paris Gallimard, 2001.

«Foucalut étudie la raison d'État», *Dits et écrits II, 1976-1988*, Paris, Gallimard, 2001.

«La technologie politique des individus», *Dits et écrits II, 1976-1988*, Paris, Gallimard, 2001.

«L'éthique du souci de soi comme pratique de la liberté», *Dits et écrits II, 1976-1988*, Paris, Gallimard, 2001.

«La philosophie analytique de la politique», *Dits et écrits II. 1976-1988*, Paris, Gallimard, 2001.

«Structuralisme et poststructuralisme», *Dits et écrits II. 1976-1988*, Paris, Gallimard, 2001.

«Omnes et sigulatim:vers une critique de la raison politique», *Dits et écrits II, 1976-1988*, Paris, Gallimard, 2001.

«Le pouvoir, une bête magnifique», *Dits et écrits II 1976-1988*, Paris, Gallimard, 2001.

«L'incorporation de l'hôpital dans la technologie moderne», *Dits et écrits II 1976-1988*, Paris, Gallimard, 2001.

«L'armée, quand la terre tremble», *Dits et écrits II 1976-1988*, Paris, Gallimard, 2001.

«Le chah a cent ans de retard», *Dits et écrits II 1976-1988*, Paris, Gallimard, 2001.

«Téhéran :la foi contre le chah», *Dits et écrits II 1976-1988*, Paris, Gallimard, 2001.

«À quoi rêvent les Iraniens ?», *Dits et écrits II 1976-1988*, Paris, Gallimard, 2001.

«Réponse de Michel Foucault à une lectrice iranienne», *Dits et écrits II 1976-1988*, Paris, Gallimard, 2001.

«Le chef mythque de la révolte de l'iran», *Dits et écrits II 1976-1988*, Paris, Gallimard, 2001.

«Michel Foucault et l'ran», *Dits et écrits II 1976-1988*, Paris, Gallimard, 2001.

«Lettre ouverte à Mehdi Bazargan», *Dits et écrits II 1976-1988*, Paris, Gallimard, 2001.

«L'ésprit d'un monde sans esprit», *Dits et écrits II 1976-1988*, Paris, Gallimard, 2001.

«Inutile de se soulever ?», *Dits et écrits II 1976-1988*, Paris, Gallimard, 2001.

«À propos de la généalogie de l'éthique :un apreçu du travail en cours», *Dits et écrits II 1976-1988*, Paris, Gallimard, 2001.

«De l'amitié comme mode de vie», *Dits et écrits II 1976-1988*, Paris, Gallimard.

«Le retour de la morale», *Dits et écrits II 1976-1988*, Paris, Gallimard, 2001.

四、その他の文献（言及順）

Stéphane Mallarmé, «Le Mystère dans les lettres», *Œuvres complètes,* tome. 2, Paris, Gallimard, 2003.

Stéphane Mallarmé, «Quant au livre», *Œuvres complètes,* tome. 2, Paris, Gallimard, 2003.

Friedrich Schlegel, «Über die Unverständlichkeit», *Kritische Ausgabe* (ed. E. Behler) Bd. II., München, Paderborn, Verlag Ferdinand Schöningh, 1967.

Serge Leclaire, *On tue un enfant. un essai sur le narcissisme primaire et la pulsion de mort*, Paris, Seuil, 1975.

Georges Bataille, «*Théorie de la Religion*», Œuvre complètes, tome VII, Paris, Gallimard, 1976.

Fethi Benslama, *Le mouton qui blasphème. Intervention à la réunion publique sur «La censure au nom de l'islam»*, organisée par l'Association du Manifeste des Libertés.

G. W. Hegel, *Grundlinien der Philosophe des Rechts*, Hamburg, Felix meiner Verlag, 1955.

杉村靖彦「哲学者の神」『岩波講座　宗教』第四巻、岩波書店、二〇〇四年。

Philippe Lacoue-Labarthe, Jean-Luc Nancy, *Le titre de la lettre. une lecture de Lacan*, Paris, Éditions Galilée, 1990,

Phillipe Julien, *Le Retour à Freud de Jacques Lacan*, Paris, Erès, 1986.

原和之「ラカン的概念としての『シニフィアン連鎖』(2)——延命する最後の『ソシュール現象』からの離脱の試み——」『電気通信大学紀要』第一三巻一号、二〇〇一年。

Giorgio Agamben, *Le langage et la mort. un séminaire sur le lieu de la négativité*, traduit de l'italien par Marilène Raiola, Paris. Christian Bourgois Editeur. 1991.

Ferdinand de Saussure, *Cours de linguistique générale*, t. 1, ed. Rudolf Engler, Wiesbaden, Harrassowitz, 1989.

Jean-Francois Lyotard, Discours, *figure*, Paris, Klincksieck, 1971.

鶴岡賀雄「唯一神と人格神」『一神教とは何か――公共哲学からの問い』大貫隆ほか編、東京大学出版会、二〇〇六年。

Louis-Claude de Saint-Martin, *L'homme de désir*, reproduction photomécanique de la nouvelle édition revue et corrigée par l'auteur, Œuvres majeures Louis-Claude de Saint-Martin, éditées par Robert Amadou, t. 3, NewYork, Hildesheim, 1980.

Jacques Derrida, *La carte postale. de Socrate à Freud et au-delà*, Paris, Flammarion, 1980.

Alain Juranville, *Lacan et la philosophie*, Paris, PUF, 1984.

Umberto Eco, *Semiotics and the philosophy of language*, London, The Macmillan Press Ltd., 1984.

Umberto Eco, *Sugli specchi e altri saggi*, Bompiani, Milano, 1985.

Gilles Deleuze, *Logique du sens*, Paris, Minuit, 1969.

Gilles Deleuze, Felix Guattari, *L'Anti-Œdipe*, Paris, Minuit, 1973.

中井久夫『徴候・記憶・外傷』みすず書房、二〇〇四年。

Jacques Le Brun, *Le pur amour de Platon à Lacan*, Paris, Seuil, 2002.

Claude Lévi-Strauss, *La pensée sauvage*, Paris, Pilon,, 1962.

中井久夫「土居健郎撰集解説」『関与と観察』みすず書房、二〇〇五年。

Michel de Certeau, *La fable mystique. XVIe-XVIIe siècle*, Paris, Gallimard, 1982.

Michel de Certeau, *Le lieu de l'autre. histoire religieuse et mystique*, Paris, Gallimard/Seuil, 2005.

鶴岡賀雄『十字架のヨハネ研究』創文社、二〇〇〇年。

鶴岡賀雄「現前と不在――ミシェル・ド・セルトーの神秘主義研究」『宗教哲学研究』一九号、京都宗教哲学会編、学文社、二〇〇二年。

鶴岡賀雄「言葉によって神に近づく——ルイス・デ・レオン『キリストの御名』への序章」東京大学宗教学年報XXII、東京大学宗教学研究室、二〇〇四年。

Ortega y Gasset, *¿Qué es filosofía?*, Lección V, Obras de Ortega y Gasset, t.5, Alianza Editorial, Madrid, 1995.

Georges Bataille, *«L'expérience intérieure»*, Œuvres complètes. tome V, Paris, Gallimard, 1973.

Gilles Deueuze, *Sur Spinoza. Cours Vincennes.* 25/11/1980.

Jean-Claude Milner, *L'amour de la langue*, Paris, Seuil, 1978.

中井久夫「創造と癒し序説——創作の生理学に向けて」『アリアドネからの糸』みすず書房、一九九七年、二九九頁。

Gilles Deleuze, *Critique et clinique*, Paris, Minuit, 1993.

Gilles Deleuze, *Pourparlers*, Paris, Minuit, 1990.

Gilles Deleuze/Felix Guattari, *Qu'est-ce que la philosophie?*, Paris, Minuit, 1991.

Friedrich Nietzsche, *Also sprach Zarathustra*, Leipzig, C. G. Naumann, 1899.

Martin Heidegger, *Sein und Zeit*, Gesamtausgabe, Bd. 2, Frankfurt am Main, Klostermann, 1977.

江川紹子『「オウム真理教」追跡2200日』文藝春秋、一九九五年。

丹生谷貴志「豚の戦争」『オウム真理教の深層』『イマーゴ』一九九五年八月臨時増刊号、青土社。

Maurice Blanchot, *L'espace littéraire*, Paris, Gallimard, 1955.

Robert Hertz, «Contribution à une étude sur la représentation collective de la mort», *Mélanges de sociologie religieuse et folklore*, Paris, F. Alcan, 1928.

Carlo Ginzburg, *Occhiacci di legno. nove riflessioni sulla distanza*, Milano, Feltrinelli, 1998.

アラン・シュピオ「人権−信か、人類共有の資源か」『思想』九五一号、嘉戸一将訳・解説、岩波書店、二〇〇三年七月。
Alain Supiot, *Homo Juridicus. Essai sur la fonction anthropologique du Droit*, Paris, Seuil, 2005.
Jean-Pierre Baud, *L'affaire de la main volée. Une histoire juridique du corps*, Paris, Seuil, 1993.
赤間啓之『ユートピアのラカン』青土社、一九九四年。
Martin Heidegger, *Der Satz vom Grund*, Gesamtausgabe, Bd. 10, Frankfurt am Main, Klostermann, 1997.
Primo Levi, *Se questo è un uomo*, Torino, Einaudi, 1979.
Fethi Benslama, «La représentation et l'impossible», *L'art et la mémoire des camps. représenter exterminer*, sous la direction de Jean-Luc Nancy, Paris, Seuil, 2001.
Ernst H. Kantorowicz, *The king's two bodies. a study in mediaeval political theology*, Princeton, Princeton University Press, 1957.
C. Lévi-Strauss, *Les structures élémenraires de la parenté*, Paris, Mouton&co., 1967.
Fethi Benslama, *une fiction troublante. De l'origine en partage*, Paris, Édition de l'Aube, 1994.
Fethi Benslama, *La psychanalyse à l'épreuve de l'Islam*, Paris, Aubier, 2002.
Pierre Maraval, *L'empereur Justinien*, (Que sais-je? ; 3515), Paris, Presses universitaires de France, 1999.
オッコー・ベーレンツ『歴史の中の民法——ローマ法との対話』河上正二訳、日本評論社、二〇〇一年。
佐々木中「世俗化、原理主義、解釈」『〈世界化〉を再考する——P・ルジャンドルを迎えて』西谷修編、東京外国語大学大学院研究叢書、二〇〇四年。
Osamu Nishitani, «Deux notions occidentales de l'homme : Anthropos et Humanitas», *Tissr le lien social*, dir. de Alain Supiot, Paris, Éditions de la Maison des sciences de l'homme, 2004.
渡辺公三『司法的同一性の誕生——市民社会における個体識別と登録』言叢社、二〇〇三年。

«Chronologie», *Dits et écrits I, 1954-1975*, Paris, Gallimard, 2001.

中井久夫「精神科医としての神谷美恵子さんについて」『記憶の肖像』みすず書房、一九九二年。

中井久夫「学園紛争とは何であったのか」『家族の深淵』みすず書房、一九九五年。

Nicos Poulantzas, *L'État, le pouvoir, le socialisme*, Paris, PUF, 1978.

雨宮昭彦『競争秩序のポリティクス――ドイツ経済政策思想の源流』東京大学出版会、二〇〇五年。

村上淳一『ドイツ市民法史』東京大学出版会、一九八五年。

V. John, *Geschichte der Statistik. ein quellenmässiges Handbuch für den akademischen Gebrauch wie für den Selbstunterricht*, Stuttgart, Ferdinand Enke, 1884.

transcription of the J-P. Elkabbach telephone broardcast with J-A Miller and M. Accoyer, Europe 1, 10 Octobre, 2002, available on lacan. com.

Henri F. Ellenberger, *The discovery of the unconscious. the history and evolution of dynamic psychiatry*, New York, Basic Books, 1970.

Paul Veyne, *Les Grecs ont-ils cru à leurs mythes?. essai sur l'imagination constituante*, Paris, Seuil, 1983.

中井久夫「分裂病をめぐって」『病者と社会』中井久夫著作集・精神医学の経験第五巻、岩崎学術出版社、一九九一年。

Gilles Deleuze, «Préface pour l'édition italienne de Mille Plateaux», *Deux régimes de fous. textes et entretiens, 1975-1995*, édition préparée par David Lapoujade, Paris, Minuit, 2003.

Gilles Deleuze, *Foucault*, Paris, Minuit, 1986.

Gilles Deleuze, «Sur les principaux concepts de Michel Foucault», *Deux régimes de fous. textes et entretiens, 1975-1995*, édition préparée par David Lapoujade, Paris, Minuit, 2003.

Maurice Blanchot, *L'Entretien infini*, Paris, Gallimard, 1969.

福田歓一「近代民主主義とその展望」『福田歓一著作集』第五巻、岩波書店、一九九八年。

Gilles Deleuze, «Le cerveau, c 'est l'écran.», *Deux régimes de fous. textes et entretiens, 1975-1995*, édition préparée par David Lapoujade, Paris, Minuit, 2003.

Frédéric Gros, «Situation du cours», dans Michel Foucault, *L'Herméneutique du sujet. Cours au collège de France 1981-1982*, Paris, Gallimard/Seuil, 2001.

略号一覧

一、ジャック・ラカン（Lacan）の著作

E　Jacques Lacan, *Écrits*, Paris, Seuil, 1966.『エクリ』一—三巻、宮本忠雄他訳、弘文堂、一九七二—一九八一年。

CF　Jacques Lacan, «Les complexes familiaux dans la formation de l'individu», *Autre Écrits*, Paris, Seuil, 2001.『家族複合』宮本忠雄・関忠盛訳、哲学書房、一九八六年。

二、ピエール・ルジャンドル（Legendre）の著作

IOT　Pierre Legendre, *Leçons IV. L'inestimable objet de la transmission. Étude sur le principe généalogique en Occident*, Paris, Fayard, 1985.

CL　Pierre Legendre, *Leçons VIII. Le crime du caporal Lortie. traité sur le Père*, Paris, Fayard, 1989.『ロルティ伍長の犯罪』西谷修訳、人文書院、一九九八年。

DM　Pierre Legendre, *Leçons III. Dieu au miroir. Étude sur l'institution des images*, Paris, Fayard, 1994.

EV　Pierre Legendre, *Leçons II. L'Empire de la vérité. introduction aux espaces dogmatiques industriels*, Paris, Fayard, 1983.

ET Pierre Legendre, *Leçons VI. Les enfants du texte. Étude sur la fonction parentale des États*, Paris, Fayard, 1992.

AC Pierre Legendre, *L'Amour du censeur. Essai sur l'ordre dogmatique*, Paris, Seuil, 1974.

F Pierre Legrendre, A. P-Legendre, *Leçons IV, suite 2, Filiation. Fondement généalogique de la psychanalyse*, Paris, Fayard. 1990.

ST Pierre Legendre, *De la Société comme Texte. Linéaments d'une Anthropologie dogmatique*, Paris, Fayard, 2001.

DPD Pierre Legendre, *Leçons VII, Le Désir politique de Dieu. Étude sur les montages de l'État et du Droit*, Paris, Fayard, 1988.

QDO Pierre Legendre, *Sur la question dogmatique en Occident*, Paris, Fayard, 1999.『ドグマ人類学総説』西谷修監訳、嘉戸一将他訳、平凡社、二〇〇三年。

PPT Pierre Legendre, *Paroles poétiques échappées du texte. Leçon sur la communication industrielle*, Paris, Seuil, 1982.

901C Pierre Legendre, *Leçons I. La 901e conclusion. Étude sur le théâtre de la Raison*, Paris, Fayard, 1998.

PA Pierre Legendre, *La passion d'être un autre, Étude pour la danse*, Paris, Seuil, 1978.

JP Pierre Legendre, *Jouir du pouvoir. Traité de la bureaucratie patriote*, Paris, Minuit, 1976.

FHO Pierre Legendre, *La Fabrique de l'homme occidental*, Paris, Mille et Une Nuits, 1996.

THE Pierre Legendre, *Trésor historique de l'état en France. l'administration classique*, Paris, Fayard, 1992.

三、ミシェル・フーコーの著作

PS Michel Foucault, «Pouvoirs et stratégies», *Dits et écrits II, 1976-1988*, Paris, Gallimard, 2001.「権力と戦略」『思考集成VI』久保田淳訳、筑摩書房、二〇〇〇年。

VF Michel Foucault, «La vérité et les formes juridiques», *Dits et écrits I. 1954-1975*, Paris, Gallimard, 2001.「真理と裁判形態」『思考集成V』西谷修訳、筑摩書房、二〇〇〇年。

PP Michel Foucault, *Le pouvoir psychiatrique. Cour au Collège de France 1973-1974*, Paris, Seuil/Gallimard, 2003.

SP Michel Foucault, *Surveiller et punir. Naissance de la prison*, Paris, Gallimard, 1975.『監獄の誕生』田村俶訳、新潮社、一九七七年。

A Michel Foucault, *Les anormaux. Cours au Collège de France. 1974-1975*, Paris, Gallimard/Seuil, 1999.『異常者たち』慎改康之訳、筑摩書房、二〇〇二年。

DS Michel Foucault, *«Il faut défendre la société». Cours au Collège de France. 1976*, Paris, Gallimard/Seuil, 1997.

ES Michel Foucault, «L'éthique du souci de soi comme pratique de la liberté», *Dits et écrits II, 1976-1988*, Paris, Gallimard, 2001.「自由の実践としての自己への配慮」『思考集成X』廣瀬浩司訳、筑摩書房、二〇〇二年。

VS Michel Foucault, *La volonté du savoir*, Paris, Gallimard, 1976.『知への意志』渡辺守章訳、新潮社、一九八六年。

STP Michel Foucault, *Sécurité, Territoire, Population. Cours au Collège de France. 1977-1978*, Paris, Gallimard/Seuil, 2004.

OS Michel Foucault, «Omnes et sigulatim:vers une critique de la raison politique», *Dits et écrits II, 1976-1988*, Paris, Gallimard, 2001.「全体的なものと個的なもの——政治的理性批判に向けて」『思考集成Ⅷ』北山晴一訳、筑摩書房、二〇〇〇年。

NB Michel Foucault, *Naissance de la biopolitique. Cours au Collège de France 1978-1979*, Paris, Gallimard/Seuil, 2004.

HS Michel Foucault, *L'Herméneutique du sujet. Cours au collège de France 1981-1982*, Paris, Gallimard/Seuil, 2001.『主体の解釈学——コレージュ・ド・フランス講義１９８１—１９８２年度』廣瀬浩司・原和之訳、筑摩書房、二〇〇四年。

GE　Michel Foucault, «À propos de la généalogie de l'éthique :un aperçu du travail en cours», *Dits et écrits II 1976-1988*, Paris, Gallimard, 2001.「倫理の系譜学について――進行中の仕事の概要」『思考集成Ⅸ』浜名優美訳、筑摩書房、二〇〇一年。

SS　Michel Foucault, *Le souci de soi*, Paris, Gallimard, 1984.『自己への配慮』田村俶訳、新潮社、一九八七年。

AS　Michel Foucault, *L'archéologie du savoir*, Paris, Gallimard, 1969.『知の考古学』中村雄二郎訳、河出書房新社、一九八一年。

GSA　*Le gouvernement de soi et des autres. Cours au Collège de France. 1982-1983*, Paris, Gallimard/Seuil, 2008

SV　*Le courage de la vérité.Le gouvernement de soi et des autres II.* Cours au Collège de France. 1984, Paris, Gallimard/Seuil, 2009.

四、その他の著作

SZ　Martin Heidegger, *Sein und Zeit*, Gesamtausgabe, Bd. 2, Frankfurt am Main, Klostermann, 1977. マルティン・ハイデッガー『存在と時間』下巻、細谷貞雄訳、ちくま学芸文庫、一九九四年。

EL　Maurice Blanchot, *L'espace littéraire*, Paris, Gallimard, 1955. モーリス・ブランショ『文学空間』粟津則雄・出口裕弘訳、現代思潮社、一九七六年。

SG　Martin Heidegger, *Der Satz vom Grund*, Gesamtausgabe, Bd. 10, Frankfurt am Main, Klostermann, 1997. マルティン・ハイデッガー『根拠律』辻村公一・ハルトムート・ブフナー訳、創文社、一九六二年。

ACE　Gilles Deleuze/Felix Guattari, *L'Anti-Œdipe*, Paris, Minuit, 1972. ジル・ドゥルーズ／フェリックス・ガタリ『アンチ・オイディプス』市倉宏祐訳、河出書房新社、一九八六年。

FO　Gilles Deleuze, *Foucault*, Paris, Minuit, 1986. ジル・ドゥルーズ『フーコー』宇野邦一訳、河出書房新社、一九八七年。

MF　Gilles Deleuze, «Sur les principaux concepts de Michel Foucault», *Deux régimes de fous. textes et entretiens, 1975-1995*, édition préparée par David Lapoujade, Paris, Minuit, 2003. ジル・ドゥルーズ「ミシェル・フーコーの基本的概念について」『狂人の二つの体制 1983-1995』宇野邦一ほか訳、河出書房新社、二〇〇四年。

本書は、二〇〇八年に以文社より刊行された『夜戦と永遠――フーコー・ラカン・ルジャンドル』に、補論「この執拗な犬ども」（初出『現代思想』二〇〇九年六月号）を付して、定本としたものです。

定本《ていほん》 夜《や》戦《せん》と永遠《えいえん》 上
フーコー・ラカン・ルジャンドル

二〇一一年 六 月一〇日 初版印刷
二〇一一年 六 月二〇日 初版発行

著 者 佐々木《ささき》中《あたる》
発行者 小野寺優
発行所 株式会社河出書房新社
〒一五一-〇〇五一
東京都渋谷区千駄ヶ谷二-三二-二
電話〇三-三四〇四-八六一一（編集）
〇三-三四〇四-一二〇一（営業）
http://www.kawade.co.jp/

ロゴ・表紙デザイン 粟津潔
本文フォーマット 佐々木暁
本文組版 株式会社キャップス
印刷・製本 凸版印刷株式会社
落丁本・乱丁本はおとりかえいたします。
Printed in Japan ISBN978-4-309-41087-6

神の裁きと訣別するため

アントナン・アルトー　宇野邦一／鈴木創士〔訳〕　46275-2

「器官なき身体」をうたうアルトー最後の、そして究極の叫びである表題作、自身の試練のすべてを賭けて「ゴッホは狂人ではなかった」と論じる35年目の新訳による「ヴァン・ゴッホ」。激烈な思考を凝縮した２篇。

百頭女

マックス・エルンスト　巖谷國士〔訳〕　46147-2

古いノスタルジアをかきたてる漆黒の幻想コラージュ一四七葉——永遠の女「百頭女」と怪鳥ロプロプが繰り広げる奇々怪々の物語。エルンストの夢幻世界、コラージュロマンの集大成。今世紀最大の奇書！

見えない都市

イタロ・カルヴィーノ　米川良夫〔訳〕　46229-5

現代イタリア文学を代表し世界的に注目され続けている著者の名作。マルコ・ポーロがフビライ汗の寵臣となって、様々な空想都市（巨大都市、無形都市など）の奇妙で不思議な報告を描く幻想小説の極致。解説＝柳瀬尚紀

不在の騎士

イタロ・カルヴィーノ　米川良夫〔訳〕　46261-5

中世騎士道の時代、フランス軍勇将のなかにかなり風変わりな騎士がいた。甲冑のなかは、空っぽ……。空想的な《歴史》三部作の一つで、現代への寓意を込めながら奇想天外さと冒険に満ちた愉しい傑作小説。

ロベルトは今夜

ピエール・クロソウスキー　若林真〔訳〕　46268-4

自宅を訪問する男を相手構わず妻ロベルトに近づかせて不倫の関係を結ばせる夫オクターヴ。「歓待の掟」にとらわれ、原罪に対して自己超越を極めようとする行為の果てには何が待っているのか。衝撃の神学小説！

オン・ザ・ロード

ジャック・ケルアック　青山南〔訳〕　46334-6

安住に否を突きつけ、自由を夢見て、終わらない旅に向かう若者たち。ビート・ジェネレーションの誕生を告げ、その後のあらゆる文化に決定的な影響を与えつづけた不滅の青春の書が半世紀ぶりの新訳で甦る。

孤独な旅人

ジャック・ケルアック　中上哲夫〔訳〕　46248-6

『路上』によって一躍ベストセラー作家となったケルアックが、サンフランシスコ、メキシコ、ＮＹ、カナダ国境、モロッコ、南仏、パリ、ロンドンに至る体験を、詩的で瞑想的な文体で生き生きと描いた魅惑的な一冊。

ポトマック

ジャン・コクトー　澁澤龍彦〔訳〕　46192-2

ジャン・コクトーの実質的な処女作であり、20代の澁澤龍彦が最も愛して翻訳した《青春の書》。軽やかで哀しい《怪物》たちのスラップスティック・コメディ。コクトーによる魅力的なデッサンを多数収録。

大胯びらき

ジャン・コクトー　澁澤龍彦〔訳〕　46228-8

「大胯びらき」とはバレエの用語で胯が床につくまで両脚を広げること。この小説では、少年期と青年期の間の大きな距離を暗示している。数々の前衛芸術家たちと交友した天才詩人の名作。澁澤訳による傑作集。

残酷な女たち

L・ザッヘル＝マゾッホ　飯吉光夫／池田信雄〔訳〕　46243-1

８人の紳士をそれぞれ熊皮に入れ檻の中で調教する侯爵夫人の話など、滑稽かつ不気味な短篇集の表題作の他、女帝マリア・テレジアを主人公とした「風紀委員会」、御伽噺のような奇譚「醜の美学」を収録。

毛皮を着たヴィーナス

L・ザッヘル＝マゾッホ　種村季弘〔訳〕　46244-8

サディズムと並び称されるマゾヒズムの語源を生みだしたザッヘル＝マゾッホの代表作。東欧カルパチアとフィレンツェを舞台に、毛皮の似合う美しい貴婦人と青年の苦悩と快楽を幻想的に描いた傑作長編。

恋の罪

マルキ・ド・サド　澁澤龍彦〔訳〕　46046-8

ヴァンセンヌ獄中で書かれた処女作「末期の対話」をはじめ、50篇にのぼる中・短篇の中から精選されたサドの短篇傑作集。短篇作家としてのサドの魅力をあますところなく伝える13篇を収録。

悪徳の栄え　上・下

マルキ・ド・サド　澁澤龍彦〔訳〕　上／46077-2　下／46078-9

美徳を信じたがゆえに身を滅ぼす妹ジュスティーヌと対をなす姉ジュリエットの物語。悪徳を信じ、さまざまな背徳の行為を実践する悪女の遍歴を通じて、悪の哲学を高らかに宣言するサドの長編幻想奇譚!!

ロベスピエール／毛沢東　革命とテロル

スラヴォイ・ジジェク　長原豊・松本潤一郎〔訳〕　46304-9

悪名たかきロベスピエールと毛沢東をあえて復活させて最も危険な思想家が〈現在〉に介入する。あらゆる言説を批判しつつ、政治／思想を反転させるジジェクのエッセンス。独自の編集による文庫オリジナル。

ブレストの乱暴者

ジャン・ジュネ　澁澤龍彦〔訳〕　46224-0

霧が立ちこめる港町ブレストを舞台に、言葉の魔術師ジャン・ジュネが描く、愛と裏切りの物語。“分身・殺人・同性愛”をテーマに、サルトルやデリダを驚愕させた現代文学の極北が、澁澤龍彦の名訳で今、蘇る!!

なしくずしの死　上・下

L-F・セリーヌ　高坂和彦〔訳〕　上／46219-6　下／46220-2

反抗と罵りと怒りを爆発させ、人生のあらゆる問いに対して〈ノン！〉を浴びせる、狂憤に満ちた「悪魔の書」。その恐るべきアナーキーな破壊的文体で、20世紀の最も重要な衝撃作のひとつとなった。待望の文庫化。

モデラート・カンタービレ

マルグリット・デュラス　田中倫郎〔訳〕　46013-0

自分の所属している社会からの脱出を漠然と願う人妻アンヌ。偶然目撃した情痴殺人事件の現場。酒場で知り合った男性ショーヴァンとの会話は事件をなぞって展開する……。現代フランスの珠玉の名作。映画化。

北の愛人

マルグリット・デュラス　清水徹〔訳〕　46161-8

『愛人——ラマン』（1992年映画化）のモデルだった中国人が亡くなったことを知ったデュラスは、「華北の愛人と少女の物語」を再度一気に書き上げた。狂おしいほどの幸福感に満ちた作品。

アンチ・オイディプス　上・下　資本主義と分裂症

ジル・ドゥルーズ／フェリックス・ガタリ　宇野邦一〔訳〕　上／46280-6　下／46281-3

最初の訳から20年目にして“新訳”で送るドゥルーズ＝ガタリの歴史的名著。「器官なき身体」から、国家と資本主義をラディカルに批判しつつ、分裂分析へ向かう本書は、いまこそ読みなおされなければならない。

ニーチェと哲学

ジル・ドゥルーズ　江川隆男〔訳〕　46310-0

ニーチェ再評価の烽火となったドゥルーズ初期の代表作、画期的な新訳。ニーチェ哲学を体系的に再構築しつつ、「永遠回帰」を論じ、生成の「肯定の肯定」としてのニーチェ／ドゥルーズの核心をあきらかにする著。

千のプラトー　上・中・下

G・ドゥルーズ／F・ガタリ　宇野邦一／小沢秋広／田中敏彦／豊崎光一／宮林寛／守中高明〔訳〕　上／46342-1　中／46343-8　下／46345-2

ドゥルーズ／ガタリの最大の挑戦にして、いまだ読み解かれることのない20世紀最大の思想書、ついに文庫化。リゾーム、抽象機械、アレンジメントなど新たな概念によって宇宙と大地をつらぬきつつ生を解き放つ。

哲学の教科書　ドゥルーズ初期

ジル・ドゥルーズ〔編著〕　加賀野井秀一〔訳注〕　46347-6

高校教師だったドゥルーズが編んだ教科書『本能と制度』と、処女作「キリストからブルジョワジーへ」。これら幻の名著を詳細な訳注によって解説し、ドゥルーズの原点を明らかにする。

碾臼

マーガレット・ドラブル　小野寺健〔訳〕　46001-7

たった一度のふれあいで思いがけなく妊娠してしまった未婚の女性ロザマンド。狼狽しながらも彼女は、ひとりで子供を産み、育てる決心をする。愛と生への目覚めを爽やかに描くイギリスの大ベストセラー。

太陽がいっぱい

パトリシア・ハイスミス　佐宗鈴夫〔訳〕　46125-0

地中海のまぶしい陽の中、友情と劣等感の間でゆれるトム・リプリーは、友人殺しの完全犯罪を思い立つ――。原作の魅惑的心理描写により、映画の苦く切ない感動が蘇るハイスミスの出世作！　リプリー・シリーズ第一弾。

死者と踊るリプリー

パトリシア・ハイスミス　佐宗鈴夫〔訳〕　46237-0

《トム・リプリー・シリーズ》完結篇。後ろ暗い過去をもつトム・リプリー。彼が殺した男の亡霊のような怪しいアメリカ人夫婦の存在が彼を不気味に悩ませていく。『贋作』の続篇。

眼球譚［初稿］

オーシュ卿(G・バタイユ)　生田耕作〔訳〕　46227-1

20世紀最大の思想家・文学者のひとりであるバタイユの衝撃に満ちた処女小説。1928年にオーシュ卿という匿名で地下出版された当時の初版で読む危険なエロティシズムの極北。恐るべきバタイユ思想の根底。

空の青み

ジョルジュ・バタイユ　伊東守男〔訳〕　46246-2

20世紀最大の思想家の一人であるバタイユが、死とエロスの極点を描いた1935年の小説。ロンドンやパリ、そして動乱のバルセローナを舞台に、謎めく女たちとの異常な愛の交錯を描く傑作。

裸のランチ

ウィリアム・バロウズ　鮎川信夫〔訳〕　46231-8

クローネンバーグが映画化したW・バロウズの代表作にして、ケルアックやギンズバーグなどビートニク文学の中でも最高峰作品。麻薬中毒の幻覚や混乱した超現実的イメージが全く前衛的な世界へ誘う。解説＝山形浩生

ジャンキー

ウィリアム・バロウズ　鮎川信夫〔訳〕　山形浩生〔解説〕　46240-0

『裸のランチ』によって驚異的な反響を巻き起こしたバロウズの最初の小説。ジャンキーとは回復不能になった麻薬常用者のことで、著者の自伝的色彩が濃い。肉体と精神の間で生の極限を描いた非合法の世界。

麻薬書簡

ウィリアム・バロウズ／アレン・ギンズバーグ　山形浩生〔訳〕　46298-1

一九六〇年代ビートニクの代表格バロウズとギンズバーグの往復書簡集で、「ヤーヘ」と呼ばれる麻薬を探しに南米を放浪する二人の謎めいた書簡を纏めた金字塔的作品。オリジナル原稿の校訂、最新の増補改訂版！

時間割

ミシェル・ビュトール　清水徹〔訳〕　46284-4

濃霧と煤煙に包まれた都市ブレストンの底知れぬ暗鬱の中に暮した主人公ルヴェルの一年間の時間割を追い、神話と土地の霊がひき起こす事件の細部をミステリーのように構成した、鬼才ビュトールの最高傑作。

ピエール・リヴィエール

ミシェル・フーコー〔編著〕　慎改康之／柵瀬宏平／千條真知子／八幡恵一〔訳〕　46339-1

十九世紀フランスの小さな農村で一人の青年が母、妹、弟を殺害した。青年の手記と事件の考察からなる、フーコー権力論の記念碑的労作であると同時に希有の美しさにみちた名著の新訳。

詩人と女たち

チャールズ・ブコウスキー　中川五郎〔訳〕　46160-1

現代アメリカ文学のアウトサイダー、ブコウスキー。50歳になる詩人チナスキーことアル中のギャンブラーに自らを重ね、女たちとの破天荒な生活を、卑語俗語まみれの過激な文体で描く自伝的長編小説。

くそったれ！ 少年時代

チャールズ・ブコウスキー　中川五郎〔訳〕　46191-5

1930年代のロサンジェルス。大恐慌に見舞われ失業者のあふれる下町を舞台に、父親との確執、大人への不信、容貌への劣等感に悩みながら思春期を過ごす多感な少年の成長物語。ブコウスキーの自伝的長編小説。

死をポケットに入れて

C・ブコウスキー　中川五郎〔訳〕　ロバート・クラム〔画〕　46218-9

老いて一層パンクにハードに突っ走るBUKの痛快日記。50年愛用のタイプライターを70歳にしてMacに変え、文学を、人生を、老いと死を語る。カウンター・カルチャーのヒーロー、R・クラムのイラスト満載。

黒いユーモア選集　1・2

アンドレ・ブルトン　山中散生／窪田般彌／小海永二ほか〔訳〕　1／46290-5　2／46291-2

詩人アンドレ・ブルトンが選んだシュルレアリスムの先駆者たちが勢ぞろい。「他のすべての価値を制圧し、それらの多くについて、あまねく人々の評価を失わせてしまうことさえできる」言葉に満ちた幻のアンソロジー！

ベンヤミン・アンソロジー

ヴァルター・ベンヤミン　山口裕之〔編訳〕　46348-3

危機の時代にこそ読まれるべき思想家ベンヤミンの精髄を最新の研究をふまえて気鋭が全面的に新訳。重要なテクストを一冊に凝縮、その繊細にしてアクチュアルな思考の核心にせまる。

倦怠

アルベルト・モラヴィア　河盛好蔵／脇功〔訳〕　46201-1

ルイ・デリュック賞受賞のフランス映画「倦怠」（C・カーン監督）の原作。空虚な生活を送る画学生が美しき肉体の少女に惹かれ、次第に不条理な裏切りに翻弄されるイタリアの巨匠モラヴィアの代表作。

さかしま

J・K・ユイスマンス　澁澤龍彦〔訳〕　46221-9

三島由紀夫をして“デカダンスの「聖書」”と言わしめた幻の名作。ひとつの部屋に閉じこもり、自らの趣味の小宇宙を築き上げた主人公デ・ゼッサントの数奇な生涯。澁澤龍彦が最も気に入っていた翻訳。

山猫

G・T・ランペドゥーサ　佐藤朔〔訳〕　46249-3

イタリア統一戦線のさなか、崩れ行く旧体制に殉じようとするシチリアの一貴族サリーナ公ドン・ファブリツィオの物語。貴族社会の没落、若者の奔放な生、自らに迫りつつある死……。巨匠ヴィスコンティが映画化！

O嬢の物語

ポーリーヌ・レアージュ　澁澤龍彦〔訳〕　46105-2

女主人公の魂の告白を通して、自己の肉体の遍歴を回想したこの物語は、人間性の奥底にひそむ非合理な衝動ををえぐりだした真に恐れるべき恋愛小説の傑作として多くの批評家に激賞された。ドゥー・マゴ賞受賞！

インディアン魂　上・下　レイム・ディアー

J・F・レイム・ディアー〔口述〕 R・アードス〔編〕 北山耕平〔訳〕　上／46179-3　下／46180-9

最後のアメリカ・インディアン、スー族の古老が、未来を担う子どもたちのために「自然」の力を回復する知恵と本来の人間の生き方を語る痛快にして力強い自伝。（『レイム・ディアー』改題）

著訳者名の後の数字はISBNコードです。頭に「978-4-309」を付け、お近くの書店にてご注文下さい。